Martin Kruse

Es kam immer anders

Für Marianne

Martin Kruse

Es kam immer anders

Erinnerungen eines Bischofs

Kreuz

2. Auflage 2010

© KREUZ VERLAG
in der Verlag Herder GmbH, Freiburg im Breisgau 2009
Alle Rechte vorbehalten
www.kreuz-verlag.de

Umschlaggestaltung:
Weiß-Freiburg GmbH – Grafik & Buchgestaltung
Umschlagmotiv: © EPD-Bild/version

Satz: Barbara Herrmann, Freiburg
Herstellung: fgb · freiburger graphische betriebe
www.fgb.de

Gedruckt auf umweltfreundlichem, chlorfrei gebleichtem Papier
Printed in Germany

ISBN 978-3-7831-3411-7

»So ist jede Biographie und vor allem jede Selbstbiographie – so lehrreich und ergötzlich diese Litera-
turgattung zweifellos ist – ein fragwürdiges Unternehmen, weil dabei fast notwendig vorausgesetzt wird, es
gebe einen Stuhl, auf den Einer sich setzen könne, um
die Folge der Augenblicke, das Leben eines anderen
Menschen oder gar das eigene von da aus zu betrach-
ten, in seinen Phasen zu vergleichen, es in seiner Entwicklung zu überschauen und zu durchschauen. Der
Mensch kann und soll sich wohl sehen. Überschauen
und durchschauen kann er sich nicht einmal im je
gegenwärtigen Augenblick und – um von seiner Zukunft nicht zu reden – auch nicht im Ganzen seiner
Vergangenheit.«
(Karl Barth: Kirchliche Dogmatik Bd. III/4, S. 698)

»Das Schwierige an der Wahrheit ist, dass es viele gibt,
weil jeder die seine hat. Jede Selbstdarstellung ist zeit-
bezogen und voreingenommen. Auch wer sich vor-
nimmt, sein eigenes Leben wie das eines anderen beschreiben zu wollen, ist der Subjektivität ausgeliefert,
und wer von sich in der dritten Person redet, wie es in
letzter Zeit Stefan Heym und Erich Loest machten und
Jean Paul es ihnen schon vorgemacht hat, gewinnt nur
den Schein von Objektivität.«
(Günter de Bruyn: Das erzählte Ich, Frankfurt 1995, S. 33)

»EUER LEBEN IST VERBORGEN MIT CHRISTUS
IN GOTT.«
(Brief an die Kolosser, Kapitel 3, Vers 3)

Inhalt

Vorwort 11

Kapitel 1:
Kinderjahre auf dem Lande (1929–1937) 14

Kapitel 2:
Vorkriegsjahre im Emsland, in der Diaspora, in
Lingen (Ems) 1938/39 21

Kapitel 3:
Die Kriegszeit in Lingen (1939–1945) 30

Kapitel 4:
Im »Letzten Aufgebot des Führers« (Volkssturm) 39

Kapitel 5:
Auf dem Weg zum Abitur und zum Studium
(1945–1947) 43

Kapitel 6:
Student der Theologie in Mainz, Heidelberg, Bethel und Göttingen (1947–1953) 54

Kapitel 7:
Meine Vikariatszeit in Adelheide, Linz/Österreich
und Loccum (1953–1957) 77

Kapitel 8:
Versetzt von Loccum nach Loccum (1957–1964) . . 103

Kapitel 9:
Konventual-Studiendirektor im Kloster Loccum
(1964–1970)   125

Kapitel 10:
Landessuperintendent für den Sprengel Stade
(1970–1976)   140

Kapitel 11:
Die Bischofswahl in Berlin am Himmelfahrtsfest
(26. Mai 1976)   154

Kapitel 12:
Das erste Jahr in Berlin (1977)   169

Kapitel 13:
Meine sieben Regierenden Bürgermeister   192

Kapitel 14:
Kirche in der Stadt – Kirche für die Stadt   203

Kapitel 15:
Die geteilte Einheit der Evangelischen Kirche in
Berlin/Brandenburg   214

Kapitel 16:
Die Familie in Berlin   219

Kapitel 17:
Das Lutherjahr 1983   226

Kapitel 18:
Die EKD-Synode in Trier 1985 – Eine über-
raschende Weichenstellung   232

Kapitel 19:
Das Bischofsamt – Der Einheit der ganzen Kirche
verpflichtet 241

Kapitel 20:
Die Ökumene nach Osten 253

Kapitel 21:
Für die Überwindung der Apartheid in Südafrika
268

Kapitel 22:
Die bedrängende Friedensfrage – Von Vancouver
(1983) bis Canberra (1991) 284

Kapitel 23:
Taiwan – Südkorea – Volksrepublik China 293

Kapitel 24:
Drei wichtige Vorhaben in Rat und Synode der
EKD 299

Kapitel 25:
Die friedliche Revolution – Der Fall der Mauer –
Die Folgen 307

Kapitel 26:
Der Vereinigungsprozess zwischen dem Bund
(der Evangelischen Kirche in der DDR) und der
EKD 316

Kapitel 27:
›Zusammen wachsen‹ zu neuer Einheit in Berlin-
Brandenburg 325

Kapitel 28:
Der Ruhestand ist kein Stillstand – Das Leben als
Altbischof 336

Kapitel 29:
Im Strom der Zeit – Mein Ort in der Generationenfolge 351

Kapitel 30:
Vertrauen wagen – Ein Nachwort 370

Personenregister 373

Vorwort

In einem öffentlichen (und veröffentlichten) Vortrag im Hörsaal des Berliner Doms, ein Jahr nach meiner Verabschiedung aus dem Bischofsamt, habe ich mich mit ziemlicher Entschiedenheit dagegen ausgesprochen, eine Selbstbiographie zu schreiben. »Es sträubt sich alles in mir dagegen. Eine wesentliche Komponente ist dabei die Einsicht in meine ›Rolle‹ in diesen 17 Jahren. Sie war mehr eine pastorale und kybernetische im Sinne der ›Steuermannskunst‹ und viel weniger eine kirchenpolitisch-gestaltende«. Ein nicht angesprochenes Motiv war die Abneigung dagegen, im Ruhestand zuviel mit mir selbst beschäftigt zu sein. Ich wollte lieber etwas tun.

Warum habe ich mein Wort nicht gehalten? Je älter ich wurde, desto weniger konnte ich dem Argument meiner Frau widerstehen: Das bist du deiner Familie schuldig; du bist soviel »unterwegs« gewesen; wir möchten den Teil deines Lebens, der uns weitgehend entzogen war, genauer kennen lernen. Und dann verbündeten sich die heranwachsenden Enkel mit diesen Stimmen und fragten, unbekümmert und forsch wie sie sind: »Wie weit bist du schon? Kannst du mir das Buch zur Konfirmation schenken?«

Welcher Großvater kann seinen Enkeln auf Dauer einen dringenden Wunsch abschlagen? So habe ich also mein Wort gebrochen und bin an die Arbeit gegangen. Dabei habe ich bald gemerkt, dass es ein Zeichen von Undankbarkeit wäre, wenn ich im Alter nicht noch einmal die Stationen meines Lebens aufsuchte und in Gedanken die Wege ginge, die ich – oft genug gegen meine eigenen Vorstellungen – geführt worden bin. Und wie vielen Menschen bin ich dabei begegnet, die mein Leben und Wirken mitbestimmt und mitgestaltet haben, an die ich mich dankbar und nicht selten auch beschämt erinnere.

Allerdings: die Skepsis gegen Selbstbiographien ist nicht gewichen. Sie können der Versuchung zur Schönfärberei und Selbstbestätigung nicht entgehen. Die Ausrufungszeichen, die Karl Barth und Günter de Bruyn gesetzt haben, bleiben in Kraft.

Ich wollte erzählen und nicht wie ein zünftiger Historiker einen Beitrag zur Zeitgeschichte leisten. Auf Vollständigkeit habe ich keinen Wert gelegt. Ich sagte mir: Die Enkelgeneration lebt in einer anderen Welt, in der des 21. Jahrhunderts. Wie kann ich ihnen verständlich machen, was uns im 20. Jahrhundert, in seinen Hoffnungen, Gefährdungen und tiefen Brüchen umgetrieben hat? Ich denke, die erzählte Geschichte ist leichter zugänglich als eine, die mit Begriffen, mit vielen Daten, Fakten und Zusammenfassungen arbeitet.

Die einzelnen Kapitel sind so angelegt, dass sie je für sich stehen können und nicht nacheinander gelesen werden müssen.

Nachträglich zu unserer Goldenen Hochzeit widme ich diese Erinnerungen meiner Frau Marianne. Wir haben das Leben miteinander geteilt, sind dabei durch Höhen und Tiefen gegangen und wissen, dass es ein unverdientes Geschenk der Güte Gottes ist, wenn wir noch immer miteinander auf dem Wege sein dürfen. Ich danke meiner Frau für ihre Beharrlichkeit und Geduld während der langen Zeit der Entstehung dieser Erinnerungen. Und auch unseren Kindern und Enkeln, die mir ohne große Worte Mut gemacht haben.

Mein bewährter, langjähriger persönlicher Referent im Berliner Bischofsbüro, Eckard Zipser, der eigentlich durch seine Pflichten als Direktor des Berliner Missionswerkes genügend ausgelastet war, hat mir bei der Redaktionsarbeit hilfreich zur Seite gestanden.

Und nicht zuletzt schulde ich den Lektoren der Verlage Herder und Kreuz in Freiburg, Dr. Alwin Letzkus, Lukas Trabert und Marion Konrad, Dank, dass sie dem Manuskript mit ihrem Sachverstand zu seiner endgültigen Gestalt verholfen haben.

Kapitel 1:
Kinderjahre auf dem Lande (1929–1937)

> »*Ohne Erinnerungen an die Kindheit zu sein, das ist, als wärest du verurteilt, ständig eine Kiste mit dir herumzuschleppen, deren Inhalt du nicht kennst. Und je älter du wirst, umso schwerer kommt sie dir vor, und umso ungeduldiger wirst du, das Ding endlich zu öffnen.*«
> Jurek Becker

Immer wenn ich meinen Geburtsort angeben soll, muss ich auf der Hut sein. Lauenberg im Solling bei Einbeck wird sonst unwillkürlich zu Lauenburg, der Stadt an der Elbe. Im alten Lauenberger Pfarrhaus, nicht weit von der St. Petri – Kirche entfernt, bin ich am 21. April 1929 geboren, am Sonntag Jubilate, also drei Wochen nach Ostern, unter der Kirchzeit, sozusagen »unter Glockengeläut«. Als mein Vater vom Gottesdienst zurückkehrte, war ich »da«, ein Sonntagskind, zu früh zur Welt gekommen, aber ganz munter. Ich blieb zeitlebens der Kleinste unter meinen sechs Geschwistern und bekam dann später im Gymnasium den Spitznamen »Küken-Kruse«.

Also erst nach dem harten Winter 1928/29 habe ich das Licht der Welt erblickt. Mir ist damit wohl einiges erspart geblieben. Auch davon habe ich nichts wahrgenommen, wie sehr die Weltwirtschaftskrise im Jahre 1929 die Zukunftshoffnung im Lande lähmte. Ich habe keinen Beleg dafür, aber mein Vater hat die Geschichte immer wieder einmal erzählt. Ein wohlhabender Mühlenbesitzer habe sich bei ihm zum Gespräch angemeldet und sei dann zögernd mit seiner Bitte herausgekommen. Die Zukunft sei so unsicher. Da werde es bestimmt für eine junge Pastorenfamilie schwierig sein, gleich zwei Jungen durchzubringen. Er habe zwei Töchter, aber leider keinen Erben. Er würde mich gerne adoptieren und gleich zum Erben einsetzen. Außerdem könne mein Vater mit einem angemessenen Kapital rechnen, einem »Kaufpreis« also. Der Besucher habe nicht verstanden, dass mein Vater auf dieses »seriöse Angebot« nicht eingegangen sei. »Der liebe Gott hat es anders geordnet«, meinte mein Vater.

Schon am Tag meiner Geburt schrieb der Dorfschulmeister von Lauenberg meinen Eltern einen ermunternden, witzigen Brief.

Liebe Pastors!

In herzlicher Mitfreude über Ihr Jungenglück nehmen Sie von uns bitte herzlichste Glückwünsche an. Bedenken Sie allezeit: Wem use Hergott Jungens giwt, dem giwt hei auk Böchsen. Sagte doch auch Heinrich Sohnrey, der Vater von fünf Buben: Man soll seine Jungens nicht zu früh totschlagen, weil man immer nicht wissen kann, ob die den Vater nicht noch einmal berühmt machen werden!

Da unsere Familie z. Zt. weiter nichts als prima Ableger von Husten und Schnupfen zu vergeben hat, wollen wir die Besichtigung Ihres jungen Glückes einem schönen Maitag vorbehalten.

Anbei folgen zween Fische, welche Sie bitte für den montäglichen Küchenzettel verwenden wollen. Gestern früh im Dießewasser geangelt sind dieselben etwas mit Salz eingerieben. Vor dem Braten Salz gut abwaschen!

Sollten Ihnen die Fischlein eine kleine Freude bereiten, so wäre das für uns eine große!

Inzwischen mit herzlichen Grüßen
Ihre Traupes
Lbg. 21/4.29

Das alte, feuchte Pfarrhaus setzte der Gesundheit unserer Mutter zu. Als sich das dritte Kind ankündigte (es wurde wieder ein Junge, bis schließlich sechs Jungen um den Familientisch versammelt waren), da entschloss sich mein Vater 1931 die Pfarrstelle zu wechseln. Wir zogen in den Südharz, nach Sülzhayn, in einen Kurort.

Zur Kirchengemeinde gehörte auch das Nachbardorf Werna, eine Patronatsgemeinde, die sich nicht durch besondere Kirchlichkeit auszeichnete. Durch die Sanatorien war in Sülzhayn eine offenere Situation gegeben; es stellten sich für den Pastor damit aber auch zusätzliche seelsorgerliche Aufgaben.

Im Hof hinter dem Pfarrhaus, in dem langgestreckten Stallgebäude hatte die örtliche Feuerwehr ihr Löschfahrzeug und die Geräte untergebracht. Das war natürlich für uns Kinder eine Attraktion, solange alles nur Übung blieb. So ganz geheuer war mir dann nicht, wenn die Alarmsirene das Dorf aufschreckte und auf dem Hof hinter dem Pfarrhaus eine hektische Betriebsamkeit in Gang setzte.

Einige Stallungen waren den Nachbarn vorbehalten. Die benutzten den Hof gelegentlich als Schlachtplatz. Wenn ich vom Quieken geweckt wurde, zog ich mir die Bettdecke über den Kopf und hielt mir die Ohren zu. Zuschauen mochte ich nicht.

Der große Garten hinter den Stallgebäuden bot uns Kindern genügend Möglichkeiten zum Spielen. Man musste erst die Waschküche passieren. Die grenzte an die Stallgebäude und wurde nicht nur beim monatlichen Waschtag benutzt, sondern im Herbst auch für das Aufkochen von Pflaumenmus oder von Zuckerrübenschnitzeln, die die Großeltern aus Hildesheim mitgebracht hatten. Neben der Waschküche stand die Sandkiste unter einem schräg gewachsenen Birnbaum. Der war für uns Kinder ein natürliches Klettergerüst.

In Sülzhayn kam ich 1935 zur Schule. Ich hatte da keine besonderen Schwierigkeiten zu bestehen, fühlte mich aber unter den Mitschülern immer ein wenig als Fremdling, fand im Dorf auch keinen richtigen Freund. Das mag aber auch an meinem Alter gelegen haben, das noch keine selbständigen »Ausflüge« ins Dorf erlaubte. Zudem spürte ich eine gewisse Abneigung im Dorf gegen »die Kirche« und den christlichen Glauben. Die ging nicht von den Mitschülern selbst aus, nach meiner Erinnerung auch nicht von den Lehrern. Aber sie lag irgendwie in der Luft. Ich wusste nicht, dass die Predigten meines Vaters immer wieder abgehört wurden und dass er vor einem Sondergericht in Halle auf Grund des »Heimtückegesetzes« angeklagt worden war, weil er im Gottesdienst für Pastor Martin Niemöller, der als ›Gefangener des Führers‹ ins KZ eingeliefert war, gebetet hatte. Aber ein Kind wittert die gespannte Atmosphäre, auch wenn es sie nicht deuten kann.

Ich erinnere mich an ein Gespräch mit Konfirmanden, die auf den Beginn ihres Unterrichts warteten. Sie verwickelten mich in ein »Glaubensverhör«. Das ging etwa so: »Dein Vater hat uns gesagt, alles, was Gott geschaffen hat, das ist gut. Stimmt das wirklich?« Worauf ich nur sagen konnte: »Ja, das stimmt!« »Und alles, was gut ist, das kann man doch essen?« Ich durchschaute den logischen Bruch nicht und schwieg. »Diese Erde hat Gott doch auch geschaffen, also kann man sie auch essen, oder hat dein Vater gelogen?« Das wollte ich auf meinem Vater nicht sitzen lassen. Aber bevor ich von der hingehaltenen Erde essen konnte, lachten sie mich aus und schickten mich ins Haus.

In guter Erinnerung habe ich die Kinderstunden, zu denen die Gemeindeschwester, Elisabeth von Spiegel, Kinder aus dem Dorf einlud. Sie wohnte im Nachbarhaus und stammte aus dem Patronatshaus des Nachbardorfes Werna.

Eines Tages rief mich mein älterer Bruder Günther aus der Küche ins Kinderspielzimmer. Von dort hatten wir einen guten Überblick über die Dorfstraße und die Kreuzung. »Hast du das schon mal gesehen? Der Pastor hat ja ein Nachthemd an!« Unsere Mutter holte uns schnell von der Fensterbank herunter. Es war eine katholische Beerdigung. Meine erste bewusste Wahrnehmung des konfessionellen Unterschiedes.

Die Fensterbank im Kinderspielzimmer war für uns Jungen ein interessanter Beobachtungsplatz. Der Autoverkehr war nach heutigen Maßstäben minimal; aber er gab uns doch genügend Gelegenheit zu versuchen, die verschiedenen Autotypen voneinander zu unterscheiden. Und dann im Winter die Holzabfuhr aus dem Harz, die langen Pferdegespanne! Es gefiel uns gar nicht, mit welcher Härte die schon ermüdeten Pferde angetrieben wurden. Alle Umzüge und Aufmärsche passierten unser Haus. Wir nahmen auf unsere Weise am Leben des Dorfes teil.

Wie sie mit Namen hieß, habe ich nicht behalten. Aber sie gehört zu den Gestalten im Dorf, die mir lebendig in Erinnerung geblieben sind. Eine alte, schon etwas verwirrte Dorfbewohnerin, die auch im Sommer auf der Straße das Weihnachtslied sang »Alle Jahre wieder, kommt das Christuskind auf die Erde nieder, wo wir Menschen sind«. Die Zeile »Ist auch mir zur Seite, still und unerkannt« aus ihrem Munde hat mich geradezu ehrfürchtig gemacht. Ein Geheimnis schien sie zu umgeben. Und ich wäre nicht auf den Gedanken gekommen, sie zu hänseln.

Im Sommer 1936 gingen wir auf große Reise vom Harz nach Ostpreußen. Nur der Mitte April geborene Bruder Helmut blieb in der Obhut einer Tante zurück. In Swinemünde, wo uns der »Seedienst Ostpreußen« aufnehmen sollte, stand aber wegen irgendeiner Panne nur ein kleineres Schiff zur Verfügung. So mussten wir an Deck übernachten. Das war ungemütlich. Aber die

Bilder von der Ostsee, vom Meer und vom Strand, von einer Dampferfahrt durch die Masurischen Seen bis nach Rudzany haben sich mir tief eingeprägt. Ein halbes Jahrhundert später kam es zu einer Wiederbegegnung, wie mit einem längst vertrauten Land.

Im Januar 1938 zog die Familie mit Sack und Pack ins ferne Emsland. Das wesentliche Motiv für den Pfarrstellenwechsel meines Vaters war die schwierig gewordene Schulfrage. Die renommierte, auf eine fast 400-jährige Geschichte zurückblickende Evangelische Klosterschule in Ilfeld wurde 1934 »auf Befehl von oben« geschlossen und in eine »Nationalpolitische Erziehungsanstalt«, in eine sogenannte NAPOLA umgewandelt. »Die Nationalpolitischen Erziehungsanstalten sollen geistig und körperlich besonders befähigte Schüler zum Dienst an Volk und Staat vorbereiten und sie tauglich machen, die Grundsätze des Nationalsozialismus mit den schärfsten Waffen zu verteidigen«, so war das hauptsächliche Erziehungsziel in den »Aufnahmebedingungen« ausformuliert. Diesem Geist wollte und konnte mein Vater seine Kinder nicht aussetzen. So bat er das Landeskirchenamt in Hannover, als der Wechsel zur höheren Schule für meinen älteren Bruder anstand, um seine Versetzung an »irgendeinen Ort mit einem gediegenen Schulwesen«. Vermutlich war das Landeskirchenamt heilfroh, dass es die seit zwei Jahren vakante Stelle im entfernten Emsland, in der Diaspora endlich besetzen konnte.

Im Harz zeigte das Thermometer in den ersten Januartagen 1938 minus 18° C. Keine reine Freude für die Möbelpacker! In Lingen regnete es in Strippen. Die Straße zum Pfarrhaus, Am Wall 25, mehr ein Weg, also nicht gepflastert oder asphaltiert, war so aufgeweicht, dass der örtliche Möbelspediteur Schulte zu Hilfe gerufen werden musste, um alles Hab und Gut an der Mühlentorstraße auf leichtere Wagen umladen zu können. Ein Umzug mit Schwierigkeiten!

Uns vier Jungen samt unserer Hausgehilfin Irma hatte unser Großvater in Sülzhayn mit seinem Ford abgeholt. Natürlich gab es noch keine Autobahn. Hinter Osnabrück verfehlte er bei strömenden Regen in der Dunkelheit eine Abzweigung. Ich höre ihn noch schimpfen: »Wie kann euer Vater bloß in eine so gottverlassene Gegend ziehen! Hier ist die Welt zu Ende.« Konnte uns da Gutes erwarten?

Kapitel 2:

Vorkriegsjahre im Emsland, in der Diaspora, in Lingen (Ems) 1938/39

Es war eine ganz andere Welt, in der wir uns nun zurechtfinden mussten. Schon das riesengroße Pfarrhaus! Wir liefen durch alle drei Etagen und kamen auf 21 Zimmer, die zahlreichen Dachkammern allerdings eingeschlossen. Zwei Zimmer im Parterre bewohnte der Hilfsgeistliche, Pastor Wilhelm Behr, der die Vakanzzeit überbrückt hatte.

Lingen an der Ems: eine kleine, weit ausgebreitete, selbstbewusste Stadt mit damals etwa 11.000 Einwohnern, von denen 3000 zur lutherischen Gemeinde gehörten. Die Mehrzahl der Einwohner war römisch-katholischer Konfession. Etwa 1000 Mitglieder zählte die aus der Reformation hervorgegangene evangelisch-reformierte Gemeinde, der am Ende des 30-jährigen Krieges die mittelalterliche Stadtkirche zugesprochen worden war. Stadt und Grafschaft Lingen hatten eine wechselvolle Geschichte hinter sich. Nach der Reformation ein siebenmaliger Herrschaftswechsel zwischen den reformierten Oraniern und den katholischen Spaniern. Jeder Wechsel war mit der Unterdrückung der bisher dominierenden Konfession verbunden, führte aber nicht zu einer Verflachung der konfessionellen Profile und zur Gleichgültigkeit, sondern im Gegenteil zur Schärfung des konfessionellen Bewusstseins.

Als Preußen, 1701 Königreich geworden, im Jahr darauf die Stadt und Grafschaft Lingen in seinen Besitz gebracht hatte, bedeutete das eine politische Neuorientierung, nämlich eine langsame Loslösung aus der Westbindung (an Oranien, bzw. an Spanien, bzw. an den Bischof von Münster). Im fernen Berlin lag nun das bestimmende Machtzentrum. Dieser Neuorientierung verdankt die lutherische Gemeinde in Lingen ihre Gründung; denn die meisten preußischen Beamtenfamilien, die nun zuzogen, waren lutherisch geprägt. In der Familie des Landrentmeisters Haccius war um 1726 ein junger, offensichtlich begabter lutherischer Kandidat pro ministerio (wir würden heute sagen: Vikar) als Hauslehrer angestellt. Der hielt auf Veranlassung seines »Chefs« in einem Privathaus hin und wieder Andachten. Am 5. Dezember 1727 verlieh Friedrich Wilhelm I., der Soldatenkönig der kleinen lutherischen Gemeinde das Recht der freien öffentlichen Religionsausübung und bestimmte jenen Kandidaten Johann Anton Naber zum Pastor. Der legte sein Examen pro ministerio vor dem Konsistorium in Minden ab, wurde am 25. März 1728 von Superintendent Dreckmann in Bielefeld ordiniert und am 11. April 1728 in Lingen von seinem Ordinator feierlich in sein Amt eingeführt. Schon 1737 konnte die Einweihung der Kirche gefeiert werden. Mit welcher Zähigkeit die kleine Gemeinde und vor allem Pastor Naber durch weit ausgedehnte Kollektenreisen die Mittel zusammengebracht haben, ist ein Zeichen für den Lebenswillen und die Glaubenskraft der Gemeinde.

Ich sehe mich als ein geistliches Kind dieser lutherischen Gemeinde. Dass mich mein Weg dann einmal von Lingen nach Berlin führen würde, lag bis zum Jahre 1976, der Bischofswahl, weitab von meinen Gedanken, Wünschen und Träumen.

Mein Vater war der neunte in der Reihe der lutherischen Pastoren in Lingen. Wer dort in der Gemeinde erst angewachsen war, der blieb auch lange. Am 23. Januar 1938 wurde unser Vater durch den Superintendenten des Kirchenkreises Emsland-Bentheim, Wilhelm Funke (Meppen), in sein Amt eingeführt. Und damit verbunden war dann ein festlicher Begrüßungsnachmittag in einem scheunenartigen Gebäude neben dem Pfarrhaus, im Gemeindehaus. So unansehnlich und düster dieser große Raum auf den ersten Blick erschien, die Atmosphäre war an diesem Nachmittag hell und freundlich, wie bei einem großen Familientreffen. So hatte ich die Gemeinde in Sülzhayn nie erlebt. Die Minderheitensituation in der Diaspora fördert eben den Zusammenhalt.

Die Gemeinde freute sich offensichtlich, dass ihre Pfarrstelle nun endlich wieder besetzt war. Und wir vier Jungen – zwischen zehn und zwei Jahren alt – samt unserer jugendlichen Mutter mit ihren 30 Jahren – haben wohl das unsere dazu beigetragen, dass uns spürbar Sympathie entgegenkam. Wir waren hier willkommen.

Es passierte im ersten Jahr, und dann nicht mehr, dass in der Stadt besorgt gefragt wurde, ob der neue lutherische Pastor wohl eine kränkelnde Frau habe, er gehe immer mit seiner Tochter spazieren. Unsere Mutter war neun Jahre jünger als unser Vater und wirkte wohl wie seine Tochter.

In der evangelischen Volksschule, hinter der Post gelegen, wurde mir in der 3. Klasse durch Lehrer Wiegmink ein Platz in der letzten Reihe zugewiesen. Und so fühlte ich mich auch: etwas am Rande. In den ersten Tagen war ich froh, wenn die Pause zu Ende ging. Mit meiner thüringischen Sprachfärbung fiel ich aus dem Rahmen. Manche Mitschüler sprachen plattdeutsch; die konnte ich schon gar nicht verstehen. Aber auch bei den anderen und selbst bei Lehrer Wiegmink hatte ich oft meine Schwierigkeiten. Der ermahnte mich etwas unwillig, ich solle doch nicht immer »Wie bitte – –??« sagen, wenn er mich etwas frage.

Ich empfand es als Glück, dass mich einer meiner Mitschüler, der gar nicht weit von uns wohnte, unter seine Fittiche nahm: Karl-Ludwig Galle, der Sohn einer früh verwitweten Lehrerin an unserer Schule. Von da an datiert unsere lebenslange Freundschaft.

Allerdings kam dann bald heraus, dass er für einen vorzeitigen Übergang zum »Georgianum« vorbereitet wurde. Ihn in der Klasse zu verlieren, war für mich beunruhigend. Auch wenn Rektor Mohrmann nebenamtlicher Organist der lutherischen Gemeinde war, er mich also kannte, so gehörte doch eine gute Portion Überwindung dazu, als Drittklässler an der Tür des Rektorenhauses – es lag der Schule gegenüber – zu klingeln. »Na, Martin Kruse, was willst du denn?« »Ich wollte mich wieder abmelden; ich möchte nicht auf dieser Schule bleiben!« »Wo willst du denn hin?« »Auf's Georgianum, zusammen mit Karl-Ludwig Galle.« »Das geht aber nicht so einfach; da muss ich erst mit deinem Klassenlehrer und deinen Eltern sprechen.«

Lehrer Wiegmink meinte: »Lassen sie ihn ruhig die Aufnahmeprüfung machen; er wird sie nicht bestehen. Wenn er seinen Willen bekommen hat, wird er sich schneller in die Klasse hineinfinden.« So marschierte Anfang April 1938 ein kleines Häuflein, der Größe nach geordnet, ich also am Schluss, durch die Marienstraße, über den Marktplatz (der 1933 in »Adolf-Hitler-Platz« umbenannt worden war), durch die Gymnasialstraße, am Bonifatius-Krankenhaus vorbei zum »Georgianum«, zur Aufnahmeprüfung.

Ich fiel durch, errang aber bei der Kommission doch einen gewissen Achtungserfolg und wurde »probeweise aufgenommen«. Ich kann mich nicht entsinnen, dass die Einschränkung (»probeweise«) jemals außer Kraft gesetzt worden wäre. Ich blieb bis zum Abitur (1947) mit meinem ein gutes Jahr älteren Bruder Günther in einer Klasse. In der Sexta musste ich einige Zähigkeit aufbringen, um das Ziel zu erreichen.

Aber noch einmal zurück zum Anfang in der Volksschule in Lingen. Im ersten Monat schon erschütterten zwei Todesnachrichten unsere Klasse. Ein Mitschüler, den ich gar nicht mehr kennen gelernt hatte, verstarb plötzlich. Und am 28. Januar 1938 verunglückte das

Lingener Idol und der Schwarm aller Jugendlichen seiner Heimatstadt, Bernd Rosemeyer, Rennfahrer der Auto-Union und Europameister von 1936 (was dem heutigen Weltmeistertitel in der Formel I entspricht), tödlich bei einem Weltrekord-Versuch auf der Autobahn zwischen Frankfurt und Darmstadt bei Tempo 440 km/h. Es gab tagelang kein anderes Gesprächsthema. Ich konnte da nicht mitreden und nicht wirklich mitempfinden. Ich war noch ein Fremdling.

Ganz in unserer Nähe hier in Berlin, hinter dem S-Bahnhof Nikolassee, auf dem Weg über die AVUS zum Wannsee-Bad erinnert ein Straßenschild, der »Bernd Rosemeyer-Steig«, an den berühmten Rennfahrer. Als vor einigen Jahren die Schilder abhanden gekommen waren – vielleicht als Souvenir von Fans »einkassiert« – schrieb ich an den Bezirksbürgermeister von Zehlendorf-Steglitz einen Brief. Wenn der Bezirk bei der allgemeinen Finanzmisere in unserer Stadt das Geld für Ersatzschilder nicht aufbringen könne, dann würde ich eine Spendenaktion unter den mir bekannten Lingenern in Berlin in Gang setzen. Ich bekam umgehend einen Dank für den Hinweis und die Versicherung, dass die Schilder amtlicherseits ersetzt würden – was auch prompt geschah.

Unsere Nachbarn in der sogenannten ›Kolonie‹, einem kleinen ›Kietz‹, wie man in Berlin sagen würde, lernten wir schnell kennen. Keine vermögenden Leute. Facharbeiter im Reichsbahn-Ausbesserungswerk (das RAW war mit damals gut 1.400 Mitarbeitern der größte Industriebetrieb in der Stadt), Angestellte, kleine Händler. Am Milchwagen trafen sich die Frauen am Vormittag. Der Milchmann mit seinem Einspännergefährt war ein lustiger, lauter Typ, immer zu Späßen aufgelegt. »Setzt euch, die Stühle kommen gleich«, war einer seiner Sprüche. Unsere nächsten Nachbarn, die jüdische Familie Hanauer, waren nur selten in der Runde am Milchwagen vertreten. Kinder gab es in diesem Nachbarhaus nicht. Die drei Hanauers waren scheu und verängstigt; das blieb auch uns Kindern nicht verborgen. Das Fenster des Badezimmers im Parterre des Pfarrhauses öffnete sich zum abgeschlossenen Hofraum der Nachbarn. Meine Mutter suchte da den nachbarschaftlichen Kontakt. Sie wusste wohl am besten Bescheid.

Als kurz nach Mitternacht am 10. November 1938 die Synagoge am Gertrudenweg niedergebrannt und danach Schaufensterscheiben jüdischer Geschäfte von SA-Leuten zertrümmert wurden, ließen uns unsere Eltern am Morgen nicht zur Schule gehen. Herr Hanauer wurde von der Polizei aufgeholt und einen Tag eingesperrt, dann aber wieder entlassen. Wenige Tage nach der »Reichskristallnacht«, diesem »von oben« angeordneten und organisierten Pogrom, verschwanden die Hanauers über Nacht. Sie seien zu Verwandten nach Ibiza geflohen, hieß es. Redliche Menschen, von denen ich den Eindruck hatte, dass sie keiner Fliege etwas zu Leide tun würden. Warum wurden sie wie Schwerverbrecher behandelt? Mein Vater war bedrückt und äußerte: »Das kann nicht gut gehen; dafür werden wir Deutschen noch büßen müssen!«

Heute frage ich mich: Warum hat es keinen Aufschrei der Empörung in unserer kleinen, christlich engagierten Stadt gegeben? Wie haben die Gottesdienste am folgenden Sonntag dieses himmelschreiende Unrecht aufgenommen, im Bußgebet, in der Predigt, in den Fürbitten? Der nationalsozialistischen Führung diente dieser organisierte Flächenbrand des Hasses als eine Art Test: Was nimmt das Volk in Kauf? Was können wir ihm zumuten? Und danach nahm das Unheil – bis hin zur systematischen Ausrottung der Juden – seinen Lauf.

In den Sommerferien des ersten Lingener Jahres habe ich mit meinen Eltern zwei oder drei Wochen auf der kleinsten der ostfriesischen Inseln, auf Baltrum verbracht. Sie meinten wohl, ich hätte es nach dem Wechsel zum Gymnasium und den Strapazen, die Probe zu bestehen, unter meinen Brüdern am nötigsten, etwas Schönes, Unbeschwertes zu erleben. Wir wohnten bei »Tante Tinni Bruns«, einer kleinen Pension im Ostdorf und gingen zum Essen ins »Dünenschlösschen«. Mein Vater war ein passionierter Wanderer und Schwimmer (ansonsten aber nicht gerade ein sportlicher Typ; im Krieg haben wir vergeblich versucht, ihm das Fahrrad- fahren beizubringen). Ausgedehntes Strandwandern und Schwimmen gehörten wie selbstverständlich zu seinem Tagespensum. Mir wurde, keineswegs gegen meinen Willen, ein Schwimmkurs im Meer verordnet. Es klappte auch relativ schnell. Nur als ich zu Hause in Lingen in der Jungen-Badeanstalt am Dortmund-Ems- Kanal meinen Mitschülern meine Künste vorführen wollte, ging ich im Süßwasser beinahe unter.

Dieser Baltrum-Urlaub hatte ein halbes Jahrhundert später, 1988 also, ein überraschendes Nachspiel. Die »Frankfurter Allgemeine Zeitung« (FAZ) forderte mich auf, den »Fragebogen« auszufüllen, der wöchent- lich als Beitrag von »prominenten Zeitgenossen« in der Beilage veröffentlicht wurde. Auf die Frage »Was ist ihr Traum vom Leben?« gab ich die Antwort: »Pastor auf Baltrum; im Sommer viele Menschen, im Winter viele Bücher«. Postwendend traf bei mir in Berlin ein Brief vom Kirchenvorstand auf Baltrum ein. Mir sei of- fenbar unbekannt, was ein Pastor auf Baltrum im Win- ter zu leisten habe. Darum habe der Kirchenvorstand beschlossen, mich und meine Frau Marianne für eine Woche nach Baltrum einzuladen. Dann könne ich mich kundig machen. Meinen Talar möge ich bitte gleich mitbringen. So kam es nach fünfzig Jahren zu ei- ner Wiederbegegnung mit der »Insel meiner Träume«.

Das Emsland ist uns schnell zur Heimat geworden. Wir kamen uns nicht vor, als seien wir »am Ende der Welt« gelandet, wie unser Großvater befürchtet hatte. Die Stadt bot viele Reize. Und die Umgebung war kei- neswegs eintönig. Man musste das nur entdecken. Der

Dortmund-Ems-Kanal, der die Stadt an ihrem Westrand durchzog, war für uns Jungen ein Anziehungspunkt ersten Ranges. Da war immer etwas los. Ganz gemächlich zogen die Schlepper die zwei motorlosen Kähne. Die »Harener Pünten«, kleine Frachtschiffe, tuckerten schneller vorbei. Und ab und zu waren größere Motorschiffe zu sehen. Hunde kläfften, wenn wir Steine ins Wasser warfen. Und bald hatten auch wir Zugezogenen gelernt, wie man die Fahrensleute ärgern konnte, nämlich mit der Frage:»Skipper, hewt jou Ratten on board?« Nicht alle ließen sich auf dieses Spiel ein, sondern fuhren ungerührt davon, als wären wir gar nicht da. Wenn eine Brücke nahte, wurde der dicke, schwarze Schornstein der Schlepper heruntergeklappt. Es galt bei den Lingener Jungen als hohe Kunst, von der Brücke herab in den Schornstein zu spucken.

Der Sonntagsspaziergang führte die ganze Familie oft auf den Treidelpfad am Dortmund-Ems-Kanal entlang. Einige Kilometer südlich der Stadt, in Hanekenfähr, teilte der Kanal sein Bett mit der Ems. Bei längeren Wanderungen war das für uns ein beliebtes Ausflugsziel. Vor der Gabelung von Ems und Kanal befand sich die Kanalschleuse Hanekenfähr, die den Unterschied der Wasserhöhe auszugleichen hatte. Alle Schiffe wurden erst einmal in ihrer Fahrt unterbrochen. Hinter der Schleuse lag unser Ziel: die Gastwirtschaft Schiewing. Da kehrten wir ein. Ich weiß nicht, ob der Papagei schon in unserem ersten Lingener Jahr dort zu finden und zu hören war. In meiner Erinnerung jedenfalls hat er seinen festen Platz. Er krächzte laut und deutlich:»Papa, ein Glas Bier«. Und wenn er guter Laune war, sang er zu unserem Vergnügen:»Deutschland, Deutschland über alles«. Das wurde ihm 1945, als die englische Besatzungsarmee einzog, zum Verhängnis. Er verschwand; ich weiß nicht wie und wohin.

Dort, wo sich die Ems vom Kanal getrennt hatte, stürzte sie in einen Wasserfall. Am Rande war eine

Lachstreppe eingebaut. Und auf der gegenüberliegenden Seite der Ems, vielleicht 500 Meter vor dem Wehr, führte eine kleine, verträumte Wasserstraße, der Ems-Vechte-Kanal, nach Nordhorn und weiter ins Holländische.

Auch die weiten Moorgebiete, die sich wie eine Barriere zur holländischen Grenze hin erstreckten, hatten ihren Reiz. Und anders als in Ostfriesland war die Stadt an ihrer nördlichen und östlichen Grenze von Wäldern umgeben.

Soviel Anregendes und Schönes ich im ersten Jahr in Lingen erlebt habe, es roch immer beunruhigender nach Krieg. Unter der Parole »Heim ins Reich« versuchte Hitler die Grenzen zu verschieben. Dazu bediente er sich eines großen propagandistischen Aufwandes. Am 12. März 1938 marschierten deutsche Truppen in Österreich ein und vollzogen den »Anschluss«, bevor eine Volksabstimmung für ein freies Österreich stattfinden konnte. Kurz danach wurde unter dem Vorwand, den bedrängten Sudetendeutschen beistehen zu müssen, die »Zerschlagung der Tschechoslowakei« beschlossen. Die Krise spitzte sich zu, bis es auf Betreiben des englischen Premierministers Neville Chamberlain am 29./30. September zum sogenannten »Münchener Abkommen« kam, in dem Großbritannien, Frankreich und Italien Hitler den Einmarsch deutscher Truppen und der Abtretung des Sudetenlandes an Deutschland zugestanden. Die Tschechoslowakei wurde gar nicht erst beteiligt. Der Krieg war in letzter Minute verhindert worden. Jetzt würde der Friede in Europa gesichert sein, dachten viele. Aber sie erlagen einer bösen Täuschung. Hitler wollte mehr. Die Parole »Heim ins Reich« genügte nicht mehr. Am 15. März 1939 besetzten deutsche Truppen die schon um das Sudetenland amputierte Tschechoslowakei.

Am 23. August 1939 schlossen Deutschland und die Sowjetunion einen Nichtangriffsvertrag, den sogenannten »Hitler-Stalin-Pakt«. Der Krieg stand vor der Tür.

Kapitel 3:
Die Kriegszeit in Lingen
(1939–1945)

Am 1. September 1939 hockte ich morgens kurz vor sieben Uhr zusammengekauert – weil mir kalt war – auf einem Lehnstuhl im kleinen Wohnzimmer neben dem Radio. Nachrichten. Mit einer fast feierlichen und entschlossenen Stimme verkündete der Sprecher: »Ab 4.45 Uhr wird zurückgeschossen.« Also doch: Krieg! Und was wird das bedeuten? So ganz begreifen konnte ich das als Zehnjähriger nicht. Etwas Unheimliches, Bedrohliches lag in der Luft. »Nun werden uns die Engländer und Franzosen auch den Krieg erklären«. Aber das geschah erst mit 48-stündiger Verzögerung.

Mit dem 8. September verbindet sich in meiner Erinnerung die Zeitungsüberschrift: »Deutsche Panzerspitzen vor Warschau«. In der Nacht zum 9. September jaulten die Sirenen: »Fliegeralarm!« Zum ersten Mal im Keller. Wie oft ist er in den sechs Kriegsjahren zum Treffpunkt der Nachbarschaft geworden. Unsere Mutter war am 8./9. September nicht dabei. Sie lag in der Wöchnerinnen-Station des Bonifatius-Krankenhauses, aber die Geburt verzögerte sich. Als unser Vater am nächsten Morgen zu ihr ging, wunderte sich meine Mutter, dass er gar nicht nach dem Kind fragte. Sie dachte, er sei enttäuscht, weil auch das fünfte Kind ein Junge war. Aber in Wirklichkeit war der Telefonanruf im Luftschutzkeller überhört worden, also ins Leere gegangen. Nicht von ungefähr bekam der neue Sprössling den Namen Wilfried.

Das Leben stellte sich auf Krieg ein. Bei Sonnenuntergang verdunkelte sich die Stadt. Alle Fenster ohne Rollo wurden mit Decken verhängt. Kein Lichtstrahl durfte nach draußen dringen. Das wurde streng kontrolliert. Selbst die Fahrradlampe musste eine Kappe mit einem schmalen Schlitz tragen. Im Keller wurden zusätzliche Stützbalken angebracht. Im Dachgeschoss, nicht nur auf dem großen Boden, wurden Wassereimer und Sand »postiert«. Immer mehr Lebensmittel wurden rationiert. Die Lebensmittelkarten bestimmten das Einkaufsgeschehen. Im Blick auf unsere große Familie musste Vorratswirtschaft überlegt und nachdrücklich betrieben werden. Das galt für die Kartoffeln ebenso wie für das Heizmaterial.

Nachdem Polen von den deutschen Truppen in drei Wochen überrannt worden war, blieb der späte Herbst und der Winter ruhig. England und Frankreich hatten Polen nicht beigestanden, obwohl sie durch Verträge eigentlich dazu verpflichtet gewesen wären. Auch der unvollendete Stand ihrer Aufrüstung hielt sie davon ab. Der Krieg stand scheinbar still. Das war wie ein unheimliches Atemholen vor dem Sturm. Da Lingen ein ausgedehntes Kasernengelände hatte, konnten die Vorbereitungen nicht verborgen bleiben. Es war eine geschäftige Ruhe vor dem Sturm. Im Westen standen sich am »Westwall« und an der Maginot-Linie Deutsche und Franzosen unmittelbar gegenüber. Da würde es irgendwann im Frühjahr »richtig losgehen«, dachten wir. Es kam anders.

Am 9. April 1940 besetzten deutsche Truppen – ohne auf Gegenwehr zu treffen – das neutrale Dänemark und landeten mit Hilfe der Kriegsmarine Truppen in mehreren norwegischen Häfen. Eine Woche später kamen alliierte Truppen den Norwegern zu Hilfe, aber sie konnten das Blatt nicht mehr wenden. In Narvik, dem für Deutschland wichtigen Verladehafen für schwedisches Eisenerz, wurde noch bis in den Juni hinein gekämpft. Inzwischen waren die deutschen Truppen am 10. Mai 1940 an der Westfront zum Angriff übergegangen. Sie überfielen die kleinen, neutralen Nachbarstaaten Holland, Belgien und Luxemburg, um die französische Maginot-Linie zu umgehen und stießen dann quer durch Frankreich auf die Atlantikküste zu. Die britischen Entlastungstruppen setzten sich mit Teilen der französischen Armee von Dünkirchen aus auf die Insel ab. Am 14. Juni wurde Paris besetzt, am 22. Juni der Waffenstillstand in Compiègne bei Paris unterzeichnet, bewusst an dem Ort, wo 1918 die Kapitulationsverhandlungen der Deutschen stattgefunden hatten.

Niemand hatte mit einem so schnellen Sieg gerechnet. Er wurde mit Paraden, Propaganda- Veranstaltungen und Lobeshymnen auf den Führer, den »größten Feldherrn aller Zeiten« überall im Lande gefeiert, auch in unserer kleinen Stadt. Irgendwie waren alle nicht nur erleichtert, sie hielten einen »Sieg« nun auch für möglich. Das Vertrauen in die staatsmännische Kunst des Führers wuchs zusehends. Das Empfinden für das Unrecht, auf dem dieser »Sieg« beruhte, schwand. Der »Sieg« machte blind. Natürlich auch uns Jungen im Alter von 11/12 Jahren.

Am Sonntag (und oft genug auch unter der Woche) erweiterte sich bei uns im Pfarrhaus der Mittagstisch, der ja in unserer kinderreichen Familie eigentlich schon groß genug war. Aber für Karl-Ludwig Galle, meinen Freund, überhaupt für Besuch, für eben entlassene Strafgefangene, die unser Vater im Gefängnis als Seelsorger betreut hatte, für alleinstehende Gemeindeglieder war immer noch ein Platz frei. Tante Jo Kobert, eine pensionierte Fürsorgerin, treues Gemeindeglied, Kindergottesdiensthelferin, aber wenig begabt und erfahren in Küchendingen, war sonntags immer bei uns willkommen. Sie hatte Verwandte in den USA, sprach Englisch, in ihrem Wohnzimmer hing (bis zum Kriegsende!) eine amerikanische Flagge, war Mitglied der NSDAP seit 1928, aber ein unabhängiger Geist – sie sagte bei Tisch: »Hitler täuscht sich. Die Amerikaner

werden den Krieg entscheiden, die warten noch ab.«
Das war eine ernüchternde Stimme.

Im »Georgianum« veränderte sich die Zusammensetzung des Kollegiums. Die jüngeren Lehrer wurden
eingezogen. Für uns ungewohnt, kamen nun auch Lehrerinnen an unsere Schule. Frau Elisabeth Crone war an
die Stelle ihres Mannes getreten, der dann in Stalingrad
starb. Sie unterrichtete uns in der Quinta in Mathematik
und Biologie. Sie war immer sorgfältig vorbereitet und
verlangte viel von uns. Ihre Durchsetzungsfähigkeit
wurde von einigen Mitschülern ziemlich ungeniert auf
die Probe gestellt. Aber sie schien das gar nicht zu merken. Als sich einer der Stärksten in unserer Klasse, En-
gelbert von Croy eine Blöße gab, ließ sie ihn nach vorne
kommen. Und schwupp – ehe er sich's versah, hatte er
eine Ohrfeige eingesteckt. Von da an gab es keine Dis-
ziplinschwierigkeiten mehr. »Miss Jedding«, wie wir
sie nannten, unsere Englischlehrerin, hatte uns gegenüber einen schwierigeren Stand. Einer hatte in seinem
Englischbuch dem dort abgebildeten Sir Francis Drake
die Augen durchstochen und die nächste Seite an der
entsprechenden Stelle mit zwei schwarzen Punkten
versehen. Er unterbrach den Unterricht und schrie
scheinbar entsetzt: »O, Frau Jedding, sehen Sie mal,
mein Francis Drake rollt ja mit den Augen!« Die Aufmerksamkeit war wieder einmal für einige Zeit dahin.
Gelegentlich musste der Direktor eingreifen, um uns
zur Raison zu bringen.

Auf Frau Crone muss ich noch ein besonderes Lob-
lied singen. Sie hat schon in der Quinta in mir die Liebe
zur Mathematik geweckt, wohl einfach dadurch, dass
sie gut erklären konnte und ich in den Leistungen einen Sprung nach vorne machte. Sie half mir dann einige Jahre später durch Nachhilfestunden im Deutschen über eine Hürde, an der ich zu scheitern drohte.
Es machte sich in gewissen Fächern eben doch bemerkbar, dass ich der Jüngste in der Klasse war. Als wir an-

fingen, Goethe zu lesen, langweilte mich das; ich las lieber Karl May.

Gegen Ende des Krieges war der Großteil unserer Klasse als Luftwaffenhelfer auf dem Flugplatz Plantlünne an Flak-Geschützen eingesetzt. Nur an einem Tag der Woche kamen sie zum naturwissenschaftlichen Unterricht ins »Georgianum«, sonst war der Stundenplan so eingerichtet, dass sie »draußen«, auf dem Flugplatz, von unseren Lehrern unterrichtet werden konnten. Als sie nach einem nächtlichen Einsatz sichtlich müde und hungrig im »Georgianum« erschienen, gab Frau Crone ihnen von ihren Lebensmittelmarken und schickte sie damit zum Bäcker v. d. Brelie »über die Mauer«. Das beschämte, aber vertrieb auch die Müdigkeit.

Schon in den unteren Klassen gehörte es zu unseren Pflichten, alle möglichen Kräuter zu sammeln, zu Hause zu trocknen und in der Schule abzuliefern. So waren wir in die Kriegswirtschaft eingespannt. In meinem Bücherschrank steht ein Buch mit einer Widmung unseres Direktors vom Dezember 1941: »Dem Schüler Martin Kruse (Klasse 4) zugeeignet vom »Georgianum« in Lingen als Ausdruck der Anerkennung für besonderen Einsatz bei der Herbeischaffung von Altmaterial in schwerer Kriegszeit«. Das Buch trägt den Titel »Dschungelleben. Forscherfreuden in Guayanas Urwäldern«, keine besonders interessante Lektüre, aber fern jeder politischen Propaganda.

Es gab keine freien Jugendverbände mehr. Alle waren mehr oder weniger zwangsweise in die Hitlerjugend (HJ), bzw. den Bund Deutscher Mädchen (BDM) überführt worden. Die 10- bis 13-Jährigen gehörten zum »Jungvolk«, die 14- bis 18-Jährigen zur eigentlichen Hitlerjugend. Zweimal in der Woche war nachmittags »Dienst«, am Mittwoch und am Sonnabend. Die Schule nahm darauf Rücksicht, an diesen Tagen entfielen die Schulaufgaben. Ich gehörte zum

»Fähnlein 2, Stamm Lingen, Bann 148 Kreis Lingen, Gau Weser-Ems«. Mein Fähnleinführer Karl Hundertmark lebte im Ruhestand in einem Altenstift in Sarstedt bei Hildesheim. Dort war er bis zu seiner Pensionierung Superintendent gewesen. Er erzählte mir, dass er später aus der HJ ausgeschlossen worden sei, wegen »Aufsässigkeit«.

Der »Dienst« war im Ganzen ziemlich langweilig. Exerzieren, Marschieren, Sport treiben. Am interessantesten waren noch die Geländespiele. An politische Erziehungsstunden kann ich mich überhaupt nicht erinnern, es sei denn an die »Feierstunden« bei besonderen Anlässen. Die fanden meistens im Kinosaal in der Marienstraße statt. Die Fanfaren bliesen. Wir sangen »Heilig Vaterland in Gefahren« oder »Es zittern die morschen Knochen der Welt vor dem großen Krieg«. Der Bannführer oder irgendein Schulungsleiter hielt eine Rede. Die rauschte an mir mehr oder weniger vorüber. Es wurde eine übertriebene, mir unheimliche Feierlichkeit zelebriert.

Erst als ich im Spielmannszug mitwirken konnte und eine Piccolo-Flöte bekam, machte mir der »Dienst« mehr Spaß. Mit Trommeln, Fanfaren und Flöten, immer ein bisschen unsauber gespielt, zogen wir durch die Stadt. Der Einzelne musste sein Instrument beherrschen. Das war etwas Individuelleres, als nur im großen Haufen mitzumarschieren und die Befehle auszuführen.

Eine Weise, das Interesse der Jugendlichen zu gewinnen, waren die Spezialeinheiten der HJ: Motor-HJ, Nachrichten-HJ, Flieger-HJ, Marine-HJ. Da war einfach »mehr los« als in den allgemeinen HJ-Einheiten. Dass dabei auch vormilitärische Erziehung und Werbung für bestimmte Truppenteile der Wehrmacht betrieben wurde, liegt auf der Hand.

Die Marine-HJ bildete sich in Lingen erst, als ein Kapitänleutnant an das Wehrbereichskommando in Lingen versetzt wurde. Er hatte ein Talent, uns Jungen zu begeistern. Ein Ruderboot wurde angeschafft, ein »Kutter«. Für die Gerätschaften ließ er ein Boothaus am Alten Hafen errichten. Wir lernten Morsen und Winken, die verschiedenen Arten der Seemannsknoten, das Lesen von Seekarten mit all den unterschiedlichen Zeichen. Und natürlich waren wir mit dem Kutter auf dem Kanal unterwegs, manchmal bis Hanekenfähr.

Es gab drei Stufen der Seesportprüfungen. Die einfachste (A) konnte vor Ort abgelegt werden. Die schwierigeren (B und C) nur auswärts in 3-Wochen-Lehrgängen auf Seesportschulen. Im Sommer 1943 (ich war 14 Jahre alt) fuhr ich über Berlin nach Stralsund zu einem Lehrgang auf der »Gorch Fock«. Die lag dort vor Anker und wurde als schwimmende Seesportschule genutzt. Im Jahr darauf, im Juli 1944 folgte dann ein C-Lehrgang auf der »Admiral von Trotha« in Ziegenort, nördlich von Stettin. Eine harte Zeit jeweils, in der wir schwer rangenommen wurden. Wir schliefen in zwei großen Sälen unter Deck in Hängematten. Die wurden über Tag in einem Schapp verstaut. Die großen Räume unter Deck dienten dann als Speisesäle oder als Unterrichtsräume. Das Schiff blitzte nur so vor Sauberkeit. Zweimal am Tag war »Rein Schiff« angesetzt. Das Deck wurde mit Bimsstein gescheuert. Wir knieten nebeneinander auf den Planken oder putzten alle Messingteile, die an sich schon blitzten. Und dann folgten nach einem genauen Stundenplan die praktischen und theoretischen Ausbildungen. Man musste schon seine Zähne zusammenbeißen, um die drei Wochen zu überstehen. An den Abenden versammelten sich alle, auch die Ausbilder (die übrigens nicht von der HJ oder der Partei, sondern von der Kriegsmarine gestellt wurden), an Deck zum gemeinsamen Tagesausklang. Da herrschte eine entspannte Feierabend-Atmosphäre. »Morgen früh, so Gott will, stehst du wieder am Spill« hieß es in dem Abendlied, das häufiger –

begleitet vom Schifferklavier eines Ausbilders – zum Abschluss gesungen wurde.

Im Frühjahr 1944 bestellte mich der Stammführer der HJ ins »Braune Haus« in der Marienstraße. Ich müsse die Führung der Marine-HJ in Lingen übernehmen. Es sei sonst niemand mehr da, der alle Seesportprüfungen abgelegt habe. Die Aufgabe reizte mich schon, aber ich empfand eine innere Schwierigkeit. »Ich gehe alle 14 Tage zur Kirche und will das auch weiter tun«. »Nein, das geht nicht!« »Dann geht das eben nicht!« Aber es ging dann doch. Die HJ-Führung musste im katholischen Emsland mancherlei Kompromisse eingehen und konnte ihre Vorstellungen – zumal auf dem Lande – nur mit Mühe oder gar nicht durchsetzen. So war ich also jetzt »Gefolgschaftsführer« und trug eine grün-weiße Kordel zum Matrosenanzug. Friedhelm Sachteleben, mein Freund wurde mein Hauptscharführer. Ich wundere mich noch heute, dass ich respektiert wurde. In jedem Fall war es ein frühes Leitungstraining. Zu Hause, im Pfarrhaus, musste ich die Kordel ablegen. Zu den Ungereimtheiten gehörte auch, dass ich bis zum Kriegsende im Vorstand des GTRV (Gymnasial Turn- und Ruderverein) als Kassenwart tätig war. Der GTRV hatte es abgelehnt, sich »gleichschalten« zu lassen und war daraufhin schon in der Mitte der 30er Jahre von allen Regatten ausgeschlossen worden. Aber er existierte als Schulverein weiter und besaß ein Boothaus am »Neuen Hafen« in Lingen.

Je länger der Krieg dauerte, desto härter wurden die Auswirkungen auf das alltägliche Leben. Die häufigen Fliegeralarme störten das Schulleben immer empfindlicher. Um Heizmaterial zu sparen wurden sogenannte »Kohleferien« eingeschoben. Unsere Klasse schrumpfte zusammen. Der Jahrgang 1928 wurde als Flakhelfer ausgebildet und kaserniert.

Im Herbst 1944 wurden wir zum Schanzeinsatz abkommandiert. Ein »Emslandwall« sollte als Verteidi-

gungslinie aufgebaut werden. Wir wurden auf Bauern-
höfen in Elbergen einquartiert. Die Panzergräben, die
wir im Elberger Moor ausheben mussten, haben die alliierten Truppen, wenn überhaupt, wohl nur aus der
Luft zu sehen bekommen. Als es zum Spätherbst hin
kälter wurde, kehrten wir nach Hause zurück und
wurden durch Zwangsarbeiter, die in Rotterdam nach
der Arbeit »abgefangen« und nach Deutschland trans-
portiert worden waren, und durch Kriegsgefangene ersetzt. Auch unsere Schule wurde zum Sammelquartier
für holländische Zwangsarbeiter bestimmt. Wir, nun
die oberste Klasse, wurden in der wertvollen, alten
Schulbibliothek unterrichtet. Wir waren nur noch ein
kleines Häuflein.

Anfang 1945 wurde ich durch den Bannführer der
HJ aufgefordert, an einer vormilitärischen Ausbildung
in der Baccumer Schule teilzunehmen. Ich ging zum
Direktor, er möge für mich eine Freistellung erwirken,
es falle schon genug Unterricht aus. Seine Antwort:
Das sei nun einmal ein »Befehl von oben«; da sei er
als Direktor machtlos. Das stimmte auch.

Kapitel 4:
Im »Letzten Aufgebot des Führers« (Volkssturm)

Mitte März 1945 kam dann auch für mich der »Einberufungsbefehl«. Ich war noch nicht einmal 16 Jahre alt. Wir vom Jahrgang 1929 sollten als letzte Reserve des Führers vor den anrückenden britisch-kanadischen Truppen in Sicherheit gebracht und für den »Volkssturm« aufgespart werden. Sammelpunkt war das Arbeitsdienstlager in Dötlingen bei Wildeshausen im Oldenburgischen.

Dort herrschte das reine Chaos. Niemand konnte eine plausible Auskunft geben, was nun aus uns werden sollte. Ich entdeckte ein Loch im Zaun und beschloss, mich in der Nacht aus dem Staube zu machen. Die 120 Kilometer bis nach Hause würde ich schon irgendwie schaffen.

Ein Munitionstransporter, der Nachschub an die Front bringen sollte, nahm mich auf. Da hockte ich im Nachtwind oben auf der explosiven Ladung und hoffte nur, dass uns kein Tiefflieger entdecken würde. Es war eine lausig kalte Aprilnacht. Die Zweige der Straßenbäume schlugen mir immer wieder ins Gesicht. An Dösen oder gar Schlafen war nicht zu denken. Am frühen Morgen, als der Lastwagen gestoppt wurde, kam heraus, dass die Frontlinie nach schweren, blutigen Kämpfen schon über meine Heimatstadt hinweggegangen war. Was nun? Zwanzig Kilometer vor dem Ziel rollte ich mich in meine Wolldecke und schlief im Straßengraben, weil ich nicht mehr weiter wusste. Bis mir einer einen Stoß versetzte: »Hau ab, sonst überrollen dich die Panzer!«

Aber wohin? Der Weg nach Hause war versperrt. Ich wollte leben und mein Leben nicht aufs Spiel setzen. Die größere Gefahr schien mir dort zu sein, wo geschossen wurde. Also landete ich wieder im Sammellager in Dötlingen, fand dort gleich zwei Lingener Freunde (Klaus Strothmann und Friedhelm Sachteleben) und ließ mich mit ihnen in eine Volkssturm-Kampfgruppe einreihen. Mir wurde eine viel zu große Uniform verpasst. Zur Ausrüstung gehörten ein Fahrrad, ein polnischer Beute-Karabiner, einige Handgranaten und eine »Panzerfaust«, mit der wir aus möglichst kurzer Entfernung die alliierten Tanks »knacken« sollten. »Kindersoldaten« nennt man das heute. Kaum ausgebildet! Kanonenfutter!

Ich habe in den vier Wochen keinen einzigen Schuss abgefeuert. Die englisch-kanadischen Truppen gingen kein Risiko mehr ein. Wo sich Widerstand regte, wurden Artillerie und Jagdbomber aufgeboten; und dann rückten die Panzer an und zwangen uns zum Rückzug.

Ich erinnere mich genau an den Vorabend von Hitlers Geburtstag. Über den Barackenflur des Krankenhauses in Wehnen bei Oldenburg dröhnte feierlich-salbungsvoll die Stimme von Josef Goebbels, die immer noch den »Endsieg« versprach und zum Durchhalten aufrief. Ich wollte nicht zuhören. Was ist, wenn ich jetzt, wo alles zu Ende geht, noch sterbe? Die Frage war unausgesprochen immer da. Ich habe damals beim »Volkssturm« viel über meinen Konfirmationsspruch nachgedacht: »Lasst uns halten am Bekenntnis der Hoffnung und nicht wanken; denn er ist treu, der sie verheißen hat« (Hebräer 10,23). Eine Garantie, am Ende heil davonzukommen, konnte ich darin nicht sehen.

Niemand gratulierte mir zu meinem 16. Geburtstag am 21. April 1945; denn Klaus und Friedhelm, die Lingener Freunde, waren zu einem Stoßtrupp-Unternehmen eingeteilt worden. Sie sollten durchs Moor hinter die englischen Linien geführt werden und den Nachschub zum Edewechter Damm stören. Sie kehrten unverletzt zurück.

Unser Unteroffizier weinte, als ein paar Tage später die Nachricht kam: »Der Führer ist tot.« Für ihn brach eine Welt zusammen. Mich berührte die Nachricht wenig. Ich sagte mir: Jetzt hört der Krieg bald auf, Gott sei Dank!

In Wilhelmshaven waren wir weiträumig eingekesselt. Einige Tage vor dem 8. Mai wurde für diesen Abschnitt eine Waffenruhe ausgehandelt. Das Gerücht ging um: Jetzt verhandeln Briten und Amerikaner mit dem deutschen Oberkommando, um gemeinsam gegen die Sowjetunion zu Felde zu ziehen. Mir erschien das wie ein böser Spuk.

Der letzte Tag, an dem ich die zu große Uniform trug, war gespenstisch. Orden wurden noch einmal verliehen. Wir mussten, die Fahne voran, durch Wilhelmshaven marschieren. Wer die Fahne nicht grüßte, wurde angebrüllt oder geschlagen. Ich weigerte mich, da mitzutun. Als dann einer unserer »Führer« den Pastoren rund um Wilhelmshaven öffentlich mit »Aktionen« drohte, weil sie am letzten Sonntag so gepredigt hätten, als sei der Krieg schon verloren, da wurde mir klar: Du musst hier weg, was auch kommt.

Wir Lingener Freunde beschlossen, unsere Zivilklamotten anzuziehen, unsere Rucksäcke mit Proviant (für uns selbst) und Rauchwaren (für Menschen, die uns unterwegs behilflich sein könnten) zu füllen und per Fahrrad auf die englische Frontlinie zuzufahren, Richtung Heimat. In irgendeiner Bürgermeisterei oder Amtsstube hatte ich mir auf einer verlassenen Schreibmaschine selbst eine Bescheinigung ausgestellt, ich sei nie Soldat gewesen, sondern wäre im Landeinsatz auf einem Bauernhof gewesen.

Das Schulenglisch reichte, um unbehelligt durch die englischen Linien zu kommen. Wir gaben immer die nächste Kleinstadt als Ziel unserer Heimreise an. Die vielen Brücken, gerade die gesprengten und nun von den englischen Pionieren provisorisch wiederhergestellten, waren kritische Passagepunkte. Manchmal blieb nur der Ausweg, uns auf Plattdeutsch als Holländer auszugeben. Denn auf den Straßen begegneten uns scharenweise ehemalige Kriegsgefangene, Zwangsarbeiter und KZ-Häftlinge aus vielen Nationen. Es war nicht gut, Deutscher zu sein. Aber wir hatten Glück und kamen durch.

Genau am 8. Mai 1945, am Tage der Kapitulation, kehrte ich aus dem Krieg in mein Elternhaus zurück. Ich war heil davongekommen. Geschenktes Leben!

Kapitel 5:
Auf dem Weg zum Abitur und zum Studium (1945–1947)

Die Stadt sah wüst aus. Überall Spuren der Kämpfe. Das lutherische Pfarrhaus, ein großer Kasten aus der Mitte des 19. Jahrhunderts, war unversehrt geblieben und darum noch dichter belegt. Sechs Parteien teilten sich schließlich die Räume, die wir früher einmal allein bewohnt hatten. Auch die Frau des Ortgruppenleiters der NSDAP, Brummerloh, hatte dort mit ihrem Sohn Unterschlupf gefunden. Niemand wollte sich mit dieser Familie belasten. Meine Eltern zögerten nicht und sahen es als ihre Christenpflicht an zu helfen.

Es war also eng im Pfarrhaus. Wir waren schließlich sechs Brüder. Vom ältesten, Günther, fehlte noch jede Spur. Er kehrte Ende Oktober 1945 kurzgeschoren und abgemagert aus der Tschechoslowakei, aus russischer Kriegsgefangenschaft zurück. In Sülzhayn hatte er sich erst einmal bei Wagenzinks durchfüttern und zivilisieren lassen, ehe er sich über die Zonengrenze schleusen ließ. Mitte August hatte ich zusammen mit Franz Köchling nach ihm in Rheinberg bei Krefeld gesucht, weil das Gerücht umlief, mehrere Lingener vom Jahrgang 1928 seien dort unter elenden Bedingungen in einem Kriegsgefangenenlager festgehalten. Das war eine abenteuerliche Reise, meistens per Anhalter und mit zwei Übernachtungen in Polizeizellen, aber ergebnislos.

Wir hatten im Pfarrhaus alle Hände voll zu tun, nicht nur mit Holzsammeln und Torfstechen, mit Arbeiten in Haus und Garten, sondern auch mit Arbeit in der Gemeinde. Es war in einem Diaspora- Pfarrhaus für uns schon immer selbstverständlich gewesen, dass wir mit eingespannt wurden. Durch das Einströmen schlesischer und ostpreußischer Flüchtlinge in das weithin katholisch geprägte Emsland stand die Gemeinde vor fast unlösbaren neuen Aufgaben.

Die Schulen waren noch geschlossen. Es hieß sogar, die Alliierten hätten sich verständigt, keine deutschen Schüler mehr zum Abitur zuzulassen. Aber das war ein leeres Gerücht. Wir mussten freilich eine Arbeit nachweisen, wenn wir nicht Gefahr laufen wollten, zur Umbettung der vielen in den letzten Kriegstagen gefallenen Soldaten, deutschen und alliierten, herangezogen zu werden. Ich ging also einige Monate unter die Glaser und Maler, zu Meister Gelshorn. Der versuchte – allerdings vergeblich – mich für das Malerhandwerk zu gewinnen. Ich solle mich nach der Lehre auf Kirchenmalerei spezialisieren. In den Großstädten werde es nach den verheerenden Kriegszerstörungen einen riesigen Bedarf geben. Aber als dann das »Georgianum« zum 1. Oktober 1945 den Unterricht wieder aufnahm, erschien mir der Abschluss meiner Schulausbildung doch sinnvoller.

Besonders gerne erinnere ich mich an die sich über Wochen hinstreckenden Malerarbeiten im katholischen St. Bonifatius-Krankenhaus. Die riesenlangen Flure waren zu streichen. Abkratzen, Vorstreichen, Lackieren. Und immer wurde die »Hierarchie« eingehalten: der Altgeselle, Adam Kraftczik, ein in der Stadt lebender ehemaliger polnischer Zwangsarbeiter, brauchte sich nicht zu bücken, der Lehrling im dritten Lehrjahr stand auf der Leiter und mir als Jüngstem war das untere Drittel zugewiesen. Der Meister kam mehrmals am Tag zur Kontrolle, er hatte ein scharfes Auge für die »Feiertage«, die versehentlich ungedeckt gebliebenen Stellen. Zum Frühstück und zum Mittagessen saßen wir alle vereint in der provisorischen Kantine im Kellergeschoss beisammen. Wir Lehrlinge mussten bedienen, kamen aber nicht zu kurz, schon weil die gutmütige, wohlbeleibte Küchenschwester, eine Nonne, dafür sorgte, dass die Kleinen nicht benachteiligt wurden. Es herrschte ja auch kein Mangel. Angeblich wurde bei den Bußleistungen in den Beichtstühlen katholischer Landgemeinden häufig das Bonifatius-Krankenhaus mit Kartoffeln, Fleisch und Eiern »bedacht«. Ich war in diesen mageren Zeiten nach dem Kriegsende also »gut in Futter«.

Einmal in der Woche kam unsere Klasse nach der Arbeit zum freiwilligen Religionsunterricht zusammen. Studienrat Langelotz, der bei den Schulappellen mit obligatorischem Hissen der Hitler-Flagge immer in der hinteren Reihe des Kollegiums gestanden hatte, um nicht seine Hand zum Deutschen Gruß erheben zu müssen, studierte mit uns das Buch Hiob. Einer seiner Söhne war noch im April 1945 gefallen. So rang er mit sich selbst und suchte eine Antwort auf die Sinnfrage von Leid und Schuld. Das ging uns sehr nahe; und vermutlich hat dieser Religionsunterricht dazu beigetragen, mich für das Theologiestudium zu erwärmen.

Aber nun muss endlich vom »Sing- und Spielkreis« berichtet werden, einer ungewöhnlichen Jugendgruppe, ohne die ich mir meine Jugendzeit überhaupt nicht vorstellen kann. Sie »entstand« 1944 unter dem Dach der Hitler-Jugend, zog aber vor allem christlich gebundene Jugendliche an. Else Sietzen gründete im Sommer 1944 einen BDM-Mädchenchor, inspiriert durch einen Singleiter-Lehrgang mit Gottfried Wolters in Thale/ Harz. Der Chor erweiterte sich schnell um einen Instrumentalkreis. Beim Schanzeinsatzlager in Elbergen im Oktober 1944 wurde ich mit einigen anderen zur Chorprobe nach Lingen eingeladen, weil nun auch Männerstimmen gebraucht würden. Eine gute Gelegenheit für einen kurzen »Heimaturlaub«. Auch der häufige Fliegeralarm konnte uns von den Proben nicht abhalten. Am 22. März 1945 (nur eine gute Woche vor der »Schlacht um Lingen«!) traten wir mit einem bunten Programm im Großen Saal des Hotels Nave auf. Zum Programm gehörte auch ein Laienspiel (»Die natürliche Nachtigall«), weil sich inzwischen noch eine Theatergruppe gebildet hatte.

Nachdem die Front über Lingen hinweggerollt war, verhängte die britische Militärregierung nicht nur eine nächtliche Ausgangssperre (ab 22 Uhr), sondern verbot auch jegliche Zusammenkunft von Gruppen. Das hielt uns nicht davon ab, im kleinen Kreis im reformierten Pfarrhaus zum Singen zusammenzukommen. Wir wurden angezeigt und vermahnt. Aber auch das machte keinen großen Eindruck auf uns: Wir trafen uns in Laxten, am Stadtrand in der Wohnung einer Musiklehrerin. Im August 1945 bat Bürgermeister Brackmann – er war von der Militärregierung eingesetzt – unsere Chorleiterin, sie möge doch mit ihrem »Kreis« am 6. September im Kriegsgefangenlager »Am Telgenkamp« ein Kulturprogramm bestreiten; es sei allerdings nicht erlaubt, sich schon vorher zum Üben zu treffen. Es blieb uns nichts anderes übrig, als das Programm vom 22. März zu wiederholen. Und siehe da, es musste nur ein einziges Wort im Programm verändert werden: statt »In den *Krieg* will ich reiten« hieß es nun: »In die *Welt* will ich reiten«; ein sicheres Zeichen, wie fern uns das Propagandistische und die offiziellen Durchhalteparolen der letzten Monate des »Dritten Reiches« gelegen hatten. Wir wollten leben, so dunkel und bedrohlich die Zukunft sich auch ansah.

Die freie Zeit gehörte nun dem »Sing- und Spielkreis«. Nichts Besseres konnte uns passieren, als dass sich Herbert Langhans, ein musisch hoch begabter Sudetendeutscher, entschloss, in Lingen erst einmal vor Anker zu gehen. Er hatte als Verwundeter in unserer kleinen Stadt im Lazarett gelegen, war auf den Hausmusikkreis im Hause Sietzen gestoßen und konnte nun nach dem verlorenen Krieg nicht wieder in seine Heimat zurückkehren. Er verdiente seinen Unterhalt in der »Tanzkapelle Peter Butz« als Schlagzeuger und erklärte sich bereit, den »Sing- und Spielkreis« zu leiten. Mit ihm zusammen stieß auch ein im Emsland hängen gebliebener Schauspieler aus Berlin-Charlottenburg zu uns, Jochem Hamann, ein Typ, der eigentlich gar nicht ins doch etwas biedere Emsland passte. Er hatte seinen Spaß daran, uns im Laienspiel voranzubringen.

Ich brauche nur einige »Programmpunkte« aus dem Jahr 1946 zu skizzieren, um unser Leben und Treiben zu verdeutlichen:

8. Februar 1946 im großen Saal der Wilhelmshöhe: »Von Narren, Schelmen und allerlei lustigen Leuten«, Chorsätze, Gedichte und das Theaterstück »Die sieben Schwaben«.

(In Klammern sei vermerkt, dass die Stadt zwei Tage später vom Hochwasser der Ems und des Dortmund-Ems-Kanals heimgesucht wurde. Eine ganze Woche lang stand die Innenstadt unter Wasser)

20. Mai 1946: Wir feiern den Geburtstag von Herbert Langhans mit Singen und Tanzen im »Grünen Jäger«, einem Ausflugslokal am Dortmund-Ems-Kanal.

Ende Mai 1946: ein Serenadenabend im Garten des lutherischen Pfarrhauses.

Im November besuchen zwei Offiziere der Britischen Militärregierung eine Chorprobe. Sie sind so angetan, dass sie uns zu Schallplatten-Konzerten in die Kaserne einladen. Im Frühjahr 1947 vermitteln sie uns fünf Fahrten in Militärlastwagen nach Münster zu sämtlichen Beethoven-Symphonien.

10. Dezember 1946: Im großen Saal der Wilhelmshöhe ein öffentlicher Abend: Ein Laienspiel nach Leo Tolstoi »Wovon die Menschen leben«, sowie Lieder und Lesungen zur Weihnachtszeit.

20. Dezember 1946: Weihnachtskonzert in der reformierten Kirche.

25. Dezember 1946: Weihnachtliches Singen im katholischen Bonifatius-Krankenhaus.

Wir waren also darauf aus, in die Öffentlichkeit der Stadt zu kommen, nicht selbstgenügsam uns selbst zu leben. Wir konnten immer mit einem »vollen Haus« rechnen. Und was für uns alle wichtig war: Wir hatten die Konfessionsgrenzen überschritten, jeder blieb »bei seinem Gesangbuch«, der sonntägliche Kirchgang führte uns in eine der drei Kirchen (katholische, reformierte, lutherische), aber wir waren wie selbstverständlich im Sing- und Spielkreis eine ökumenische Gemeinschaft, lange vor dem II. Vaticanum, das unter dem charismatischen Papst Johannes XXIII. eine so überraschende Wende der römisch-katholischen Kirche hin zur Ökumene brachte (1962–1965).

Ein besonderer Höhepunkt war die achttägige Chorfreizeit auf Norderney im Juli/August 1947. Schon das war damals eine kleine Sensation: Die Bahn stellte uns einen Sonderwagen zur Verfügung, der an den fahrplanmäßigen Zug nach Emden angehängt wurde. 50 junge Menschen auf der Nordseeinsel in der Jugendherberge eine Woche lang zu verpflegen, das ließ sich in jenen mageren Jahren nur so bewerkstelligen, dass wir die Hauptmasse der Lebensmittel mitzubringen hatten. Die Fa. Sietzen (Lebensmittel-Großhandel), aus der Else Sietzen, die Gründerin unseres Chores stammte, half nach Kräften mit. In Emden brauchten wir nicht umzusteigen, eine Diesellok stand schon bereit, uns gemächlich zum Zug nach Norddeich zu bugsieren. Das Wetter meinte es nicht besonders gut in dieser Ferienwoche, aber das hat uns die gute Laune und den Schwung nicht genommen. Die Zeit war ausgefüllt mit Wandern, Baden und Chorproben. Der Hausmeister musste uns manchmal ermahnen: wir seien schließlich nicht allein auf der Welt. Dass diese Freizeit für jeden Einzelnen und für die Gemeinschaft des Chores ein besonderes Erlebnis war, braucht nicht weiter belegt zu werden.

Und die Schule? Sie rückte für mich in den beiden Jahren vor dem Abitur an die zweite Stelle. Ende Sep-

tember oder Anfang Oktober wurde der Unterricht im
»Georgianum« wieder aufgenommen. Unsere Klasse
bestand zum größten Teil aus Kriegsteilnehmern, die
sich erst wieder in den Schulbetrieb hineinfinden
mussten. Ich gehörte zu den wenigen, die bis Ende
März 1945 zur Schule gegangen waren. Dr. Paul Keseling, der Direktor und nun unser Klassenlehrer, ein
ausgewiesener Augustin-Forscher, erschien uns mit
seinem schwarzen Anzug und dem »Vatermörder«
(dem Stehkragen) wie eine Gestalt aus längst vergan-
genen Zeiten. Er war wegen seiner distanzierten Hal-
tung zum Nationalsozialismus 1935 strafversetzt worden und kehrte nun als Direktor an unsere Schule
zurück. So anspruchsvoll und gediegen der Latein-Un-
terricht von ihm gestaltet wurde, er konnte mit unserer
Klasse, die altersmäßig zum guten Teil schon der Stu-
dentengeneration angehörte, nicht angemessen umgehen. Bei Abwesenheit aus Krankheitsgründen verlangte er eine schriftliche Entschuldigung der Eltern.
Die Reaktion ließ nicht lange auf sich warten: »Wenn
ich im Krieg die Verantwortung für andere tragen
musste, dann werde ich doch wohl selbst beurteilen
können, wann ich krank bin.« Eines Tages erschien
der Hausmeister Fredi Bartels mit dem »Abkündi-
gungsbuch«: Es sei den Schülern der Anstalt untersagt,
nach 21 Uhr die Kirmes zu besuchen. Das animierte einige dazu, genau zur verordneten »Sperrstunde« für
fünf Minuten Lautsprecher der Karussells zu »mieten«,
um über die Zustände an unserer Schule zu informieren. Zum Abitur gab es keine Entlassungsfeier. Einer
aus unserer Klasse war ins Direktorenzimmer einge-
brochen, um seine Klausurarbeit zu »korrigieren«. Wir
hatten davon keine Ahnung. Aber mit eisiger Miene
verkündete der Direktor, das mündliche Abitur werde
ausgesetzt, auf unbestimmte Zeit verschoben. Unsere
Zeugnisse wurden uns dann schließlich auf dem Flur
ausgehändigt. Das obligatorische Abi-Foto entfiel.

»Mit Ihnen zusammen stelle ich mich nicht auf ein Bild.« Es bleibt aber dabei: Er gab einen vorzüglichen Unterricht.

Unser Mathematik- und Physiklehrer Dr. Erwin Venske, aus Ostpreußen geflüchtet, »erster Doktorand von Otto Hahn« (dem Nobelpreisträger für Chemie von 1945!), praktizierte einen ganz anderen Stil. Weil er wegen eines Augenleidens stark sehbehindert war, ernannte er einige aus unserer Klasse zu seinen »Assistenten«. Er bereitete mit uns den Stoff vor und ließ uns dann vor der Klasse die Aufgaben entwickeln und lösen. Ob das der Klasse immer gut bekommen ist, kann ich nicht sagen. Ich habe jedenfalls viel bei ihm gelernt. Und es ist sicher auch ihm zu verdanken, dass in meinem Abiturzeugnis als Berufswunsch verzeichnet ist, ich wolle Lehrer werden, und zwar für Mathematik und Physik. Aber dann fiel meine Entscheidung schließlich doch ganz anders aus. Ich versuchte zwar über den Hamburger Mathematikprofessor Otto Blaschke an einen Studienplatz zu kommen, er schrieb mir ein Empfehlungsschreiben für das Studium der Mathematik, aber zu einer regelrechten Bewerbung ist es dann nicht mehr gekommen.

Viele Faktoren haben dabei eine Rolle gespielt. Und es ist schwer, sie im Abstand der Jahrzehnte zu gewichten. Mir wurde langsam klar, dass mein Erfolg in den mathematisch-naturwissenschaftlichen Fächern weniger auf Begabung und Neigung zurückzuführen war, sondern vor allem eine Ersatzleistung auf Grund meines Alters war. In den naturwissenschaftlichen Fächern spielte es keine große Rolle, dass ich der Jüngste in der Klasse war. Da konnte ich leicht punkten. In den sprachlichen und geisteswissenschaftlichen Fächern kam es dagegen auf eine gewisse Reife an. Als wir Schillers Dramen studieren sollten, las ich zu Hause Karl May.

Da ich zum Sommersemester 1947 nicht mit einem Studienplatz rechnen konnte, verdingte ich mich für einige Monate bei Jochem Hamanns Puppenbühne. Wir kannten uns ja durch die Theaterarbeit des Sing- und Spielkreises. Ein mit Holzgas betriebener, klappriger Lastwagen brachte uns mit unserer Bühne und den Utensilien zu Schulen und Gasthaussälen im weiträumigen Emsland. Im Rückblick war das ein ideales pädagogisches Praktikum; denn die Kinder brachten uns mit ihren Zwischenrufen und ihren spontanen Reaktionen oft genug aus dem Konzept. Dann musste aus dem Augenblick heraus darauf eingegangen werden. Wir wagten uns schließlich sogar an den »Puppenfaust« mit einer Aufführung für Erwachsene im Festsaal der Postschule.

In dieser Zeit reifte in mir der Entschluss, Theologie zu studieren und Pfarrer zu werden. Ob Jochem Hamann dazu etwas beigetragen hat? Er war ein Berliner Skeptiker und kein »Kirchenchrist« und passte eigentlich nicht ins fromm-katholische Emsland. Aber er hatte einen Sinn für das Glaubwürdige und hielt darum bei allem Respekt mit seiner Kritik an der Kirche nicht hinter dem Berge. Er stellte mir ungewohnte Glaubensfragen, gleichsam »von außen«. Ich erinnere mich, dass er nicht überrascht war, als ich ihm sagte, ich wolle auf keinen Fall Mathematik studieren, sondern Pfarrer werden.

Und der Einfluss des Elternhauses? Der war nach meiner Einsicht mehr indirekter Natur. In der Atmosphäre eines kinderreichen, zu den Menschen und ihren Nöten hin offenen Pfarrhauses bin ich aufgewachsen. Zwei meiner Brüder sind ebenfalls Pfarrer geworden, zwei andere Kirchenmusiker. »Von mir aus könnt ihr Schumacher werden, aber erst nach dem Abitur«, höre ich noch meinen Vater sagen. Es gehörte zu seiner Glaubensüberzeugung, auf die Berufswahl seiner Kinder keinen Einfluss zu nehmen. Jeder müsse *seinen Weg finden*.

Wer hat mir direkte Anstöße gegeben? Im Dezember 1946, nach der Aufführung des Laienspiels »Wovon die Menschen leben – Wo die Liebe ist, da ist auch Gott« (nach Leo Tolstoi), in dem mir eine Hauptrolle zugeteilt worden war, kam unsere Gemeindeschwester, eine immer vergnügte Königsberger Diakonisse auf mich zu: »Junge, überleg dir das, du solltest Theologie studieren!« Als der Osnabrücker Landessuperintendent Brandt im Frühjahr 1947 unsere Gemeinde besuchte, fragte er mich nach meinen Berufswünschen. Sein Kommentar: »Mathematiker gibt's genug; da wirst du nicht unbedingt gebraucht. Du siehst doch, die Kirche braucht Pastoren!« Welchen Einfluss haben solche Worte? Auch wenn sie im ersten Augenblick auf Abwehr stießen, sie blieben im Gedächtnis, sie wurden zu kleinen Gewichten auf der Waage.

Was »so nebenbei« in den Jahren 1946/47 noch zu leisten war, soll nur kurz gestreift werden.

Kohlen waren knapp. Also mussten andere Quellen erschlossen werden. Die Stadt organisierte Fahrten zum Torfstechen ins Heseper Moor. Auch unsere Familie pachtete eine kleine Parzelle. Jeweils um fünf Uhr in der Frühe startete der offene Lastwagen in der Sommer-Ferienzeit vom Marktplatz aus. Wir drei älteren Brüder waren mit von der Partie.

Mit Genehmigung des Forstamtes war es gegen eine geringe Gebühr erlaubt, in den Wäldern rings um unsere Stadt Knüppelholz zu sammeln und mit einem Handwagen abzutransportieren. Die Äste mussten dann zu Hause zersägt und zerhackt werden.

Und natürlich galt es auch, die Speisekammer der großen Familie aufzufüllen. Schwarzbrot aus Baccum, Eier und Wurst aus Holthusen, Obst von Familie Jörges am Stadtrand, Kartoffeln aus Brögbern, Gemüse aus der Gefängnis-Gärtnerei. Das Fahrrad leistete gute Dienste.

Als die Tanzschule Schrock-Opitz aus Papenburg 1946 einen Tanzkurs auf der Wilhelmshöhe in Lingen anbot, waren viele aus unserer Klasse dabei. Manchmal blieb uns nach der Rückkehr vom Torfstechen kaum Zeit, uns »fein zu machen«. In der Abschlusszeitung finden sich die Verse:

> »Im schwarzen Anzug, ernst und streng,
> tanzt Günther Kruse stets dahin.
> Hoch aufgerichtet und gerade
> wie ein Soldat bei der Parade.
>
> Ach, der kleine Martin Kruse,
> tanzt mit seiner langen Hose
> wie ein Küken, zart und fein
> dreht er sich beim Walzer ein.«

Ein eindrückliches Erlebnis war für mich (und wohl für alle) das Landesjugendcamp der evangelischen Jugend in Polle/Weser vom 5. bis 8. Juni 1946. Aus allen Gegenden der Hannoverschen Landeskirche waren Gruppen angereist. Im großen Kreis: Vorträge, Gottesdienste, Singen; zwischen den einzelnen Gruppen: Wettkämpfe unterschiedlicher Art. Es war wohl das erste Landesjugendtreffen nach 1933, nach der Machtergreifung Hitlers und dem Verbot freier Jugendverbände. Die britische Militärverwaltung leistete allerlei logistische Hilfe.

Kapitel 6:

Student der Theologie in Mainz, Heidelberg, Bethel und Göttingen (1947–1953)

Wo studieren? Mein älterer Bruder Günther war gleich nach dem Abitur, noch bevor uns das Abiturzeugnis auf dem Flur ausgehändigt wurde, nach Heidelberg aufgebrochen, um dort Kirchenmusik zu studieren. Es lag nahe, dass ich mich an der dortigen Theologischen Fakultät bewarb. Er würde mir bei der Suche nach einer Studentenbude helfen können. Und die Welt der Universität war mir fremd und auch ein bisschen unheimlich. Aber wer konnte wissen, ob meine Bewerbung Erfolg haben würde? Also bewarb ich mich gleichzeitig in Mainz. Ein Pfarrer aus dem Kirchenkreis Emsland-Bentheim, Lic. Walter Holsten in Papenburg war 1946 als Professor für Missions- und Religionswissenschaft an die gerade eröffnete Evangelisch-Theologische Fakultät in Mainz berufen worden. An ihn wandte ich mich. So hatte ich schließlich zwei Zulassungen in der Hand und entschied mich für Heidelberg.

Der Oberpedell der Theologischen Fakultät, Sauer mit Namen, hatte mir im Auftrage des Dekans am 4. September 1947 geschrieben: »*Sie sind – vorbehaltlich der Zustimmung der Militärregierung – zum Studium bei der Theologischen Fakultät der Universität Heidelberg für das Wintersemester 47/48 zugelassen. Weitere Voraussetzung ist, dass Sie in Heidelberg keinen Wohnraum beanspruchen. Sie können sich gegen Vorweisung dieser Benachrichtigung am 15. September im Zimmer 23 der Universität immatrikulieren lassen.*« Drei Tage nach der Immatrikulation bestellte mich der Oberpedell noch einmal ein.

Zu seinem Bedauern habe mich die Militärregierung »wegen Unreife« von der Liste der Immatrikulierten gestrichen, ich sei zu jung. Die Kriegsteilnehmer hätten Vorfahrt.

Wie nun nach Mainz kommen? Ich hatte ja nur einen in der Britischen Zone, in Osnabrück ausgestellten Interzonenpass zur Einreise in die Amerikanische Zone; Mainz aber lag in der Französischen Zone. Irgendjemand gab mir den Tipp, nach Wiesbaden zum amerikanischen Hauptquartier zu fahren, dort gebe es einen französischen Verbindungsoffizier, der stelle in Notfällen Pässe aus. Ich landete bei seiner Sekretärin. Die sagte kühl: »Wir stellen keine Pässe aus. Sie müssen zu Hause, in der Britischen Zone eine Reisegenehmigung beantragen.« Mir war sofort klar, dann würde ich den Semesteranfang verpassen. Ich antwortete spontan: »Dann warte ich, bis sie Pässe ausstellen«, und setzte mich auf einen Stuhl. Mehrmals versuchte sie, mich hinauszukomplimentieren. Nach etwa einer Dreiviertelstunde verlangte sie meinen Personalausweis, ging ins Nebenzimmer und kam mit einem frisch ausgestellten Interzonenpass zurück. Der Sitzstreik hatte sich gelohnt. Ich konnte mit dem Studium beginnen.

Der weite Kasernenkomplex in Mainz war relativ ungeschoren durch die Kriegszeiten gekommen, und er eignete sich vorzüglich für den Wissenschaftsbetrieb der neu begründeten Universität, die unter Napoleon im Jahre 1810 aufgehoben worden war.

Ich sehe noch den Dekan der Ev.-Theol. Fakultät, Wilhelm Jannasch, vor mir hinter seinem Schreibtisch sitzen. Ich störte ihn beim Frühstück und hätte so gerne eine Schnitte abbekommen, weil mir der Magen knurrte. Er war sehr bemüht, mir schnell den Weg zur Immatrikulation zu ebnen. Aber die Suche nach einer Studentenbude sei in der Stadt aussichtslos; Mainz sei zu 80 % kriegszerstört. Ich solle mit dem Zug nach Oppenheim fahren; der dortige Pfarrer Blümler werde mir weiterhelfen. So landete ich in der Wormser Str. 40 bei Familie Hemberger und bezog im vorderen Teil der Waschküche eine spartanische Kammer. Die hintere Kammer war an einen Pfälzer Studenten, Ferdinand Hahn aus Kaiserslautern, vermietet, mit dem mich seither eine lebenslange Freundschaft verbindet.

Der Dekan hatte mich auch auf die Semesteranfangs-Freizeit der Fakultät aufmerksam gemacht, die in Oppenheim im »Gasthaus zum Storchen« stattfinden werde. Ich war etwas zu früh zur Stelle und fand ein offensichtlich älteres Semester vor, dem, noch bevor wir uns begrüßen konnten, ein Knopf von der Jacke rollte. Wir machten uns beide auf die Suche und stießen unter einem Gasthaustisch mit unseren Köpfen zusammen. Er stellte sich vor: »Campenhausen«, und ehe ich »Kruse« sagen konnte, war mir klar: Das ist einer der Hauptreferenten der Freizeit, der Professor für Alte Kirchengeschichte aus Heidelberg. Ich habe die Themen der Referate nicht mehr in Erinnerung. Aber die Fülle der mir (noch) unbekannten Fachausdrücke, die in der Aussprache auch von Studenten virtuos gehandhabt wurden, flößte mir gewaltigen Respekt ein. Ich verstummte ehrfurchtsvoll.

So war ich ganz froh, dass ich erst einmal die beiden alten Sprachen, Griechisch und Hebräisch, nachholen musste. Unser Hebräischlehrer, Professor Eugen-Ludwig Rapp, Pfarrer einer kleinen pfälzischen Kirchengemeinde und in afrikanischen Sprachen bewandert, kam in den kleinen Hörsaal, legte seine dampfende Pfeife neben das Pult, begrüßte uns verschmitzt lächelnd und sagte: »Also meine Damen und Herren, von den zwölf Sprachen, die mir geläufig sind, ist die hebräische mit Abstand die leichteste. Lassen Sie sich durch die Buchstaben nicht schrecken. Ich gratuliere Ihnen zu ihrer Wahl. Wir werden keine Mühe damit haben!« Dieser Unterricht war ein reines Vergnügen.

Im zweiten Semester, als das Hebraicum schon hinter mir lag, belegte ich ein Vertiefungsseminar bei Eugen-Ludwig Rapp.

Den Griechisch-Kurs leitete ein schon ergrauter Studienrat eines Mainzer altsprachlichen Gymnasiums. Er kam herein, schüttelte mehrmals den Kopf, schaute uns an und sagte dann mit müdem Ton: »Ihr armen Schweine, warum habt Ihr denn das Griechische nicht schon auf der Schule gelernt?!« Ja, das hätten wir uns auch gewünscht, aber die Chance hatten wir nicht.

Die zwei Semester bei ihm waren mühsam, wie Fahrradfahren im Sand. Das Graecum legte ich am Oberschulkollegium in Münster i. W. im September 1948 ab.

Der eine gab uns Auftrieb, motivierte uns durch seine positive Einstellung zu uns; der andere aber beschwerte uns und nahm uns fast den Mut. Ich habe auf meinem Lebensweg immer wieder an diese beiden so unterschiedlichen »Anfänge« denken müssen. Es ist so wichtig für Kinder und für Erwachsene jeden Alters, dass ihnen Menschen begegnen, die ihre Motivation stärken.

Um 7.40 Uhr fuhr an den Werktagen ein »Sonderzug für französische Offiziere und deutsche Studenten« von Oppenheim nach Mainz. Die Wagen III. Klasse waren den Studenten zugewiesen. Wir konnten ohne große Mühe die Vorlesungen um 8 Uhr c. t. (also 8.15 Uhr) erreichen. Durch die gemeinsame Anreise lernten wir »Oppenheimer« uns natürlich schnell kennen: Unterwegs stiegen auch einige unserer Professoren zu: Wilhelm Jannasch, Walter Holsten und Eduard Schweizer zum Beispiel in Nierstein, Ernst Käsemann in Bodenheim. Ein deutscher Schaffner, der Fahrkarten und Ausweise kontrollierte, entdeckte unter uns einen Schweizer Staatsbürger (Eduard Schweizer). »Sie gehören nicht in diese Klasse, bitte steigen Sie an der nächsten Haltestelle um zu den französischen Offizieren!«

Der aber weigerte sich, was der deutsche Schaffner mit Unverständnis und einem unwilligen Achselzucken quittierte.

Bei der Erstberufung der Professoren war der Ev.-theol. Fakultät eine gute Wahl gelungen. *Kurt Galling* (später in Tübingen) vertrat zusammen mit *Friedrich Horst* das Alte Testament; *Eduard Schweizer* (später Zürich) und *Ernst Käsemann* (später in Tübingen) das Neue Testament; *Friedrich Delekat* die Systematische Theologie und *Walther Völker* die Kirchengeschichte. Völker war ein gelehrtes Haus, aber ein bisschen weltfremd. So konnte er z. B. nicht verstehen, dass Studenten ihren Unterhalt in den Semesterferien als Werkstudenten verdienen mussten. »Wenn Sie kein Geld haben, wieso studieren sie dann?« Zu seinen »Offenen Abenden« (Lektüre kirchengeschichtlicher Quellen) waren immer nur zwölf Studenten und Studentinnen zugelassen. Hatten sich mehr Interessenten in die Liste eingetragen, dann zählte er einfach »12 a; 12 b; 12 c ...« und konnte sich diebisch freuen: »Es sind wieder nur zwölf, wie beim großen Harnack!«

In den Vorlesungen des Neutestamentlers *Ernst Käsemann* wehte ein mir ungewohnter kritischer Wind, der meinen hergebrachten Glauben auf schwere Proben stellte. Ich war gewohnt, die Bibel unmittelbar zu mir sprechen zu lassen, also zu fragen, was dieses Wort mir (und unserer Zeit) sagen wolle. Jetzt aber sollte ich erst einmal Abstand nehmen, sollte kritisch die Situation reflektieren, in der dieses Wort entstanden oder niedergeschrieben worden war, sollte gelten lassen, dass zum Beispiel die Gleichnisse Jesu eine lange Zeit des Gemeindegebrauchs hinter sich hatten, ehe sie ihre schriftliche Gestalt fanden. Was uns heute als Bibeltext in den Evangelien vorliegt sei nicht ein »Protokoll« der Worte des historischen Jesus, sondern das Ergebnis einer langen, komplizierten Anwendungs- und Überlieferungsgeschichte. Unerbittlich deckte Ernst Käsemann Ungereimtheiten und Widersprüche in den biblischen Texten auf. Dabei kam etwa der Evangelist Lukas, dem wir ja nicht nur sein Evangelium, sondern auch die Apostelgeschichte, die früheste Kirchengeschichte verdanken, besonders schlecht weg. Lukas habe eine tendenziöse Erfolgsgeschichte geschrieben, habe sein Ideal von Kirche überall einfließen lassen, habe die spannungsvolle reale Geschichte übertüncht.

Das war »harte Kost« für mich. Auch der Ton, in den sich manchmal Spott und Häme mischten, machte mir zu schaffen. Da war es wie Balsam, dass *Eduard Schweizer*, der andere Neutestamentler viel behutsamer mit den biblischen Texten umging. Er war auch durch die historisch-kritische Schule geprägt, aber er war nicht der »unerbittliche Kämpfer« wie Käsemann, sondern ein verständnisvoller Interpret und Brückenbauer. Das neutestamentliche Proseminar unter seiner Leitung über die »Didache«, die Zwölf-Apostel-Lehre, einer zu Anfang des 2. Jahrhunderts n. Chr. entstandenen Schrift, die man als erste Kirchenordnung zu bezeichnen pflegt, machte uns mit der Methode und dem Sinn historisch-kritischer Forschung vertraut. Und da diese Schrift weniger grundlegende theologische Reflexionen (wie etwa die Briefe des Apostels Paulus) enthielt, sondern sich auf konkrete Orientierungen und Anweisungen für das Gemeindeleben bezog, fiel mir der Zugang nicht schwer. Die freundliche Atmosphäre, die Eduard Schweizer ausstrahlte, nahm mir die Unsicherheit des Anfängers. Auch dass er die Sitzung mit einem Gebet oder einem Liedvers begann, war mir sympathisch.

Etwa alle zwei Wochen fuhr *Eduard Schweizer* auf »Heimaturlaub« in die Schweiz; denn seine Familie lebte noch in seiner früheren Gemeinde, in Nesslau im Kanton St. Gallen Er kehrte jedes Mal schwer beladen mit Koffer und Rucksack zurück. Unser Proseminar eröffnete er dann mit einer »Agape«. »So, nun wollen wir uns erst einmal stärken. Das Trockenobst hat mir meine Gemeinde für Sie mitgegeben, damit Sie nicht vom Stängel fallen.«

In der Nachkriegszeit blühten die Studentengemeinden. Sie hatten wohl auch eine Art Monopol; denn die studentischen Verbindungen waren noch nicht wieder erlaubt. Es hatten sich viele »Kleinkreise« gebildet, also Arbeitsgemeinschaften und Diskussionsrunden, von Studenten oder Studentinnen geleitet. Der Studentenpfarrer war gar nicht in der Lage, überall die Leitung zu übernehmen. Warum auch? Das Prinzip der Selbstorganisation war viel effektiver.

Wir »Oppenheimer« hatten unser eigenes »Programm«. Wir sahen uns ja fast regelmäßig morgens im Sonderzug und sonntags nach dem Gottesdienst in der hoch über der Rheinebene inmitten von Weinbergen thronenden gotischen St. Katharinenkirche. So waren Verabredungen auch spontan möglich. Unser »Leiter« war *Helmut Koch*, ein Theologiestudent aus der provinzsächsischen Kirche, später Superintendent in Suhl (Thüringen). Gerne erinnere ich mich an einen Klavierabend, den Ferdinand Hahn für uns »Oppenheimer« bestritt, bei dem er u. a. Werke von Maurice Ravel und »Bilder einer Ausstellung« von Modest Petrowitsch Mussorgskij spielte. Ferdinand hatte geschwankt zwischen einer Ausbildung zum Pianisten und dem Studium der Theologie. Er ist dann einer der führenden Neutestamentler unserer Zeit geworden und hat in Kiel, Mainz und lange Zeit in München gelehrt. Ich benutze noch immer das »Novum Testamentum Graece« (das griechische Neue Testament), das er mir damals in Oppenheim überlassen hat, weil ich es aus Unachtsamkeit mit einem Tintenklecks »verziert« hatte. Er war ein sensibler Ästhet.

Auch mit anderen »Oppenheimern« bin ich in Verbindung geblieben. Natürlich mit *Ludwig und Gisel*

Herrmann, den treuen Freunden; »er« stammte aus Mosbach am Neckar, wo sein Vater Dekan war; »sie« war die Tochter eines Flussschiffer-Ehepaares. »Er« lehrte schließlich Theologie an der Evang. Fachhochschule in Freiburg; »sie« war später eine gerne gesehene Pfarrerin im Religionsunterricht und in der Krankenhausseelsorge. *Klaus Kremkau* aus Bremen bin ich in der Deutschen Gemeinde in Kairo wiederbegegnet, in der er als Auslandspfarrer tätig war; er leitete dann später die Europa-Abteilung im Kirchenamt der EKD in Hannover. *Eva-Maria Schütte*, ebenfalls eine Bremerin, trat nach Abschluss des Studiums ins Bremer Diakonissenhaus ein und war jahrelang in Japan tätig. Die beiden Lingener, *Jochen Staedtke* (aus dem reformierten Pfarrhaus) und *Karl-Ludwig Galle*, mit dem ich mich schon in der Volksschule angefreundet hatte, wohnten in Dienheim, im Nachbardorf von Oppenheim, hatten also einen weiten Weg zum Oppenheimer Bahnhof. Jochen, ein begabtes Haus (»mir fehlt leider nur eine Begabung: der Fleiß« – aber der stellte sich dann doch wie von selbst ein) wurde Professor für reformierte Theologie an der Universität Erlangen. Karl-Ludwig wechselte nach einem kurzen Ausflug in das Theologiestudium zur naturwissenschaftlichen Fakultät, ohne je das theologische Interesse zu verlieren. Er kehrte nach Berufsjahren in Uelzen und Helsinki als Oberstudiendirektor eines Nordhorner Gymnasiums in heimatliche Gefilde zurück.

In die Mainzer Studienzeit, in die Semesterferien fällt auch ein soziales Aufbaulager unter der Leitung des Industriepfarrers *Horst Symanowski* in Mainz-Amöneburg. Er war gerade aus England zurückgekehrt, wo er die »industrial mission« der englischen Kirchen kennen lernen wollte, um dann selbst in Mainz für die Gossner-Mission ein Zentrum aufzubauen. Ein desolates Bootshausgelände auf der rechten Rheinseite musste freigeräumt und planiert werden. Studenten waren durch die Studentengemeinde dazu eingeladen worden, an diesem Projekt mitzuwirken. Es war kein reines Arbeitscamp. Vielmehr ging es Horst Symanowski darum, uns die Augen zu öffnen für den langen Entfremdungsprozess zwischen Arbeiterschaft und Kirche. Diesen Graben zu überwinden, ja sich überhaupt erst das Ausmaß der Verbürgerlichung des Christentums in Deutschland bewusst zu machen, das sei eine vordringliche Aufgabe im Blick auf die Zukunft der Kirche. Horst Symanowski hielt uns keine Vorträge, setzte uns nicht auf die Schulbank, sondern ließ uns im Gespräch an seinen Erfahrungen und Einsichten teilnehmen. Er war kein »Lehrer« im herkömmlichen Sinne, sondern ein Inspirator und ein unbequemer Prophet in der Kirchenlandschaft der Nachkriegszeit. Seine Impulse haben nachgewirkt. Die »soziale Frage« hat mich nicht wieder losgelassen. Und es ist sicher kein Zufall, dass ich nach Abschluss der Ausbildung in die Leitung der Industriejugendarbeit der Evangelischen Akademie in Loccum berufen wurde. Davon später mehr.

Einen spürbaren Einschnitt in der deutschen Nachkriegsgeschichte brachte die Währungsreform in den drei Westzonen am 20./21. Juni 1948. Die Reichsmark wurde durch die Deutsche Mark (DM) abgelöst. Jeder bekam zunächst einmal die »Kopfquote« von 40 DM ausbezahlt. Die Reichsmark-Guthaben wurden im Verhältnis 10 : 1 umgetauscht, Löhne, Gehälter und Renten im Verhältnis 1 : 1 umgestellt. Unter uns Studenten machte sich eine gewisse Unruhe bemerkbar; denn viele stammten aus der »Ostzone« und empfanden die Teilung der Währungsgebiete als Trennungsschritt.

Wir hatten uns zum besagten Wochenende mit einigen Lingenern vom Sing- und Spielkreis zu einem Treffen in Bonn verabredet. Im Rundfunk wurde immer wieder dazu aufgefordert, nach Möglichkeit zu

Hause zu bleiben und nicht zu verreisen. Wir konnten uns aber nicht mehr gegenseitig verständigen, hatten uns die Fahrkarten noch zum Reichsmark-Preis besorgt und erlebten nun eine ungewohnt komfortable Zugfahrt: Wir konnten uns die Plätze aussuchen. Auf dem Schwarzmarkt in Bonn herrschte ein hektisches Treiben, die Reichsmark-Preise schnellten in die Höhe. Für eine Schachtel Zigaretten wurden 70 Reichsmark verlangt, wenn ich mich recht entsinne. Und schon in der Woche nach der Währungsreform waren in den Schaufenster Waren zu sehen, die vorher nur »unter dem Tresen« zu haben waren oder in den Lagern zurückgehalten worden waren. Der Schwarzmarkt trocknete aus. Die Planwirtschaft fand ihr Ende. Erst mit einer Woche Verspätung bin ich damals in den Besitz des »Kopfgeldes« von 40 DM gekommen.

Nach vier Semestern an der Universität Mainz zog es mich zum Wintersemester 49/50 nach Heidelberg. Die Theologische Fakultät dort hatte einen ausgesprochen guten Ruf.

Als ich anfing, in Oppenheim meine sieben Sachen zu packen, flatterte mir eine Postkarte ins Haus: Ob ich Lust hätte, mit einer Gruppe zu einem Volksmusik- und Volkstanzkongress nach Venedig zu fahren. Die Frage erschien mir etwas abenteuerlich. Aber dann kam ein Brief mit den nötigen Erläuterungen. Die Folkwangschule in Essen-Werden (Hochschule für Musik, Tanz und Theater) habe den Auftrag erhalten, eine deutsche Delegation für den Kongress zusammenzustellen; es werde noch einer gesucht, mittlerer Größe, chorerfahren und Volkstanz-gewohnt; da habe man an mich gedacht. Herbert Langhans und Else Sietzen vom Lingener Sing- und Spielkreis gehörten zusammen mit Prof. Hardörfer von der Folkwangschule zum Leitungskreis unserer Gruppe. Wir sollten die eben aus der Taufe gehobene Bundesrepublik Deutschland beim Kongress vertreten.

In der Jugendherberge in Langenberg/Rheinland trafen wir uns zur Vorbereitung. Der damalige Oberbürgermeister von Essen und spätere Bundespräsident Gustav Heinemann besuchte uns dort im Auftrag der Bundesregierung und wünschte uns ein gutes Gelingen. So habe ich wie im Traum eine Woche in Venedig verbracht. Auf dem Markusplatz war eine Bühne errichtet. Abends fanden die Auftritte der verschiedenen Nationen vor der wunderbaren Kulisse des Markus-Doms und des Dogenpalastes statt. Wir ernteten viel Beifall. Im Abstand der Zeiten werden unsere Enkel, denen die Welt offen steht, kaum nachempfinden können, was es für uns bedeutete »rauszukommen« und eine Woche ohne spürbare Vorbehalte in diese quicklebendige internationale Gemeinschaft aufgenommen zu sein.

Und bald danach der Umzug von Mainz nach Heidelberg. Ein Semester lang teilte ich das schmale Zimmer in der Bergheimer Straße 64 bei Siebenhaars mit meinem Bruder Günther. Der absolvierte gerade sein Examenssemester und stand natürlich unter Druck. Nun musste er also – durch mich verursacht – zusätzliche Einschränkungen hinnehmen. Es gab ja nur einen relativ kleinen Schreibtisch. Und wegen der Enge konnte ich mein Klappbett erst aufbauen, wenn er sich ins Bett gelegt hatte. Er: »Wenn ich mehr als 7 Stunden schlafen soll, bekomme ich Kopfschmerzen.« Ich dagegen: »Wenn ich nicht meine 8 Stunden am Stück schlafen kann, bekomme ich Kopfschmerzen.« So ganz einfach war die Koordination also nicht. Aber wir beiden waren ja von zu Hause her nicht verwöhnt und ersparten unserem Vater auf diese Weise die Kosten einer zweiten Studentenbude. Gegen Ende des Semesters stieß mein Bruder mit einem US-amerikanischen Militärfahrzeug zusammen, flog vom Fahrrad über die Kühlerhaube auf die Straße, kam aber ohne gesundheitliche Schäden davon. Aber die Militärverwaltung reichte Klage ein. Ehe es zum Prozess kam, hatte er seine Zelte in Heidelberg schon abgebrochen, um in Helmstedt seine erste, höchst bescheiden dotierte Kantorenstelle anzutreten. Ich nahm seine Rechte wahr und erklärte vor dem Friedensrichter unsere Zahlungsunfähigkeit. Die wurde akzeptiert, uns wurde das Armenrecht gewährt und der Friedensrichter stellte den Prozess ein. So konnte ich meinem Bruder die Großzügigkeit ein bisschen vergelten.

Die drei Heidelberger Semester gehören sicher zu den schönsten, ertragreichsten meiner Studentenzeit. Ich kannte mich nun aus im Universitätsbetrieb, und das Examen lag noch in weiter Ferne. Die theologische Fachsprache war mir inzwischen vertraut, es machte mir keine große Mühe mehr, theologische Literatur zu lesen. Ich wagte es, mich in den Seminaren zu Wort zu melden und hatte geradezu Lust, Seminararbeiten zu schreiben. Bei Wilfried Joest: »Das Verständnis der Uroffenbarung in der Institutio Calvins«; bei Gerhard von Rad: »Weisheitliche Elemente in der ersten Rede des Eliphas in Hiob 4 und 5«; bei Edmund Schlink: »Glaube und Taufe in der baptistischen Tradition«; bei Heinrich Bornkamm: »Die Anfänge des Visitationswesens in der Reformationszeit«.

Ich hatte gehofft, dass mich Gerhard von Rad, der von mir hochgeschätzte Alttestamentler, daraufhin auffordern würde, bei ihm eine Doktorarbeit zu schreiben. Ihn danach zu fragen, wagte ich nicht. Aber dann schlug mir Heinrich Bornkamm vor, meine Seminararbeit zu einer Dissertation auszubauen. Ich könne ja ein Stipendium beim Lutherischen Weltbund beantragen und die Arbeit in Schweden schreiben; die Lutherforschung dort werde mir sicher in vieler Hinsicht zugute kommen. Ich belegte also einen Schwedisch-Kurs und reichte mein Gesuch beim Lutherischen Weltbund ein. Aber bei der großen Zahl der Antragssteller hatte ich mit meinen mageren Sprachkenntnissen keine

Chance. Der Lutherische Weltbund stellte mir stattdessen ein Stipendium in den USA in Aussicht. Aber ich meinte törichterweise, dort sei »theologisch nicht viel zu holen«, zumal im Blick auf das mir von Heinrich Bornkamm vorgeschlagene Thema. Meine Absage war eine gravierende Fehlentscheidung, die ich Zeit meines Lebens bereut habe

Heidelberg im Frühling, Heidelberg im Sommer, Heidelberg im Herbst. Nein, wir waren keine permanenten Stubenhocker. Das Neckartal, die Bergstraße – wir waren viel unterwegs, zu Fuß und per Fahrrad. Unternehmungslustige Freunde gab es genug. Die Groschen musste ich allerdings zusammenhalten; der Monatswechsel reichte nur knapp aus. Die beiden Fleißprüfungen am Ende des Semesters waren die Voraussetzung für den Erlass der Studiengebühren (und nebenbei die beste Examensvorbereitung). Um das 600 Seiten starke Werk von Karl Barth »Die protestantische Theologie im 19. Jahrhundert« in der Buchhandlung kaufen zu können, habe ich im Sommersemester 1950 einen Monat lang auf das Mittagessen in der Mensa verzichtet.

Ende Juni 1950 predigte der hannoversche Landesbischof Hanns Lilje anlässlich der Evangelischen Woche in Mannheim in der Christuskirche. Ich sagte mir: »Das kannst du dir am Ende des Monats nicht mehr leisten«. Aber dann wachte ich am Sonntagmorgen relativ früh auf, weil eine Bahn an der Haltestelle vor unserem Haus scharf bremste. Mir schoss durch den Kopf: »Fahr nach Mannheim; dein Landesbischof hält den Gottesdienst; vor der Christuskirche entdeckst du bestimmt ein Auto mit Heidelberger Nummer, das dich zurückbringt.« Die Kirche war überfüllt. Lilje predigte über die Geschichte der kanaanäischen Frau, deren Glaube alle Widerstände überwindet (Mt. 15,21–28 / Mk 7,24–30). Bei der Ankündigung der Kollekte (für einen diakonischen Zweck?) ermunterte er die Gemeinde zu einem Glaubenswagnis: »Leeren Sie Ihr Portemonnaie für diesen guten Zweck; Sie werden dabei nicht zu kurz kommen.« Ich fühlte mich angesprochen und hatte dann keinen Pfennig mehr für die letzten Tage des Monats. Draußen fand ich ein Auto »AW – 66«, also mit Heidelberger Nummer. Der freundliche Besitzer – er hatte am Gottesdienst teilgenommen – entpuppte sich als ein Heidelberger Kinderarzt. Er müsse zwar noch kurz ins Mannheimer Diakonissen-Krankenhaus, aber wenn ich nicht in Eile sei, könne ich gerne mitfahren. Er lud mich in Heidelberg zum Mittagessen in sein Haus ein und gab mir zum Abschied (»Studenten können das immer gebrauchen«) einen 10-Mark-Schein in die Hand. Ich habe diese Geschichte mehr als 40 Jahre lang für mich behalten; ich wollte mit ihr nicht »hausieren« gehen, weil sie dann zum »Histörchen« geworden wäre. Aber für mich blieb sie eine wichtige Glaubenserfahrung.

Auch in Heidelberg bewies die Evangelische Studentengemeinde ihre kommunikationsstiftende Kraft. Mit der Kantorei zogen wir alle 14 Tage am Sonntagmorgen durch die Krankenhäuser. Die Studentengemeinde bot Vorträge und Gesprächskreise an. So oft wie möglich nahm ich am liturgischen Mittagsgebet im Chor der Peterskirche, der günstig gelegenen Universitätskirche teil. Ein oder zwei Semester war ich im Auftrag der Studentengemeinde für die Essensausgabe im »Heiligen Löffel« verantwortlich. Vor einer größeren Versammlung zu reden, fiel mir noch schwer; hier konnte ich meine Scheu überwinden. Zu den Aktivitäten der Studentengemeinde gehörte auch ein Arbeitskreis, der sich mit dem jungen Karl Marx beschäftigte.

Es gab dann aber doch Gründe, sich nach einem anderen Studienort umzusehen, zumal das Examen langsam ins Blickfeld kam. Ich wollte unseren Eltern nicht unnötig lange auf der Tasche liegen; ich war schließlich erst der Zweite in der Geschwisterschar und musste auch an die jüngeren und deren Studienwünsche denken. In Heidelberg war es schwer, sich die notwendigen Bücher auszuleihen. Es passierte zu oft, dass mir der Bestellzettel in der Universitätsbibliothek mit dem Vermerk »ausgeliehen« zurückgereicht wurde. Und in der Standbibliothek im Seminargebäude der Theologischen Fakultät am Karlsplatz war oft genug kein Arbeitsplatz zu ergattern. So bewarb ich mich zum Sommersemester 1951 um einen Studienplatz an der Kirchlichen Hochschule in Bethel; dort studierten viele Anfangssemester, die nicht so »bücherhungrig« waren wie die vielen Studenten der mittleren Semester in Heidelberg. Meine Erwartungen hatten sich voll und ganz erfüllt. Ich konnte in Ruhe studieren. In Heidelberg war nach drei Semestern »zu viel los«. Ich suchte nach einer mehr klösterlichen Existenzform, kam dann aber doch im zweiten Betheler Semester vom Regen in die Traufe. Davon gleich.

Das Homiletische Seminar bei Herbert Girgensohn, einem Ur-Balten, Seelsorger und Berater der aus dem Osten Vertriebenen, hat mir für die spätere Predigtpraxis entscheidende Impulse gegeben. Das biblische Wort im Heute zur Sprache zu bringen, seiner inneren Dynamik durch Exegese (Auslegung) und Meditation auf die Spur zu kommen, nah beim Text und nah bei den Menschen zu bleiben – das war die Zielrichtung, auf die ich mich eingelassen habe und der ich verpflichtet blieb. Die von uns erarbeiteten Predigten wurden in verschiedenen Häusern der Betheler Anstalten gehalten. Sie werden oft über die Köpfe hinweg gegangen sein, denn als Anfänger, als Predigtlehrling Behinderten zu predigen, das war im Grunde eine Überforderung. Aber die besondere Atmosphäre eines solchen Hausgottesdienstes nahm diese aus Studentinnen und Studenten, Behinderten und ihren Betreuern zusammengesetzte Gemeinde gefangen. Wir kamen ja auch nicht als die »Sicheren«, die ihren Geist sprühen lassen konnten, sondern als solche, die in dieser ungewohnten Situation ihre Grenzen nur zu deutlich empfanden.

Die Nachbesprechungen im Seminar pflegte Girgensohn mit der Frage zu eröffnen: »Ham se foljen kennen? Und wo hamse abjeschaltet? Dann wolln wer mal zusehen, was da nicht stimmte!« Es ging ihm nicht um ein logisches Gerüst, sondern um die innere Folgerichtigkeit einer Predigt. Er hielt hin und wieder den Sonntagsgottesdienst in der Betheler Zionskirche und demonstrierte uns unbewusst, was er künftigen Predigern beibringen wollte. Der schwere baltische Akzent sorgte für eine langsame Gangart der Predigt. Man konnte ihm gut folgen. Mir ging auf, dass eine Predigt nicht heruntergelesen werden darf, dass ihr Pausen gut tun, weil die Hörer dann ihre Gedanken, ihr Leben einbringen können. Sie sind ja nicht passive Rezeptoren, sondern sie reagieren mit ihren Erfahrungen und ihrem Maß des Glaubens. Eine Predigt muss dem Hörer Raum und Zeit lassen. Das konnten wir bei Herbert Girgensohn lernen. Er verlangte ein ausgearbeitetes Predigtkonzept, aber wir sollten uns nicht durch das Aufgeschriebene fesseln lassen, sondern der Gemeinde zugewandt relativ frei sprechen. »Lernen Sie ihre Predigt bitte nicht auswendig, sondern memorieren Sie fleißig. Und denken Sie daran: Eine Predigt wird nicht gemacht (am Schreibtisch), sondern geboren (im Augenblick des Predigens).«

Ich habe in meinem Leben an vielen eindrücklichen Gottesdiensten teilnehmen dürfen, aber die in der Zionskirche in Bethel sind mir unvergesslich. Damals noch die vielen weißen Hauben der Diakonissen, die große Zahl der Epileptiker, die auch im Gottesdienst vor einem plötzlichen Anfall nicht sicher sein konnten, gesunde Familien, Studenten, Gymnasiasten und Praktikanten … »Hier ist nicht Jude noch Grieche, hier ist nicht Sklave noch Freier, hier ist nicht Mann oder Frau; denn ihr seid allesamt *einer* in Christus Jesus«, schrieb der Apostel Paulus zu seiner Zeit an die Galater (3,28). Hier war diese Wirklichkeit sichtbar und erlebbar, im gemeinsamen Gottesdienst der Gesunden und Kranken und dem unvergesslich kräftigen Gesang aller. Für die Kranken schien diese Stunde in der großen Gemeinschaft der Höhepunkt ihrer Woche zu sein.

Am Ende des Sommersemesters 1951 wurde ich von verschiedenen Seiten bedrängt, für das Seniorenamt zu kandidieren. Es müsse nun endlich einer aus der Nachkriegsgeneration antreten. Der Senior ist nicht nur der Sprecher der Studentenschaft, sondern auch der verantwortliche Organisator des Zusammenlebens, angefangen von den gemeinsamen Mahlzeiten im Remter, dem großen Speisesaal, bis hin zur Planung der freiwilligen Arbeitskreise. Für die verschiedenen »Ressorts« standen ihm »Minister« zur Seite. Auf die Selbstverwaltung des »Innenlebens« der Theologischen Hochschule durch die Studentenschaft wurde großen Wert gelegt.

Die drei Kandidaten für das Seniorenamt mussten sich möglichst werbewirksam vorstellen. »Wenn man schon wählen muss, wählt man: SCHOMERUS«, war der Slogan der Anhänger von Martin Schomerus aus Himmelpforten bei Stade. »Vom Dache pfeifen's schon die Vögel, wählt DORFSKÖGEL« (Kögel-Dorf war später kirchlicher Beauftragter bei der nordrheinwestfälischen Landesregierung in Düsseldorf). Meine Anhänger machten mit dem »Schlachtruf« auf sich aufmerksam: »Was für den Dichter ist die Muse, das ist für uns der Senior KRUSE«. Ob meine Wahlrede, die ich auf Hebräisch hielt, den vorwiegend jüngeren Semestern besonderen Eindruck machte, weiß ich nicht zu sagen.

Jedenfalls war das Wintersemester für mich nun »zweckentfremdet«, zu konzentrierter Studienarbeit blieb wenig Zeit. Es war aber kein »verlorenes« Semester. Mit meinen 22 Jahren war mir eine Leitungsaufgabe zugemutet, die mir in der Rückschau wie ein Härtetraining für spätere Aufgaben erscheint. Ich lernte zu organisieren, widerstreitende Interessen und Meinungen miteinander zu verbinden, öffentlich Position zu beziehen und tragfähige Entscheidungen in die Wege zu leiten. Fast die Hälfte der Theologiestudenten in Bethel gehörte ja noch zu den Kriegsteilnehmern, aus deren Reihen bisher die Senioren genommen waren. Würde ich in meinem noch jungenhaften Alter vor ihnen bestehen können? Ich wunderte mich, dass es an dieser Stelle keine Probleme gab.

Bevor ich aber mein Seniorat antreten konnte, habe ich in den Semesterferien zwei Monate lang den größeren Teil des für hannoversche Theologiestudenten vorgeschriebenen Sozialpraktikums absolviert, im evangelischen Teil des Jugenddorfs Adelheide bei Delmenhorst, einem ehemaligen Militärflughafen.

Ich wurde dem Haus 4 zugewiesen, dem »Haus der wandernden Jugend«. Da waren schon einige Theologiestudenten als Praktikanten eingesetzt. Die Leitung des Hauses hatte »Hausvater Lütje Behnken», ein wortkarger, freundlich-forschend blickender Rotenburger Diakon.

Die Jugendlichen – etwa 90 an der Zahl, eine bunt zusammengewürfelte Schar – waren aus mehr oder weniger einsichtigen Gründen aus der ›Ostzone‹ (das war damals noch der übliche Sprachgebrauch) abgehauen und irgendwo von der Polizei aufgelesen worden. Im Jugenddorf blieben sie etwa acht Wochen, bis ihnen neue Ausweise ausgestellt worden waren. Und natürlich wurde versucht, sich ein Bild von ihrer Leistungsfähigkeit, ihrer Vorbildung und ihrem Charakter zu machen. In der Regel wurden sie auf Lehrstellen in NRW vermittelt, viele auch in den Steinkohlebergbau.

Der Hausvater legte allen Wert darauf, dass die Praktikanten mit den Jugendlichen zusammen lebten und zusammen arbeiteten. Ich hatte zwei Stuben mit je zehn Jugendlichen zu betreuen, wohnte und arbeitete mit ihnen zusammen. Sie sollten auf diese Weise an eine gewisse Ordnung gewöhnt werden. Ohne große Worte sollte das Vorbild wirken. Beim »Kniebis«, dem Landwirt des Jugenddorfes, in der Gärtnerei, der Schreinerei, im Baubetrieb, in der Küche und im Transportdienst wurden wir eingesetzt. Das war für jeden von uns Praktikanten eine lehrreiche und zugleich aufreibende Zeit. Man konnte sich nicht zurückziehen. Man teilte das Leben mit zum Teil rauen Burschen und musste oft Streit schlichten. Um 6.30 Uhr begann der Dienst, der Hausdienst sogar schon um 4 Uhr, wenn die Küchenbesatzung geweckt werden musste.

Der Hausvater legte Wert auf eine christliche Grundeinstellung. Er verstand den Kreis der Mitarbeiter als Bruderschaft. Und so wurden wir auch angeredet. Am Abend gegen 21 Uhr trafen sich alle Mitarbeiter, da wurde der Tag besprochen, gute und böse Erfahrungen ausgetauscht und der nächste Arbeitstag in den Blick genommen. Lütje Behnken selbst pflegte wenig zu sagen, er hörte uns intensiv zu und ließ dem Gespräch seinen Lauf. Aber wenn er uns dann einen Rat gab, nahmen wir das gerne an.

Die abendliche Brüderrunde schloss mit einer liturgischen Andacht nach der Stundengebetsordnung der Michaelsbrüder, zu denen Lütje Behnken gehörte. So formte sich eine Gemeinschaft, die dem einzelnen Rückhalt bot. In jeder Wochenschlussandacht wurden am Sonnabend die Namen aller Praktikanten in der Fürbitte verlesen, auch derer, die früher einige Wochen in dieser Arbeit verbracht hatten. Ich wusste also, als ich zum Beginn des Wintersemesters nach Bethel zurückkehrte, dass auch mein Name regelmäßig in Adelheide genannt würde. Wir mussten keinerlei Ordnung unterschreiben, wir gehörten »irgendwie« weiter dazu. Lütje Behnken lud einmal im Jahr zu einem Treffen ein.

Nun also im Wintersemester 1951/52 eine Herausforderung ganz anderer Art: als Senior der Studentenschaft der Theologischen Hochschule in Bethel mit ihren etwa 200 Theologiestudenten. Sie war 1905 von dem Gründer der Betheler Anstalten, Friedrich von Bodelschwingh, ins Leben gerufen worden, weil ihm das Theologiestudium an den Universitäten zu »kopflastig«, zu wenig mit dem Leben der Kirche verbunden, zu wenig gemeinschaftsbetont, zu realitätsfern und zu »freisinnig« erschien. 1939 wurde die Hochschule zwangsweise geschlossen, aber bald nach dem Krieg wieder eröffnet. Sie sah es als ihre Aufgabe an, gerade den Anfangssemestern einen guten Start zu ermöglichen. Bei den allermeisten Anfängern konnte nach dem Krieg keine Kenntnis der alten Sprachen mehr vorausgesetzt werden. In der großen Gemeinde von »Starken« und »Schwachen« zu leben und zu studieren, sollte prägende Erfahrungen einbringen.

Ein festlicher Höhepunkt im Wintersemester war das Nikolausfest am 6. Dezember, an dem üblicherweise die Dozenten und die Angestellten der Theologischen Hochschule Gäste der Studentenschaft waren. Mit Phantasie und erheblichem zeitlichen Aufwand wurde das Programm vorbereitet. Der Subsenior, also mein künstlerisch begabter Stellvertreter Karl-Heinz Volp, ein Hesse, verzierte Tapetenbahnen mit ulkigen Konterfeis aller Dozenten. Diese »Kunstwerke« schmückten die Säulen im Remter, dem Speise- und Festsaal, waren aber zunächst noch verdeckt. Denn im Laufe des Abends mussten die einzelnen Dozenten unter dem Hallo der Studentinnen und Studenten und einem Tusch der Posaunen ihr Konterfei enthüllen.

Der Neutestamentler, der zugleich Vorsteher des Betheler Diakonissenhauses war, erschien erst am späten Abend. Er kam direkt von der Geburtstagsfeier der Oberin in unsere laute, fröhliche Gesellschaft, wurde gleich vor sein verhülltes Konterfei geführt – und erstarrte, als er sich selbst gegenüberstand. Ein Harlekin mit breitem Lachen, mit zerbeulten Pluderhosen und kaputten Schuhen, aus denen die Zehen hervorlugten: Das war wohl eine Art »Kulturschock«, der ihn beim Wechsel von einem Fest zum anderen überfallen hatte. Er verließ bleich und verärgert das Fest und teilte am nächsten Morgen mit, dass er seine Dozentur niederlege. Als Senior der Studentenschaft musste ich für diese »Panne« natürlich geradestehen. Mit einiger Geduld und unter Assistenz von hilfsbereiten Dozenten gelang es dann aber doch, den Schaden abzuwenden.

Als Senior der Studentenschaft war ich zugleich ASTA-Vorsitzender. Als solcher wurde ich eines Tages mit anderen zusammen von Bischof Hermann Kunst, dem Bevollmächtigten der Evangelischen Kirche bei der Bundesregierung, nach Bonn eingeladen. Es waren politisch spannungsreiche Zeiten. Der Koreakrieg hatte die Furcht vor einem 3. Weltkrieg geweckt. Und die Frage stellte sich immer unausweichlicher, ob und wie die Bundesrepublik in das militärische Abwehrsystem des Westens einbezogen werden solle. Dagegen gab es eine breite Opposition, vor allem aus der Furcht begründet, so werde die Teilung Deutschlands vertieft und die Wiedervereinigung unmöglich gemacht. Gustav Heinemann, Innenminister unter Adenauer, reichte am 31. August 1950 sein Rücktrittsgesuch ein, das aber erst am 9. Oktober 1950 vom Bundeskanzler angenommen wurde. Am 8. November 1951, während der Zeit unseres Bonn-Besuches, fand dann die große außenpolitische Debatte des Bundestags statt, deren zentraler Punkt die Auseinandersetzung um einen deutschen Wehrbeitrag war. Wir wurden also Augen- und Ohrenzeugen einer der wichtigsten Debatten in der deutschen Nachkriegsgeschichte.

Ein ungeschriebenes Gesetz erwartete, dass hannoversche Theologiestudenten eine gewisse Zeit an der Landesuniversität, also in Göttingen zugebracht haben sollten. Das legte sich auch nahe, weil ja die Göttinger Professoren Mitglieder im Prüfungskollegium der Landeskirche waren. Man konnte sich so schon auf sie einstimmen.

Wenn ich an diese beiden Semester in Göttingen denke, so waren sie auf der einen Seite von der Vorbereitung auf das Examen und auf der andern Seite dem Wunsch, »noch einmal richtig studieren zu können«, bestimmt, aber auch von schönen menschlichen Erfahrungen. Ich traf in Göttingen nicht nur alte Freunde wie Ferdinand Hahn und Karl Ludwig Galle, sondern auch eine erkleckliche Zahl von ehemaligen Vertrauensstudenten. Wir hockten ziemlich regelmäßig beim Mittagessen zusammen und haben »über Gott und die Welt« debattiert.

Wir kannten uns von den beiden Vertrauensstudententagungen in Jugenheim/Bergstraße (Herbst 1951) und dem Jagdschloss Göhrde im niedersächsischen Wendland (Frühjahr 1952). Sie dienten der Vorbereitung bzw. der Auswertung unserer »Amtszeit« und wurden von der Zentrale der Evangelischen Studentengemeinden in Stuttgart geleitet. Als Senior der Studentenschaft in Bethel war ich diesen Vertrauensstudenten gleichgestellt. Hans-Egbert Lange, Gudrun Diestel, Magdalene Nübel, Ilse Burgdorf gehörten dazu. Die Freundschaften haben ein Leben lang gehalten.

Im Jagdschloss Göhrde hatte ich auch die Hamburger Vertrauensstudentin Lisa G. kennen gelernt. Wir schrieben uns lange Briefe, aber von ihrer Seite blieb immer eine freundliche Distanz. Ihretwegen leistete ich mir trotz des nahenden Examens eine Fahrt zum Stuttgarter Kirchentag 1952. Wir trafen uns dort, sahen dann auf der großen Freitreppe vor dem Münster in Schwäbisch Hall eine großartige Aufführung des »Jedermann«, aber alles Werben um ihre Gunst blieb zu meiner großen Enttäuschung ohne Antwort. So waren die beiden Göttinger Semester etwas »wolkenverhangen« für mich.

Das Thema für die große Hausarbeit stellte der Neutestamentler Ernst Käsemann: »Jesu Stellung zum jüdischen Gesetz«. Außerdem waren ja eine Predigt und ein katechetischer Entwurf vorzulegen. Mit der 6-Wochen-Frist geriet ich am Ende in Bedrängnis. Ferdinand Hahn, der Freund aus Mainzer Studentenzeiten, bot sich an, mir bei der Predigt auf die Sprünge zu helfen. »Auf den letzten Drücker« kamen die drei Arbeiten auf die Post am Bahnhof in Göttingen. Mich plagte aber danach das schlechte Gewissen, weil ich ja schriftlich versichert hatte, die Arbeiten selbständig, ohne fremde Hilfe angefertigt zu haben. Also schrieb ich am nächsten Morgen einen Brief an den Vorsitzenden der Prüfungskommission, Oberkirchenrat Hans-Reinhardt Bunnemann. An der Predigt habe Ferdinand Hahn mitgearbeitet. Er reagierte sofort: Ich hätte doch nur um eine Verlängerung des Abgabetermins nachsuchen müssen. So musste ich eine zweite Predigt über einen anderen Text anfertigen und nachreichen. Am 21. März 1953 bestand ich das 1. Theologische Examen mit der Gesamtnote »fast gut«.

Übrigens bin ich bis heute ein Befürworter des hannoverschen Prüfungssystems. Eine kleine Dreierkommission bestehend aus einem Oberlandeskirchenrat oder Landessuperintendenten als Vorsitzenden, einem Professor der Theologischen Fakultät in Göttingen (er stellt das Thema der großen Hausarbeit) und einem wissenschaftlich ausgewiesenen Pfarrer oder Superintendenten teilt unter sich die vorgeschriebenen Fächer, berät und beschließt gemeinsam die Benotung jeder Einzelleistung und setzt die Gesamtnote fest. Auf diesem Wege wird eher ein Bild der Person, ihrer Stärken und Schwächen gewonnen, als wenn der Kandidat nacheinander lauter Fachprüfern Rede und Antwort stehen muss. Als Studiendirektor eines Predigerseminars habe ich später die Hinweise der Prüfungskommission zur Einschätzung der Persönlichkeit eines Kandidaten, seiner Interessen und Stärken, aber eben auch zur Förderung in der weiteren Ausbildung als sehr hilfreich empfunden.

Kapitel 7

Meine Vikariatszeit in Adelheide, Linz/Österreich und Loccum (1953–1957)

Nach bestandenem Examen blieb mir kaum Zeit zum Ausspannen. Ich musste ja meine Studentenbude in Göttingen räumen. Aber ein besonderes Vergnügen habe ich mir doch geleistet. Ich mietete für drei Tage einen alten, schon etwas klapprigen VW-Standard und lud einige Studienfreunde zu einer Harztour ein. Ilse Burgdorf, die Sächsin, natürlich, denn sie besaß als einzige in userm Freundeskreis schon einen Führerschein, Karl-Ludwig Galle, den Freund aus der Lingener Volksschulzeit, Gudrun Diestel (später Oberkirchenrätin im Kirchenamt der EKD in Hannover) und Hans-Egbert Lange, den Studienfreund (später Superintendent in Hameln).

Die Sorge, dass der Motor irgendwo unterwegs seinen Geist aufgeben würde, begleitete uns während der ganzen Fahrt, aber er hielt unverdrossen durch. In einem Naturfreundehaus im Oberharz fanden wir eine Bleibe. Wind, Schnee, Sonne, Regen, Hagel – diese Mixtur des Wetters an der Grenze zwischen Winter und Frühling konnte unsere gute Laune nicht trüben. Befreit vom Druck des Examens habe ich diese Tage unbeschwert genossen. Wandern, Diskutieren, Spielen, Singen, Blödeln – die Tage vergingen wie im Flug.

Das Landeskirchenamt in Hannover hatte mich nur unter der Bedingung zur 1. Theologischen Prüfung zugelassen, dass ich noch vor Beginn des Vikariats den fehlenden Monat meines Sozialpraktikums nachholen würde. Mein Argument, ich hätte doch als Senior der Studentenschaft in Bethel ein ganzes Semester drange-

geben und sei durch meine Aufgabe mit vielen diakonischen Bereichen in Verbindung gekommen, ließ
das Landeskirchenamt nicht gelten.

So verdingte ich mich Anfang April 1953 als Hilfs-
krankenpfleger im Evangelischen Hospital Neuenkirchen bei Bremen, einem notdürftig als Altenheim und
Krankenhaus hergerichteten Steinbaracken-Lager. »Der
Blick geht weit über die Heide, über viel Sand. Die wenigen Bäume verkriechen sich am Boden«, so beschrieb
ich damals in einem Brief die Umgebung.

Das kleine Zimmer teilte ich mit Clyde Nafzinger,
einem jungen, stämmigen *fraternal worker* der Brüder-
kirche in den USA. Die Baracken trugen allesamt Frau-
ennamen, dem Alphabet nach angeordnet. Wir beide
wohnten in der »Angeline« und waren auf der »Sophie« eingesetzt. Auf dieser Station lagen etwa 70 ältere Pflegebedürftige. Viele waren an Armen oder Bei-
nen amputiert, waren gelähmt oder schwer krank. Als
»Vorzimmer zur Todeskammer« erschien mir die »Sophie«. »Das klingt furchtbar und mir ist es auch
schwergefallen, dieser Wirklichkeit standzuhalten«,
schrieb ich nach Hause. »Ich weiß jetzt etwas davon,
wie ein Mensch stirbt.«

Um 6.30 Uhr begann unser Dienst auf der Station.
Viele Betten waren unsauber. Waschen, wunde Stellen
pudern und verbinden. Die Hilflosen füttern. Wir
mussten uns ranhalten, um bis 8 Uhr fertig zu sein.
Eine harte, mir ungewohnte Arbeit. Idchen, die strenge, couragierte Stationsschwester der »Sophie«, hatte
mich bei der Vorstellung wissen lassen, ein unaus-
gebildeter, unerfahrener Hilfspfleger sei als Mitarbeiter auf ihrer Station doch nur ›eine halbe Portion‹. Ich
empfand diese Ehrlichkeit als erfrischend, sie stachelte
mich aber auch an, so weit wie möglich mitzuhalten.

Die enge Arbeitsgemeinschaft mit den Schwestern
und Pflegern, die alltägliche Kommunikation, die
Dankbarkeit der Kranken für jede Zuwendung – diese

vier Wochen haben mir viele neue Erfahrungen gebracht. Und zu meiner Überraschung wurde ich von den Kranken und den Schwestern auch als angehender Pastor angesehen und in Anspruch genommen.

Ich weiß nicht, wer und was das Hannoversche Landeskirchenamt bewogen hat, mir das Jugenddorf Adelheide als Ort meines Vikariats zuzuweisen. Vermutlich hat der Ausbildungsreferent die Personalakte sorgfältig studiert und ist dabei auf »Adelheide« gestoßen, diese hannoversche Enklave innerhalb der Oldenburger Landeskirche.

»Kaum wiederzuerkennen das Dorf, die äußeren Verhältnisse haben sich sehr gebessert«, schrieb ich an einen Freund. Als Vikar war ich dem Vorsteher des Wichernstiftes, Pastor Karl-Friedrich Weber, zugeteilt, unüberhörbar ein Rheinländer, der als Mitglied der Bekennenden Kirche in der Hannoverschen Landeskirche Unterschlupf gefunden hatte. Als Gemeindepfarrer in Kirchlinteln bei Verden hatte er sich nach dem Krieg durch die Planung und Errichtung einer Hilfswerkssiedlung für Flüchtlinge den Ruf eines tatkräftigen Organisators erworben. Ich war sein erster Lehrvikar, und er nahm diese Aufgabe ernst, obwohl er durch die Leitung des weit verzweigten Wichernstiftes ohnehin schon genügend ausgelastet war. Zum Frühstück und zum Abendbrot war ich in die Pfarrfamilie eingeladen.

Pastor Weber kümmerte sich um meine pastorale Ausbildung, besprach die Entwürfe für Predigten und Andachten mit mir und legte Wert auf meine theologische Weiterbildung. Aber je länger desto mehr wurde ich in die praktische Arbeit in den Häusern hineingezogen, vor allem im Berglehrlingsheim, das unter der Leitung des Diakons Kurt Drzensky stand, zu dem sich schon durch die Praktikumszeit in der »Wandernden Jugend« ein freundschaftliches Verhältnis ergeben hatte.

Am Morgen unterrichtete ich im Berglehrlingsheim eine Stunde über Tagesfragen, also über das politische Zeitgeschehen. Mitten in diese Zeit platzte am 17. Juni 1953 die Nachricht vom Arbeiteraufstand in der DDR und seine Niederschlagung durch die Rote Armee. Ein Gutteil der Berglehrlinge stammte aus der DDR. Die Ereignisse fanden ihr lebhaftes Interesse, denn sie konnten sie auf eigene Erfahrungen beziehen. Sonst waren die zeitgeschichtlichen Kenntnisse, die ich bei den Lehrlingen voraussetzen konnte, eher mager. Auf die Frage nach dem Bundespräsidenten kam doch wirklich die Antwort »Schumann« oder »Eisenhower«. Hier war also Basisarbeit zu leisten.

Vor viel größeren Schwierigkeiten stand ich im Religionsunterricht für Sonderschüler, also einem anderen Zweig des Wichernstiftes. Ich war darauf nicht vorbereitet, hatte kaum pädagogische Erfahrungen. Dagegen war das Singen mit den Schülerinnen der Haushaltungsschule ein reines Vergnügen. Aus einem Brief vom 23. Juni 1953: »Zuerst schien mir die Leiterin der Schule nicht sehr entgegenkommend zu sein. Sie ließ mich fühlen, dass ich doch wohl ein kleiner Junge sei. Dahinter mag die Furcht gestanden haben, ich könnte ihre streng gehütete Ordnung durcheinanderbringen. Inzwischen habe ich einen solchen Stein bei ihr im Brett, dass sie sich zu dem sagenhaften Ausspruch hinreißen ließ: »Aber klar, sie dürfen hier im Hause mit allen Plänen kommen, sie können das Verrückteste anstellen, mir ist alles recht.«

Für drei Häuser organisierte ich im August ein Sommerfest mit Singen, Wettspielen, Tanzen und einem Laienspiel. Für den Abschluss war ein großer Reisighaufen zusammengetragen worden. Das abendliche Lagerfeuer war ein ›Heidenspaß‹.

Aber längst war bekannt, dass ich einen neuen ›Marschbefehl‹ erhalten hatte. Das Schreiben des Landeskirchenamtes fiel mir durch seinen freundlich-werbenden Ton gleich auf. Das war ich nicht gewohnt. Ob ich bereit sei, für ein Jahr als Hilfskraft in die Evangelische Kirche A.B. in Österreich entsandt zu werden. Ich solle Wolf Lochte als Vikar in Linz/Donau ablösen und, wie er, vor allem im schulischen Religionsunterricht eingesetzt werden. Das war ein verlockendes Angebot und auch Pastor Weber riet mir zuzusagen. Als Vikariatspfarrer hatte er sich auf ein ganzes Jahr der Zusammenarbeit eingestellt und verlor jetzt doch ein wenig das Interesse. Er ließ mir freie Hand, die verschiedensten Dienste in den Häusern zu übernehmen.

So oft ich bis heute umgezogen bin, immer hat das Adelheider Abschiedsgeschenk seinen Platz auf meinem Schreibtisch behalten. Ein von den Berglehrlingen geschmiedetes Kreuz auf der Weltkugel mit Hammer und Schlegel im Rund als Symbol des Bergbaus und unter dem Kreuz in großen Buchstaben der eiserne Schriftzug: ADELHEIDE.

Der Busfahrer hätte eigentlich ausrasten müssen, als ich mit Sack und Pack vor dem Tor des Wichernstiftes in sein Gefährt steigen wollte, um Adelheide hinter mir zu lassen. Denn eine große Horde von halb entblößten, bemalten und wild geschmückten ›Indianern‹ stürmte den Bus, setzte sich auf die Motorhaube, erklomm das Dach und machte gewaltigen Lärm. Aber der Busfahrer hatte offensichtlich seinen Spaß an dem ›Überfall‹. Mit lautem ›Hupen‹ vertrieb er die jugendliche ›Horde‹ und fuhr davon.

»Es fiel mir wirklich schwer, mich von der Arbeit im Jugenddorf zu trennen. Ich war gerade richtig in Fahrt. Überhaupt hatte ich das Gefühl, in mein Element geworfen zu sein«, schrieb ich damals an die Göttinger Studienfreunde. Und im selben Brief: »Mein Vikariatsvater hofft sehr, dass ich später wieder in die Heimarbeit (der Diakonie) zurückkehre. Ich konnte ihm natürlich keine Zusage geben, zumal ich wenig Achtung vor den Pastoren habe, die ohne die Gemeindearbeit zu kennen in der Inneren Mission beginnen und dort hängen bleiben. Sie werden gewiefte und routinierte Direktoren, Päpste könnte man sagen; denn Charismatiker wie Bodelschwingh werden sehr, sehr selten geboren. Ich möchte in einer Gemeinde beginnen, wenn's danach sein sollte: meinetwegen. Es mag feige und verantwortungsscheu klingen, wenn ich auf die Frage nach meiner Zukunft und meinen Plänen antworte: Mein Wille liegt im Landeskirchenamt, Am Markt 4/5, Abtlg. II,4; ich finde es herrlich, so ohne eigene Verfügungsgewalt eingesetzt werden zu können. Und wenn man mich ›unter Tage‹ stecken würde, ich würde mich auch da wohlfühlen. Ich kann mir einfach keine Arbeit vorstellen, die nicht ihr Schönes haben sollte. Das mag sehr naiv gedacht und empfunden sein«. Und das war es auch, muss ich mir heute sagen.

Vor dem Aufbruch ins Unbekannte nach Österreich bin ich noch zehn Tage in die ›Ostzone‹ gefahren – das war damals noch der übliche Sprachgebrauch im ›Westen‹ – und habe meinen Patenonkel und seine große Familie in Halle/Saale besucht. Der ältere Bruder meines Vaters, Sanitätsrat Dr. Friedrich Kruse, ein angesehener Kinderarzt, betrieb dort in der Wohnung seine Praxis. Der schlauchartige Flur diente als Wartezimmer. Alle sieben Kinder – vier Mädchen und drei Jungen wohnten noch zu Hause. Während der Sprechzeiten – und die dehnten sich manchmal bis in die Abendstunden aus – war die Familie vom Flur verbannt. Noch war keines der Kinder »in den Westen gegangen«.

Auf der Hinreise wurde ich in Marienborn, an der Grenzübergangsstelle ›aussortiert‹ und in einer Einzelkabine durch einen Zivilisten ausgefragt. Merkwürdigerweise redete er mich mit »Bruder Kruse« an und stellte mir für den Fall, dass er Westgeld bei mir fände, die schlimmsten Folgen in Aussicht. Er wisse schon, wo ich das Geld versteckt hielte. Ich war meiner Sache völlig sicher und entgegnete: »Dann müssen Sie mehr wissen als ich.« Wen ich besuchen wolle? »Ach so, zu Dr. Kruse in Halle wollen Sie?! Das hätten Sie gleich sagen sollen! Den kenne ich.« Die Leibes- und Gepäck- visite wurde abgebrochen. Ich konnte wieder in den Zug steigen. Die gespielte Vertraulichkeit war doch wohl nichts anderes als ein Bluff.

Unter der Oberfläche rumorten noch die Erfahrun- gen rund um den 17. Juni 1953. Die Partei und ihr Si- cherheitsapparat waren durch den Arbeiteraufstand, die spontanen friedlichen Demonstrationen in vielen Städten der DDR aufgeschreckt und verunsichert. In Halle waren die Belegschaften fast aller großen Fabri- ken auf die Straße gegangen und schweigend in ihrer Arbeitskluft durch die Stadt gezogen, ungeachtet der Panzer, die wie Inseln im Strom vom Demonstrations- zug links und rechts umgangen wurden. »Darin steckt eine machtlose Gewalt, vor der man nur den Hut ab- nehmen kann. Die moralische Wirkung ist kaum abzu- schätzen«, schrieb ich damals einem Freund.

In der Familie fanden wir schnell und reibungslos zueinander. Es war ja auch nicht mein erster Besuch. Aber spürbar war der atmosphärische Unterschied der beiden Kruse-Familien. Wir waren bei sechs Jun- gen eine etwas raubeinige Männergesellschaft. Und wir wuchsen »im Westen« auf, wo man in der Öffent- lichkeit keine ›Rücksicht‹ nehmen musste. »Die Jungen haben hier weniger zu melden. Kein Wunder, dass Dieter (der Älteste unter den Hallenser Geschwistern) ein wenig erhaben auf das ›Weibervolk‹ herabblickt. Er spielt hervorragend Cello und Gambe«, schrieb ich einem Freund nach der Rückkehr.

Als ich gut fünfzig Jahre später meiner Kusine Dag- mar diese Passage vorlegte, korrigierte sie meine Sicht: »Dieter blickte schon ob seiner Größe auf uns herab; außerdem galten die Jungs bei meiner Mutter sehr viel mehr als die Mädchen, die selbstverständlich helfen mussten, auch wenn sie noch so viel Schulaufgaben zu machen hatten.« Es gibt also unterschiedliche Sicht- und Erfahrungsweisen. Ich will sie nicht nachträglich ausgleichen.

Dieter war der Erste, der der DDR den Rücken kehrte. Bei einer Konzertreise mit den Dresdener Philharmonikern im Westen im September 1955 ›sprang er ab‹. Dagmar ›türmte‹ am 26. November 1961 und feierte bei uns im Loccumer Pfarrhaus am 13. Januar 1962 ihre Hochzeit. Hartmut, der Jüngste, nutzte im April 1987 eine Besuchserlaubnis zum 50. Geburtstag seiner Schwester Dagmar zur ›Republikflucht‹. Und Gert-Heinrich konnte nach vielen durchstandenen Schwierigkeiten am 18. Mai 1989 legal ausreisen. So waren die Hallenser ganz unmittelbar und schmerzlich von der deutsch-deutschen Teilung betroffen. Heute wird man fragen, warum mein Patenonkel so konsequent in Halle geblieben ist. Er brachte es nicht über sich, seine Patienten zu verlassen. Von allen Westreisen, die ihm immer einmal wieder gestattet wurden, kehrte er in seinen Pflichtenkreis zurück. Sicher hat ihm dabei geholfen, dass er in der Laurentius-Gemeinde und in der Wittenberger Evangelischen Akademie viel Rückhalt empfand.

Aber noch einmal zum Besuch in Halle vor meiner Abreise nach Österreich. Eine Reise zur Gartenschau nach Leipzig-Markkleeberg stand auf dem Programm, auf meinen ausdrücklichen Wunsch hin auch eine Rede von Walter Ulbricht in Halle (sie kam mir reichlich primitiv vor), zwei Symphoniekonzerte, Hausmusik natürlich und ein lustiger Hausball, Diskussionen und Gespräche noch und noch. Mir wurde viel geboten.

Nicht nur am Eingang zum Hallenser Zoo war der Hinweis zu lesen: »Für Westdeutsche Eintritt frei«. Über die vielen roten Spruchbänder und Plakate mit Propagandasprüchen konnte ich mich leicht hinwegsetzen, aber als ich in einem Schaufenster der größten Buchhandlung eine Waffenausstellung der »Gesellschaft für Sport und Technik« entdeckte, fragte ich nach dem Geschäftsführer, ich sei aus dem Westen und suche jemanden, der mir kompetent Auskunft geben könne. Der hörte sich auch meine Frage an: »Waffen im Schaufenster einer Buchhandlung, das ist mir unverständlich, das passt doch gar nicht zur proklamierten Friedenspolitik der DDR. Und die GST wendet sich vor allem an heranwachsende junge Menschen.« Er zuckte mit den Achseln und meinte, darauf habe er keinen Einfluss, solche Entscheidungen würden ›anderswo‹ getroffen. Als ich nach einigen Tagen wieder an der Buchhandlung vorbeikam, war das Schaufenster neu dekoriert, mit Büchern. Ich will nicht behaupten, dass dies meinem ›Besuch‹ zugeschrieben werden kann.

Als ich im September 1953 meinen Dienst in der österreichischen Diaspora antrat, galt dort noch das Besatzungsstatut. Die Donau in Linz bildete die Grenze zwischen der amerikanischen und der russischen Zone. Als ›Eisernen Vorhang‹ habe ich sie allerdings nicht empfunden. An der Brücke, die beide Ufer verband, standen bewaffnete Posten gelangweilt vor ihren Schilderhäuschen, aber kontrolliert oder gar gefilzt haben sie mich nicht ein einziges Mal. Am 15. Mai 1955 wurde der Staatsvertrag mit den vier Besatzungsmächten abgeschlossen, der den österreichischen Staat zur Neutralität verpflichtete, ihm aber die volle Souveränität zugestand. Das war ein kleines Wunder der Nachkriegsgeschichte, mitten in der Zeit des ›Kalten Krieges‹, dass die Sowjetunion freiwillig in ihrem Machtbereich ein Territorium räumte.

Für einen ›Reichsdeutschen‹ wie mich war es damals schwierig, eine Unterrichtserlaubnis zu bekommen. Österreich mühte sich, seine Identität zu finden, sich bewusst von der großdeutschen Vergangenheit abzusetzen. Da waren ›Reichsdeutsche‹ im Bildungswesen eigentlich nicht erwünscht. Am 27. August 1953 schrieb mir der Bischof der Evangelischen Kirche A.B. in Österreich, Gerhard May, handschriftlich (!) aus Wien eine Postkarte (von ihm habe ich gelernt, dass fünf auf einer Postkarte geschriebene Zeilen ›mehr‹ sein können, als ein ausführlicher, amtlicher Brief):

Lieber Herr Vikar,

das Ministerium teilt telefonisch mit, dass die Bewilligung dem Minister in den Urlaub zur Unterschrift nachgesandt werden musste, aber positiv erledigt unterwegs ist.

Also noch kurze Zeit Geduld.

Beste Grüße! May, Bischof

Charmantes Österreich, dass sich Bischof und Minister um einen kleinen Vikar persönlich bemühen. Am 11. September 1953, einem Freitag, traf ich in Linz ein. Zwei junge Schwestern, künftige Kolleginnen im Religionsunterricht, erwarteten mich am Bahnsteig und brachten mich zur Südtiroler Straße Nr. 7, zum Evangelischen Heim. Das vorausgesandte Gepäck ließ bis zum nächsten Morgen auf sich warten. Der Beamte am Frachtschalter versuchte, eine Speditionsfirma aufzutreiben. Vergeblich, am Samstagmorgen. Da schloss er kurzerhand seinen Schalter, ergriff eine Karre und brachte mein Gepäck eigenhändig zu mir nach Hause. Umwerfend, diese Freundlichkeit. Zu unserer Martin-Luther-Kirche hatte ich es nicht weit, gute fünf Minuten zu Fuß. An der Anschlagtafel vor dem Kirchengrundstück stieß ich gleich auf meinen Namen: »8 Uhr Schulgottesdienst«. Das war ja auch mein Hauptbetätigungsfeld, der Religionsunterricht in Knaben-Hauptschulen. In der Volksschule blieben nach der vierten Klasse nur die Schüler zurück, die leistungsmäßig schwächer waren. In der Minderheitensituation (von den 200.000 Einwohnern der Stadt Linz gehörten etwa 15.000 zur evangelischen Kirche) war es schon ein

kleines Kunststück, sich als Lehrkraft einen Stundenplan zusammenzubasteln. Nicht alle Direktoren waren
so entgegenkommend wie der von der KH 11, der
Diesterweg-Schule, der alle evangelischen Schüler der
entsprechenden Jahrgangsstufe in einer Parallelklasse
zusammengezogen hatte. Am Ende meiner Stunden-
plan-Bastelei standen 23 Religionsstunden auf meinem
Arbeitsplan.

Auf dem langen Schulflur der KH 11, der auf das
Direktorenzimmer zulief, sprach mich ein Lehrer an:
»Sind sie der neue evangelische Vikar? Dann halten
Sie sich am besten an mich, ich bin hier der einzige
Norddeutsche im Kollegium und singe im Kirchenchor
der Martin-Luther-Kirche. Karl Weilandt mein Name.«
Von dem Augenblick datiert unsere lebenslange
Freundschaft. Davon wird noch die Rede sein.

Ich war dem Superintendenten *Wilhelm Mensing-
Braun* zugeteilt. Zu seinem Verantwortungsbereich –
zu seiner ›Diözese‹, wie die offizielle Bezeichnung in
der Evangelischen Kirche in Österreich lautet – gehörten die Gemeinden A.B. in den Bundesländern Oberösterreich, Salzburg und Tirol. A.B. bedeutet: Augsbur-
gischen Bekenntnisses, also lutherischer Prägung. Die
Gemeinden H.B. (= Helvetischen Bekenntnisses, also
reformierter Prägung) waren einem eigenen Superintendenten in Wien unterstellt.

Wilhelm Mensing-Braun war von Haus aus Franke,
durch die lutherische Kirche Bayerns geprägt, verheiratet mit einer Fränkin aus der bayrischen Theologen-
Dynastie der Bezzels. Er war 1928 als Vikar von
Deggendorf/Donau ins Österreichische nach Linz
›ausgewichen‹, weil ihm die bayrische Kirche die Hei-
ratserlaubnis versagt hatte. Er war eine stattliche Er-
scheinung, im guten Sinne selbstbewusst, Mitglied
der Michaelsbruderschaft (einer ökumenisch aus-
gerichteten, liturgischen Erneuerungsbewegung), zu
meiner Zeit aktiv im Rotary-Club (dem nur ganz we-

nige evangelische Geistliche in Österreich angehörten), ein umsichtiger, geschätzter Prediger und Seelsorger in seiner Diözese. Seine wohlhabende Adoptivmutter ermöglichte ihm einen Lebenszuschnitt, der das karge Maß eines evangelischen Diaspora-Pfarrhauses sprengte. Aber er protzte nicht damit, er war ein in der Öffentlichkeit geachteter Repräsentant der evangelischen Minderheit.

Ohne mein Zutun hatte ich mit der Entsendung in die evangelische Diaspora in Österreich ein großes Los gezogen. Der Superintendent war ein großzügiger Vikariatsvater, der mir von Anfang an viel zutraute, viel mehr als die hannoversche Vikarsordnung vorsah. Neben ihm gab es im Pfarramt Linz-Innere Stadt weitere anregende Lehrmeister, und so unglaublich verschiedene: der stille, tiefgegründete Senior *Hubert Taferner*, Kärntner, eine Seele von Mensch, ein bewährter Rundfunkprediger, Inspektor in staatlichem Auftrag für den Evangelischen Religionsunterricht an den öffentlichen Schulen der Stadt; dann der ungemein aktive, bienenfleißige Pfarrer *Dr. Leopold Temmel*, ein Steiermärker, wie ich ein Schüler des Reformationshistorikers Heinrich Bornkamm. Er war damals gerade aus der Gemeinde Gosau (unterm Dachstein gelegen) nach Linz berufen worden. Bis zu seinem Tode (im November 2000) bin ich ihm freundschaftlich verbunden geblieben; auf der anderen Donauseite in Linz-Urfahr, also im russisch besetzten Gebiet, amtierte *Ludwig Frank*, unverkennbar ein Wiener, der die Ärmel hochkrempelte und mit seinem Motorrad in seinem Pfarrbezirk, der das ganze obere Mühlviertel bis hin zur tschechischen und deutschen Grenze umfasste, unverdrossen unterwegs war, um die weit verstreuten evangelischen Gemeindeglieder zu sammeln und zu stärken; der in keine Schablone passende Jugendpfarrer und Religionsprofessor *Michael Wohlmuteder*, auch er ein Franke, der viel von der Jungen Gemeinde verlangte. In seinen Predigten schockierte er manchmal die Gemeinde so sehr, dass es zu Zwischenrufen kam; und schließlich auch der Pfarrer *Sepp Scheerer*, der zwei Stockwerke über mir in der Südtiroler Straße 7 wohnte, Leiter der Siebenbürger Hilfsstelle in der Diözese, ein fähiger Organisator und wohl der begabteste unter den Linzer Predigern.

Ich frage mich noch heute: Welcher Vikar bekommt die Chance, gleichzeitig mit einer solchen Sondermischung von Pfarrern zusammenwirken zu können und von ihnen zu lernen? Wenn ich sie alle in Gedanken nebeneinander stelle, dann erscheinen sie mir wie eine repräsentative Auswahl aus dem »pastoralen Zoo des lieben Gottes« – so unterschiedlich waren sie, so originell jeder Einzelne. Sie waren hilfsbereit und mir zugewandt. Ich habe versucht, von ihnen allen zu lernen.

Gleich am ersten Sonntag wurde ich zur Vertretung auf die Reise geschickt, nach Windischgarsten, etwa 80 km von Linz entfernt, und ins Flüchtlingslager Spital am Pyhrn, an der Grenze zur Steiermark gelegen. Und so blieb es auch: Wo Not am Mann war und ein Pfarrer durch Krankheit oder Urlaub ausfiel, wurde ich in Marsch gesetzt; denn an den Wochenenden hatte ich als Religionslehrer ja frei. Es waren immer Entdeckungsreisen ins Unbekannte. Eferding, Mattighofen, Zell am See, Gmunden – das sind nur einige Stationen. Es ist keine Übertreibung: Abgesehen vom Superintendenten war ich mehr als jeder andere Pfarrer der Diözese in den Gemeinden unterwegs.

Als von den fünf evangelischen Pfarrern in Tirol unmittelbar vor Weihnachten drei von der Grippe ›außer Gefecht gesetzt‹ waren, wurde ich dorthin zur Aushilfe geschickt. Für mich überraschend war die Erfahrung, dass ich bei allen Gemeinden der Diözese, in denen ich vertreten musste, als Vikar willkommen war und nicht als ›Ersatz‹ oder als ›Lehrling‹ angesehen wurde. Dabei war ich doch wirklich ein Anfänger.

Diese positive Erwartung weckte Kräfte und stärkte das Zutrauen, sie ist für einen Anfänger wie Rückenwind. Der machte es einem leicht, auch wo es gar nicht so leicht war.

Nach den ersten Wochen, als es kälter wurde, merkte ich, dass ich mit meinen schwarzen Flachland-Halbschuhen in dieser kirchlichen Landschaft nicht gut bestehen konnte. Ich nahm also das erste Ersparte und ging in ein vornehmes Schuhgeschäft an der Landstraße. Die Landstraße ist so etwas wie der Linzer Kurfürstendamm. Die Verkäuferin, noch ein paar Lenze jünger als ich, brachte lauter Stiefel mit Reißverschluss, damals wohl die neuste Mode. »Ich brauche richtige, so zum Schnüren, mit Hakeln.« »Ja, mei Herr, diese sein ober vül commoder!« »Nein, die passen nicht zu meinem Beruf« (ich meinte: zum Talar). »Joa, wos hoams denn für an seltsoamen Beruf?« »Ich bin Vikar hier an der Evangelischen Pfarrgemeinde.« Da stieß sie einen Schrei aus, ließ Schuhe und Schuhkartons ungeordnet stehen und lief zur Kasse, zu ihrer Chefin: »Der Herr do is a Hochwürden! Zehn Prozent?« Das war also der Rabatt für Geistliche.

Im ›Evangelischen Heim‹ in der Südtiroler Straße 7 hatte ich schnell Anschluss gefunden. Das ergab sich wie von selbst, denn zu den Mahlzeiten trafen wir alle unten im Speisesaal zusammen: der weißhaarige Ministerialrat aus dem Verkehrsministerium, der agile Rechtsanwalt, der am Wochenende zu seiner Familie nach Hause fuhr, die drei Religionslehrerinnen, die sich in Schuldingen bestens auskannten, der Siebenbürger Arzt mit Frau und Kind, der pensionierte Hofrat mit seiner immer zum Plaudern aufgelegten Frau und einige mehr. Und im Flachbau auf dem Hof lebten etwa 20 Gymnasiasten mit ihrem Präfekten im ›Evangelischen Schülerheim‹. In der Gefährdung durch Langeweile habe ich in dieser Gesellschaft keinen Augenblick gestanden.

Unser Speisesaal diente an einem Abend der Woche als Übungsraum für den Kirchenchor. Der hatte allerdings gerade eine schmerzhafte ›Zellteilung‹ erlebt. Dabei war ein Jugendchor entstanden, der schnell wuchs und es als »Evangelische Kantorei Linz« über die Gemeinde hinaus zu musikalischen Ehren brachte. Als Vikar geriet ich ›dazwischen‹ – das war wohl auch gut so – und sang in beiden Chören, bis der ältere aufgab.

Die Kantorei war ein großer, unternehmungslustiger Freundeskreis. Ich kann mir die Linzer Vikariatszeit ohne ihn überhaupt nicht vorstellen. Erich Posch, der junge talentierte Leiter, Katholik, ein Neffe des großen österreichischen Komponisten Johann Nepomuk David (1895–1977) hatte oft schon in der Frühmesse im Neuen Dom, der katholischen Bischofskirche, die Orgel gespielt, ehe er die Evangelische Kantorei in der Martin-Luther-Kirche beim Gottesdienst dirigierte. In einer Zeit, die in Österreich noch wenig vom ökumenischen Geist berührt war, erlebte ich in der Kantorei eine aufgeschlossene, offene Atmosphäre gegenseitiger Achtung.

In der Diesterweg-Schule konnte der Kaplan es sich noch erlauben, laut über den Flur zu rufen: »Der Religionsunterricht für die ›Heiden‹ findet nicht im Kabinett (in einem kleineren Sonderraum wie sonst üblich), sondern im Klassenzimmer statt.« Dem roten Direktor – selbst praktizierender Katholik, aber der SPÖ-nahen Lehrergewerkschaft angehörend – waren solche Sticheleien zuwider. Auf eine sanfte Weise korrigierte er den Kaplan. In einer großen Pause wandte er sich im Lehrerzimmer über den Tisch hinweg an ihn: »Ach sogns mia doch noch amol, woas Sie morgen bei der Schulmess singen lassen wolln.« »O Haupt voll Blut und Wunden, drei Strophen«, erwiderte der Kaplan. »Wissens denn a, von wem dös is?« Der Kaplan verneinte. Darauf wandte sich Direktor Ebner zu mir: »Herr Vikar, i hoab doch wol recht, doas woar Paul Gerhardt, a lutherischer Pfoarrer aus Preußen, aus Berlin?« Ich konnte das nur bestätigen. So war der konfessionelle Proporz wieder hergestellt. Übrigens sind wir beiden ›Hochwürden‹ danach gut miteinander ausgekommen. Zum Beweis könnte ich anführen, dass er mir immer mal von seinen reich belegten Schulbroten abgab. Sein Kommentar dazu: »Sie sind ja bloß Vikar, sie können sich keine Haushälterin leisten!«

Die Freundschaften aus der Linzer Vikariatszeit haben ein Leben lang gehalten. Ohne Frage haben Karl und Hertha Weilandt ganz wesentlich dazu beigetragen. Und kaum ein Jahr, in dem wir die beiden nicht besucht haben. Er war Pommer aus Greifenhagen a. d. Oder, Jahrgang 1900, also fast 30 Jahre älter als ich, sie Österreicherin, Jahrgang 1917, also wesentlich jünger als Karl, im Mühlviertel aufgewachsen und dann in Wien zu Hause. Auf einer Verwandtenreise nach ihrer Matura (wie in Österreich das Abitur bezeichnet wird) lernte sie in Greifenhagen ihren Mann kennen, und die beiden heirateten. Der Krieg überschattete bald das Familienglück. Karl wurde eingezogen. Als die Front 1944/45 näher rückte, musste sie auf der Flucht vom Norden ins Mühlviertel unterwegs den jüngsten ihrer drei Söhne und ihre Schwiegereltern begraben, ehe sie in der alten Heimat Zuflucht fand.

Als Karl nach der Kriegsgefangenschaft endlich seine Frau und die beiden überlebenden Kinder, Karli (Jg. 1938) und Fritzl (Jg. 1941) wiederfand, musste er sich als geduldeter ›Reichsdeutscher‹ als Hilfsarbeiter durchschlagen, ehe er 1950 wieder als Lehrer tätig werden konnte. So verschieden die beiden auch waren – sie eine künstlerisch begabte, impulsive Österreicherin, er ein typischer Pommer, bedächtig und verlässlich –, sie stimmten bestens zusammen.

Ihnen verdanke ich schöne Bergtouren – bis hin zum Dachstein-Massiv – und viele gemeinsame Ausflüge ins Mühlviertel. Als Karl 1965 als Direktor einer Volksschule in Linz-Spallerhof in den Ruhestand verabschiedet worden war, konnten sich die beiden nicht einfach ›zur Ruhe setzen‹. Sie erstanden sich im Mühlviertel einen kleinen, verfallenen Bauernhof, 400 m über der Donau in der Nähe von Kirchberg ob der Donau relativ einsam gelegen, den sie nach und nach zu ihrem Landsitz ausgebaut haben. Witzersdorf Nr. 13 bewahrt mit der ursprünglichen Bezeichnung »Biesenreuth« (= Bischofsrodung) die Erinnerung an einen ehemaligen Besitz der Passauer Bischöfe. Heute ›residiert‹ dort der älteste Sohn von Hertha und Karl Weilandt, der zusammen mit seiner Frau Renate die überkommene Freundschaft wie selbstverständlich fortsetzt.

Ein Jahr lang sollte ich in Österreich bleiben, um danach meine Ausbildung in Hannover abzuschließen. Aber das Landeskirchenamt hüllte sich unverständlicherweise in Schweigen. Die telefonische Rückfrage ergab, meine Akte sei nicht aufzutreiben, ich sei also für die Behörde nicht ›da‹. Der zuständige Referent habe Studienurlaub. Die Verteilung der Vikare auf die Predigerseminare sei schon abgeschlossen. Ob ich nicht länger bleiben könne?

Es war niemand da, der Knall auf Fall mein kompliziertes Pensum an Pflichtstunden in den Schulen hätte übernehmen können. Wie sollte ich ›einfach abhauen‹? Abgesehen von der Verlängerung meiner Vikarszeit, hatte die ›Panne‹ für mich nur positive Seiten, bis dahin, dass Hannover in meine vorzeitige Ordination einwilligte. Das war nicht eine Wiedergutmachung, sondern ein Akt der Redlichkeit. Eigentlich durfte ein Vikar nach der hannoverschen Ordnung nicht taufen und das Abendmahl reichen. Aber das war unter den Lebensbedingungen der österreichischen Diaspora nicht durchzuhalten. Sollte mich bei meinen Vertretungsdiensten, wenn dort ein Kind zu taufen war, immer ein ausgewachsener Pfarrer begleiten? Zwar hatte mir der Superintendent eine Generalermächtigung ausgestellt, aber das war ein Notbehelf.

Am 1. Advent 1954 wurde ich nun also in der Martin-Luther-Kirche in Linz durch meinen Superintendenten ordiniert. Unter Vorbehalt: »*Ehe die Ordination erfolgt, muss Vikar Kruse eine Erklärung abgeben, dass er außerhalb der Evangelischen Superintendentur A.B. für Oberösterreich, Salzburg und Tirol von den durch diese Ordination verliehenen Rechten keinen Gebrauch machen wird bis zur Ablegung seiner 2. theologischen Prüfung.*« So wollte es das Kollegium des hannoverschen Landeskirchenamtes. Und so geschah es auch. Ordnung muss sein! Auf den Tag 50 Jahre später wurde ich von der Gemeinde Linz-Innere Stadt eingeladen, den Gottesdienst aus Anlass der Goldenen Ordination in der Martin-Luther-Gemeinde zu halten. Karl und Hertha Weilandt waren nicht mehr dabei, aber eine ganze Reihe von nunmehr ergrauten Freunden aus der Kantorei.

Für die Geschichte der Linzer Gemeinde sind meine beiden Vikarsjahre nicht mehr als eine Doppelnote in einer vielseitigen Partitur. Für mich aber und mein späteres Wirken sind und bleiben sie grundlegend. Manchmal kam mir der Gedanke, die zwei Jahre seien durch Gottes verborgene Fügung ein Bischofsvikariat gewesen.

Nach einem Besuch in Linz schrieb mein Vater an seinen Bruder Friedel, meinen Patenonkel in Halle, leicht besorgt: »Martin ist dort (in Österreich) wie zu Hause. Einerseits ist es gut, dass er jetzt bald zurückkommt und auf ein Predigerseminar geht, weil sie ihn dort zu sehr auf den Händen getragen haben. Und das ist für einen jungen Anfänger nicht gut …«

Kurz vor meinem Abschied aus Linz hat die Kantorei im Festsaal des Hauptbahnhofes noch ein Musical auf die Bühne gebracht: »Ali Baba und die 40 Räuber« von Ulrich Kabitz. Karl Weilandt glänzte als Ali Baba. Die Einstudierung dieses Musicals war so etwas wie mein Abschiedsgeschenk.

Noch immer geht mir der schmissige ›Song‹ durch den Sinn:

Heut ist der große Wochenmarkt in Basra,
das laß dir ja auf keinen Fall entgehn;
denn auf dem großen Wochenmarkt in Basra,
da ist der Orient in Reinkultur zu sehn!

In der letzten Pfarrerkonferenz – wegen der weiten Wege zwischen Innsbruck und Linz fand sie nur dreimal im Jahr statt – klagte der Superintendent über die anstehenden Vakanzen in der Diözese. Da stand der alte Dopplinger, Pfarrer in Gmunden, ein richtiger Bauernpfarrer auf, und meinte: »Herr Superintendent, das Klagen nützt nichts, sie hätten dem Kruse eine österreichische Frau besorgen sollen, die hätte ihn hier gehalten!«

Ja, warum hat es eigentlich nicht ›gefunkt‹? Die Kantorei ist schließlich Pate einer ganzen Zahl von Ehen geworden. Gerlind S., die Webmeisterin aus Adelheide, besuchte mich in Linz. Ich war mit ihr befreundet und habe sie auch einmal nach Lingen in unsere große Familie eingeladen. Aber ich konnte mir einfach nicht vorstellen, dass sie als künstlerisch begabtes ›Weltkind‹ im Lebensrahmen eines Pfarrhauses ihre Erfüllung finden könnte. Und vielleicht war ich in der Linzer Zeit noch nicht so weit, mich fest zu binden.

Manche Weichenstellungen im Leben scheinen auf einen puren Zufall zurückzugehen und haben doch im Rückblick ihren tiefen Sinn. Mein Entschluss stand fest. Ich fühlte mich durch die Vikarszeit in Österreich ausgelaugt und fragte mich manchmal, ob ich nicht auf dem Wege sei, ein geistlicher Hochstapler zu werden. Ich brauchte noch einmal eine Zeit der Einkehr und eines vertiefenden Studiums, um die vielen Erfahrungen und Impulse der Praxis zu verarbeiten. Superintendent Mensing-Braun verstand das und bestärkte mich in meinem Entschluss, auf das Angebot meiner Heimatkirche einzugehen, ein zweijähriges Predigerseminar in Hildesheim oder im Kloster Loccum zu besuchen.

Eine Existenz hinter Klostermauern konnte ich mir allerdings nach der in Österreich genossenen Freiheit nicht vorstellen.

Im Pfarrhaus in Thening b. Linz traf ich zufällig Gerhard Heintze, den damaligen Landessuperintendenten für den Sprengel Hildesheim. Der nahm meinen Wunsch gerne auf, einen Platz im Predigerseminar Hildesheim zugewiesen zu bekommen. Aber dann überraschte mich ein Schreiben von ›Abt, Prior und Konvent des Klosters Loccum‹, mit dem mir zur Einberufung in das ›Hospiz des Klosters Loccum‹ gratuliert wurde. Einen Augenblick schwankte ich, ob ich nicht lieber eine mir von Bischof May angebotene Pfarrstelle in Zell a. See anstreben sollte. Aber dann siegte die Vernunft.

Einer der für Loccum vorgesehenen Kandidaten, Karl Manzke (später mein Nachfolger als Landessuperintendent für den Sprengel Stade), hatte sich geweigert, die für Loccum vorgeschriebene Verpflichtung zu unterschreiben, nämlich in den zwei Jahren nicht zu heiraten. Und so wurde kurzerhand ein Tausch vorgenommen: Karl Manzke nach Hildesheim und Martin Kruse ins Kloster Loccum. Eine Zufallsentscheidung?

Selbst der Zug und die Ankunftszeit wurden uns drei Neuen vorgeschrieben: »Der Wagen des Klosters erwartet sie am Bahnhof in Loccum.« Der entpuppte sich dann aber als ›Bollerwagen‹ (Handwagen) und nicht als Kutsche oder Auto. Zwei Kandidaten im Lutherrock und mit einem ›Loccumer Barett‹ behauptet, waren so intensiv im theologischen Streitgespräch miteinander, dass sie uns gar nicht wahrzunehmen schienen. Wir mussten uns erst bemerkbar machen. Und auch dann und auf dem ganzen Weg durchs Dorf bis zum verschlossenen Klostertor setzten sie ihre abstruse theologische Diskussion fort: Ob es erlaubt sei, beim Abendmahl Weißwein zu verwenden? Die Worte Jesu beim Abendmahl (»… das ist mein Blut, das für euch vergossen wird …«) passten nur zum Rotwein, so argumentierte der eine. Wir dachten: Haben die Probleme!

Das schwere Klostertor war verschlossen. Erst nach kräftigem Klopfen ließ uns Herr Nürge, der Hofmeister des Klosters, passieren und schloss dann umständlich hinter uns wieder zu. »So, sie sind also die neuen Herren und werden nun zwei Jahre bei uns bleiben!« Die Aussicht, zwei Jahre hinter verschlossenen Klostermauern zu verbringen, dämpfte unser Gemüt. Wir waren zwar vorgewarnt worden, im Kloster gebe es finstere Traditionen und in den ersten Tagen werde man an der Nase herumgeführt. Aber die Regie war so raffiniert ausgeklügelt, dass wir schon am ersten Abend Realität und Spiel nicht mehr auseinanderhalten konnten.

Uns ›neuen Herren‹ – so wurden wir überall im Kloster tituliert – blieb keine Zeit zum Nachdenken. Die Zimmer wurden uns zugewiesen, mir der ›Kleine Prior‹ im Dachgeschoss, gleich neben der Eingangstür zur Wohnung des Priors Paul Fleisch. Bevor wir unsere Koffer auspacken konnten, mussten wir – im schwarzen Anzug natürlich – unter Führung des Seniors ein eng gesponnenes Besuchsprogramm absolvieren. Im Hause, im Klostergelände, im Dorf und dann sogar in den Pfarrhäusern der Stiftsgemeinden in Münchehagen und Wiedensahl. Und alle, die wir trafen, waren vorher in die Regie der ›drei Tage‹ eingeweiht worden und spielten die ihnen zugedachte Rolle. Der Klostervoigt Walter Droste sei in hohem Grade schwerhörig. Der Studieninspektor (den es in Wirklichkeit gar nicht gab) platze bei jeder Gelegenheit; er müsse sehr vorsichtig behandelt werden. Prior Fleisch erkundigte sich bei dem uns begleitenden Senior nach dem Stand der Vorbereitungen für die ›Mitternachtshora‹ und bat, ihm diesmal eine größere Kerze an seinen Platz im Chorgestühl zu stellen, er habe beim letzten Mal nicht richtig sehen können. Wer konnte danach die ›Mitternachtshora‹ noch für eine Erfindung halten?

Im Kolleg, das der Konventual-Studiendirektor Dieter Andersen moderierte, trug einer der Kandidaten ein Referat vor »Über die Bedeutung des Pfarrgartens für das Verständnis der Gleichnisse Jesu« und verstieg sich zu der These: Ohne die Praxis im Pfarrgarten könne ein Pastor nicht glaubwürdig über das Gleichnis Jesu ›Vom vierfachen Acker‹ oder ›Vom Unkraut unter dem Weizen‹ predigen. Über diese Frage wurde ernsthaft und ausdauernd diskutiert. Wir ›Neuen‹ konnten über solche Haarspaltereien nur den Kopf schütteln. Und für uns stand fest: Wir werden uns hier nicht verbiegen lassen! Ein innerer Widerstandswille war geweckt worden.

Erst am dritten Tag löste sich der ganze Spuk in der ›Mitternachtshora‹ in Wohlgefallen auf. Am späten Abend fiel das Licht im Kloster aus; denn auch die Loccumer Gemeindeverwaltung spielte mit und schaltete schon nach 22 Uhr die Straßenbeleuchtung im Dorf aus. Das Kloster lag im Dunkeln; Kerzen gaben nur ein notdürftiges Licht. Nach einer Prozession durch den Kreuzgang zum Kapitelsaal erschien unter großem Getöse der Klostergeist ›Tethardus‹ zur ›Mitternachtshora‹ und nahm uns drei als ›neue Glieder in die jahrhundertealte Kette der Tradition‹ auf.

Am nächsten Morgen beim Frühstück ein großes Palaver und Gelächter. Die verschrobenen Klosterbrüder entpuppten sich als ganz normale Zeitgenossen. Sie hatten unsere Vorurteile und alle dunklen Befürchtungen im Blick auf eine zweijährige Predigerseminarszeit hinter Klostermauern zu einem Drehbuch der ›drei Tage‹ verarbeitet und uns dieses Schreckbild vorgespielt. Umso freundlicher hob sich davon die Realität ab. Es fiel uns leicht, sie zu akzeptieren und unseren Platz zu finden.

Für zartbesaitete Seelen allerdings waren solche ›drei Tage‹ eine einzige Tortur. Als die 68er-Generation ins Predigerseminar einzog, entlarvte sie das Spiel als finsteren Versuch, Menschen unter Druck zu setzen und sie anpassungswillig zu machen. Die ›drei Tage‹ gibt es seitdem nicht mehr, wie ja auch eine zweijährige geschlossene Ausbildungszeit in einem Predigerseminar längst einer Ordnung gewichen ist, die der Gemeindepraxis der Vikare einen viel größeren Spielraum gibt.

Treffe ich heutzutage auf – inzwischen längst pensionierte – Weggefährten meiner Predigerseminarszeit, so sind die allermeisten der Überzeugung, das alte System habe seine großen Vorzüge gehabt, es habe uns entscheidend dazu verholfen, den späteren pastoralen Dienst zu bestehen: Ich will seine Herkunft und seine Zielvorstellungen kurz umreißen.

Das Loccumer Predigerseminar ist nicht zu einem bestimmten Zeitpunkt gegründet worden, es verdankt seine langsame Entstehung vielmehr einer nachreformatorischen Notlage. Das Kloster Loccum war mit den ihm zugehörigen Dörfern Loccum, Münchehagen, Wiedensahl und Winzlar ein reichsunmittelbares Stift. Geistliches und weltliches Regiment lagen in Händen des Abtes. Ein weitgestreuter Besitz musste verwaltet werden.

Als der zahlenmäßig geschrumpfte Konvent gegen Ende des 16. Jahrhunderts die Confessio Augustana, das lutherische Bekenntnis, angenommen hatte, ohne den Konfessionswechsel groß an die Glocke zu hängen, da wurde es schwierig, evangelische Novizen zu finden. So nahm man junge Theologen, die noch auf eine Pfarrstelle warten mussten, als geistliche Hilfskräfte, als sogenannte ›hospites‹ auf. Im Laufe der Zeit wurde es dann nötig, für dieses Hospiz des Klosters Loccum eine Ordnung zu erlassen, die sogenannten »leges hospitii« des berühmten Abtes Gerhard Wolter Molan (Abt von 1677 bis zu seinem Tod 1722). Grundlinien dieser Ordnung haben sich bis in meine Loccumer Zeit erhalten: am Leben des Klosters teilzunehmen, ja es mitzugestalten; in einer vita communis die eigene theologische und pastorale Kompetenz zu klären und sich auf die zukünftigen Aufgaben eines Gemeindepfarrers einzustellen.

Die hannoverschen Predigerseminare legten Wert auf die kleine, überschaubare Zahl. Pro Semester wurden bis in meine Zeit hinein drei oder vier Kandidaten pro Semester aufgenommen. Es gab für uns einen festen Kanon von Pflichtarbeiten; aber die Themen konnte jeder wählen oder wenigstens mitbestimmen. Meine große systematische Arbeit war dem Thema »Schöpfungsglaube und Naturwissenschaft« gewidmet. Die kleine, mehr praktisch ausgerichtete befasste sich mit der Geschichte der ökumenischen Bewegung und dem unterschiedlichen Verständnis des Begriffs ›ökumenisch‹ in den einzelnen Konfessionskirchen. Ich vertiefte mich in die Werke des Soziologen Arnold Gehlen, in sein Verständnis des Menschen und seine Institutionenlehre, wie mich überhaupt soziologische Fragestellungen, die zu einer ›Außenbetrachtung‹ der Kirche anleiteten, intensiv beschäftigten.

Das Ziel war aber nicht, ein ›Privatgelehrtentum‹ zu züchten, sondern unsere Begabungen und Positionen in Auseinandersetzung mit den Kollegen zu klären und zu vertiefen.

Die einzige verbindliche Verpflichtung im Tageslauf war die Teilnahme am täglichen Kolleg von 11 bis 13 Uhr. Alles andere, selbst die Anwesenheit bei der abendlichen Hora um 18 Uhr im Hohen Chor der Stiftskirche war letztlich freigestellt. Das Kolleg lebte nicht von auswärtigen Dozenten, auch nicht vom Lehrangebot des Studiendirektors, es verstand sich vielmehr als eine praktisch-theologische Arbeitsgemeinschaft, als ein Kollegium angehender Gemeindepastoren, in das jeder sich selbst, seine theologische Existenz, seine Interessen und Erkenntnisse einbringen sollte und der Diskussion und Kritik der anderen aussetzen musste. Keiner konnte sich da heraushalten, man musste sich stellen. Der Studiendirektor war nicht ›Lehrmeister‹, sondern ›Moderator‹, der für ein faires, offenes und zielgerichtetes Zusammenspiel Sorge zu tragen hatte.

Wir lebten auf dem Lande, in einer gewissen Abgeschiedenheit. Keiner von uns besaß ein Auto, allenfalls ein Fahrrad. Aber wir lebten nicht isoliert. In der Evangelischen Akademie hatte das Kloster durch Initiative von Landesbischof Lilje bewusst ein den Problemen der Zeit zugewandtes, weltoffenes Gegenüber erhalten, dessen Angebote wir nutzen konnten und sollten. Davon habe ich eifrig Gebrauch gemacht. Werner Steinjan, der Leiter der Jugendbildungsarbeit der Evangelischen Akademie, engagierte mich einige Male als Referent bei den Seminaren für junge Menschen aus der Industrie.

Die Kantorei, unter Leitung des Stiftskantors Götz Wiese, des späteren Landeskirchenmusikdirektors, war auf die Männerstimmen musikalischer hospites angewiesen und sammelte ihre Sängerinnen und Sänger aus Loccum und den umliegenden Dörfern. Wir Kandidaten hielten unsere Pflichtpredigten (eine pro Semester) im Gemeindegottesdienst in der Klosterkirche. Das ließen sich die Dorfbewohner offensichtlich gerne gefallen, obwohl sicher manche Predigt ›über die Köpfe hinweg‹ ging. Wir hospitierten in der Volksschule bei Rektor Fischer oder den Lehrern Klenke und Busche und waren jeweils für ein Semester für den Kindergottesdienst mitverantwortlich. Die ›Klosterherren‹, wie sie im Dorf genannt wurden, lebten also nicht versteckt hinter Klostermauern, sondern in Kontakt mit dem Dorf. Man traf sich beim Bier in den Gastwirtschaften und gelegentlich auch beim Kegeln. Am Sonntagnachmittag gehörte es zu unseren Aufgaben, Kinder und Jugendliche aus dem Dorf im Klosterkahn über den nahen Backteich zu ›schippern‹. Besonders attraktiv aber war der ›Klosterdannenboom‹, die Aufführung eines Krippenspiels im Slaphusflur, also in unserer ›Klausur‹. Das Krippenspiel konnten wir ja nicht allein aus unserer Männerriege bestreiten, wir brauchten für die Rolle der Maria und den Engelchor Mitspielerinnen aus dem Dorf.

So war also genügend Gelegenheit, Marianne Kittel, meine spätere Frau, kennen zu lernen: im Chor, bei der Vorbereitung der Kindergottesdiensthelfer im Pfarrhaus, beim Klosterdannenboom. Es war aber gar nicht so leicht, das, was sich anbahnte, vor den Augen der anderen verborgen zu halten. ›Sie‹ war ja noch Schülerin, gerade 17 Jahre alt; und im Kloster waren solche Freundschaften alles andere als gerne gesehen. Den weiten Klosterwald jenseits der Mauern mit seinen verborgenen Teichen und den verschlungenen Pfaden haben wir schätzen gelernt.

Gut vierzig Jahre später haben wir eine Erinnerungsbank (samt massivem Holztisch) gestiftet. Aber der Loccumer Verschönerungsverein plädierte für einen klosternahen Rastplatz, der von den älteren Dorfbewohnern leicht erreichbar sei, mit einem unverstellten Blick auf das Kloster. Wir selbst hatten eher an unseren erinnerungsreichen früheren Treffpunkt gedacht, der natürlich abseits vielbegangener Wege lag.

Kapitel 8:
Versetzt von Loccum nach Loccum (1957–1964)

Nach dem zweiten Examen war bei allen Kandidaten meines Jahrgangs die spannende Frage, wo wir denn nun als junge Hilfspfarrer in der weiten Landeskirche eingesetzt würden. Es war nicht üblich, eigene Wünsche zu äußern. Nur auf die schon verheirateten oder zur Heirat entschlossenen Kollegen wurde eine gewisse Rücksicht genommen. Und dazu gehörte ich ja nicht. Im Lutherheim Springe am Deister wurden wir auf unsere Ordination vorbereitet und jeder erhielt seinen ›Marschbefehl‹. Der Personaldezernent des hannoverschen Landeskirchenamtes, Walter Ködderitz, überraschte mich mit der Nachricht, ich solle zusammen mit dem Soziologen Joachim Matthes in die vakante Leitung der Jugendbildungsarbeit der Evangelischen Akademie Loccum eintreten und gleichzeitig als eine Art Hauskaplan fungieren. Das Verhältnis zwischen den beiden gleichberechtigten Akademiedirektoren Johannes Döhring und Hans Bolewski sei schwierig, vielleicht könne die Atmosphäre durch meine Berufung entspannt werden. Widerspruch war nicht vorgesehen. Die Aufgabe reizte mich schon, aber ich selbst hatte eigentlich auf einen ›normalen‹ Dienst in irgendeiner Gemeinde gehofft. Nun also weiter Loccum. Damit konnte ich in Sichtweite von Marianne bleiben. Das war die gute Seite. Auf der anderen Seite war es mir nicht besonders sympathisch, dass unsere Freundschaft nun unter ständiger Aufsicht stehen würde, wobei ich weniger an Mariannes Eltern, sondern mehr an die aufmerksame Loccumer »Öffentlichkeit« dachte.

Das konnte ich natürlich nicht voraussehen, dass ich insgesamt viermal in der Loccumer Klosterkirche von Abt, Prior und Konvent nach einer feierlichen Prozession (mit Krummstab und Mitra) in ein Loccumer Amt eingewiesen oder eingeführt werden sollte. Als »Hilfsgeistlicher« wird man der Gemeinde im Gottesdienst »vorgestellt«, zu jeder festen Beauftragung gehört eine gottesdienstliche »Einführung«.

Die Evangelische Akademie Loccum hatte sich durch ihre Wirtschaftstagungen in den Führungsschichten von Industrie und Gewerkschaften in Nord- und Westdeutschland in den 50er Jahren einen guten Ruf erworben. Angeregt wohl auch durch die Impulse des »Bundesjugendplans« entwickelten einige Akademien einen besonderen Arbeitszweig: Bildungsseminare für junge Arbeitnehmer aus der Industrie. Der Volkswirt Werner Steinjan hatte diesen Arbeitszweig in der Akademie Loccum aufgebaut und geleitet. Nachdem er ins Bundeswirtschaftsministerium berufen worden war, geriet dieser Arbeitszweig in eine gewisse Krise. Nun sollten der junge Soziologe Joachim Matthes und ich als Theologe der Arbeit neue Impulse geben. Ich hatte als Kandidat im Kloster Loccum schon hin und wieder unter Werner Steinjan an solchen Bildungsseminaren mitgewirkt, kannte die Gegebenheiten also schon.

Die jeweils etwa 30 Teilnehmer, im Kern im Alter von 18 bis 25 Jahren, wurden vom Betrieb (Personalabteilung oder Betriebsrat) geschickt. Lohnausfall, Reisekosten und Tagungsbeitrag übernahm der Betrieb. Natürlich war die Kirchentreue nicht das leitende Kriterium bei der Auswahl. Die Mehrheit stand der Kirche und ihrem Tun gleichgültig oder auch kritisch gegenüber. Auch der Name ›Akademie‹ und die für damalige Verhältnisse ›vornehme‹ Ausstattung der Anlage konnten negative Reaktionen auslösen.

Politische Bildung – Lebenskunde – Christliche Orientierung – Kommunikationstraining, das waren im Groben die Zielrichtungen unseres Programms für die zehn Tage. Joachim Matthes zeichnete für die politische Bildung verantwortlich, ich für den schwierigeren Bereich, die christliche Orientierung. Wie lässt sich ein so zufällig zusammengesetzter Kreis junger Menschen motivieren, ohne dass die Abneigung gegen Missionierungsversuche zur Sperre wird? Es bot sich ein Weg an, der oft überraschend schnell zu einer offenen, von jeder Taktik freien Begegnung mit dem Wort der Bibel führte. Wir teilten den Lehrgang in drei oder vier Gruppen, gaben ihnen Kopien einer biblischen Geschichte mit der Bitte, doch einmal selbst zu erarbeiten, welchen Sinn eine solche Geschichte habe, welche Schwierigkeiten sie dem heutigen Verständnis biete, und wie etwa ein Pfarrer darüber predigen sollte, ohne dass ihm der oft gehörte Vorwurf gemacht werden könne, seine Predigt sei völlig inaktuell und belanglos gewesen.

Jede Gruppe sollte einen Gesprächsleiter und einen Berichterstatter bestimmen. Nach meiner Erfahrung drängten sich gerade betont kritische Teilnehmer zur Gesprächsleitung, um zu gewährleisten, dass es ›endlich einmal objektiv‹ zugehe. Wir haben die Gruppen bewusst für eine Stunde sich selbst überlassen. Unser Zutrauen zu ihrer Selbständigkeit und Arbeitsfreude ist nur ganz selten einmal enttäuscht worden. Das ›Wettkampfmotiv‹ (mal sehen, ob wir mehr herausbekommen als die anderen) wirkte oft wie ein zusätzlicher Motivationsschub. Nach einer Stunde wurden dann die Ergebnisse im Plenum zusammengetragen und diskutiert.

Das war sicher keine ›normale Gemeindesituation‹, auf die ich hier in der Akademie traf, aber doch ein ziemlich normales Erfahrungsfeld, wie es um Religion und Kirche in unserer Gesellschaft bestellt war. Wir Mitarbeiter hatten es uns zur Regel gemacht, im ganzen Arbeitsprozess, bei den gemeinsamen Mahlzeiten und in der abendlichen Freizeit präsent zu sein. So wuchsen wir in den zehn Tagen wirklich zusammen.

Die gründliche Auseinandersetzung mit dem Nationalsozialismus, mit Ideologie und Propaganda, mit Rassenwahn und Judenvernichtung gehörte zum festen Bestand des Programms. Das war schon deswegen wichtig, weil in Schule und Elternhaus kaum Kenntnisse vermittelt worden waren.

Der weit verbreiteten Meinung, erst die 68er-Unruhen hätten zu einer tiefgreifenden öffentlichen Auseinadersetzung mit dem ‚Dritten Reich‹ geführt, kann ich mich nicht anschließen. Schon die Ziele, die sich der im Dezember 1950 beschlossene ‚Bundesjugendplan‹ stellte, weisen aus, dass die ‚Aufarbeitung‹ in den 50er Jahren längst im Gange war. Es wird aber zutreffen, dass die allermeisten Familien davon nicht erreicht worden sind.

Mit meiner Zeit in der Evangelischen Akademie (1957–1960) ist auch die wichtigste persönliche Weichenstellung verbunden. Bald nach meinem zweiten Theologischen Examen verlobten wir uns im Juni 1957 öffentlich. Manchem erschien damals der Altersunterschied von neun Jahren dann doch reichlich groß. Marianne war gerade 18 Jahre alt und wollte Gewerbelehrerin für die Fächer Sport, Werken und Hauswirtschaft werden. Sie brauchte noch zwei Jahre bis zum Abschluss ihrer Ausbildung auf der Frauenfachschule in Hannover. Danach gab sie ihre Studienpläne auf, denn damals galt noch die Regel, dass eine Pfarrfrau möglichst nicht berufstätig sein sollte. Und so heirateten wir am 30. Mai 1959. Unser Vater traute uns am Tag darauf in der Klosterkirche in Loccum. Wenigen Worten der Schrift sind wir seitdem in Gottesdiensten häufiger begegnet wie unserem Trauspruch: »Christus spricht: Ich bin das Licht der Welt; wer mir nachfolgt, wird nicht wandeln in der Finsternis, sondern wird das Licht des Lebens haben« (Johannes 8 Vers 12). Fast bei

106

jeder Taufe, beim Entzünden der Kerze für den Täufling wird es verwandt und erinnert uns beide an den Anfang unserer Ehe.

In der Evangelischen Akademie fand an jenem Wochenende im Mai gerade eine entwicklungspolitische Tagung für Studentinnen und Studenten aus der Dritten Welt statt. Die ließen sich die Teilnahme am Traugottesdienst natürlich nicht entgehen. So haben wir unser ›Ja, durch Gottes Hilfe‹ gleichsam ‚vor aller Welt‹ gesprochen. Wir bezogen den Bungalow ›Am Rosenbraken‹, den sich der Klosterförster Sahre schon Jahre vor seiner Pensionierung als Ruhesitz erbaut hatte. Wir waren glücklich und erwarteten bald unser erstes Kind. Wir entschieden uns für eine Hausgeburt. Dabei hat sicher eine Rolle gespielt, dass sich die Hebamme des Dorfes durch die steigende Zahl von Klinikgeburten in ihrer Existenz bedroht fühlte. Sie war, als die Wehen einsetzten, wegen einer Moped-Panne nicht erreichbar. Es gab ja noch kein Handy! Aber die couragierte Dorfärztin, Frau Dr. Klose, war sofort zur Stelle und spannte mich als ihre Hilfskraft ein. Jan-Hinrich kam zur Welt. Die weitere Betreuung übernahm dann die Hebamme. Viel zu spät nahm sie die Atembeschwerden des Säuglings ernst, der dann erst am dritten Tag in die Kinderklinik in Hannover eingeliefert wurde. Freude und Sorge kämpften miteinander. Marianne war eine Woche lang von ihrem Kind getrennt. Wir mussten täglich nach Wegen suchen, die Muttermilch nach Hannover zu bringen. Und bald wurde klar, dass der frühe Sauerstoffmangel zu einer Verzögerung der Entwicklung führen würde. Unbeschwert waren unsere ersten Ehejahre nicht.

Kaum ein halbes Jahr nach unserer Trauung war mein Vater am 16. Oktober 1959 im Alter von 61 Jahren plötzlich an Herzversagen nach einer Bruchoperation im St. Bonifatius-Krankenhaus in Lingen gestorben. Am Sonntag zuvor hatte er noch den Gottesdienst in seiner Kirche gehalten. Wir konnten bei unserer Trauung nicht ahnen, dass dies die letzte Begegnung mit ihm sein würde. Die Geburt unseres ersten Kindes hatte er nicht mehr erlebt. Sein Tod bedeutete einen tiefen Einschnitt in unserer Familiengeschichte.

Das kam in meinen Loccumer Jahren immer wieder einmal vor, ein Anruf aus dem Bischofsbüro in Hannover: »Höchwürden möchte Sie sprechen.« Das bedeutete dann, sich zur angegebenen Zeit im schwarzen Anzug in der Abtswohnung im Konventshaus des Klosters einzustellen. Die beiden Lüster, rechts und links neben der Eingangstür zur Abtswohnung, brannten, solange der Abt im Hause war. Es gehörte zum Ritual, dass nicht vorher mitgeteilt wurde, worum es gehen sollte. Diesmal um meinen Wunsch, nach drei Jahren in der Akademie nun in eine Gemeindepfarrstelle berufen zu werden. Ich hatte mich umgehört und hätte gerne in Hildesheim, in einer Industriearbeitersiedlung, die Erfahrungen aus der Jugendsozialarbeit der Akademie umgesetzt.

Bischof Lilje hatte schon von meinem Wunsch, die Stelle zu wechseln, gehört. Er könne das nur begrüßen, aber ich würde an einer anderen Stelle gebraucht, als Stiftsprediger in Loccum. Mir sei ja bekannt, wie Loccum in den letzten Jahren zu einem zentralen Ort kirchlicher Bildungsinstitutionen geworden sei. Das alte, traditionsreiche Kloster mit seinem Predigerseminar, die moderne, florierende Evangelische Akademie, das Religionspädagogische Institut, dessen weitgespannte Arbeit einem partnerschaftlichen Verhältnis von Kirche und Schule diene, das Pastoralkolleg als Fortbildungsstätte der Pfarrerschaft und die ländliche Heimvolkshochschule. Die Stiftspredigerstelle biete die Möglichkeit, Kloster, Dorf und kirchliche Institute zu verbinden, zumal ja alle Mitarbeiterinnen und Mitarbeiter und deren Familien auch Gemeindeglieder seien. Ich sei mit den Loccumer Verhältnissen vertraut.

Ein ›von außen‹ kommender Pastor müsste sich erst langsam einarbeiten.

Damals wurde der sonntägliche Gemeindegottesdienst in der Klosterkirche in aller Regel noch in die Tagungsprogramme der Akademie und der anderen Institute aufgenommen. So war der Stiftsprediger, der alle 14 Tage den Gottesdienst zu leiten hatte, also Pastor und Prediger ›für alle‹.

Ich führte persönliche Gründe an, warum ich lieber an einem anderen Ort, möglichst in der Nähe einer Stadt, eine Pfarrstelle übernehmen wolle; wir erwarteten unser zweites Kind; und für Jan-Hinrich würden sich in einer Stadt sicher bessere Förderungsmöglichkeiten ergeben als im stadtfernen Loccum. Aber über diese Einwände ging Bischof Lilje freundlich und bestimmt hinweg. Nun zogen wir also im Sommer 1960 aus dem für uns so praktischen Bungalow in die Mitte des Dorfes, erst einmal provisorisch in zwei Zimmer des alten, 1833 errichteten Pfarrhauses. Bis zum späten Herbst mussten wir die mit viel Staub und Lärm verbundene gründliche Renovierung des zweistöckigen Fachwerkhauses samt des Einbaus einer Zentralheizung ertragen. Was habe ich da meiner jungen Frau zugemutet?!

Im Dorf wurden wir freundlich aufgenommen; wir waren ja keine Unbekannten. Das große Dorf mit seinen 3000 Gemeindegliedern erstreckte sich kilometerweit vom Ortskern aus an den sechs Ausfallstraßen entlang. Das Fahrrad leistete mir gute Dienste. Ich konnte unterwegs jeden grüßen, musste aber nur absteigen, wenn es mir sinnvoll erschien. Wie kommunikationsarm wäre dagegen die Fahrt im Auto gewesen.

Damals gab es in Loccum seltsamerweise noch keine offiziellen Straßennamen. Also bestand eine Notwendigkeit, sich schnell die Hausnummern einzuprägen, sie wie eine Art großes Einmaleins auswendig zu lernen. Die ersten zweihundert Nummern folgten einer

Systematik. Aber dann ging es nach dem Baujahr, also wild durcheinander. Der Bungalow des Försters trug die Nummer 468; der früher einmal ausgesiedelte Hof in unserer Nachbarschaft die Nummer 63; das Pfarrhaus im Ortskern die Nummer 72. Scherzhaft habe ich gesagt: nur drei Leute im Dorf finden sich überall zurecht: der Postbote, der Gemeindediener und der Pastor. Einer meiner Vorgänger im Loccumer Pfarramt hatte nach dem 1. Weltkrieg ein Oktavheft mit Hausnummern, (von ihnen zu unterscheidenden) Hofnamen, Familiennamen und Spitznamen angelegt. Bei den Spitznamen wurde unterschieden zwischen solchen, die in Gegenwart des Betreffenden genannt werden konnten, und solchen, die Ärger auslösen würden. Jeder Stiftsprediger musste das Oktavheft auf den neuesten Stand bringen. Das dörfliche Beharrungsvermögen war in Loccum besonders ausgeprägt. Ich bin wohl der letzte Stiftsprediger gewesen, der die Hausnummern auswendig lernen musste.

Als ich Prior D. Paul Fleisch, dem Vertreter des Abtes vor Ort – er war von 1912 bis 1917 selbst Stiftsprediger gewesen, später Geistlicher Vizepräsident im Landeskirchenamt in Hannover – meinen Antrittsbesuch im Kloster machte, sagte er lächelnd: »So, von jetzt ab sind wir Feinde! Das müssen Sie ernst nehmen!« Er meinte, der Pastor sei von jeher der Anwalt des Dorfes gegenüber dem reichen Grundbesitzer, dem Kloster gewesen. Das war nicht aus der Luft gegriffen. Und es ergab sich Gelegenheit genug, diese Rolle zu praktizieren. Die jahrhundertelange Abhängigkeit vom Kloster hatte noch immer ihre Nachwirkungen im Grundverhalten der Loccumer. In den anderen Stiftsdörfern herrschte ein aktiverer Geist. Ein bezeichnendes Beispiel: In unserer Gegend rekrutierten die Bremerhavener Fischfangbetriebe gerne ihre Besatzungen. Dabei stellten die Münchehäger, die Bergleute aus dem Erzgebirge zu ihren Vorfahren zählten, noch zu meiner

Zeit mehrheitlich die Fischdampferkapitäne, die Loccumer eher die arbeitswilligen Besatzungen. Wiedensahl, durch Wilhelm Busch bekannt geworden, war ein selbstbewusstes, von Landwirtschaften mittlerer und kleinerer Größe geprägtes Dorf. Und Winzlar, das kleinste Stiftsdorf, hinter Bad Rehburg gelegen, also eine Enklave, führte ohnehin ein Eigenleben; es wurde unter der Woche vom schaumburg-lippischen Pfarrer in Bergkirchen betreut; nur an den Sonntagen übernahmen Kandidaten aus dem Kloster den Predigtdienst.

In Loccum blieb die Kirche – trotz der stark ansteigenden Zahl der Pendler – durch die Ansiedlung kirchlicher Institute der bei weitem größte Arbeitgeber. »Loccum wird London«, sagten die Loccumer mit einigem Stolz, weil sich in der Akademie alle Welt traf und Loccum in den Medien immer häufiger vorkam. Aber das intellektuelle Potential der Institute schreckte auch. So war es eine sinnvolle Idee, in gewissen Abständen die Pforten der Akademie zu Abendveranstaltungen für Interessierte aus Loccum und den umliegenden Dörfern zu öffnen. In den sogenannten »Loccumer Abenden« wurden aktuelle Fragen verhandelt, aus Tagungen berichtet, Reiseberichte (mit Lichtbildern) gegeben und das, was sich inzwischen als Talkshow in den Medien längst etabliert hat, praktiziert. Es wurde Wert drauf gelegt, dass die Aussprache, das Gespräch nicht zu kurz kam. Immer waren die »Loccumer Abende« gut besucht. Die Akademie verlor im Dorf den Charakter eines »Fremdkörpers«.

An wem sollte ich mich am Sonntag in der Predigt ausrichten? Sollte ich mich auf das jeweilige, aktuelle Tagungsthema einstellen, auf Wirtschaftsführer, auf Journalisten, auf Landwirte, auf Mediziner? Mein Vorgänger als Stiftsprediger, Walter Haaren (nun Superintendent des Kirchenkreises Rotenburg/Wümme), ein kluger Landwirtssohn, gab mir den Rat: »Du bist für deine Loccumer da. Wenn die deine Predigt verstehen, dann werden auch die Tagungsteilnehmer, auch Minister, Industriebosse oder Bischöfe etwas davon haben. Denk bloß nicht, du müsstest mit der Predigt einen Beitrag zum Tagungsthema leisten.« An diesen Rat habe ich mich gehalten. Er ist mir auch als Bischof noch zugute gekommen.

Einen leichten Schock versetzte mir einer der ersten Trauerbesuche im Dorf. Ich geriet an die falsche Hausnummer. »Nö, Herr P'stor, da sind Sie falsch. Der Opa W. wohnte nebenan. Es wurde ja auch Zeit, dass der mal endlich Platz machte im Hause. Der hat mit seinen 89 Jahren seine Rente schon dreimal verputzt.« An dieses nüchterne, naturhafte Verhältnis zum Sterben und zum Tod musste ich mich erst gewöhnen. Es war aber nicht lieblos, wie ich bald merkte. Die Nachbarn nahmen Urlaub, um die Beerdigung vorzubereiten. Der Landwirt in der Nähe stellte wie selbstverständlich seine Diele für die Trauerfeier zur Verfügung, wenn im Sterbehause selbst kein Platz war; denn eine Friedhofskapelle gab es in Loccum noch nicht. Aus jedem Haus der alteingesessenen Loccumer kam einer/eine zur Beerdigung. Der Trauerzug durchs Dorf zum Friedhof neben der Klosterkirche wurde immer mehr zum Hemmnis des Durchgangsverkehrs. Es wurde Zeit, eine Friedhofskapelle im Klosterareal zu schaffen.

Das war eine meiner ersten Aufgaben, mit dem Kloster zusammen nach Möglichkeiten der Realisierung Ausschau zu halten. Als die moderne neue Schule am Rande des Klosterwaldes geplant und schließlich auch errichtet wurde, konnten die vom Kloster bisher gestellten Schulräume aufgegeben werden. Das Schulgebäude zwischen den beiden Lehrerhäusern wurde abgerissen und machte Platz für den Bau einer Friedhofskapelle. Es bedurfte keiner großen Anstrengung, die Spendenbereitschaft im Dorf zu wecken.

Unsere Nachbarin, die Frau des Tierarztes, schwärmte nach der Trauung ihrer Tochter: »Das muss doch das Schönste im Leben eines Pastoren sein, junge Menschen zu trauen.« Darauf meine spontane, unkontrollierte Antwort: »Ehrlich gesagt, ich halte lieber drei Beerdigungen als eine Trauung. Bei Trauungen spielen soviel Äußerlichkeiten eine Rolle, und das Brautpaar hat es schwer zuzuhören, und alle anderen auch. Bei den Beerdigungen empfinde ich eine aufmerksame Hörbereitschaft, gerade in den Fällen großer Betroffenheit. Da hat das deutende, tröstende Wort Gewicht.«

Ich hätte noch hinzufügen sollen: Eine alte pastorale Regel besagt: »Die leichten Beerdigungen sind die schweren und die schweren (von Kindern oder jungen Menschen, von Verunglückten oder durch Krankheit früh aus dem Leben gerissenen Gemeindegliedern) sind die leichten.« Wo die Betroffenheit fehlt, wo das Sterben wie ein fast überfälliges Platzmachen erscheint, hat es das Wort schwer.

Der ländliche Raum erlebte an der Wende zu den 60er Jahren einen harten Umbruch. Die kleinen Landwirtschaften rentierten sich nicht mehr. Der Zug zu größeren Ackerflächen, auf denen sich der Einsatz von Maschinen lohnte, führte auch in der Loccumer Gemarkung zur Flurbereinigung, zur Zusammenlegung von verstreuten kleinen Flächen. Noch bewirtschaftete dann die Großelterngeneration oder die Ehefrau den nicht mehr lebensfähigen Hof. Auf der anderen Seite weitete sich das Arbeitsangebot der Industrie aus. Da war das Geld schneller zu verdienen. Die Zahl der Pendler stieg von Jahr zu Jahr.

Im Programm der Evangelischen Akademie hatten Themen, die das Nord-Süd-Gefälle und die Entwicklungspolitik betrafen, ihren festen Platz. Aber, so fragte ich mich, bekommen die Studenten aus Asien und Afrika während ihrer Studienjahre in Hannover, Hamburg oder Braunschweig jemals mit, vor welchen Entwicklungsproblemen wir im ländlichen Raum in

Deutschland stehen? Die Akademie nahm die Idee bereitwillig auf und lud zwei Dutzend Studenten aus Entwicklungsländern zu einem achttägigen Seminar ein, um die Umbruchsituation der Landwirtschaft in Loccum in Augenschein zu nehmen.

Im Vorlauf dazu sammelte ich einen Kreis von Landwirten – große, kleine und Pendler. Sie sollten ihre Situation und ihre Zukunftspläne darstellen und miteinander diskutieren. So erarbeiteten wir ein Besichtigungsprogramm für das Seminar der Studenten. Ich selbst lernte mein Dorf auf eine ungewohnt neue Art kennen, nämlich aus einer soziologisch-ökonomischen Perspektive. Und für die Studenten, die den Eindruck hatten, bei uns funktioniere alles relativ reibungslos, brachte die Begegnung mit den Loccumern sicher auch einen Erkenntnisgewinn. Wirklich vergleichbar waren ihre und unsere Probleme natürlich nicht; denn unsere entwickelte gesellschaftliche Infrastruktur besaß die Instrumente, um erträgliche Lösungen zu finden.

Wie reich war unser Dorf an Originalen! Ich kann sie nicht alle skizzieren. Aber einige will ich beim Namen nennen.

Hermann Kläfker, als »Tonnen Hermann« im Dorf bekannt, längst Rentner, wir nannten ihn »Schweineopa«, weil er für Schlachter Röhl (ein paar Häuser weiter auf der anderen Straßenseite) schlachtreife Tiere aus dem Dorf in einem Karren anlieferte. Er war, wie viele in unserer Gegend, einige Jahre zur See gefahren und hatte dabei manche Gefahr überstanden. Wie oft hat er mir über die Straße hinweg ein Psalmwort, das ihm offenbar viel bedeutete, zugerufen: »Ja, Herr P'stor, dat stimmt ja: Die Wasserwogen im Meer sind groß und brausen mächtig, aber der Herr ist noch größer in der Höhe« (Psalm 94 Vers 4). Meine Frau, die er mochte, nahm er eines Tages beiseite: »Pasters Mudder (so wurde die Pfarrfrau genannt), die reden über euch im

Dorf, dass ihr nicht früh genug aufsteht. Deern, mach doch um fünf oder sechs ein Fenster im Schlafzimmer auf und lass eine Bettdecke raushängen. Dann kannst du dich ruhig wieder schlafen legen.«

Oder *die beiden Vettern Kuhlmann, der Schneider und der Landwirt*. Die saßen beim Abendschoppen in Rode's Hotel und trugen einen speziellen Wettkampf aus: Wer kann länger Goethe und Schiller zitieren? Wer zuerst passte, musste eine ›Lütge Loage« (ein Bier und einen Korn) spendieren. Die beiden hätten es viel weiter bringen können, aber sie waren – wie so viele andere Männer und Frauen – im Dorf hängen geblieben.

Oder: *Heinrich Wilkening (mit Beinamen Gerke), der Kirchenvorsteher*, der oben auf der Leeser Höhe wohnte und eine kleine Landwirtschaft betrieb. Immer vor dem Erntedankfest fuhr er mit seinem Pferdewagen durchs Dorf und sammelte Kartoffeln für die evangelischen Krankenhäuser in Hannover. Er kannte alle Hofgrößen im Dorf. Wenn einer sich knauserig anstellte, dann scheute er sich nicht zu sagen: »Du Geizkragen, du schämst dich wohl nicht!« Er war ein aufmerksamer Predigthörer. Sein Lob für eine gute Predigt pflegte er in die Worte zu kleiden: »Ich habe heute gut einnehmen können, Herr P'stor.«

Bei Festveranstaltungen im Dorf fiel die Rolle des Festredners oft *Heinrich Rode (mit Beinamen Schaopmes)* zu. Auch er ein kleiner Landwirt. Er bediente sich bei seinen öffentlichen Reden einer eigenartig ›gehobenen‹ Sprache. Ich fragte ihn, wo er das Reden gelernt habe. »Ja, ich lese im Winter, wenn wir weniger zu tun haben, immer meinen Schiller durch.« Die Bände hatte er sich schon in jungen Jahren besorgt. Sie dienten ihm als Sprachschule.

Auf keinen Fall darf ich *Schumachers Wilhelm, den ›Tüffeler‹* übergehen. Er war als Gemeindediener eine öffentliche Institution im Dorf. Klein von Gestalt, sodass der Sattel seines Damenfahrrades extra am Rahmen festgeschraubt worden war, aber schlagfertig, wie kaum ein anderer im Dorf. ›Tüffeler‹ (also Ausklingler) nannten sie ihn, weil er seine Handglocke läutete, bevor er an verschiedenen Stellen im Ort die Bekanntmachungen der Gemeindeverwaltung verlas – und im schönsten Plattdeutsch kommentierte. Er konnte es sich leisten, dann auch eigene ›Anweisungen‹ bekannt zu geben. So an einem Jahresende: »Alle Schwarzbrenner bleiben nur dann straffrei, wenn sie mir in den nächsten Tagen eine Buddel vor die Tür stellen.« Als wir 1970 Loccum verließen, um in Stade unsere Zelte aufzuschlagen, gab er uns ein persönliches Wort mit auf den Weg: »Denkt daran, Brot wird überall gebacken!« Er meinte das durchaus christlich. Macht euch nicht unnötig Sorgen; es wird schon für euch gesorgt werden. Ich musste an Paul Gerhardts Liedvers denken: »Weg hast Du allerwegen, an Mitteln fehlt Dir's nicht«.

Die alte Pfarrscheune hinter dem Pfarrhaus diente als Gemeindesaal, aber sie war in einem elenden Zustand. Rechtzeitig vor den Konfirmandenstunden, getrennt nach Jungen und Mädchen, mussten wir, meine Frau oder ich, in der kalten Jahreszeit die beiden Ölöfen beschicken. Es roch muffig. Dagegen war nichts zu machen. Die Pläne für eine Sanierung und Neugestaltung ließen sich nicht von heute auf morgen realisieren. Wer sollte die Mittel aufbringen? Ohne Frage stand das Kloster in der Pflicht. Aber die nahende 800-Jahrfeier mit den notwendigen Baumaßnahmen in der Klosterkirche und an vielen Gebäuden im Klosterareal rangierte auf der Prioritätenliste verständlicherweise vorne. Wir mussten uns noch einige Jahre mit dem düsteren, unfreundlichen Gemeindesaal zufrieden geben. Immerhin waren aber beim Umbau des Pfarrhauses zwei Räume und eine Teeküche für notwendige Sitzungen und für die Treffen von Gemeindegruppen hergerichtet worden.

Der Konfirmandenunterricht machte durchweg Freude. Dazu haben die Konfirmandenfreizeiten in der Heimvolkshochschule beigetragen. Die lag nur zwei Kilometer außerhalb des Dorfes, aber diese Distanz reichte damals, um sich ›fern der Heimat‹ zu fühlen. Viele hatten noch nie außerhalb ihrer Familie übernachtet. Es kam mir darauf an, die Eigeninitiative der Konfirmanden zu wecken und dabei verschiedene Arbeitsformen zu verwenden. Zwei gemeinsame Tage können ein nachhaltiges Erlebnis sein. Wöchentliche Konfirmandenstunden haben es schwer, den Charakter von Schulstunden abzustreifen.

Ein fester Bestandteil der Gemeindearbeit war das monatliche Treffen des großen Frauenkreises. Da wurde es eng im Gemeindesaal. »Pastors Abende« waren längst beliebt im Dorfe. Ich brauchte diese »Tradition« nur weiterzuführen. Natürlich musste Zeit zum Klönen sein. Aber dann wurde an einem Thema gearbeitet. Es war nicht schwer, die Frauen zum Reden zu bringen. Wollte ich etwas schnell und sicher ins Dorfgespräch bringen, dann sagte ich es in diesem Kreis. Die Frauen, gerade auch die älteren, hatten zu Hause das Sagen. Sie schienen mir auch beweglicher zu sein als die Männer. Höhepunkt im Jahr war der Tagesausflug. Mein Vorgänger hatte mir den Tipp gegeben: »Nimm 5 DM mehr, als die Reise kostet; wenn du dann beim nachmittäglichen Kaffeetrinken sagst: ›Und nun gibt's Kaffee und Kuchen umsonst aus der Reisekasse‹, dann sind alle glücklich.« Auf Urlaubsreise zu fahren, war damals in Loccum noch keinesfalls üblich.

Als Stiftsprediger war ich neben meiner eigentlichen Arbeit im Dorf nebenamtlich auch Studieninspektor im Predigerseminar. Im Sommersemester war ich für die homiletische Arbeit der Kandidaten verantwortlich, also für die Vorbereitung und Nachbesprechung der pro-censura-Predigten, die jeder Vikar einmal im Semester zu übernehmen hatte. Ein sehr aufwendiges

Verfahren und ausgesprochen hart. Die schriftliche Vorbereitung des Predigers wurde von einem dazu aus den Reihen der Kandidaten bestellten ›Kritiker‹ im Kolleg unter die Lupe genommen, bevor alle anderen in das Gespräch einbezogen wurden.

In den Tagen danach war jede weitere Kritik untersagt; der Kandidat sollte seine Predigt ungestört anfertigen. Sie wurde im Sonntagsgottesdienst der Klosterkirche oder in einem der Stiftsdörfer, also nicht in einem geschlossenen Seminargottesdienst gehalten. Wenige Tage darauf wurde sie im Kolleg unter Leitung des Studiendirektors bzw. des Studieninspektors nach allen Regeln der Kunst besprochen. Der Stiftsprediger bzw. der Studiendirektor hatte dafür eine schriftliche »Generalkritik« zu liefern. Für manchen Kandidaten ist das wohl wie ein Gang durchs Fegefeuer gewesen, zumal ja im Gemeindealltag der evangelischen Kirche eine ›Kultur der Predigtkritik‹ nur schwach ausgebildet war. Viele ehemalige Loccumer Kandidaten aber sagen: Davon habe ich ein Leben lang gezehrt.

Im Wintersemester leitete der Stiftsprediger die katechetische Arbeit der Kandidaten. Die oberen Klassen der Dorfschule stellten das Praxisfeld. Allerdings legte es sich dann doch bald nahe, auch für die Loccumer Kandidaten die Kurse des Religionspädagogischen Instituts zu nutzen, weil dort mit größerer Sachkompetenz und umfassender für die so wichtige pädagogische Ausbildung der angehenden Pastoren gesorgt werden konnte.

Mir hat die Mitarbeit im Predigerseminar viel Freude gemacht. Aber die Kombination mit dem Gemeindepfarramt überstieg die Kraft eines Einzelnen. So ist dann – nach meiner Zeit – auch im Predigerseminar Loccum ein eigener Studieninspektor eingestellt worden, zumal die überkommene Weise einer geschlossenen Ausbildungszeit von ein oder zwei Jahren in einem der vier hannoverschen Predigerseminare

durch eine ganz andere, Praxisblöcke und Studien-
wochen verbindende Zeitstruktur abgelöst wurde. Davon später.

Das bedeutendste Ereignis meiner Loccumer Zeit
war sicher die 800-Jahrfeier des Klosters im Juni 1963.
Niemals hat die Klosteranlage leer gestanden, niemals
ist sie zerstört worden, sie blieb durch alle Jahrhunderte ihrer geistlichen Bestimmung treu, auch über
die Reformationszeit hinweg. Sie wahrte bei allem
Wandel doch in ihrer rechtlichen Gestalt und in ihren
Lebensformen die Tradition des Zisterzienserordens.
Abt, Prior und Konvent standen dem Kaiserlich Freien
Reichsstift vor. Als die Zahl der Konventualen nach
dem Übertritt zur Reformation sank, wurden junge
Theologen, die noch keine Stelle gefunden hatten, als
geistliche Hilfskräfte aufgenommen; so entstand langsam das Predigerseminar. Mit mehr oder weniger Ge-
schick wurde die wirtschaftliche Basis verteidigt und
weiterentwickelt. Erst mit dem Reichsdeputations-
hauptschluss von 1803 erlosch das Kaiserlich Freie
Reichsstift Loccum; danach gehörte das Stiftsgebiet
auch de iure zu den welfischen Landen. Auch die Krisen, die 1866 die Annektion Hannovers durch Preußen
und 1919 das Ende des landesherrlichen Kirchenregi-
mentes auslöste, wurden gemeistert. Die 800-Jahrfeier
1963 gab Anlass, sich der außergewöhnlichen Geschichte des Klosters Loccum zu vergewissern.

Was mir bei der Erinnerung an die Jubiläumstage
und ihre Vorbereitung besonders bemerkenswert erscheint, lässt sich in den zwei Worten ›viribus unitis‹
(mit vereinten Kräften) zusammenfassen. Die sind
von dem baltischen Historienmaler Eduard von Gebhardt, der von 1888 bis 1891 nach einem längeren Ita-
lienaufenthalt das Laienrefektorium des Klosters mit
Wandgemälden nach biblischen Szenen schmückte, an
einer verborgenen Stelle angebracht worden. Ob er dabei allerdings auf das nach anfänglichem Zögern

fruchtbare Zusammenwirken zwischen ihm und Abt Gerhard Uhlhorn, zwischen Künstler und Theologen anspielen wollte, ist umstritten. Denn zu diesen beiden Worten ›viribus unitis‹ gehören zwei linke Hände, die nach einem Eimer greifen. Zwei linke Hände deuten nicht auf Kooperation, sondern auf Disharmonie im Kloster. Ob Eduard von Gebhardt Lob oder Mahnung hinterlassen wollte, muss offen bleiben. Die 800-Jahrfeier jedenfalls ist nur darum so überraschend gut gelungen, weil sich alle Beteiligten (Kloster, Predigerseminar, Institute, Kirchengemeinde und Dorf) ‚mit vereinten Kräften‹ ans Werk gemacht hatten.

»Achthundert Jahre alt zu werden ist im Leben einer Institution ebenso wenig besonders verdienstlich, wie wenn ein Individuum hundert Jahre alt wird. Wir, die Nachfahren, können noch weniger für den Fortbestand Loccums als ein Hundertjähriger für sein hohes Alter kann, der immerhin durch gesunden Lebenswandel, Genügsamkeit und ausgeglichenes Seelenleben dazu beigetragen hat«, schrieb Bischof Lilje im Vorwort zur Festschrift »Loccum vivum«.

Als Dorfpastor war ich um einen Beitrag zum Thema »Kloster und Gemeinde nach der Reformation des Stiftes 1593« gebeten worden. Mein Manuskript kam aus der Bischofskanzlei mit der Bemerkung zurück, der Beitrag sei doch wohl eher für eine Streitschrift als für eine Festschrift geeignet. Ich schrieb zurück, das sei aber das Ergebnis meiner Archivstudien. Wenn er nicht geeignet sei, dann müsse der Beitrag eben entfallen. Anstößig war meine Antwort auf die Frage: »Wie konnte sich ein so kleines geistliches Fürstentum über Jahrhunderte hinweg behaupten?« Meine Antwort: »Dahinter verbirgt sich ein ungebrochener Lebenswille, dem die geopolitische Lage Loccums zugute kam. Die Nachbarherrschaften hätten allzu gern Loccum ihrem Territorium einverleibt, aber da einer dem andern diesen Zuwachs missgönnte, sorgte man wechselseitig für die Erhaltung Loccums: die Bischöfe von Minden, die Grafen von Schaumburg, die Grafen von Hoya und die Welfenherzöge.« Beim lautlosen Übergang des Stiftes zur Reformation sei auch der Druck der evangelisch gewordenen Stiftsdörfer ein wesentlicher Faktor gewesen. Ein katholisches Kloster konnte in dieser Region auf Dauer nicht landesherrliche Rechte behaupten. Das war eine nüchtern-soziologische Perspektive.

Treibender Motor bei den Vorbereitungen zum Jubiläum war Konventual-Studiendirektor Dieter Andersen. Nicht nur die Kandidaten ließen sich von ihm inspirieren, sondern wir alle, die zum engeren Vorbereitungskreis gehörten.

Der erste Jubiläumstag (20. Juni 1963) war geprägt vom Treffen ehemaliger hospites, früherer Kandidaten des Predigerseminars Loccum aller Altersstufen. Dabei ging es nicht so sehr um eine Wiedersehensfeier. Den Festvortrag hatte Professor Hans-Walter Krumwiede (Göttingen) übernommen: »Abt Molans Wirken für die Wiedervereinigung der Kirchen«. Damit war der Tenor angeschlagen, der die Festtage bestimmen sollte: die Bedeutung der Geschichte Loccums für uns heute. Die Ökumenische Bewegung hat nicht erst im 20. Jahrhundert eingesetzt, sie hat gewichtige Vorläufer, aber sie ist jetzt im 20. Jahrhundert zur verpflichtenden Aufgabe für die ganze Christenheit geworden. Bischof Lilje, der damalige Abt des Klosters, ist eine der führenden Gestalten der ökumenischen Bewegung in Deutschland. Die 800-Jahrfeier des Klosters Loccum fällt in die Zeit des 2. Vatikanischen Konzils. Am 3. Juni 1963 stirbt Johannes XXIII., der charismatische, mutige Papst. So ist das Thema des Festvortrages beides zugleich: ein Rückblick in die Geschichte und eine Aufgabenbestimmung für die Gegenwart.

Zum 2. Jubiläumstag (21. Juni 1963) war auch der Bundespräsident Heinrich Lübke angereist. Der Abt begrüßte ihn an der Klosterpforte, dann zog die Prozession in die Klosterkirche zum Festgottesdienst, der vom Fernsehen übertragen wurde. Meinen Loccumern tat es natürlich wohl, dass der Aufnahmeleiter bei der Probe am Vortag seinen Vorsatz suspendierte, keinen Posaunenchor zuzulassen (»Die Qualität eines normalen Posaunenchors reicht uns im Fernsehen nicht«). Aber die Musikalität der Loccumer machte Eindruck. So bekamen sie durch ihre Mitwirkung in diesem Festgottesdienst ein (verdientes) Qualitätssiegel. Der Festakt fand nach dem Gottesdienst im großen Hörsaal der Akademie statt. Auf die Grußworte folgte der Festvortrag von Professor Ernst Wolf (Göttingen) über das Verhältnis von Naturwissenschaft und Theologie. Auch dabei lieferte die Geschichte Loccums Anknüpfungspunkte genug. Aber der Zielpunkt war auf die Gegenwart gerichtet: Physiker und Theologen müssten heute in einen Dialog über das Ethos der Wissenschaft und über einen verantwortlichen Machtgebrauch im atomaren Zeitalter eintreten.

Der 3. Jubiläumstag (22. Juni 1963) galt der Begegnung der Ökumene. Professor Schnath (Göttingen) entwarf ein Bild vom Wirken des Zisterzienserordens in Niedersachsen und jenseits der Elbe. Bischof Lilje erinnerte in seinem Vortrag an Bernhard von Clairvaux, den bedeutendsten Zisterzienserabt und dessen Einfluss auf Martin Luther und die Reformation. Der bunten Schar der ökumenischen Gäste wurde nach den Festvorträgen im Hörsaal der Akademie Gelegenheit zum Austausch im Refektorium des Klosters gegeben.

Und dann der Sonntag (23. Juni 1963) der »Tag des Dorfes«, eigentlich müsste es heißen: der Tag der Stiftsdörfer, denn natürlich waren dazu nicht nur die Loccumer eingeladen: Eine übervolle Klosterkirche. Eine verständliche Predigt des Abtes über die Berufung des Zöllners Matthäus. Festliche Musik und kräftiger Gemeindegesang. Alle Anspannung war gewichen, die nun einmal mit der Vorbereitung dieser außergewöhnlichen Festtage verbunden war. Wir zogen nach dem Gottesdienst zur Waldschule, für deren Bau das Kloster den Grund zur Verfügung gestellt hatte. Die Vertreter der politischen Gemeinden kamen ebenso zu Wort wie die der Schulbehörde – und natürlich immer auch der Abt. Eine Schulklasse führte ein Theaterstück auf: »Bilder aus dem Leben der Loccumer Mönche«. So waren »alle einmütig beieinander«, wirklich »viribus unitis«.

Aber damit nicht genug. Absoluter Höhepunkt war am Nachmittag die Aufführung des Musicals »Halleluja-Billy«. Monatelang hatten Kandidaten des Predigerseminars, Jugendliche aus dem Dorf und Praktikantinnen der Akademie unter der Regie von Dieter Andersen, dem dynamischen Konventual-Studiendirektor, geprobt. Der Text war von Ernst Lange entworfen worden, die Musik hatte Helmut Barbe (Berlin) komponiert. Das Stück spielt in East River, dem Slumbezirk einer amerikanischen Großstadt. Eine kleine Dienstgruppe unter Leitung des Pfarrers Mottler versucht, in dieser tristen Umgebung ein wenig Menschlichkeit und Liebe zu verwirklichen. Noch dreimal musste die Aufführung wiederholt werden, und immer reichten die Plätze nicht aus. Die »Truppe« hätte ohne weiteres auf Tournee durch Niedersachsen gehen können, aber das war unter den gegebenen Bedingungen natürlich nicht möglich.

Und schließlich als Ausklang der »Abend der Begegnung« im geschmückten und mit Lampions erleuchteten Park vor dem Refektorium, in »Priors Garten«. Da war die Stimmung festlich ausgelassen. Der Bürgermeister aus Wiedensahl überreichte im Namen aller Stiftsgemeinden eine Schenkungsurkunde: ein Lesepult für die Klosterkirche. Die Kirchenvorstände schenkten zwei Leuchter für den Altar. Spät abends ließen alle den Abt hochleben, bedankten sich für die Einladung zu diesem herrlichen Fest und erlebten mit, was am hellen Tage wohl als Respektlosigkeit erschienen wäre, wie der Abt auf den Schultern von Kandidaten durch den Garten getragen wurde.

Andern ist es auch so gegangen: Wenige Tage nach der 800-Jahrfeier kündigte mir ein Brief aus dem Bischofsbüro im Auftrage des Abtes eine Kiste mit 15 Flaschen Wein an, »in herzlicher Dankbarkeit für unermüdliche Mitarbeit beim 800-jährigen Jubiläum«.

Kapitel 9:
Konventual-Studiendirektor im Kloster Loccum (1964–1970)

Im Jahr darauf wurde ich wieder im schwarzen Anzug zum Abt ›einbestellt‹. Ich wisse ja, dass Dieter Andersen, der Konventual-Studiendirektor, Loccum verlasse, er sei zum Landessuperintendenten für den Sprengel Lüneburg ernannt worden. Ich solle nach dem Willen von Abt, Prior und Konvent sein Nachfolger in Loccum werden. Auch das Hospiz, die Kandidaten im Predigerseminar, hätten diesen Wunsch geäußert. Es sei dies eine der schönsten Aufgaben, die die Hannoversche Landeskirche zu vergeben habe. Ohne Zögern habe ich ›ja‹ gesagt.

So wurde ich dann wieder von Loccum nach Loccum versetzt. Wir zogen in die große, frisch renovierte Wohnung des Studiendirektors im 1. Stock des Konventshauses. Der riesige Flur, 25 Meter lang und gut drei Meter breit, war für unsere Kinder (und ihre Freunde) ein idealer Spielplatz. Wenn die Flügeltüren in der Trennwand zum Predigerseminar hin geöffnet waren, dann hätten ihnen 80 Meter zur Verfügung gestanden, um ein Wettrennen mit ihren Rollern zu veranstalten, wenn wir ihnen nicht Stop geboten hätten.

Der Konventual-Studiendirektor hatte verschiedene Aufgaben. Er war der Vertreter des Abtes vor Ort (Prior Fleisch war 1962 hochbetagt gestorben). Er hatte also die Oberaufsicht über alle Bediensteten des Klosters. Er gehörte dem Kirchenkreisvorstand Loccum-Stolzenau an, war Stellvertreter des Superintendenten, Visitator der Kirchengemeinden im Stiftsbezirk und Mitglied im Ephorenkonvent des Sprengels Calenberg-Hoya, der monatlich zu seinen Sitzungen zusammentrat. Aber seine Hauptaufgabe blieb natürlich die Leitung des Predigerseminars.

Dieter Andersen übergab mir beim Abschied das große Schlüsselbund, auch die Schlüssel zur Klosterbibliothek. »Ich weiß nicht, ich bin hier nicht wirklich zum Arbeiten gekommen, es war soviel los, und dann die Vorbereitungen für die 800-Jahrfeier!« Das war ein übertrieben selbstkritisches Urteil; denn auch wenn die Kandidaten mit ihren Referaten und Diskussionen einen wesentlichen Teil der Kollegarbeit bestritten, musste sich der Studiendirektor als Moderator des Kollegs doch jeweils gründlich vorbereiten. Ich verstand aber gut, was er meinte: »Es war so viel los.«

So setzte ich mich am Abend nach diesem Gespräch hin und schrieb einen Brief an Heinrich Bornkamm, den Heidelberger Kirchenhistoriker, der mir als Student angeboten hatte, bei ihm zu promovieren. Das Stipendium des Lutherischen Weltbundes für einen Studienaufenthalt in Schweden wurde aber an einen Studienkollegen vergeben, der die schwedische Sprache besser beherrschte als ich. Und da ich wegen meiner vielen studierwilligen Geschwister so schnell wie möglich das Examen ablegen musste, konnte ich mir damals beim besten Willen keine Zeit für die Erarbeitung einer Dissertation nehmen. Die Loccumer Regel besagte: Der Studiendirektor soll etwa sieben Jahre das Predigerseminar leiten, dann hat er ›sein Pulver verschossen‹, dann muss ein Nachfolger mit frischen Ideen und neuen Impulsen berufen werden.

Die Antwort aus Heidelberg ließ nicht lange auf sich warten. Meine beiden Themenvorschläge leuchteten Heinrich Bornkamm durchaus ein, aber wenn ich nun sieben Jahre vor mir hätte, dann würde er mir zu einem Thema raten, das endlich einmal aufgearbeitet werden müsse. Er selbst komme in den nächsten Jahren nicht dazu. Ein flaches, weit verbreitetes Vorurteil besage, dass die lutherische Theologie nach Luther das landes-

126

herrliche Kirchenregiment theologisch gerechtfertigt, also widerstandslos hingenommen habe. Es ziehe sich aber ein immer wieder aufbrechender Strom von Kritik durch die Kirchengeschichte. Dem solle ich nachgehen. Ich könne bei Philipp Jacob Spener (1635–1705) beginnen, der in seiner Reformschrift »Pia desideria« das landesherrliche Kirchenregiment grundsätzlich in Frage gestellt habe; ich solle dann die Vorgeschichte bis zum späten Luther hin erforschen. Auf diesen Vorschlag bin ich gerne eingegangen. Mir kam zustatten, dass ich als Direktor der Loccumer Klosterbibliothek auch solche Werke aus anderen Bibliotheken auf dem Wege der Fernleihe beziehen konnte, die »nur im Lesesaal« eingesehen werden durften.

So hatte ich eine wissenschaftliche ›Nebenbeschäftigung‹, in die ich mich in freien Zeiten versenkte. Was ich nicht ahnen konnte: Als die 68er-Generation ins Predigerseminar Loccum einzog und die gesamte Ausbildungskonzeption in Frage stellte, war an ein konzentriertes wissenschaftliches Arbeiten nicht mehr zu denken. Das Rigorosum, die mündliche Doktorprüfung und die Überreichung der Doktorurkunde mussten in Heidelberg im Februar 1969 gleichsam ›hinter verschlossenen Türen‹, nur im Kreis der Professoren, im Amtszimmer des Dekans stattfinden. Die Protestaktionen hatten in jenen Tagen zu chaotischen Verhältnissen geführt.

Meine ersten drei Jahre in der Leitung des Predigerseminars verliefen in einem ruhigen Gleichmaß. Alle halbe Jahr traten drei oder vier Kandidaten neu in das »Hospiz« ein, ebenso viele hatten gerade ihr zweites Examen abgelegt und waren ausgeschieden. Am Arbeitseifer und an der Bereitschaft, sich selbst mit seinen Gaben und Interessen in die Gemeinschaft einzubringen, fehlte es nicht. Die oberen Semester hatten immer das Empfinden, sie hätten die notwendigen Reformideen durchgesetzt, die jüngeren aber sahen die Schwachstellen und drangen auf Änderungen. Das gehörte zum Lebensgesetz des Predigerseminars in Loccum.

Es ist ja in den früheren Kapiteln schon hin und wieder von der Lebenswirklichkeit des Predigerseminars die Rede gewesen. Sie ließ dem einzelnen Kandidaten viel Freiheit. Es gab eigentlich nur eine wirklich verbindliche Verpflichtung: von 11 bis 13 Uhr im Kolleg zu erscheinen und die Pflichtaufgaben zu erfüllen. Zwar mussten die Themen mit dem Studiendirektor abgesprochen werden, aber das Vorschlagrecht lag in jedem Fall bei den einzelnen Kandidaten. Die große systematische Arbeit sollte Gelegenheit geben, die eigene theologische Position zu klären und sie dem Gespräch im Kolleg auszusetzen. Dahinter stand die Erwartung, dass exemplarisches Lernen auf einem selbstbestimmten Interessensgebiet (z. B. Altes Testament, Ökumene, Theologie und Naturwissenschaft, Dialog der Weltreligionen, Kirche und Medien, Evangelium und Kultur) mehr Gewinn für die zukünftige Berufstätigkeit erbringe als eine bloße Wissensvermittlung oder Einweisung in die Pastoralpraxis. Die abendliche Hora um 18 Uhr, also zur Vesperzeit im Chorgestühl der Klosterkirche schloss uns alle zusammen. In ihrer schlichten Form und mit den vierstimmig gesungenen Taizé-Psalmen war sie auch für Besucher zugänglich und verständlich. Ich konnte mir seit meiner eigenen Kandidatenzeit ein Leben im Predigerseminar Loccum ohne die Hora, das einzige über die Jahrhunderte hinweg erhalten gebliebene Stundengebet, nicht vorstellen. Auch die Kälte des Winters konnte uns nicht aus der Klosterkirche vertreiben.

Die Mittel flossen jetzt reichlicher als zu meiner Kandidatenzeit im Predigerseminar. Wir bekamen 1955 bei Kost und Logis 15 DM Taschengeld im Monat und zusätzlich 10 DM als Vergütung für die anfallenden Klosterführungen. Davon konnte man ›keine weiten Sprünge machen‹. Jetzt gehörten zum Ausbildungsprogramm auch Studienfahrten, zu denen jeder nun auch einen Eigenbeitrag leisten konnte.

Spannend und aufwühlend war die Reise nach Israel im September/Oktober 1964. Mit dem Zug in reservierten Abteilen die Nacht hindurch bis zum Hafen von Genua. Dort nahm uns die »Cesarée«, ein immerhin schon 33 Jahre altes Fahrgastschiff einer französischen Reederei, auf. Im Jahr darauf solle es abgewrackt werden, hieß es. Die große Mehrheit der Passagiere: jüdische Familien, Auswanderer nach Israel, vor allem aus Westeuropa und Nordafrika, also Sepharden. Wir sind in der »classe oeconomique« untergebracht, speisen aber im Saal der 2. Klasse. Und was uns schon am ersten Tag der 4-tägigen Schiffsreise überrascht hat, wir werden als junge Deutsche immer wieder in Gespräche verwickelt, in freundliche und in harte. Eine bessere Vorbereitung hätten wir uns nicht ausdenken können; denn neben den Auswanderern gab es auch jüdische Urlauber, die Verwandte und Freunde in Europa besucht hatten und nun nach Israel zurückkehrten. So tauchten wir während dieser vier Tage auf See tief in die jüdische Gesellschaft ein. Und natürlich erschien der jüdische Schiffsrabbiner auch in unserem Speisesaal und segnete das Mahl. Einem Gespräch mit uns wich er aus.

In Haifa sind wir am Ziel unserer Schiffsreise, verspätet zwar, aber die arabischen Christen haben geduldig auf uns gewartet. Sie geben uns ein überwältigendes Beispiel arabischer Gastfreundschaft. Nur die Männer sind mit uns um den langen Tisch versammelt. Die Frauen reichen vom Nachbarzimmer aus die Speisen und die Obstteller an. Und wir sind ja durch die französische Küche während der Schiffsreise schon verwöhnt worden. Aber für sie war der Besuch einer Gruppe angehender Pastoren eine seltene Gelegenheit, vom Leben ihrer kleinen christlichen Gemeinden zu berichten und von ihrem Schicksal und dem ihrer in die Nachbarländer geflüchteten oder vertriebenen Familienmitglieder zu erzählen.

Von Rosh Hanikra, dem Grenzpunkt zum Libanon, bis zum südlichsten Punkt Israels, bis Elath am Golf von Aden haben wir das Land durchstreift, meist mit der ›Eged‹, der staatlichen Autobusgesellschaft, also nicht unter touristischen Sonderbedingungen, sondern ›unterm Volk‹. Ich kann und will hier keinen umfassenden Reisebericht geben. Wir stießen überall auf kompetente und nach anfänglichem Zögern doch gesprächsbereite Israelis deutscher oder österreichischer Herkunft. Wir wurden nicht mehr als die Tätergeneration angesehen, sondern als ›Nachwachsende‹, die einmal in der Kirche in Deutschland Verantwortung übernehmen würden.

Ein höherer Justizbeamter lud uns in Tel Aviv in sein Büro ein. Er stammte aus Österreich, war 1938 geflohen und auf schwierigen Wegen nach Israel eingewandert. In seinem spartanisch eingerichteten, kleinen Arbeitszimmer hatten nur wenige Stühle Platz. Einige von uns saßen auf der Fensterbank oder auf der Schreibtischkante, andere standen. Aber auf diese Weise ergab sich eine unglaublich dichte Atmosphäre. Er sei in Israel noch nie mit einer deutschen Gruppe zusammengekommen. Es falle ihm schwer, die deutsche Sprache zu benutzen. Aber es interessiere ihn, was die junge Generation in Deutschland denke. Er hat viel erzählt und viel gefragt. Und er hat unseren Antworten aufmerksam zugehört. Dann aber kam er plötzlich mit einer theologischen Frage heraus: »Sie sind also als junge Christen davon überzeugt, dass Jesus der verheißene Messias ist. Und sie sollen das ja auch predigen. Ist das nicht sehr kühn, wenn man sich in unserer Welt umsieht? Die ist doch noch nicht erlöst, die ist doch noch in den Fängen des Bösen. Gewalt und Leiden sprechen gegen Ihren Glauben, finde ich«. Da waren wir – im 7. Stock eines Hochhauses – im

Zentrum des christlich-jüdischen Gesprächs. Ich habe dieses Gespräch nie vergessen können.

Im Jahr darauf, im Herbst 1965, führte uns eine Studienreise nach Österreich und Ungarn. Für das Programm in Oberösterreich und Wien konnte ich natürlich auf die Verbindungen aus meiner Vikariatszeit zurückgreifen. Wir wollten nicht nur die Diasporasituation der Evangelischen Kirche studieren, sondern auch zwei aktive Zisterzienserklöster besuchen. In Wilhering und in Schlierbach war die besondere Geschichte des Klosters Loccum nahezu unbekannt, aber gerade darum waren wir als angehende evangelische Pastoren interessante und willkommene Gäste. Mit unseren liturgischen Gesängen, den vierstimmigen Taizé-Psalmen, weckten wir Fragen nach dem geistlichen Leben in einem evangelischen Predigerseminar. In Wien nahmen wir Kontakt zu einer der großen katholischen Innenstadt-Gemeinden auf. Sie gehörte zum reformfreudigen Flügel, kräftig inspiriert vom Geist des 2. Vatikanischen Konzils. Ein wesentliches Leitziel: Weg von der Versorgungskirche, hin zu einer Aufwertung des Volkes Gottes, zur Mitverantwortung der Laien. Herwig Karzel, der Leiter des evangelischen Predigerseminars in Wien-Purkersdorf, ein Siebenbürger, den ich schon in meiner Vikariatszeit kennen gelernt hatte, öffnete uns überall in Wien die Türen.

Aber aufregender wurde die Studienfahrt jenseits des Eisernen Vorhangs, in Ungarn. Wir waren als Touristen eingereist; mit einem VW-Bus und einem PKW. Hätten wir auf offiziellem Wege ein Visum für eine kirchliche Studienreise beantragt, wäre es wohl abgelehnt worden oder wir hätten einengende staatliche Auflagen hinnehmen müssen. So waren wir ungebundener, waren aber darauf angewiesen, ohne ein vorher fest verabredetes Programm »vor Ort« unsere Gesprächspartner zu finden. Das gelang überraschend leicht, weil wir jeweils weiterempfohlen wurden und so den offiziellen Schönredereien, staatlichen und kirchlichen, entgingen.

Bischof Lilje hatte mir die Privatadresse des unter Hausarrest stehenden lutherischen Bischofs Lajos Ordass mitgegeben. Wenn möglich, solle ich ihn aufsuchen. Er war 1947 auf der Vollversammlung des Lutherischen Weltbundes zum Vizepräsidenten gewählt, dann aber 1948 wegen angeblicher Devisenvergehen (ein beliebtes Argument von Diktaturen, um missliebige Bischöfe ›auszuschalten‹) zu zwei Jahren Zuchthaus verurteilt und aus dem Amt gedrängt worden. Schon vor dem Ungarnaufstand 1956, der am Ende durch russische Panzer mit Gewalt niedergeschlagen wurde, konnte er wieder drei Jahre als Bischof amtieren. Aber dann wurde über ihn Schreib- und Redeverbot und ein strenger Hausarrest verhängt. 1965, wenige Monate vor meinem Besuch, hatte ihn die Vollversammlung des Lutherischen Weltbundes wieder in Abwesenheit zum Vizepräsidenten gewählt. Ein unbeugsamer, weltbekannter Bischof, der sich über den unangekündigten Besuch aus Deutschland herzlich freute. Ich weiß nicht, ob der ungarische Staatssicherheitsdienst von meinem Besuch Kenntnis bekommen oder vielleicht sogar das Gespräch abgehört hat. In meinem griechischen Neuen Testament bewahre ich einen handschriftlichen Eintrag von Bischof Ordass: »Wer aber beharret bis ans Ende, der wird selig. Mt. 24:13. Budapest, d. 23. Oktober 1965. Ordass Lajos«. Auch er gehört zu der ›Wolke der Zeugen‹, zu den Christen, die mir zum Vorbild geworden sind.

Östlichster Punkt unserer Studienreise war Debrecen, die reformierte, geschichtsträchtige Hochburg der Reformierten in Ungarn, Sitz der Theologischen Akademie, also der reformierten Fakultät. Bei einem Treffen der Autoren der ›Göttinger Predigtmeditationen‹ hatte ich Professor Pakoszdy kennengelernt. Er war sofort bereit, uns Auskunft zu geben und uns durch die

Akademie zu führen. In der Bibliothek fanden wir zu unserer Überraschung fast lückenlos die nach dem 2. Weltkrieg in Deutschland erschienene theologische Literatur. Die Ungarn waren auch unter dem kommunistischen Regime erfindungsreich in der Behauptung ihrer Freiheiten. Die Theologische Akademie hielt klug und beharrlich an ihren Verbindungen zu den reformierten Kirchen in der Welt, in der Schweiz und in den USA fest. Es waren bezeichnenderweise die Ungarn, die als Erste 1989 den Eisernen Vorhang beiseiteräumten und damit ein Signal zum überfälligen Fall der Mauer gaben.

Zurück nach Loccum. Die Spannungen in Gesellschaft und Kirche verschärften sich in der zweiten Hälfte der 60er Jahre. So lehnte die Bekenntnisbewegung »Kein anderes Evangelium« und die ihr nahestehende »Kirchliche Sammlung um Bibel und Bekenntnis« eine Einladung zum Deutschen Evangelischen Kirchentag in Hannover 1967 strikt ab. Auf der anderen Seite meldeten sich am linken Flügel der Kirche Reformkräfte, vor allem der jüngeren Generation, die lautstark für einen radikalen Kurswechsel der evangelischen Kirche eintraten. Vom 29.09. bis zum 03.10.1968 tagte die vom SDS (Sozialistischen Deutschen Studentenbund) beeinflusste »Celler Konferenz«. Sie wandte sich gegen die Positionen der Bekenntnisbewegung »Kein anderes Evangelium«, aber ebenso scharf gegen die historisch-kritische, existential interpretierende Universitätstheologie. Es gelte, das Evangelium soziologisch und sozialrevolutionär zu verstehen. Der Gottesdienst müsse bewusst politisiert werden. Die Predigt sei nichts weiter als eine autoritäre Bevormundung »von oben«. Sie müsse abgeschafft und durch eine sonntägliche Gemeindeversammlung ersetzt werden, in der jeder und jede nach dem Vorbild von 1. Korinther 12 mitreden könne und solle. Die Christusformel sei die Mitte kirchlicher Bürokratie. Sie diene als Fixpunkt einer umfassenden Gehorsamsethik und werde damit tendenziell zu einer religiösen Parallele faschistischer Führerideologie.

Das waren provozierende Worte. Man bediente sich bewusst einer rüden und beleidigenden Sprache. Natürlich machten solche radikalen Ideen bei Teilen der jüngeren Theologengeneration Eindruck. Nicht dass sie vorbehaltlos diese Thesen übernahmen, aber sie ließen sich von dem Geist dieser Radikalität anstecken. Er zog dann auch ins Predigerseminar Loccum ein und stellte die ganze überkommene Tradition des Klosters in Frage. Ob denn die großen Ölbilder, die Ahnenreihe der Loccumer Äbte, »dieser verknöcherten Kirchenfürsten« im Speisesaal hängen bleiben müssten, da verginge einem ja der Appetit. Ob denn das Buttermesser nicht ein blödes Zeichen einer verbürgerlichten Kirche sei? Warum zu Tisch gebetet würde, das seien doch leere Phrasen. Inge Dannenberg, die Hausdame, die jahrelang im Ökumenischen Institut in Bossey tätig gewesen war, hielt mit ihren Reaktionen nicht hinter dem Berge, und die älteren Kandidaten auch nicht. Aber dann ging es bald auch um das Studienkonzept. »Wir sollen hier wohl zu Privatgelehrten erzogen werden? Warum sollen wir eine große systematische Arbeit schreiben, das ist doch eine sinnlose Beschäftigungstherapie. Was wir brauchen, ist eine Verschränkung von Praxis und Theorie. Soziologische Fragestellungen und psychologische Erkenntnisse spielen eine viel zu geringe Rolle. Wir wollen ein anderes, radikal verändertes Ausbildungskonzept.« Die Atmosphäre lud sich immer mehr auf.

Wie sollte ich mich dazu verhalten? Ich verstand schon, dass das tradierte Ausbildungssystem einer zweijährigen geschlossenen Predigerseminarszeit nicht mehr weiterzuführen war. Aber ich konnte ja nicht schalten und walten, wie ich wollte. Abt, Prior und Konvent hatte ich am Anfang jeden Semesters den Ausbildungsplan vorzulegen. Bischof Lilje aber, immer noch von der Qualität des Loccumer Ausbildungskonzeptes überzeugt, fragte mich nach meinem Bericht über die Auseinandersetzungen im Predigerseminar nur: »Haben sie keine Autorität?« Aber mit Machtworten war in dieser Situation wenig zu bestellen. Und wie sollte ich damit umgehen, dass der Abt, immer wenn er nach Loccum kam, den ganzen Kreis der Kandidaten im schwarzen Anzug im Flur des Konventshauses zu seiner Begrüßung erwartete? Da würde es sicher zum Eklat kommen, wenn das jüngste Semester sich verweigerte. Ich schickte die Kandidaten, als der Abt sich wieder einmal angesagt hatte, in die Klosterbibliothek zur Revision und stand dann mit der Hausdame zusammen zur Begrüßung im Flur. »Wo sind die Kandidaten?« »Sie sind mit dringenden Bibliotheksarbeiten beschäftigt.« Er verstand schon, was ich ihm sagen wollte.

An die Substanz ging es, als die abendliche Andacht im Chorgestühl, die Hora zur Vesperzeit um 18 Uhr, in Frage gestellt wurde. Das seien leere Riten, die endlich abgeschafft werden müssten. »*Die gegenwärtige Hora ist als satirische Harlekinade allenfalls für weißhäutige Nonnen angemessener Ausdruck religiösen Verhaltens. Würde sie in der jetzigen Situation weitergeübt, etwa wie der Horengesang der Benediktiner im Dritten Reich ohne Unterbruch und Ablehnung ordnungsgemäß weitergegangen ist, so wäre dies ein weiteres Indiz dafür, dass die Kirche die Welt ihrem blutigen Lauf überlassen will*«, so formulierte einer aus dem Kreis der Verweigerer. Über die Frage der Hora gab es eine nächtliche, mit schriftlichen Thesen ausgetragene Diskussion. Man legte das Thesenblatt vor die Tür eines jeden Kandidaten und fand nach einiger Zeit schriftliche Gegenthesen vor. Der Widerspruch kam ja auch von anderen Kandidaten, die solche ›Reformen‹ ablehnten und an der Hora festhielten.

Vielleicht ist es ganz instruktiv, wenn ich meine sechs Thesen hier abdrucke:

1. »Es geht längst nicht mehr nur um die Hora, es geht um die Relevanz von Andacht, ja von Gottesdienst überhaupt.

2. Andacht ist für mich eine unaufgebbare Weise theologischer Existenz. Diskussion – Reflexion – Essen – Spielen – Reisen sind notwendige Elemente unserer Arbeitsgemeinschaft. Sie genügen m. E. nicht. Die Suche nach Wahrheit in Form von Meditation, das Aufdecken von Fragen, die verbindliche Anrede, das Bekenntnis (im weitesten Sinne), die Information ad conscientiam (und damit die Ermöglichung von Aktion) – das kann ich nicht als ›privates Hobby‹ oder als ›Sakralisierung des Alltags‹ oder als ›Ersatzhandlung‹ ansehen.

3. Das gemeinsame Sich-Aussetzen dem Wahrheitsanspruch in der Formulierung und im Medium eines anderen theologischen Zeitgenossen (mit dem ich später vielleicht in einem Kirchenkreis, auf alle Fälle aber in einer Kirche tätig sein werde) ist ein wesentlicher Ermöglichungsfaktor von Team-Arbeit.

4. Es lässt sich so herrlich emanzipiert in Loccum leben. Jeder stabilisiert sich! Ich habe im Blick auf unsere spätere Funktion ein ungutes Gefühl bei dieser Lebensweise. Jedem Tierchen sein Pläsierchen!

5. Die neuen Herren (Anm.: gemeint sind die Mitglieder des neuen Semesters) tun gut daran, sich in dieser Situation erst einmal distanziert zu verhalten.

6. Die Andacht ist nicht nur eine Frage, die Kandidaten betrifft, sondern einige andere ebenso (Anm.: gemeint sind Angestellte des Klosters, Teilnehmer aus dem Dorf, Klosterbesucher)«.

Es wurde jedenfalls erreicht, dass sich die Mehrheit der Kandidaten weiter aktiv an der Gestaltung der Hora beteiligte. Und warum sollte ich nicht auf vernünftige Reformvorschläge eingehen, auch wenn sie von den ›Revolutionären‹ kamen. Die Forderung, Praxis-Erkundigungen in die gemeinsame Arbeit einzubeziehen, machte ja Sinn, auch wenn die sachgemäße Vorbereitung und Auswertung nicht auf Anhieb gelingen konnte. In Landesbergen, einer traditionellen Landgemeinde des Kirchenkreises Loccum-Stolzenau, war durch die Ansiedlung eines Kraftwerkes die herkömmliche Dorfstruktur einem Veränderungsprozess unterworfen. Welche Prozesse laufen da ab? Wie stellt sich die Kirchengemeinde darauf ein? Was erwarten die Bewohner der Neubausiedlung von der Kirche? Landesbergen war kein Einzelfall. Die soziologischen Vorgänge hatten exemplarische Bedeutung für viele andere Landgemeinden der Hannoverschen Landeskirche.

Eine andere Erkundung richtete sich auf die Stiftsgemeinde Winzlar. Seit jeher hielten Loccumer Kandidaten dort Gottesdienste. Die Predigt wurde nicht im Kolleg vorbereitet und sollte auch nicht kritisiert werden. Aber eine lebendige Beziehung zu den Menschen im Dorf bestand nicht. Es tauchten ja auch immer neue Namen und Gesichter von Kandidaten auf. Wir hatten aber alle den Eindruck, dass die Winzlarer an dieser Regelung Gefallen hatten. Was empfanden sie wirklich? Wenn jeder von uns fünf Häuser besucht, würden wir das Dorf von innen kennen lernen. Das Projekt blieb stecken. Einer der Wortführer der Radikalreformer meinte nach seinem ersten Besuch: »Diesem Küchenmief setze ich mich nicht ein zweites Mal aus.« Sie waren stark in der Gruppe, sie wollten soziologisch relevante Erkundigungen, aber Hausbesuche mussten sie als Einzelne bestehen. Das Argument war schnell bei der Hand: Hausbesuche sind überholt, sie gehören zum Bestand der Pastorenkirche; die wollen wir nicht.

Einen schlimmen Höhepunkt erreichten die Auseinandersetzungen im Oktober 1969 anlässlich der Beerdigung von Erna Lilje, der Frau des Abtes. Die Läuteanlage der Klosterkirche wurde mutwillig außer Kraft gesetzt. Die Glocken schwiegen. Der Küster, Walter Droste, war außer sich. Dass Kandidaten hinter dieser ›Aktion‹ standen, war mehr als ein bloßer Verdacht. Das Landeskirchenamt schickte eine Untersuchungskommission unter Führung eines juristischen Oberlandeskirchenrates, aber die Einzelverhöre brachten in der Sache kein Ergebnis, nur die Feststellung, der Studiendirektor, also ich, habe einige landeskirchliche Bestimmungen nicht genügend beachtet. Damit konnte ich leben. Aber dass die Gruppendisziplin eisernes Stillschweigen gebot und die moralische Verpflichtung zur Wahrhaftigkeit keine Gültigkeit mehr besitzen sollte, hat mich tief getroffen und Vertrauen zerstört.

Gut 30 Jahre später lud einer der ehemaligen Kandidaten zu einer Wochenendtagung ins Kloster ein. Eine stattliche Runde kam zusammen. Lauter ergraute Köpfe, alle waren schon ›Ruheständler‹. Es ging durchaus kritisch, auch selbstkritisch zu. Aber die 68er-Gruppe war nicht erschienen, sie versagte sich dem Gespräch.

Natürlich war es unglücklich, dass ich 1968 ein knappes Vierteljahr Studienurlaub bekam, um meine Dissertation abschließen zu können. Der Studieninspektor, der in dieser Zeit meine Vertretung übernahm, hat sich redlich bemüht, aber er kam von außen und war mit den Loccumer Verhältnissen nicht vertraut. Als ich Ende Februar 1969 aus Heidelberg von der Promotionsfeier ins Kloster zurückkehrte, fand ich vor der Tür meines Studierzimmers ein besprochenes Tonband, auf dem nur ein einziges Wort in immer neuen Variationen zu hören war: »Sch...ße, Sch...ße, Sch...ße ...« Die das Tonband besprochen hatten, fühlten sich von mir im Stich gelassen. Aber daneben gab es einen ausgesprochen freundlichen, humorvollen Empfang und auch Zeichen der Achtung, dass ich unter diesen Bedingungen ein »summa cum laude« mitgebracht hatte.

Ich konnte nun wieder an die Arbeit gehen. Auf der einen Seite war ich befreit, auf der anderen doch langsam müde. Es war ein Segen für alle, dass zu meinem Nachfolger – auf Betreiben des Lüneburger Landessuperintendenten Dieter Andersen – Horst Hirschler, ein reformfreudiger Lüneburger Pastor bestimmt wurde. Er war kein »Loccumer«, sondern ein »Hildesheimer«, konnte also unvoreingenommen und mit der nötigen Konsequenz die Chancen der Loccumer Tradition in den Blick nehmen und die notwendigen Reformen in die Wege leiten. Und dass er von Hause aus Elektriker ist und erst auf dem zweiten Bildungsweg zum Abitur gekommen war, prädestinierte ihn dazu, auch die äußeren, die baulichen Verhältnisse im Klostergelände zu modernisieren. Dass er dann als Nachfolger von Eduard Lohse Abt des Klosters Loccum wurde, zeigt, wie sehr er sich mit dem Kloster identifiziert hat. Anders als die Äbte vor ihm, wohnt er in Loccum und braucht darum den Studiendirektor nicht mehr als seinen Vertreter vor Ort.

Der Stadtsuperintendent von Osnabrück, der früher Leiter des Pastoralkollegs in Loccum war, fragte mich nach einem Vortrag in der Katharinenkirche, ob ich nicht sein Nachfolger werden könne. Er gehe bald in den Ruhestand. Ich konnte ihm natürlich keine Zusage geben, die Landeskirche und Gremien des Kirchenkreises hatten schließlich das Sagen. Aber die Anfrage war mir durchaus sympathisch. Es kam wieder anders. Der Landesbischof nahm mich nach einer Sitzung im Landeskirchenamt mit ins Bischofszimmer: »Wir möchten, dass sie als Nachfolger von Landessuperintendent Hans Hoyer nach Stade gehen. Der Sprengel ist groß, aber der Acker ist gut bestellt.«

Kapitel 10

Landessuperintendent für den Sprengel Stade (1970–1976)

Am 6. März 1970 machten wir uns mit unserem VW Standard auf den Weg von Loccum nach Stade. Ich hatte die Stadt an der Elbe bisher noch nie betreten. Das Weser-Elbe-Dreieck ist nun einmal geographisch eine Halbinsel, begrenzt von Elbe und Weser. Die großen Verkehrsadern, sprich: Autobahnen führten daran vorbei. Man konnte nicht ,mal eben vorbeischauen‹.

Ein Schneegestöber erschwerte uns den Weg. Wo der Wind freie Bahn hatte – und das ist ja im nördlichen Niedersachsen die Regel –, da modellierte er auf der Straße eine sanfte Dünenlandschaft. Die Schneepflüge hatten ihre Not. Und wir auch. Wir trafen mit arger Verspätung in der Teichstraße 39, dem Dienst- und Wohnsitz des Landessuperintendenten, ein. Das vorbereitete Essen war längst kalt geworden. Ein Anfang mit Schwierigkeiten.

Der epd (Evangelischer Pressedienst) hatte mit einem einzigen Wort unter den Kirchentreuen im Stadischen die Skepsis wachsen lassen, ob ich denn ein geeigneter Nachfolger für den hoch geschätzten Hans Hoyer sein könne, der zwanzig Jahre den großen Sprengel geleitet hatte. Er war ein kluger, gebildeter, aufgeklärter Pietist von hochgewachsener, hagerer Statur, eine Autoritätsperson in der Stadt und in der ganzen Region, eine Vaterfigur im Sprengel. Nun hatte der epd also gemeldet (und die Zeitungen hatten es fleißig verbreitet), ich sei einer der Mitbegründer der *kritischen* Reformgruppe »Offene Kirche« in der Hannoverschen Landeskirche. Man wusste um die Turbulenzen mit der 68er-Generation der Theologiestudenten und

Vikare und ordnete mich in diese »Richtung« ein. Es hat einige Zeit gebraucht, bis ich breiteres Vertrauen fand. Dabei waren die zwölf Superintendenten, allesamt älter als ich, die monatlich in der Landessuperintendentur zum Ephorenkonvent unter meiner Leitung zusammenkamen, freundliche Fürsprecher.

Am 10. August 1970 führte mich Landesbischof D. Hanns Lilje in der ehrwürdigen mittelalterlichen St. Wilhadi-Kirche in mein neues Amt ein. Er versprach sich und löste dann doch durch seine humorvolle Schlagfertigkeit ein lautes Lachen in der großen Gemeinde, in der Mehrzahl Pastorinnen und Pastoren aus dem Sprengel Stade, aus. »Und so führe ich dich ein als Landessuperintendent für den Sprengel Stade«, schrieb ihm die Agende vor. Aber nun sagte er: »So führe ich dich ein als *Landesbischof* für den Sprengel Stade.« Er stutzte einen kurzen Augenblick wegen der fröhlichen Reaktion der Gemeinde und »prophezeite«: »Ich habe der Zeit nur vorausgegriffen.« Er hat in seinem letzten Lebensjahr erlebt, dass seine »Prophezeiung« in Erfüllung ging, allerdings etwas anders, als von ihm angesagt.

Bei der anschließenden Festversammlung im Rathaussaal richteten sich die Grußworte vor allem an den scheidenden, verdienstvollen Landessuperintendenten. Das war schon bewegend. Ich hatte den Vikaren im Predigerseminar immer wieder einmal Hinweise zum Verhältnis von Vorgänger/ Nachfolger in der Gemeinde gegeben. Einer meiner Leitsätze: »Freuen Sie sich, wenn Sie eine Gemeinde wie einen gut gepflegten Acker vorfinden, das spornt an; aber versuchen Sie nicht, Ihren Vorgänger zu kopieren, das geht schief.« Jetzt hatte ich Gelegenheit, diese ›Weisheit‹ auf mich selbst anzuwenden. Sie hat sich bewährt, finde ich.

Zum Einführungsgottesdienst hatten sich zu meiner Überraschung auch die Loccumer »Revolutionäre« eingestellt, mit denen ich ja im Predigerseminar manchen

Strauß ausgefochten hatte. Nun saßen sie in Jeans und mit Lederjacken in unserem Wohnzimmer auf der Erde, friedlich und freundlich wie Schulbuben. Wohl doch ein Zeichen, dass harte Auseinandersetzungen die Achtung voreinander nicht aufheben.

Wie lernt man einen so großen Sprengel kennen? Zwei Stunden Autofahrt bis zur »Südspitze« zwischen Verden und Nienburg, nach Norden nicht ganz so weit. Der »Weg« zu Sonntagsgottesdiensten, Jubiläen, Ordinationen, Visitationen usw. war, zumal im Winter oder bei Nebel, schon eine Leistung; denn ich war ja mein eigener Fahrer. Etwa 30.000 km im Jahr, das war mein Pensum. Mein Vorgänger besaß keinen Führerschein, er hatte einen Vertrag mit einem Taxiunternehmen. Aber das war die Ausnahme unter den hannoverschen Landessuperintendenten.

Auf die Personen- und Ortskenntnis kommt es an. Sicher, ich konnte mich auf die Erfahrung und die Kenntnisse der Superintendenten stützen. Ich konnte die Visitationsberichte studieren, die von den Superintendenten eingereicht und von mir mit einem »Bescheid«, einer Stellungnahme zu versehen waren. Aber ein wirkliches Bild lässt sich nur »vor Ort« gewinnen. Etwa 280 Pfarrstellen gehörten zum Sprengel; 700.000 Evangelische zählte das Register. Ich war viel unterwegs, besuchte die Konvente der Pfarrer und der Mitarbeiter, hörte zu und stellte mich der Diskussion. Und natürlich füllte sich der Kalender immer schnell mit Gottesdienstterminen am Sonntagmorgen.

Das Landeskirchenamt war weit weg in Hannover, wir mussten uns in Konfliktfällen in einem viel größeren Ausmaß selbst helfen, als die anderen Sprengel. Das kam dem Selbstverständnis des Sprengels entgegen, er stand in dem Ruf, seine Freiheiten hochzuhalten, aber ich empfand die Rolle des Mediators in Konflikten als eine große zusätzliche Belastung. Kirchenvorstände können erst am frühen Abend zu Sit-

zungen zusammengerufen werden. Auf die berufstäti-
gen Laien muss Rücksicht genommen werden. Und
wer einen Konflikt lösen oder ihn wenigstens entspan-
nen will, der darf nicht ›kurzen Prozess machen‹ wollen, er muss Zeit investieren – und kommt dann spät
nach Hause. Vor mir lag ja immer noch eine Autofahrt.
Meine Faustregel war: zwei Stunden musst du zuhören, der Ärger muss auf den Tisch, alle sollen ›sich aussprechen‹ können. Die Bereitschaft, zu einer gemeinsamen Lösung oder zu vernünftigen Kompromissen
zu kommen, wächst nach 22 Uhr, dann sehen alle auf
die Uhr.

Der Wechsel von Loccum nach Stade brachte für
meine Frau und unsere Kinder Beschwernisse. Ich
war viel unterwegs, außer Sichtweite. Oft konnte ich
die angekündigte Zeit meiner Rückkehr nicht ein-
halten. Zu den Pflichten im Sprengel kamen ja auch
weitere Aufgaben: die monatlichen Sitzungen des Bischofsrates (aller Landessuperintendenten unter Leitung des Bischofs), die Tagungen der Landessynode
in Hannover, Prüferpflichten bei den theologischen
Examina und vieles andere. So gerne ich in diesem
Amt tätig war, so sehr dieser Besuchs- und Leitungs-
dienst offenbar gebraucht und von den allermeisten
auch geschätzt wurde, diese Seite bedrückte meine
Seele und noch mehr die meiner Familie. Ein Umzug
vom Dorf in eine (noch) fremde Stadt verunsichert ohnehin das Familiengefüge. Denn alle müssen erst ihren
Platz wieder finden. Das war nicht einfach.

Allerdings trafen wir in Stade auch auf Freunde aus
früheren Zeiten, die uns das Einleben leichter machten:
Margot Raatz, die Bibliothekarin, die ich bei Sing-
wochen im Jugendhof Hamburg-Barsbüttel in den
50er Jahren kennen gelernt hatte, die in Stade zu einer
treuen Freundin unserer Familie wurde. Dann den
Pastor an St. Cosmae, Martin Schomerus, ein Studienfreund aus Betheler Zeiten. Und auch ein Lingener

Schulfreund, Alfred Rutzen, war in Stade beruflich vor Anker gegangen. Wir fanden schnell neue Freunde in der überschaubaren, traditionsbewussten Hansestadt. Da die Winterbälle im gesellschaftlichen Leben eine große Rolle spielten, verabredeten wir uns mit einigen befreundeten Ehepaaren zu einem Tanzkurs. Ich merkte, dass bei vernünftiger, vorausschauender Planung mein Terminkalender keine unüberwindlichen Hürden in den Weg stellte. Und auch die Kinder fanden die kleine Stadt bald interessanter als das Leben auf dem Dorfe. Unser großes Haus stand ihren Freundinnen und Freunden offen. Die Dachgeschosszimmer gehörten den Kindern, und meine Frau ließ ihnen viel Freiheit.

Die Mitglieder der Landessynode aus dem Sprengel Stade waren mir durch die Tagungen des Plenums und auch durch Sitzungen von Ausschüssen nicht nur dem Namen nach bekannt. Mit dem Regierungspräsidenten von Stade, Helmut Miericke, saß ich zusammen im Rechtsausschuss. Als ich ihm meinen Antrittsbesuch machte, führte er mich vor eine Wandkarte des Regierungsbezirks. Ich sei in einer Zeit des gesellschaftlichen Umbruchs in das Weser-Elbe-Dreieck gekommen. Die Planungen für umfangreiche Industrieansiedlungen an der Unterelbe würden nun umgesetzt. Der Anteil der in der Landwirtschaft Tätigen im Regierungsbezirk sei unverhältnismäßig hoch, das führe zu verstärkter Armut. Bis in 20. Jahrhundert hinein sei die Auswanderung nach Nord- und Südamerika das Ventil gewesen, um Menschen eine Existenz zu verschaffen. Jetzt würde die Industrie in viel höherem Maße als früher Arbeitsplätze anbieten können. Es werde – vielleicht mehr in der zweiten als in der ersten Generation – zu einer Umschichtung kommen. »Landflucht« sei ein angstmachendes Wort, es sei wichtig, die Chancen zu erkennen. Die Kirche habe in dieser Umbruchzeit eine große seelsorgerliche Aufgabe. Ich möge doch das Meine tun, um in den Kirchengemeinden, vor allem bei den Pastorinnen und Pastoren, die nötige Aufmerksamkeit zu wecken. So war mir eine Aufgabe vor die Füße gelegt, für die ich schon während der Mitarbeit in der Industriejugendarbeit der Evangelischen Akademie in Loccum Erfahrungen sammeln konnte.

Das drängendste Problem aber war damals die hohe Zahl der Vakanzen, der unbesetzten Pfarrstellen. Bei der Zuweisung der Hilfsgeistlichen, also der jungen Pastoren, die gerade ihr Zweites Examen abgelegt hatten, machte sich der Standortnachteil bemerkbar. Wir waren eben eine Randregion der Landeskirche. Da in vielen Fällen auch die Berufstätigkeit der jungen Pfarrfrauen zu berücksichtigen war, konnten wir nicht ›mithalten‹. Hatte ich dann mit Mühe einige Stellen besetzen können, traten an anderen Orten Vakanzen ein, weil gestandene Pfarrer um ihrer Kinder willen in schulgünstigere Kirchengemeinden strebten. Die Personaldecke war damals immer zu kurz.

Es gab im Sprengel aber durchaus noch ungenutzte Talente. Margarete Daasch, Pastorin in Wintermoor im Kirchenkreis Rotenburg, übergab mir gleich beim ersten Besuch eine Liste von Pfarrfrauen, denen nach abgeschlossener theologischer Ausbildung die Ordination und damit die Anstellungsfähigkeit verwehrt worden war. Sie mochten noch so talentiert sein, aber sie waren mit einem Pfarrer verheiratet und darum nicht ordinabel. Inzwischen war diese kirchengesetzliche Sperre aber von der Landessynode aufgehoben worden. Margarete Daasch, durch die Folgen einer Kinderlähmung seit ihren Kindertagen gehbehindert, hatte trotz aller Einwände von Professoren und Kirchenoberen in den 30er Jahren Theologie studiert. In der Kriegszeit, als viele Pfarrer eingezogen waren, wurden die »Vikarinnen« (den Titel »Pastorinnen« durften sie nicht führen) dann doch gebraucht. Ein in der Landeskirche angesehener Landessuperintendent traute sich 1937, Margarete Daasch als erste Frau in der Hannoverschen Landeskirche zu ordinieren. Sie wurde nach dem Krieg zur (ersten) Leiterin des Frauenwerkes der Landeskirche berufen, war ein Jahrzehnt lang Seelsorgerin in den Frauen- und Jugendstrafanstalten in Vechta, bis sie schließlich in Wintermoor bei Schneverdingen in der Lüneburger Heide eine kombinierte Stelle als Krankenhaus- und Gemeindepastorin übernahm.

»Das muss jetzt unter ihren Aufgaben als Landessuperintendent auf der Prioritätenliste vorne stehen, diese Frauen zu ordinieren und ihnen einen pfarramtlichen Dienst zu ermöglichen. Die Kirche hat ihre Kräfte jahrelang wie unbezahlte Gemeindehelferinnen gerne in Anspruch genommen. Sie haben mehr Lebenserfahrung als jeder Anfänger, sie kennen sich aus in der Gemeindearbeit und sie haben als Mütter Verständnis für die Probleme junger Frauen.« Margarete Daasch hatte völlig recht, die Kirche konnte sich nur freuen über diesen qualifizierten, ›verspäteten Nachwuchs‹. Manche waren nicht in der Lage, neben ihren Aufgaben in der Familie eine volle Stelle zu übernehmen. Es reichte schon, für ein halbes Jahr einen Teilzeitauftrag zu übernehmen, dann konnte ich die Ordination und damit die dauernde Anstellungsfähigkeit erwirken.

Margarete Daasch wurde 1972 in den Ruhestand verabschiedet. Sie zog ins ›Augustinum‹ nach Stuttgart, um einer Freundin, die unter Depressionen litt, nahe zu sein. Und natürlich blieb sie auch im Ruhestand Seelsorgerin und Predigerin. Wenn mich mein Weg als Ratsvorsitzender nach Stuttgart führte, habe ich sie dort besucht. Ich habe ihr viel zu verdanken.

Wie geht es mit der Kirche weiter – das war die Grundfrage, die sich mir natürlich nicht erst im Sprengel Stade gestellt hat. Wenn sich das Lebensgefüge der Menschen differenziert, dann kann die Kirche davor

146

nicht die Augen verschließen. Sie lebt nicht auf einem andern Stern. Sie muss in ihren Arbeits- und Lebensformen darauf eingehen. Trifft sie mit ihrer Sprache noch den Verstehenshorizont der Menschen? Muss sie sich im Konfirmandenunterricht nicht stärker von den pädagogischen Reformen des öffentlichen Schulwesens beeinflussen lassen? Wie kann die Pfarrerzentrierung in den Kirchengemeinden überwunden werden? Gibt es nicht viele schlummernde Talente in den Gemeinden, weil ›Ehrenamtlichen‹ zu wenig zugetraut wird? Die Liste der Fragen lässt sich leicht verlängern.

Mir wurde schnell klar: eine Vermehrung der Stellen von ›Fachleuten‹ auf der Ebene des weit ausgespannten Sprengels ist nicht effektiv, führt zu einem schnellen Verschleiß der Kräfte. Im ›Sprengelbeirat‹ hatte jeder hannoversche Landessuperintendent ein Beratungsgremium von Frauen und Männern aus allen Kirchenkreisen zur Seite. Ich lernte dieses Gremium bald schätzen. Zu seinen Aufgaben gehörte es zum Beispiel, eine Dringlichkeitsliste für die Bauvorhaben der Kirchengemeinden und Kirchenkreise aufzustellen und die Mittel zuzuteilen. Die Letztentscheidung hatte dann das Landeskirchenamt in Hannover.

Dem Sprengelbeirat (und gleichzeitig auch dem Ephorenkonvent, also den zwölf Superintendenten) trug ich meine Gedanken vor: Uns helfe nicht eine Vermehrung der Stellen auf Sprengelebene, sondern die Schaffung eines ›Sprengelzentrums‹ als Begegnungs- und Fortbildungsstätte. Die Häuser mit landeskirchlichen Angeboten seien ›jenseits des Horizontes‹, weit entfernt von unserer Randregion. Je stärker sich die Arbeitsformen und Arbeitsvorhaben in den Gemeinden ausdifferenzieren, desto dringender werde die Frage der Qualifizierung der ehrenamtlich Mitarbeitenden. Warum soll der Pastor oder die Pfarrfrau den Altenkreis leiten, wenn es andere in der Gemeinde gibt, die das durchaus könnten, wenn man es ihnen nur zutraute und ihnen genügend Chancen der Fortbildung gäbe? Auf allen Feldern sei die Qualifizierung der Arbeit nötig. Es ginge nicht an, dass Pfarrer oder Pfarrerinnen das ›Programm‹ einer Gemeinde bestimmten; die Kirchenvorstände, zumal der Stadtgemeinden, brauchten Klausurzeiten zum Auswerten und Planen ihrer Vorhaben. Abendsitzungen reichen nicht aus. Ein gemeinsames Wochenende im Sprengelzentrum werde nicht nur einen Erkenntnisgewinn bringen, sondern auch die so nötige Gemeinschaftserfahrung. Die traditionelle Kirchlichkeit schmelze ab, das Christsein müsse in Zukunft stärker von jedem Einzelnen selbständig verantwortet werden. Um diesem Ziel näher zu kommen, sei ein langer Atem nötig.

Es hat ein Jahr gedauert, bis der Sprengelbeirat einen geeigneten Standort gefunden hatte, in Bederkesa, und ein weiteres Jahr, bis der Architektenwettbewerb ausgeschrieben werden konnte. Aber dann wurden die Ampeln auf Rot gestellt. Der durch eine staatliche Steuerreform für 1975 erwartete Rückgang der Kirchensteuereinnahmen führte das Landeskirchenamt dazu, vorerst keine neuen Bauprojekte zuzulassen, sondern alle Mittel für den Erhalt des Bestehenden bereitzustellen. Das war für uns eine große Enttäuschung.

War es richtig gewesen, den Planungsprozess breit anzulegen, um Einsicht und Akzeptanz in den Kirchenkreisen und bei möglichst vielen Gemeinden wachsen zu lassen? Auch im Rückblick halte ich unser Vorgehen für richtig. Es war ja die Zeit, in der Willy Brandt die Formel geprägt hat: ›Mehr Demokratie wagen‹. Und alle Kirchenreformgedanken hatten damals das Ziel, das reformatorische Postulat des ›Priestertums aller Gläubigen‹ besser zu verwirklichen. Wir haben nicht aufgegeben, für unser Projekt zu kämpfen und konnten darauf verweisen, dass unsere Region, was Tagungsstätten betreffe, von der Landeskirche bisher vernachlässigt worden sei. Erst nach meiner Berufung nach Berlin konnte mein Nachfolger, Karl Manzke, die Pläne in die Tat umsetzen und das Sprengelzentrum einweihen. Es hat seine Bewährungsprobe längst bestanden.

Die unterschiedlichen kirchenpolitischen Prägungen und Optionen begegneten mir natürlich auch im Sprengel in der Pfarrerschaft und unter den Mitarbeitern. Und auch die tradierte Frömmigkeit der Gemeinden wies deutliche Unterschiede auf. Der fruchtbare Marschboden, der relative Reichtum hatte es möglich gemacht, dass jedes Dorf seine eigene Kirche und seinen eigenen Pfarrer hatte. Die viel ärmeren Geestgemeinden waren als Kirchspiele strukturiert. Am Zentralort standen Kirche und Pfarrhaus. Die Bewohner der umliegenden Dörfer mussten sich sonntags mit der Kutsche oder zu Fuß auf den Weg zum Gottesdienst machen. Bezeichnenderweise ist die Hermannsburger Erweckungsbewegung unter Louis Harms nicht in die Marsch vorgedrungen. Noch zu meiner Zeit konnte man an den Kollektenerträgen und der Zahl der Gottesdienstbesucher ablesen, wo Louis Harms 100 Jahre zuvor gepredigt hatte. Da war das kirchliche Leben vitaler.

Mich beunruhigte, dass sich kirchengewohnte Geestbewohner, wenn sie aus beruflichen oder familiären Gründen in die Marsch zogen, oft dem ›dort Üblichen‹ anpassten. Aber ich erlebte auch Überraschungen. Ein junger Pfarrer sollte seine erste Stelle im Alten Land antreten. Ich hätte ihm das gerne erspart, weil ich fürchtete, er werde innerlich Schaden nehmen, wenn er gleich am Anfang einer tradierten Unkirchlichkeit begegne. Schon nach wenigen Monaten kam er und meinte, die Situation sei ganz anders, als ich sie ihm dargestellt hätte. Er habe sich zusammen mit seiner Frau um die jungen Eltern und deren Kinder gekümmert. Da sei er fast überall auf offene Türen gestoßen und habe eine große Bereitschaft zur Mitarbeit gefunden. Er hätte gar keinen besseren Anfang haben können als in dieser Gemeinde. Ich habe schnell gelernt, dass die Veränderungen im gesellschaftlichen Gefüge auch Chancen der Freiheit, der Eigenverantwortung eröffnen. Die Tradition der Kirchlichkeit schmilzt ebenso wie die Tradition der Unkirchlichkeit.

Zwei Tage vor der Jahreswende 1970/71 bekam ich nacheinander besorgte Anrufe aus der großen Kirchspielgemeinde Sittensen, an der Autobahn Hamburg-Bremen gelegen. Es werde am Neujahrsmorgen im Gottesdienst wohl zu schweren Auseinandersetzungen kommen. Eine Gruppe aus der Gemeinde wolle den von mir ernannten Vakanzvertreter nicht auf die Kanzel lassen. Die einen rieten: Sie müssen den Vakanzvertreter zurückziehen! Die andern: Sie dürfen sich das nicht bieten lassen!

Die Gemeinde Sittensen hatte weit über die Hannoversche Landeskirche hinaus von sich reden gemacht. Am 12. Oktober 1964 war es dort zu einem öffentlichen Streitgespräch über das rechte Verständnis der Auferstehung Jesu Christi zwischen Professor Walter Künneth (Erlangen) als Vertreter der ›bekenntnistreuen Theologie‹ und Professor Ernst Fuchs (Marburg) als Vertreter der ›modernen Theologie‹ gekommen. Über 2000 Zuhörer (Landwirte, Lehrer, Ärzte, Pastoren, Bischöfe und Studenten) verfolgten mit Spannung einen ganzen Tag lang die Auseinandersetzung. Das Ziel, das sich Pastor Hartig, der Gemeindepastor, und die Veranstalter gesetzt hatten, stand im Voraus fest: Die moderne Theologie sollte als Verrat an Bibel und Bekenntnis, als Irrlehre entlarvt werden. Aber der fromme Schwabe hinterließ doch bei vielen Zuhörern einen nachhaltigen Eindruck. Landesbischof Lilje, der den ganzen Tag zugehört hatte, sprach ein längeres Schlusswort. Die Nervosität sei im Laufe der Aussprache spürbar gewachsen. »Jede theologische Auseinandersetzung ist am Ende, wenn der eine dem anderen Bekenntnisse entgegenhält.«

Vier Jahre später, im Oktober 1968, trafen sich 120 Abgesandte der Bekenntnisbewegung »Kein anderes Evangelium« aus der ganzen Bundesrepublik zu einer Tagung in Sittensen unter Leitung des weithin bekannten schwedischen Bischofs Bo Giertz, um das Eindringen modernistischer Strömungen in die evangelische Kirche zu brandmarken. So war Sittensen ein weithin bekannter Kampfplatz der Bekenntnisbewegung geworden. Pastor Hartig verhängte schließlich für Landesbischof Lilje und den Stader Landessuperintendenten Hans Hoyer, meinen Vorgänger, ein Kanzelverbot, weil sie nicht eindeutig Stellung bezogen hätten.

Pastor Hartig trat 1970 in den Ruhestand und hinterließ eine groteske Situation. Es gab nicht nur einen, sondern drei Kirchenvorstände. Weil die Wahl ein anderes Ergebnis gehabt hatte, als es Pastor Hartig erwartet hatte, weigerte er sich, den neu gewählten Kirchenvorstand in sein Amt einzuführen. Der war also gewählt, konnte aber nicht amtieren. Daraufhin ernannte der Kirchenkreisrat einen Bevollmächtigtenausschuss. Aber in dieser heillosen Verwirrung konnte auch der nichts bestellen. In dieser Situation konnte ich nur sagen: Ich werde am Neujahrsmorgen selbst den Gottesdienst leiten und predigen, denn als Landessuperintendent habe ich nach der Verfassung das Kanzelrecht in allen Gemeinden des Sprengels. So hatte ich am Neujahrsmorgen ein volles Haus und eine wirklich aufmerksame Gemeinde. Und es zeigte sich wieder, wie das gemeinsame Singen und Beten, das gemeinsame Aufnehmen des Wortes doch bei allem Ärger gegeneinander die Kraft hat, Frieden und geistliche Gemeinschaft zu stiften. Auf den Konflikt bin ich in der Predigt gar nicht weiter eingegangen. In den Abkündigungen habe ich den Vakanzvertreter vorgestellt und alle gebeten, seinen Dienst zu respektieren und anzunehmen. Es komme viel darauf an, die Pfarrstelle wieder zu besetzen, einen erfahrenen Seelsorger, Prediger und Lehrer zu gewinnen. Das gelang auch.

Gut sechs Jahre bin ich für den Sprengel Stade da gewesen, eine relativ kurze Zeit. Und es gab von mir aus auch keinen Grund, so schnell das Weite zu suchen. Zwar bekam ich zweimal in dieser Zeit einen »Ruf«. An der Kirchlichen Hochschule in Wuppertal war der Lehrstuhl für Praktische Theologie frei geworden, weil Rudolf Bohren, der Schweizer Theologe, nach Berlin gezogen war. Ich wurde gebeten, eine Gastvorlesung und einen Gottesdienst zu halten. Mein hannoverscher Landesbischof, Eduard Lohse, dem ich sagte, ich wolle gleich absagen, es sei doch erst ein gutes Jahr her, dass ich in St. Wilhadi »ja« gesagt hätte, meinte, ich solle der Bitte ruhig nachkommen; denn für einen Praktischen Theologen sei diese Aufforderung einer Habilitation gleichzusetzen. Entscheiden müsse ich mich ja erst, wenn wirklich ein Ruf ausgesprochen werde. Dann las ich im Ausland auf Urlaub in einer deutschen Zeitung, dass ich nach Wuppertal wechsele. Es war peinlich, weil ich niemandem im Sprengel von meiner Reise nach Wuppertal Kenntnis gegeben hatte. Auf den zweiten Ruf, zwei Jahre später, will ich hier nicht näher eingehen. Ich habe sofort abgeschrieben: Mein Platz sei hier im Sprengel Stade.

Zu meinen Aufgaben in der Stadt Stade gehörten zwei Aufgaben, die mir ausgesprochene Freude machten. Einmal im Monat hielt ich am Sonntagmorgen um 11 Uhr in einer größeren, neu erbauten Friedhofskapelle einen ›Gottesdienst für Spätaufsteher‹. Ich will gar nicht verschweigen, dass mich dabei nicht nur die Beobachtung geleitet hat, dass die ›normale‹ Gottesdienstzeit für viele Familien, zumal wenn der Vater zu den ›Pendlern‹ gehörte, ihre Sonntagsruhe störte; ich selbst hatte das Interesse, wenigstens einmal im Monat mit meiner Frau und unseren vier Kindern einen ruhigeren Sonntagmorgen zu erleben, statt Sonntag für Sonntag schon in der Frühe in meinen Sprengel zu reisen. Die Gemeinde, die sich um 11 Uhr in der Kapelle »Auf dem Geestberg« zusammenfand, war im Schnitt jünger und familienorientierter. Das war eine befriedigende Aufgabe – und nebenbei eine Wohltat für unsere Familie.

Die andere Aufgabe betraf die Bildungsarbeit der Kirche. Für das Winterhalbjahr plante ich jeweils einen Zyklus von ›Rathausvorträgen‹ zu strittigen Zeitfragen und biblisch-theologischen Themen. Die Vorträge im alten, gediegenen Rathaus und die sich immer anschließende Diskussion fanden regen Zuspruch, gerade auch bei ›Randsiedlern‹ der Kirche. Es war nicht leicht, in der Aussprache die allzu eifrigen Dauerredner zu stoppen.

Ich war schon einige Jahre in Berlin, als mich mein Nachfolger bat, doch einmal im Rahmen dieser Rathausvorträge von meinen Erfahrungen als Bischof zu berichten. Berlin machte zu oft mit negativen Schlagzeilen von sich reden. Weil alle Plätze im Saal besetzt waren, fand unsere Tochter Susanne, die in Hamburg studierte, nur noch auf einer Fensterbank einen Platz. Und ohne dass sie wusste, um wen es sich handelte, erging es dem Vikar der Cosmae-Kirche ebenso: er fand neben ihr auf der Fensterbank Platz. Das war eine Zufallsbegegnung, die dann dazu führte, dass der hochgewachsene ›junge Mann‹ unser Schwiegersohn wurde. Er hat es Susanne mit seinem Verständnis und seiner Geduld ermöglicht, ihr Studium und die Vikariatszeit durchzustehen. Überhaupt bewundere ich an der nachwachsenden Generation, wie aufmerksam sie die Lasten in der Familie miteinander teilt, wie selbstverständlich und patent sich Väter an der Pflege und Erziehung der Kinder beteiligen.

Stade hat uns Gutes eingebracht; denn auch Katharina, unsere Schwiegertochter, Enkelin eines Stader Schulrates, ist ja eine Stader ›Erwerbung‹. Bernhard hat sie dort schon als Kind kennen gelernt und ist ihr als Studentin in Berlin wieder begegnet.

Kapitel 11:

Die Bischofswahl in Berlin am Himmelfahrtsfest (26. Mai 1976)

Der Frühling setzte sich in der zweiten Aprilwoche 1976 im oberösterreichischen Mühlviertel nur langsam durch. Karl und Hertha Weilandt, die alten Linzer Freunde, hatten uns eingeladen, in ihrem einsam über der Donau gelegenen Anwesen bei Kirchberg ob der Donau einige vorösterliche Urlaubstage zu verbringen. Sie selbst wollten in Bad Leonfelden im Mühlviertel »kuren«. So hatten wir das Reich für uns.

Niemand konnte uns erreichen. Eine himmlische Ruhe! Natürlich haben wir nicht nur im Zimmer gehockt, sondern sind viel gewandert. Die Milch holten wir täglich vom Eidenberger-Hof, ein Fußweg von etwa drei Kilometern hin und zurück. Und immer gab's einen Plausch in der Küche.

Die Predigten für Karfreitag (in St. Wilhadi in Stade) und für den Ostersonntag (in St. Peter und Paul in Schneverdingen) waren vorzubereiten. Windgeschützt an der Seitenwand des Hauses, unter dem Fenster der Wohnstube stand mein Arbeitstisch. Die Sonne schien. Der Mandelbaum an der Hauswand fing gerade an zu blühen. Ich fühlte mich richtig wohl und genoss es, Zeit fürs Nachdenken und zum Meditieren zu haben.

Bilde ich mir das nur ein oder habe ich noch immer in mir ein Gespür der Atmosphäre jener unbeschwerten Urlaubstage? Ich ahnte nicht, was sich durch die Karfreitagspredigt anbahnen sollte.

Am Nachmittag vor dem Sonntag Palmarum wurden wir plötzlich durch Lärm auf dem Hof aufgeschreckt. Die »Ratscher Buam«! Wohl ein alter Brauch, den Winter zu vertreiben. Die Kinder machten

154

einen Höllenlärm und baten dann artig um Süßigkeiten und Eier. Wir haben sie nicht enttäuscht.

Am Mittwoch in der Karwoche, am 14. April 1976, kehrten wir nach Stade zurück und waren wieder mit unseren Kindern vereint. Ich versprach ihnen, mich nicht gleich auf den Postberg zu stürzen, sondern gemeinsam im Fernsehen das Länderspiel Bundesrepublik Deutschland gegen die Auswahl der DDR anzuschauen. Es wurde aus Kattowitz übertragen, gehörte in den Zusammenhang der Qualifikationsspiele zur nächsten Fußball-Weltmeisterschaft und endete mit 7 : 1 für die Westdeutschen.

Zwischendurch klingelte das Telefon. Meine Frau meinte: »Lass es doch läuten, wir sind heute noch auf Urlaub.« Es könnte ja etwas Wichtiges sein, dachte ich und nahm auf. »Peter Kraske in Berlin. Haben Sie meinen Brief schon gelesen?« »Nein, wir sind gerade erst aus dem Urlaub zurückgekehrt.« »Ich möchte Sie bitten, den Brief noch heute Abend zu öffnen. Es ist wichtig. Darf ich nachher noch einmal anrufen?«

Da stand es dann schwarz auf weiß zu lesen: Das Bischofswahlkollegium Berlin habe ihn beauftragt, mit mir über eine Kandidatur bei der anstehenden Wahl für die Nachfolge von Bischof Scharf ein persönliches Gespräch zu führen. Er werde am Karfreitag den Gottesdienst in St. Wilhadi besuchen und frage an, ob ich danach Zeit für ein Gespräch erübrigen könne.

Da war die Urlaubsstimmung verflogen. Meine Frau beschwor mich, dies der Familie nicht anzutun. In dem späteren Telefongespräch versuchte ich Peter Kraske klar zu machen, dass er sich die weite Reise sparen könne. Seine Antwort: »Ich habe aber den Auftrag, mit Ihnen zu reden. Und Gottesdienste sind nun mal öffentlich zugänglich.«

Das von seiner Seite freimütig und werbend geführte Gespräch habe ich wie durch eine Glasscheibe von ihm getrennt erlebt, als wäre alles nur ein schwerer Traum.

Der andere Kandidat, Professor Peter Krusche aus München, habe schon zugesagt. Eile sei geboten.

Am Mittagstisch in der Küche – es gab ein einfaches Karfreitagsgericht: Spinat und Spiegeleier – war die Bischofswahl kein Thema; die Kinder sollten nicht beunruhigt werden. Bei der Verabschiedung konnte ich dem Berliner Abgesandten nur sagen: Eine Entscheidung aus dem Augenblick heraus sei mir nicht möglich. Vor allem müsse ich mich mit meinem Landesbischof Eduard Lohse und den anderen Landessuperintendenten beraten. Was ich nicht aussprach: Ich war fest davon überzeugt, dass sie sagen würden: Wir brauchen dich hier; und Berlin ist ein zu hartes Pflaster für dich.

Was ich nicht wissen konnte: Von Berlin aus telefonierte Peter Kraske mit dem Ratsvorsitzenden der EKD, Landesbischof Helmut Claß in Stuttgart, und Präses Immer, dem Ratsvorsitzenden der EKU-West (beide waren Mitglieder des Berliner Bischofswahlkollegiums), und bat sie um eine möglichst unverzügliche Intervention bei Landesbischof Lohse: die Hannoversche Landeskirche möge mich freigeben, sonst »platze« der Wahlvorschlag.

In der Woche nach Ostern kamen die Mitglieder des hannoverschen Bischofsrates sowie der Präsident des Landeskirchenamtes Johannes Frank und der Vizepräsident Hans-Philipp Meyer zu einer Sondersitzung in der Bischofskanzlei in der Haarstraße 6 in Hannover zusammen. Statt mir abzuraten, versuchten sie alle – bis auf einen – mir Mut zu machen. Das Hauptargument: Wenn sich die schwierige, zerstrittene West-Berliner Kirche nun endlich auf zwei Kandidaten für die Nachfolge von Bischof Scharf geeinigt habe, dann seien alle Gliedkirchen der EKD – also auch die hannoversche – im eigenen Interesse gut beraten, den Weg freizumachen. Nur Dieter Andersen, Landessuperintendent für den Sprengel Lüneburg, mit dem ich einige

Jahre in Loccum zusammengearbeitet hatte (er als Konventual-Studiendirektor, ich als Stiftsprediger) sagte: »Lieber nicht! Die Last ist zu groß!« Selbst Präsident Frank, der meiner Frau noch am Vortage am Telefon versichert hatte: »Wir lassen ihren Mann auf keinen Fall ziehen; wir brauchen ihn hier«, stimmte in den allgemeinen Chor ein.

Was sollte ich nun tun? Ein blankes Nein zu sagen, mich zu verweigern, das konnte ich nun vor meinem Gewissen nicht verantworten. War das vielleicht doch eine Berufung? Musste Abraham nicht auch ins Ungewisse ziehen und Vertrauen wagen (1. Mose 12,1: »Geh aus deinem Vaterland und von deiner Verwandtschaft in ein Land, das ich dir zeigen will«)? Hatte ich nicht gerade in meinem Sprengel anderen Pfarrfamilien etwas Ähnliches abverlangt?

Anfang Januar 1976 war nämlich bei einer schweren Sturmflut im Land Kehdingen (an der Unterelbe nördlich von Stade) an drei Stellen der Deich gebrochen und genau dort, wo die Pfarrstellen im Augenblick vakant waren. Es gehörte zu meinen Aufgaben als Landessuperintendent, für eine schnelle Besetzung dieser Stellen zu sorgen. Also musste ich Pfarrfamilien davon überzeugen, dass sie dort gebraucht würden. Es gelang. Ich kam an der Frage nicht vorbei: Wie kannst du anderen einen schwierigen Wechsel zumuten und selbst das Wagnis scheuen?

Ich sagte zu, nach Berlin zu kommen und für ein Gespräch mit dem Bischofswahlkollegium zur Verfügung zu stehen, aber mit offenem Ausgang. Ich wollte da alle Gegengründe ins Feld führen: »Ich kenne die Westberliner kirchlichen Verhältnisse nicht. Ich bin in einem ländlich geprägten Sprengel tätig, habe also – abgesehen von den Gemeinden in Bremerhaven – keine Großstadterfahrung. Mir scheint, Sie haben es als Wahlkollegium versäumt, ein strenges, auf die Berliner Situation bezogenes Anforderungs-Profil im Blick auf den neuen Bischof zu erstellen, sonst wären Sie gar nicht auf meinen Namen gekommen.«

Heinrich Albertz hat mich mit einer kurzen Replik »entwaffnet«: »Die Großstadterfahrung kommt von selbst, dafür werden die Berlinerinnen und Berliner schon sorgen. Und was unsere Kriterien betrifft, die sind ganz klar und einfach. Dreierlei muss ein Bischof mitbringen: Er muss für die Berliner verständlich sein in der Predigt, in der Öffentlichkeit und auf der Straße. Er muss fromm sein, sonst hat er keine Autorität. Und er muss bereit sein, hin und wieder gegen den Strom der Mehrheit zu stehen, nicht dauernd, aber hin und wieder«.

Das Gespräch in der großen Runde (die Mitglieder der Kirchenleitung und die gleiche Zahl von der Landessynode hinzugewählter Synodaler; außerdem der Ratsvorsitzende der EKD und der Ratsvorsitzende der EKU) ließ bei mir keinen Zweifel an der Ernsthaftigkeit der Aufforderung aufkommen, mich als einen der beiden Kandidaten zur Wahl zu stellen.

Ich hatte gebeten, meiner Frau, die mit mir angereist war, die gastweise Teilnahme an dieser Sitzung zu ermöglichen; schließlich sei die Familie existenziell mitbetroffen. Ich hatte als Landessuperintendent immer die Ehefrauen in den Entscheidungsprozess einbezogen und hatte gute Erfahrungen damit gemacht. Das sei um der Gleichbehandlung der beiden Kandidaten willen nicht möglich, wurde mir bedeutet. Peter Krusche sei allein vor dem Bischofswahlkollegium erschienen. Ich empfand die Berliner Verfahrensweise als rückständig und wenig sensibel.

Gisela Flor, die gute Seele und Frau des Konsistorialpräsidenten, hatte die Aufgabe, meine Frau in der Zeit der Sitzung ins Brücke-Museum in Dahlem zu begleiten. Meine Frau rechnete fest damit, dass ich mich auf das Abenteuer Berlin nicht einlassen würde. Umso größer war der Schock, als sie hörte, dass ich in die

158

Kandidatur eingewilligt hatte. Da blieb also nur noch die Hoffnung, dass Peter Krusche gewählt würde.

Jetzt stand es in allen Zeitungen. Das Leben wurde unruhiger. Die Medien hatten ein Interesse, den »Mann aus der Provinz«, der vielleicht Kurt Scharfs Nachfolger werden könnte, ins Licht der Öffentlichkeit zu rücken. Darüber habe ich mich nie einer Täuschung hingegeben, dass ich gemessen an den beiden Vorgängern im Bischofsamt (Otto Dibelius und Kurt Scharf) doch ein »Leichtgewicht« war, zweite Wahl gewissermaßen, zumal die Erstplazierten (wie Lukas Vischer, der Cheftheologe des Ökumenischen Rates der Kirchen, oder Theodor Schober, der Präsident des Diakonischen Werkes der EKD, und andere) sich versagt hatten.

Beim Abschiedsbesuch im Pfarrkonvent des Kirchenkreises Verden am 4. November 1976 fragte mich einer der jüngeren Pfarrer – ein milder 68er, dessen Studiendirektor ich im Predigerseminar des Klosters Loccum gewesen war – zum Entsetzen einiger der älteren Pfarrer: »Sagen Sie mal ehrlich, die Schuhe des Bischofs von Berlin sind doch wohl ein bisschen zu groß für Sie?« Worauf ich nur antworten konnte: »Ja, aber es war keiner da mit größeren Füßen.«

Wolf-Dieter Zimmermann, der Leiter des Kirchlichen Rundfunkdienstes, schickte mir seinen Kommentar für den SFB zur anstehenden Bischofswahl zu. Der Sender habe leider den letzten Satz weggeschnitten, den wolle er mir aber nicht vorenthalten. »Nur so viel ist heute (am Tag vor der Bischofswahl) gewiss: Die Zeit der großen Bischöfe Berlins ist nun endgültig vorbei.« Er wollte aussprechen, was viele dachten, aber nicht öffentlich äußerten.

Mich hat das nicht weiter angefochten. Ich sagte mir: Du hast dich ja nicht danach gedrängt, Bischof in Berlin zu werden; du hast dich nicht selbst gewählt. Dann bist du im Falle eines Falles auch frei, das Amt auf deine Weise auszufüllen. Und du musst bei der

Vorstellung, die jetzt auf dich zukommt, auch nicht glänzen.

Ich fragte mich natürlich, wieso man auf meinen Namen gekommen war. Meine Vermutung dürfte nicht ganz falsch gewesen sein. Ich war Mitglied der EKD-Synode und dort Vorsitzender des »Ausschusses für Diakonie, Mission und Ökumene«. Die Weltmissionskonferenz in Bangkok 1973 hatte in pietistischen und konservativen Kreisen der EKD heftigen Widerspruch gefunden. Wenn sich die EKD nicht von der These distanziere, dass Mission heute vornehmlich Dialog sei, dann werde es zu einer Kirchenspaltung kommen; denn Bangkok setze den Missionsbefehl Jesu außer Kraft. So entschloss sich die EKD-Synode, das Thema ›Mission und Dialog‹ schwerpunktmäßig auf ihrer nächsten Tagung (in Berlin-Spandau im November 1974) zu behandeln. Es wurde ein unverhältnismäßig großer Vorbereitungsausschuss mit 29 Mitgliedern eingesetzt; in ihm waren wirklich ›alle Geister‹ vertreten. Ich wurde gebeten, den Vorsitz zu übernehmen. Das war ein spannungsvolles Unternehmen. Aber es gelang uns, innerhalb eines halben Jahres ein Vorbereitungsheft mit Thesen und Textbelegen aus der weltweiten Ökumene zu erstellen, das als Grundlage für eine faire Auseinandersetzung dienen konnte. So kam ich in den Ruf, mit harten Konflikten umgehen zu können.

Viel Zeit zur Vorbereitung eines gewünschten Vortrages zum Thema »Der Auftrag der Kirche heute« blieb mir nicht. Ich griff auf ein Manuskript zurück, das ich für ein Kirchenvorstehertreffen in Bremerhaven konzipiert hatte und verschwieg das auch nicht vor dem Auditorium, das sich im Atrium und auf den Emporen im »Haus der Kirche« in Charlottenburg zusammendrängte. Die Mischung aus Erwartung und Skepsis, die mir entgegen kam, inspirierte mich geradezu.

Ich begann meinen Vortrag mit einer Vorbemerkung, einer »story«, die uns in Stade in der Familie gerade erheitert hatte: Das Telefon klingelte. Bettina, unsere jüngere Tochter, damals acht Jahre alt, nahm den Hörer auf und rief meiner Frau zu: »Da ist einer aus Berlin, der will ein Interview mit unserm Vater machen.« Und einige Zeit später: »Du, was ist das eigentlich, ein Interview?« »Da stellen sie unserm Vater Fragen. Die muss er beantworten. Und so wollen sie ihn kennen lernen.« Bettina: »Pah, so lernen sie ihn bestimmt nicht kennen! Die sollten ihn lieber aus dem Buch ›Knasterbax und Siebenschütz‹ vorlesen lassen. Da würden sie ihn richtig kennen lernen!«

Die Grundstruktur meines Vortrags ergab sich aus der schrittweise aktualisierenden Auslegung der Geschichte von der Heilung der zehn Aussätzigen (Lukas 17,11–19). »Ich sehe für unsere Kirche die Gefahr, dass wir diese Geschichte gleichsam in der Mitte durchschneiden. Jeder hätte dann nur die eine Hälfte. Jeder hätte einen halben Christus. Und das ist keiner. Die einen geben zu erkennen, es komme wesentlich auf den Schluss der Geschichte an, nur der eine kehre nach seiner Heilung zurück, falle vor Jesus nieder und gebe Gott die Ehre. Und Jesus sagt zu ihm: ›Dein Glaube hat dir geholfen‹. Das sei der Zielpunkt der Geschichte. Alles andere – dass Jesus allen zehn Aussätzigen zur Gesundheit verhilft – sei nur ein Auftakt zum »Eigentlichen.« Auf den Glauben komme es an, auf sonst nichts. Aber Jesus wendet seine Liebe allen Menschen zu. Soll das nicht wichtig sein? Die andern geben zu erkennen: Auf den Schluss der Geschichte könne man heute gut und gerne verzichten. Die Gesundheit, die Gerechtigkeit, der Friede – das sei die Hilfe, die Jesus bringe und von seinen Nachfolgern, den Jüngern erwarte. Auf solche Zuwendung zu den Menschen komme es heute an.

Meine Frage: »Wird dabei nicht getrennt, was in der Sendung Jesu unbedingt zusammengehört? Jesus verschließt sich nicht dem Schrei der Gequälten. Er fragt nicht, ob einer es wert sei, ob er schon an ihn glaube. Aber das Ziel der Sendung Jesu ist deutlich: dass der Mensch heil werde an Leib und Seele, dass er zum Lob Gottes finde. Dann ist ihm geholfen.«

Vor der Wahl gab es noch eine Befragung der Kandidaten im kleinen Kreis. Jede der drei synodalen Gruppierungen hatte dazu drei Personen entsandt. Wie halten sie es mit Pfarrern, die der SEW (der Sozialistischen Einheitspartei Westberlins, dem Ableger der SED) angehören? Sie kommen aus einer lutherischen Landeskirche, trauen Sie sich zu, in einer unierten Kirche als Bischof zu amtieren? Ich konnte nur auf den Vorspruch der in beiden Bereichen, in West und Ost gültigen Grundordnung (Verfassung) verweisen, die ja davon ausgeht, dass wir eine Kirche der lutherischen Tradition in bewährter Kirchengemeinschaft mit reformierten Gemeinden, die ihre eigene Ordnung hätten, seien. Ein Konfessionswechsel sei doch wohl mit dem Wechsel von Hannover nach Berlin nicht verbunden?

Am Vorabend der Wahl war dann noch eine Fragestunde für die Synodalen angesetzt. Ich war heiser, konnte nur mühsam sprechen und fühlte mich unwohl. Das müssen die Synodalen bemerkt haben. Ich war »nicht in Form«. Die psychische Belastung war größer, als ich es mir selbst eingestehen wollte.

Zwei Tage vor der Wahl hatte die »Süddeutsche Zeitung« einen Kommentar von Robert Leicht (dem späteren Chefredakteur der »ZEIT« und derzeitigen Präsidenten der Evangelischen Akademie Berlin) veröffentlicht. Die West-Berliner Kirche sei »nahezu heillos zerstritten«, so dass die kirchlichen Gruppierungen dort »manchmal in einer Weise miteinander umgehen, dass sich Daniel in der Löwengrube vergleichsweise komfortabel fühlen musste« (Ausgabe vom 25. Mai 1976). Das erschien mir weit übertrieben. Aber auf welches Abenteuer ließ ich mich bei dieser Wahl ein?

Den Himmelfahrtstag begann die Synode mit einem Abendmahlsgottesdienst in der Charlottenburger Trinitatiskirche, in dem Bischof Scharf predigte. Der 27. Mai 1976 war der 300. Todestag Paul Gerhardts. Das hatte für mich Bedeutung für den Tag der Wahl. Mich verwunderte, dass niemand darauf Bezug nahm. Das heitere und gelöste Orgelspiel der Kantorin (Haydn oder Mozart, ich weiß es nicht mehr) stimmte ebenso auf das Wahlgeschehen ein wie die gewichtige Predigt von Bischof Scharf über das erste Kapitel des Kolosserbriefes.

»Wir kandidieren nicht gegeneinander, wir sind miteinander die Kandidaten bei dieser Wahl«, so hatten wir uns gegenseitig versichert. Und so empfanden wir auch.

Die Auszählung der Stimmen erfolgte öffentlich und laut. Immer wieder die beiden Namen: »Peter Krusche, Martin Kruse, Peter Krusche ...« Im ersten Wahlgang fehlten mir 4 Stimmen an der notwendigen 2/3 Mehrheit, im zweiten 7. Im ersten Augenblick irritierte mich das taktische Spiel. Aber einige Synodale wollten offenbar erreichen, dass die Entscheidung erst im dritten Wahlgang fallen sollte. Mit 73 von 86 möglichen Stimmen war dann im dritten Wahlgang die Wahl entschieden.

Nach einer kurzen freundlichen Ansprache von Kurt Scharf an beide Kandidaten (er hatte zwei Wochen vor der Wahl Stade und das Alte Land inkognito besucht) erteilte der Präses mir das Wort. Ich dankte der Synode für das Vertrauen, es müsse sich aber erst herausstellen, ob ich es verdiene. Es sei mir bewusst, dass die Synode – und ich selbst auch – ein ziemliches Risiko eingegangen seien; zumal nach menschlichem Ermessen die Synode erst am Ende des Jahrhunderts, im Jahre 1999 die Gelegenheit haben werde, einen neuen Bischof zu wählen. Ich schloss mit einigen Versen von Paul Gerhardt:

Ich weiß, mein Gott, dass all mein Tun
und Werk in deinem Willen ruhn,
von dir kommt Glück und Segen;
was du regierst, das geht und steht
auf rechten, guten Wegen.

Es steht in keines Menschen Macht,
dass sein Rat werd ins Werk gebracht
und seines Gangs sich freue;
des Höchsten Rat, der macht's allein,
dass Menschenrat gedeihe.

Es fängt so mancher weise Mann
ein gutes Werk zwar fröhlich an
und bringt's doch nicht zustande;
er baut ein Schloss und festes Haus,
doch nur auf lauter'm Sande.

Dein soll sein aller Ruhm und Ehr,
ich will dein Tun je mehr und mehr
aus hocherfreuter Seelen
vor deinem Volk und aller Welt,
so lang ich leb, erzählen.

Nun war die Entscheidung gefallen. Ich musste ein
Blitzlichtgewitter der Pressefotografen und dann eine
lange Kette von Interviews über mich ergehen lassen.
Meine Frau eilte zum Telefon, um die Familie in Stade
zu informieren. Die »Omi-Celle«, meine Mutter, hütete
dort ein und konnte nur mitteilen: »Die Nachricht ist
schon auf anderem Wege übergekommen. Die Kinder
liegen alle in den Betten und heulen.« Aber vorerst
blieb ja alles beim Alten. Ein gutes halbes Jahr hatte
ich weiter meinen Dienst im Sprengel Stade als Landessuperintendent zu tun.

Und dann stellten sich schnell im Berlin-Bild der
Kinder auch freundlichere Züge ein. Die BZ brachte

164

am Tag nach der Wahl auf der unteren Frontseite ein Bild (»Das ist der neue Bischof mit seiner Frau«); auf der oberen Halbseite sinnigerweise einen Bericht »Mord im Haus des Berliner Nachtclubkönigs«. Die beiden Innenseiten waren dem Bischof und seiner Familie gewidmet. Da stand dann auch, dass Bernhard ein leidenschaftlicher Basketballspieler sei (er war damals 13 Jahre alt) und dass er hoffe, in Berlin einen guten Verein zu finden. Darauf bekam er umgehend einige Angebote aus Berlin und eine Liste der Jugendsparten der Berliner Basketballvereine.

Als wir uns dann im Sommer mit unseren vier Kindern im Auto zu einer Stippvisite auf den Weg nach Berlin machten, über die B 5 von Hamburg nach Berlin (die Autobahn gab es noch nicht) und schließlich alle Grenzkontrollen passiert hatten, da stiegen wir in Pichelsdorf (Spandau) aus, um uns die Beine zu vertreten und unsere Glieder zu strecken. Ein älterer Berliner kam auf uns zu, musterte uns vergnügt und fragte: »Na, wat suchen se denn?« Das fanden unsere Kinder »einfach toll«. Solche kleinen Gesten erheitern das Gemüt, und sie sind wohl wirksamer als Begrüßungsreden.

Sorgen machten wir uns um den weiteren Weg unseres Ältesten. Jan (damals 16 Jahre alt) hatte die Sonderschule durchlaufen und war gerade dabei, den Hauptschulabschluss nachzuholen. Wie würde er in Berlin zurechtkommen? Stade war die ihm vertraute Welt. Das riesige Berlin wie ein Irrgarten. Aber auch für ihn ergab sich ein guter Weg: Nach dem Schulabschluss war er ein Jahr lang als Praktikant auf einem Hof in Basdahl bei Bremervörde, bei einer uns befreundeten Familie. Diese Zeit hat ihm zu größerer Selbständigkeit verholfen. Und in Berlin konnte er dann eine dreijährige Ausbildung im Berufsbildungszentrum in Britz absolvieren.

Bettina (damals acht Jahre alt) machte sich Sorgen eigener Art: »Wenn ich nun gefragt werde, welchen

Beruf mein Vater hat? Wenn ich sage ›Bischof‹, dann finde ich bestimmt keine Freundin. Ich weiß, was ich sage: Der ist bei der Feuerwehr.« Und ganz so daneben lag sie ja damit nicht. Die Berufung nach Berlin war so etwas wie ein Notruf.

Das halbe Jahr verging wie im Fluge. Ich wollte mein Pensum im Sprengel Stade nicht auf Kosten anderer erleichtern. Aber wenigstens einmal im Monat schaute ich mich in Berlin um und versuchte, mich in die Verhältnisse hineinzudenken. Und immer war die Frage: Was nimmst du dir vor im ersten Jahr? Was ist vordringlich? Wie wirst du dein Amt ausfüllen?

In der Woche nach dem 1. Advent tagte die Regionalsynode West im Johannesstift. Für den Eröffnungsgottesdienst und den letzten Rechenschaftsbericht von Bischof Scharf aber war ein Ort mitten in der Stadt, die Kaiser-Wilhelm-Gedächtniskirche gewählt worden. Lag es daran, dass mir dieser besondere Kirchenraum noch fremd war, lag es an der Abschiedssituation, lag es an der Überlänge des Bischofsberichtes – er nahm zwei Stunden in Anspruch: Ich empfand die Atmosphäre als reichlich gedämpft und etwas müde.

Das änderte sich aber, als am nächsten Tag im Johannesstift das Generalthema verhandelt wurde: »Gottesdienst und Predigt heute und an unserem Ort«. Da kam die Synode aus sich heraus. Die Thesenreihen von Peter C. Bloth, dem Praktischen Theologen an der Kirchlichen Hochschule, und Gerhard Bauer, dem gerade berufenen neuen Leiter des Praktisch-Theologischen-Ausbildungszentrum (PTA), lösten eine engagierte Diskussion aus.

So freundlich und hilfsbereit Kurt Scharf mir gegenüber war, ich merkte, dass es ihm schwerfiel, sein Amt abzugeben. In einem längeren Gespräch bat ich ihn, Aufgaben, die ich nicht gleich übernehmen müsste, doch noch zu behalten. Ich müsse die West-Berliner Verhältnisse, die kirchlichen und die städtischen »von innen her« kennen lernen. Das sei Priorität Nr. 1 für mich. Er möge seinen Sitz im Rat der EKD bitte nicht aufgeben, sondern bis zur Wahl der nächsten EKD-Synode (1979) weiter wahrnehmen. Auch den Vorsitz im Missionsrat des Berliner Missionswerkes und im Diakonischen Rat Berlin-West solle er bitte zunächst beibehalten. Es gab Stimmen, die mich vor einer solchen »Gewaltenteilung« zwischen Vorgänger und Nachfolger warnten. Aber ich war überzeugt, dass diese »Selbstbeschränkung« sachlich geboten war und dass sich auf diese Weise eine Vertrauensbasis ergeben werde. Ich sah darin nicht ein Zeichen von Unsicherheit oder gar von Schwäche, sondern eines gesunden Selbstvertrauens. Es war sicher auch ein Signal an die kirchenpolitischen Kampfhähne, dass ich nicht gesonnen war, mich in die überkommenen Frontstellungen einordnen zu lassen. An einer Stelle widersprach ich allerdings: Kurt Scharf wollte den Vorsitz im Kuratorium der Kirchlichen Hochschule beibehalten, weil dort einige Berufungen anstanden. Aber die Kirchliche Hochschule war in den Jahren zuvor immer wieder in den kirchenpolitischen Streit verwickelt, sodass der neue Bischof dort nach meiner Einsicht unbedingt gebraucht wurde.

Es war bewährte Tradition im Kloster Loccum, dass sich Abt, Prior und Konvent zum 1. Advent zu einem vorabendlichen Abendmahlsgottesdienst, am Sonntag dann zum festlichen Gemeindegottesdienst am Anfang des Kirchenjahres und zur Sitzung des Konventes zusammenfanden. Ich sollte dort als Konventual verabschiedet werden; denn nach der Verfassung mussten die theologischen Mitglieder des Kloster-Konventes ordinierte Geistliche der Hannoverschen Landeskirche sein. Der körperlich schon hinfällige Abt hatte Mühe, die Kanzel zu besteigen. Oben angekommen streckte er sich und hielt mit erstaunlicher Konzentration die Predigt. Der Konvent tagte am Montagnachmittag im

Konventshaus im 1. Stock, in der »Weißen Dame«. So wurde dieser Raum genannt. Zur Abschiedsrede erhob sich der Abt, langsam und unter Mühen. Dass er das noch erleben dürfe, ein Loccumer Konventual Nachfolger von Otto Dibelius und Kurt Scharf! Und dann folgte eine Liebeserklärung an Berlin; dort hatte er ja viele Jahre gelebt und gewirkt, bis er 1944 im Zusammenhang mit dem 20. Juli verhaftet und erst im April 1945 aus der Gestapohaft wieder befreit wurde. »Lassen Sie sich nicht schrecken und irritieren, Berlin ist und bleibt eine besondere Stadt. Wer weiß denn, was Gott mit dieser Stadt noch vorhat! Bischof in Berlin, das ist etwas anderes als Bischof in irgendeiner Landeskirche sonst.«

Am Neujahrsmorgen 1977 notiere ich: »Nun bin ich also Bischof von Berlin-West. Als die Glocken um Mitternacht über Stade ein neues Jahr, das Annus Domini 1977 einläuteten, da wurde ich aus diesem Amt des ›Landessuperintendenten für den Sprengel Stade‹, wie es heißt, entlassen. ›Tante‹ Inge Dannenberg, die treue Seele aus dem Kloster Loccum war dabei, Margot Raatz, unser Stader Schutzengel, Erika Theis, die verlässliche Sprengel-Ephorelle, und die Familie – außer Susanne, die nun langsam flügge wird, sie feierte bei ihrer Freundin Antje Wunderlich. Ein Annus Domini ist es, wird es. Ohne mein Zutun, aber nun doch nicht gegen meinen Willen ist das Leben in eine neue Bahn gelenkt. Ich blättere im Kalender 1976 und finde die Stationen bezeichnet, die zurückgelassenen Bojen.«

Kapitel 12:
Das erste Jahr in Berlin (1977)

Am 3. Januar 1977, einem Montag, stand der Berliner Bischofswagen vor der Teichstraße 39 in Stade, um mich abzuholen. Paul Jeschal, der neue Bischofsfahrer, machte ein missmutiges Gesicht. Er hatte sich in einem kleinen Gasthof am Stader Hafen einquartiert und konnte wegen einer Feierei nicht zur Ruhe kommen. Auch der Nieselregen und der angesagte Nebel auf der Strecke nach Berlin drückten auf sein Gemüt. Sein Vorgänger, ein schwergewichtiger, gutmütiger Berliner, war aus dem Verkehr gezogen worden, weil er seinem Sohn den Dienstwagen hin und wieder zu nächtlichen Spritztouren überlassen hatte. Aber das kräftigste Argument des Konsistoriums: »Der neue Bischof möchte einen neuen Fahrer.« Ich war aber gar nicht gefragt worden.

Die Fahrt war anstrengend, auch weil ich den Fahrer immer wieder aufmuntern musste. Nach zwei Wochen »Erfahrung« mit meinem Terminkalender und den dabei anfallenden Fahrten hat Paul Jeschal seine Rückversetzung in die Botenmeisterei des Konsistoriums beantragt. Nicht, weil wir miteinander nicht ausgekommen wären, er kehrte nach einem Jahr (gerne) zurück. An seine Stelle trat im Januar 1977 ein »Tausendsassa«, der Konditor, Autohändler und Berufsboxer und manches andere gewesen war. Er hatte seine eigenen Vorstellungen von einem Bischofsfahrer. Er sprang aus dem Wagen, öffnete mit großem Schwung den Schlag, machte eine Verbeugung und ließ mich aussteigen. Das war mir dann doch zu viel. Aber es sollte sich noch herausstellen, dass ein Boxer als Fahrer in bestimmten Situationen doch ganz nützlich sein kann.

Im Haus der »Morgenländischen Frauenmission« in Lichterfelde fand ich meine Bleibe, weil die für unsere Familie in Aussicht genommene Wohnung in Nikolassee erst renoviert werden musste. Aus dem Bischofshaus im Hirschsprung 33 in Dahlem wollten wir Kurt Scharf nicht »vertreiben«. Eine Tochter und die Schwiegermutter, beide krank, waren zu versorgen. Im Übrigen war ungeklärt, ob dem Bischof nicht Wohnrecht »auf Lebenszeit« eingeräumt worden war. Daran wollten wir nicht rühren. Warum allerdings die Wohnung des Generalsuperintendenten – dessen Amt aufgehoben, bzw. ins Bischofsamt integriert worden war – wenige Monate vor der Bischofswahl verkauft worden war, ist mir rätselhaft geblieben. Gotthard Vogel, der u. a. für die Immobilien der Landeskirche zuständige Oberkonsistorialrat, war uns bei der Suche behilflich. In der 1. Etage der Prinz-Friedrich-Leopold-Str. 14 sollte die Wohnung frei werden, das zog sich noch etwas hin, so musste die Familie noch ein Vierteljahr in Stade bleiben.

Frau Oberin Katharina Schubert, die Leiterin der »Morgenländischen Frauenmission«, sah es als ihre Aufgabe an, dem neuen Bischof das Leben so angenehm wie möglich zu machen. »Ich lebe hier wie im Vorzimmer des Himmels«, schrieb ich nach Hause. Die beiden Schwestern von Bredow, die treuen Hausgeister, versorgten mich aufs beste. Ich war dort gut aufgehoben in der ziemlich stürmischen Anfangszeit.

Bald nach der Wahl schon war eine wichtige Entscheidung zu treffen: Soll das Bischofsbüro weiterhin im Konsistorium seinen Sitz behalten? Ist der Bischof dann nicht – auch für die Außenwahrnehmung, für die Optik – zu sehr vom Konsistorium »umschlossen«? Müsste der Bischof um seiner Eigenständigkeit willen auf räumliche Distanz zum Konsistorium gehen? Mir war aber in den Monaten nach der Wahl klar geworden, dass es gerade in dem schnelllebigen, immer etwas hektischen Berlin notwendig sein würde, »mitten-drin« zu leben, dort also, wo die Entscheidungspro-zesse vorbereitet werden, wo auf den Fluren und beim Essen in der Kantine auf einfache Weise Informa-tionen aufgenommen werden könnten, wo das Gespräch mit einzelnen Referenten ohne Zeitverzug möglich sein würde. Ich brachte ja aus Hannover Er-fahrungen mit, die mich zu dieser Entscheidung drängten. Dort waren Bischofsbüro und Landeskir-chenamt räumlich getrennt. Das fand ich nicht gut.

In den ersten Tagen besuchte ich die einzelnen Ab-teilungen und Referate im Hause und in der Goethe-straße in Charlottenburg und stellte mich den Mit-arbeiterinnen und Mitarbeitern vor. Eine ganze Reihe von ihnen hatte ich schon in den Monaten nach der Wahl kennen gelernt. Präsident Flor bat ich um eine Liste für Antrittsbesuche in der Stadt. Zu wem sollte der neue Bischof bald Verbindung aufnehmen? Das war eine lange Liste, die sich nicht so schnell abarbei-ten ließ. Mir fiel sofort auf, dass der Name »Axel Sprin-ger» fehlte. Der gehörte doch aber sicher zu den Per-sonen, die für das Stadtgeschehen unüberhörbar von Bedeutung waren. Darauf angesprochen, meinte der Präsident lachend: »Wenn Sie sich gleich in Teilen der Kirche unmöglich machen wollen, dann müssen Sie Axel Springer besuchen!« Ich setzte ihn trotzdem auf meine Liste und empfand diese Art von Vorsicht nicht gerade als Zeichen evangelischer Freiheit. Im Nach-klang zum Berliner Kirchentag im Juni 1977 ergab sich die Gelegenheit zu einem Besuch im Springerhochhaus in der Kochstraße. Davon wird noch zu berichten sein.

Am Epiphaniastag 1977, am 6. Januar, also drei Tage nach meinem Eintreffen in Berlin, starb Hanns Lilje, mein alter Bischof, der Abt zu Loccum, dem ich so viel verdanke. Die Nachricht traf mich schmerzlich. Am 12. Januar sollte er nach einem Trauergottesdienst auf dem Friedhof im Kloster Loccum beerdigt werden.

Die für diesen Tag vorgesehenen Antrittsbesuche beim Regierenden Bürgermeister Klaus Schütz, beim Senator für Kunst und Wissenschaft Löffler und beim Präsidenten des Abgeordnetenhauses Peter Lorenz mussten verschoben werden.

Wir fuhren am frühen Morgen bei kaltem, matschigen Wetter zu dritt – Bischof Scharf, Professor Harald Kruska von der Kirchlichen Hochschule und ich – von Berlin über die Transitstrecke nach Loccum und kamen gerade rechtzeitig zum Trauergottesdienst in der überfüllten Klosterkirche. Dieser kräftige Gesang, die Loccumer Posaunen, die schlichte Ordnung, die nur eine Predigt und (wohltuend!) keine weiteren Grußworte zuließ, das Wiedersehen mit vielen mir vertrauten Menschen – das war ein tiefes Erlebnis.

Für mich hatte diese Fahrt eine starke Symbolkraft: Noch einmal in Begleitung von Kurt Scharf bewusst Abschied zu nehmen von der Hannoverschen Landeskirche, von Loccum, von Bischof Lilje und vielen anderen, die mein Leben geprägt haben, und dann mit meinem Vorgänger das Brandenburger Land zu durchqueren – an Ziesar, Brandenburg, Kloster Lehnin, Potsdam vorbei – durch die Grenzkontrollen hindurch in die ummauerte Stadt zurückzukehren und noch einmal innerlich »Ja« zu sagen zu der neuen, noch weithin unbekannten Aufgabe – keine menschliche Regie war da im Spiel. Es war so gefügt worden.

Bei der Pressekonferenz zwei Tage vor der Bischofseinführung wollte ein Journalist wissen, ob Kardinal Bengsch am Gottesdienst teilnehmen werde. Nein, er habe geschrieben, dass er nicht in Berlin sei. Darauf der Journalist: »Ist Ihnen bekannt, dass der Kardinal sich morgen, am Sonnabend, noch in West-Berlin aufhält? Wie deuten Sie das?« Es war klar, worauf er hinauswollte. »Ich verlasse mich auf das, was mir der Kardinal geschrieben hat.« War das Fernbleiben vielleicht doch ein Ausweichen, eine Distanzierung?

Noch am Sonnabend suchte der Persönliche Referent von Kardinal Bengsch die Verbindung zu mir. Der Kardinal bedaure sehr, dass es zu Missdeutungen gekommen sei. Er sei zur Kur nach Österreich gefahren und wolle die Westreise nicht an die große Glocke hängen. Er werde mich nach seiner Rückkehr, noch bevor ich meinen Antrittsbesuch mache, zu Hause besuchen. Am 17. Februar kam er in meine Klause in der Morgenländischen Frauenmission. Er legte die Karten auf den Tisch. »Dieses System kommunistischer Herrschaft wird sich nicht länger als 70 Jahre behaupten können. Wir sind als Katholiken eine Minderheit in der Minderheit. Wir müssen diese harte Zeit überstehen und die Schotten dicht machen. Wir können das auch, weil wir eine Weltkirche sind. Die evangelische Kirche muss da anders agieren.« Meine Gegenfrage: »Aber wird dem einzelnen Katholiken, der sich ja in der Gesellschaft mit seinem Glauben behaupten muss, genügend geholfen?« »Eine geschlossene Kirche ist die größte Hilfe. Ihr tragt zu viel auf dem Marktplatz, in den Synoden aus«.

Am Sonnabend, den 15. Januar wurde Kurt Scharf in der Matthäus-Kirche in Steglitz verabschiedet. Die Dankesrede hielt der Präses der Synode, Peter Kraske. »Sie wollten einfach ein Christ sein, auch im Amt des Bischofs, auch im Gebrauch von kirchlicher Macht, auch im Scheinwerferlicht der Öffentlichkeit und im Umgang mit dem großen Reichtum christlicher Lehrtradition. Sie wollten ein Christ sein, nicht mehr und nicht weniger. Gerade so aber hat Ihre Wirksamkeit in hoher kirchlicher Verantwortung missionarische Qualität gewonnen ...«

Leider war Professor Ludwig Raiser, der den Festvortrag zum Thema »Kirchengemeinschaft« halten sollte, erkrankt. So las Oberkirchenrat Olaf Lingner, der Leiter der Berliner Stelle der EKD, das lange Manuskript mit ziemlich monotoner Stimme vor; er wollte sich selbst wohl nicht in den Vordergrund spielen. Es war für die große Gemeinde, die sich zusammengefunden hatte, dann doch etwas ermüdend. Das Urteil von Peter Kraske trifft sicher zu: »Eine glänzende Arbeit mit großartigen Formulierungen zum Problem der Kirchengemeinschaft über die deutsch-deutsche Grenze hinweg.«

Ich merkte während der Verlesung, wie mein Kreislauf mir zu schaffen machte. Die innere Anspannung dieser Tage setzte mir zu. Draußen an der frischen Luft fing mich einer der Pfarrer der Matthäus-Kirche ab. »Ich habe vorhin eine Flasche Sekt in der Küche in den Kühlschrank gestellt.« Vielleicht war es nicht nur der Sekt, sondern auch die aufmerksame Geste dieses Berliner Pfarrers, die mir schnell Auftrieb gegeben hat. Draußen aber war mein Blick auf einige an der Kirchenwand abgestellte Plakatstangen gefallen. »Unbefristeter Hungerstreik«, »Rektor Weber muss weg«, stand da in Variationen zu lesen. Ich begriff nicht, dass da ein Unwetter heraufzog, das sich in den nächsten Tagen entladen würde.

Der Einführungsgottesdienst am Tag darauf, am 16. Januar, sollte vom Fernsehen übertragen werden. Zu den von daher gesetzten Bedingungen gehörte: »Es stehen nur 55 Minuten zur Verfügung, eine asketisch-strenge Zeitplanung wird notwendig sein.« Wegen der beschränkten Zahl der Sitzplätze waren Einlasskarten ausgegeben worden. Das war unausweichlich, ging mir aber gegen den Strich. Ich hatte darum vorgeschlagen, dass ich auch im Abendgottesdienst um 18 Uhr die Predigt übernehmen könnte. Da würden die Scheinwerfer abgebaut sein, wenn sich das »normale Kirchenvolk« zum Gottesdienst versammelte.

Am frühen Sonntagmorgen ging bei der Polizei eine Bombendrohung ein. Als ich um 9 Uhr in die Kaiser-Wilhelm-Gedächtniskirche kam, durchsuchten noch immer Sicherheitskräfte die Winkel und Ecken der Kirche, fanden aber nichts Verdächtiges. Irgendjemand hatte offenbar einen blinden Alarm ausgelöst. Auf eine Räumung der Kirche konnte verzichtet werden.

Die Prozession versammelte sich in der Kapelle am Breitscheidplatz. Dazu zählten natürlich die Assistenten der Bischofseinführung: Der Ratvorsitzende der EKD Landesbischof Claß (Stuttgart), Präses Immer (Düsseldorf), Bischof Schönherr, Bischof Mlungu von der ELCSA (Evangelisch-Lutherischen Kirche im Südlichen Afrika), Bischof Kolowa, der Leitende Bischof der evang.-lutherischen Kirche in Tansania, Propst Dittmann und der Älteste der Kaiser-Wilhelm-Gedächtniskirche Herr Frohn. Aber es zogen auch weitere Vertreter aus der Berliner Ökumene mit ein, u. a. der Exarch der Russisch-orthodoxen Kirche, Erzbischof Philaret. Bischof Scharf leitete die Einführung seines Nachfolgers. Ein Bischof müsse zuerst und zuletzt danach streben, ein guter Christ, ein treuer Diener Jesu Christi zu sein. Alles andere folge daraus. Seine Ansprache dauerte länger, als es nach dem Zeitplan vorgesehen war. So musste ich die Predigt aus dem Stand heraus kürzen. Ich hatte mich an den für diesen Sonntag vorgesehenen Schriftabschnitt gehalten: »Wie können die Hochzeitsgäste fasten, während der Bräutigam bei ihnen ist ... Niemand füllt neuen Wein in alte Schläuche ...« (aus Markus 2,18–22).

Um zum anschließenden Empfang ins Konsistorium in die Bachstraße zu kommen, musste ein relativ weiter Weg in Kauf genommen werden. Dieser Empfang zog sich durch viele Reden in die Länge. Aber langweilig wurde es nicht; die Atmosphäre war gelöst und heiter. So empfand ich es jedenfalls. Danach blieb am Nachmittag im Haus der Kirche nur wenig Zeit für die Familie und die persönlichen Gäste, die ich zur Einführung eingeladen hatte, denn bald schon musste ich zur Kaiser-Wilhelm-Gedächtniskirche, zum Abendgottesdienst aufbrechen. Ich hatte meinen Konfirmationsspruch als Predigttext gewählt, mit einer Erweiterung um den folgenden Vers:

»Lasst uns festhalten am Bekenntnis der Hoffnung
und nicht wanken;
denn ER ist treu, der sie verheißen hat.
Und lasst uns aufeinander Acht haben
und uns anreizen zur Liebe und zu guten Werken«.
Hebräer 10,23 u. 24

Der zweite Vers, gewissermaßen mein Wahlspruch als Bischof, zielte auf die verspannte Situation in der West-Berliner Kirche. Es konnte nicht meine Aufgabe sein, die Spannungen in der Kirche aus der Welt zu schaffen. Geistliche Strömungen und »Gruppierungen« gehören zu allen Zeiten zum Lebensprozess der Kirche. Auseinandersetzungen um die auftragsgemäße und zeitgemäße Gestalt der Kirche sind unausweichlich und notwendig. Aber die Konfrontation der Kräfte schadet der Kirche nach innen und nach außen. Wie wir miteinander umgehen – das sind nicht nebensächliche Stilfragen, sondern es sind Fragen, die das Evangelium selbst betreffen, wie ja die Briefe des Apostels Paulus zur Genüge zeigen. Ich war fest entschlossen, mich nicht in die Abhängigkeit einer der Gruppierungen und »Richtungen« bringen zu lassen; nicht ›über den Fronten‹, wohl aber ›zwischen den Fronten‹ wollte ich im Volke Gottes existieren. Den hinzugenommenen Vers aus dem Hebräerbrief verstand ich als meine »Platzanweisung« als Bischof und als Richtungsanweisung für die Kirche: »Aufeinander Acht haben und uns anreizen zur Liebe und zu guten Werken«.

In der ersten Woche nach dem Einführungsgottesdienst schon wurde ich auf eine harte Probe gestellt. Rückblickend bin ich der Überzeugung, dass mir gleich am Anfang nichts Besseres hätte zustoßen können als diese Feuerprobe, so unverständlich es mir im ersten Augenblick war, dass die harte Streitsache nicht schon vor dem Dienstantritt des neuen Bischofs gelöst worden war.

60 Studentinnen und Studenten der Evangelischen Fachhochschule für Sozialarbeit waren am Sonnabend, am Tag vor meiner Einführung in einen unbefristeten Hungerstreik getreten und hatten im Gemeindehaus der Johannesgemeinde in Schlachtensee Aufnahme gefunden. Superintendent Manfred Karnetzki und Heinrich Albertz waren Pfarrer dieser Gemeinde und damit so etwas wie öffentliche Schutzpatrone der Hungerstreikenden.

Worum ging es? Der Rektor der Evangelischen Fachhochschule, Professor Weber, war nach fünf Jahren für eine zweite Amtsperiode gewählt worden. Gegen das Wahlergebnis war Einspruch eingelegt worden. Das Verfahren sei nicht korrekt gewesen. Darauf ordnete das Kirchliche Verwaltungsgericht eine Wiederholung der Wahl an. Am Ergebnis aber änderte sich nichts, Professor Weber war als Rektor wiedergewählt worden. Wirksam konnte die Wahl aber nur durch den Berufungsbeschluss des Kuratoriums und die Bestätigung durch die Kirchenleitung werden. Nach der von der Synode erlassenen Verfassung der Evangelischen Fachhochschule hätte das Kuratorium die Berufung aus zwei Gründen verweigern können: a) wenn das Wahlverfahren nicht satzungsgemäß durchgeführt wäre oder b) wenn die evangelische Zielsetzung der EFHSS durch den Rektor nicht gewährleistet sei. Durch die angeordnete Wiederholung der Wahl war der ersten Bestimmung Genüge getan. Blieb also die zweite.

Die breite Opposition richtete sich gegen den als autoritär empfundenen Stil des Rektors, gegen die Berufungspraxis der Lehrbeauftragten, gegen eine Tendenz zur Verschulung. Heinrich Albertz sprach von den »Weberschen Anstalten« und brachte damit das Unbehagen auf eine kurze Formel.

Nun war ich als Bischof gleichzeitig Vorsitzender der Kirchenleitung und des Kuratoriums der Evangelischen Fachhochschule. Die Kirchenleitung neigte mit einer leichten Mehrheit dazu, dem wiedergewählten Rektor die Berufung zu versagen. Das Berufungsrecht aber lag beim Kuratorium, das geschlossen die Meinung vertrat, es gäbe keinen Grund, die Berufung zu versagen; dem Rektor seien während seiner Amtszeit nie Vorhaltungen gemacht worden, dass die evangelische Zielsetzung der Fachhochschule unter seiner Leitung nicht gewährleistet sei. Gegen seine wiederholte Kandidatur und die Wahl selbst sei kein Einspruch eingelegt worden.

Mir war klar, ich konnte und durfte mich bei dieser Konfliktlage nicht blind einer Meinung »anschließen«, ich brauchte Zeit, um mir ein eigenes Urteil bilden zu können. Der Hungerstreik aber ließ das eigentlich nicht zu. Der Zeitdruck nahm von Tag zu Tag zu. Das musste ich in Kauf nehmen. Das Risiko war mir bewusst. Der Hungerstreik ist zwar ein gewaltfreies Mittel, aber er baute von zu Tag zu Tag eine immer stärker spürbare Gewaltfront auf. Etwa 20 Stunden habe ich in dieser ersten Arbeitswoche nach meiner Einführung in der Fachhochschule verbracht, um mit den verschiedenen Gruppen Gespräche zu führen. Es lag schon einiges im Argen, viele Klagen waren begründet. Die Atmosphäre war vergiftet und die Kommunikation tief gestört. Nur: Ich fand im Blick auf die Gesetzeslage keinen Grund, dem Rektor die Berufung zu versagen. Als die Kirchenleitung zu einer Sondersitzung zusammentrat, legte ich ihr dar, dass ich mich in dieser Frage der Berufung des Rektors nicht von der Kirchenleitung überstimmen lassen könne. Ich sähe mich sonst gezwungen, meine Konsequenzen zu ziehen. Die Kirchenleitung möge ihre Position noch einmal überdenken. Ich wolle den Sitzungssaal verlassen, um die Entscheidung abzuwarten.

War das eine Machtprobe, eine Art Erpressung? Mir blieb keine andere Wahl. Ich musste mich durchsetzen und konnte nicht ›klein beigeben‹. Die Kirchenleitung hat das in einer Sondersitzung respektiert. Heinrich Albertz meinte, es sei nötig, dass ich die Entscheidung des Kuratoriums der Fachhochschule vor den streikenden Studentinnen und Studenten persönlich vertrete. Er begleitete mich ins Gemeindehaus am Ilsensteinweg, das von vielen Sympathisanten umlagert war. »Das Kuratorium hat einstimmig beschlossen, die Wahl des Rektors zu bestätigen. Es gibt rechtlich keine andere Möglichkeit.« Eine vergleichbare Situation habe ich nie wieder erlebt: Buh-Rufe, Nervenzusammenbrüche, Beschimpfungen von Seiten der Streikenden, die ja alle physisch und psychisch schon deutlich geschwächt waren. Heinrich Albertz nahm mich beim Arm: »Sie müssen hier raus, da braut sich was zusammen!« Mein Fahrer, der ja u. a. einmal Boxer gewesen war, bahnte mir den Weg.

Am Tag darauf, am Sonntagabend, fand sich im Dahlemer Gemeindehaus eine große Protestversammlung unter Leitung von Helmut Gollwitzer, Theologieprofessor an der Freien Universität, zusammen, um gegen die Entscheidung des Kuratoriums Stellung zu beziehen. Ich wollte mich eigentlich stellen, aber Bischof Scharf beschwor mich fernzubleiben.

Was tun? Zusammen mit meinem Persönlichen Referenten Hartmut Bärend entwarf ich einen Brief an die Mitglieder der Gemeindekirchenräte und der Landessynode, in dem ich Rechenschaft über meine Erfahrungen und Erkenntnisse gab. Und was passierte? Der Sturm legte sich überraschend schnell. »Daran werden sie sich gewöhnen müssen: Die Berliner sind 100-Meter-Läufer, sie starten blitzschnell und hören bald wieder auf.«

Beifall bekam ich von der »Rechten« in der Kirche und in der Stadt. Das war mir nicht sympathisch; ich wollte mich nicht in die kirchenpolitischen Fronten einreihen lassen. Ich hatte ja einige Monate Zeit gehabt, mir über die »Kirchenszene« Gedanken zu machen. Die unerbittliche Konfrontation erschien mir wie ein Krebsübel. Und vor allem: die überwiegende Zahl der Gemeindeglieder war dieses Streites überdrüssig. Meine Folgerung: Versuche, das Herz der Gemeinden zu gewinnen. Das eigentliche Kirchenregiment, so sagte ich mir, vollzieht sich im gemeinsamen Gottesdienst, in der Verkündigung des Wortes, im Loben und Danken und der gemeinsamen Fürbitte. Die »Einigkeit im Geiste« setzt die Vielfalt der Geistesgaben und nicht etwa Uniformität voraus.

So bin ich also im ersten Jahr viel »unterwegs« gewesen, nicht etwa in Westdeutschland, sondern in unserer Teilstadt. Es hat sich gelohnt, die Situation entspannte sich. Mir lag daran, mich um eine offene, vertrauensvolle Arbeitsatmosphäre in den drei wichtigsten Gremien zu bemühen, in der Kirchenleitung, im Kollegium des Konsistoriums und im Ephorenkonvent, den ich – wie früher der Generalsuperintendent – in seinen monatlichen Sitzungen zu leiten hatte, also dem Kreis der zwölf Superintendenten. Wer Frieden »im eigenen Haus« hat, der hat den Rücken frei und kann Spannungen ertragen.

Gleich nachdem ich nominiert worden war, habe ich Bischof Albrecht Schönherr, den Bischof der anderen Region unserer Kirche, besucht und fand bei ihm offene Türen und eine große Bereitschaft zu raten und zu helfen. Aber es falle ihm schwer, die turbulenten West-Berliner Verhältnisse und Entwicklungen zu durchschauen, es sei doch »eine ganz andere Welt«. Er wolle dafür sorgen, dass ich nicht nur Ost-Berlin, sondern auch die Mark Brandenburg und ihre Gemeinden kennen lerne. Unsere regelmäßigen »Wanderungen in der Mark Brandenburg« waren für mich wichtige Entdeckungsreisen.

Ich verstand mich als Bischof der Evangelischen Kirche in Berlin-Brandenburg – für West-Berlin. Das entsprach ja auch den niedergelegten Ordnungen. »Der Dienst des Bischofs erstreckt sich auf den Bereich der beschließenden Synode. Dabei hat der Bischof *vornehmlich die Gemeinsamkeit der ganzen Kirche zu fördern. Mit dem Bischof der anderen Region hält er brüderliche Verbindung*«, so war es im § 1 des Kirchengesetzes über das Bischofsamt in der Evangelischen Kirche in Berlin-Brandenburg – Berlin-West vom 17. Februar 1972 festgelegt.

Anders als Bischof Scharf (den die DDR-Regierung nach seiner Wahl zum Ratsvorsitzenden der EKD am 31. August 1961 ausgebürgert hatte) wurden mir keine Schwierigkeiten bei der Einreise in die DDR gemacht. Allerdings war die Verhaltensregel zu respektieren: keine öffentlichen Auftritte oder Predigten in der östlichen Region, wohl aber Besuche in Gemeinden und Konventen. Diese Verhaltensregel wurde nach und nach aber »aufgeweicht«, etwa durch die offizielle Mitarbeit bei regionalen Kirchentagen in Brandenburg. In den Akten des Staatssicherheitsdienstes der DDR findet sich seit 1976 immer wieder der Hinweis: »Kruse betonte anlässlich seiner Wahl, dass er es als unerlässlich ansehen werde, enge Verbindungen *zum ›östlichen Teil‹ der Berlin-Brandenburgischen Kirche* zu schaffen«. Das war eine Formulierung, die den Oberen der DDR missfiel, weil sie die Einheit der Berlin-Brandenburgischen Kirche unterstrich. Der Staatssicherheitsdienst hat mich nach jedem Grenzübertritt und bei allen Aktivitäten in der anderen Region ›begleitet‹, wie mir erst 2008 nach Einsicht in die Stasi-Akten richtig bewusst geworden ist.

Zu meinen Aufgaben gehörten die Visitationen der zwölf Kirchenkreise, der Gemeinden, in denen ein Superintendent amtierte und der übergemeindlichen Werke. Das war durch die Neufassung der Grundordnung, die am 1. Januar 1977 in Kraft trat, nun nicht mehr Aufgabe des Generalsuperintendenten, sondern des Bischofs. Im kirchenpolitischen Streit waren die Visitationen in West-Berlin weithin auf der Strecke geblieben. Zwar waren im Jahr vor meinem Kommen zwei Mammut-Visitationen in Gang gesetzt worden (des umkämpften Praktisch-Theologischen Ausbildungsinstitutes und des Diakonischen Werkes), aber das waren Konflikt-Bewältigungs- Visitationen mit überaus großen Kommissionen, die nach meiner Einsicht mehr oder weniger wirkungslos im Sande steckengeblieben waren. Die konnten mir, so wie ich die Situation in unserer Kirche einschätzte, nicht als Modell dienen. Eine bescheidenere, intensivere Form schwebte mir vor, die ich dann zusammen mit Pfarrer Hermann Roder, dem mir durch die neue Grundordnung zu meiner Entlastung zugeordneten »Beauftragten insbesondere für seelsorgerliche und visitatorische Aufgaben«, entwickelt und praktiziert habe.

Mit einer kleinen Kommission von fünf bis sechs Mitgliedern eine Woche lang, von Sonntag bis Sonntag in einem Kirchenkreis oder einem übergemeindlichen Arbeitsbereich präsent zu sein, ohne durch andere Termine herausgerissen zu werden, das löst Gesprächs- und Klärungsprozesse aus und bringt für alle Beteiligten einen deutlichen Erkenntnisgewinn. Durch diese Visitationen habe ich unsere Kirche »von unten« kennen gelernt. Dem Trend zur Vereinzelung und zur ›Versäulung‹ musste widerstanden werden. Die großen Stadtgemeinden waren in »Arbeitsbereiche« aufgeteilt, die in der Regel von hauptamtlichen Kräften geleitet wurden. Jeder sah auf seinen Acker und kämpfte für seinen Arbeitsbereich. Alles steht dann nebeneinander. Das Ganze gerät aus dem Blick. Die Interessen stoßen sich. Die Einheit leidet und damit die gemeinsame Verantwortung. Das war im Groben die gegebene Situation, so wie ich sie sah.

Wie aber will eine Stadtkirche, die so strukturiert ist, dann ihre Zukunft gewinnen, wenn jeder nur auf seinen

Weg sieht? Keine Passage des Neuen Testamentes wurde damals so gerne zitiert wie die vom »Leib mit den vielen Gliedern«, der auf ihr Zusammenspiel angewiesen ist (Römer 12 und 1. Kor. 12), aber die Lebenswirklichkeit unserer Stadtkirche widersprach dem.

Auch als ich 1985 Ratsvorsitzender der EKD wurde, habe ich den Rhythmus der Visitationen festgehalten, jährlich zwei Kirchenkreise und ein übergemeindliches Werk. Die konzentrierte Form von einer Woche ließ sich bei vernünftiger Vorausplanung im Terminkalender unterbringen. Die Hauptlast der Vorbereitung und der Auswertung lag in den Händen meines »Beauftragten für Seelsorge und Visitation«. Auf Hermann Roder und dann ab 1986 auf Ulli Hollop konnte ich mich ganz und gar verlassen, wie ich überhaupt im Kreis der Mitarbeiterinnen und Mitarbeiter des Bischofsbüros immer gut aufgehoben war. Die ›Montagsrunde‹ des Büros sorgte dafür, dass alle über die Vorhaben und Termine der nächsten Zeit informiert und auskunftsfähig waren.

Eine anonyme Großstadtkirche braucht Kontinuitäten. Pausenlos ›von oben‹ Neues zu inszenieren und für eine kurze Zeit zu plakatieren, das ist wie ein Platzregen, der nicht in den Boden dringt. Auch in der Großstadt – und dort in besonderem Maße – gilt: Was wachsen will, braucht Zeit. Oder: Steter Tropfen höhlt den Stein. Um solche Kontinuitäten habe ich mich bemüht. Der Sonntagsgottesdienst in der Kaiser-Wilhelm-Gedächtniskirche am 1. Sonntag im Monat und an den Festtagen (in der Regel mitgestaltet vom Staats- und Domchor) hatte immer ›Vorfahrt‹ im Terminkalender, auch gegenüber der EKD. Nach und nach geht dieser ›Termin‹ ins Gedächtnis einer Stadtkirche ein, wird zum Orientierungspunkt, zu einer festen Institution.

Vielleicht bin ich zu meiner Zeit der einzige Bischof gewesen, der wöchentlich eine Kolumne für die kirchliche Wochenzeitung geschrieben hat. Ich wollte nicht, dass die Menschen nur »über« mein Tun und Lassen etwas in den Medien lasen, hörten oder sahen, sondern dass ich gleichsam »im Originalton« zu Worte käme. Spätestens am Dienstag um 11 Uhr musste das Manuskript in der Redaktion vorliegen. Ich konnte auf Erfahrungen im Sprengel Stade zurückgreifen. Nach meiner Wahl zum Bischof hatte Gerhard Isermann, der Direktor des Lutherhaus-Verlages in Hannover, ein Taschenbuch mit dem schönen Titel »Verführung zur Güte« herausgegeben, eine Blütenlese meiner Kolumnen aus der ›Stader Evangelischen Zeitung‹. Ich schätze die kleinen Formen. Sie werden gerne gelesen, sie regen das gemeinsame Nachdenken an, sie geben Impulse und sind immer auch eine öffentliche Rechenschaftslegung gegenüber den Gemeinden. Man ist als Bischof ›da‹, und es kann nicht das Bonmot aufkommen, das in der Hannoverschen Landeskirche herumgeisterte »Herr, behüte unsern Bischof, du allein weißt, wo er ist.«

Zu den Kontinuitäten zähle ich auch die Morgenandachten im SFB, immer am 1. Montag im Monat. Wohin ich auch bei meinen Besuchen in der anderen Region unserer Kirche kam, ich war bekannt und gehörte dazu. Offensichtlich gab es eine große Hörergemeinde in der Mark Brandenburg, die diesen festen Termin in den eigenen Kalender aufgenommen hatte. Überhaupt war der Evangelische Rundfunkdienst mit seinen Sendungen im SFB und im RIAS ein wichtiges, wirksames »Band der Einheit« der durch die Mauer getrennten Regionen.

Durch die Erfahrungen in der Industrie-Jugendarbeit der Evangelischen Akademie Loccum war mein Interesse auch auf die Industrielandschaft Berlins gerichtet. Die Kirche darf nicht nur den Wohnbereich der Menschen im Blick haben. Zum Alltag gehören ganz wesentlich die Berufsfelder.

Im Industrie- und Sozialpfarramt fand ich in West-Berlin ein gut ausgestattetes Instrument eines vielfältigen kirchlichen Wirkens im Industriebereich. Jochen Brickert, der Sozialpfarrer, und dann besonders Barbara Faccani, Volkswirtin im Industrie- und Sozialpfarramt, haben die Betriebsbesuche mit Umsicht und Sachkenntnis vorbereitet und begleitet, in der Regel dreimal im Jahr. Wir kamen dann immer mit einer kleinen Delegation: der zuständige Superintendent, Mitarbeiter und Mitarbeiterinnen aus dem Industriepfarramt, der Beauftragte für Visitationen, interessierte Laien, manchmal auch Mitglieder der Kirchenleitung oder des Konsistoriums. Betriebsleitungen und Betriebsräte waren überrascht, dass ein Bischof ihr Werk besuchen wollte. Ein Betrieb in Neukölln erkundigte sich bei der Superintendentur, ob man dort eine Kirchenfahne ausleihen könne, die wolle man am Werkstor hissen. Wir haben es nicht ein einziges Mal erlebt, dass ein Betrieb sich der Besuchsbitte verschlossen hat, im Gegenteil. Da es die Verantwortlichen im Alltag ihrer Betriebe täglich mit bedrängenden sozialen und menschlichen Problemen zu tun hatten, fanden sie es sinnvoll, dass ein Bischof das Gespräch mit ihnen suchte.

Firmen wie Siemens, Schering, Osram, AEG, Guillette, aber auch Institutionen wie BfA, Bundesdruckerei, Zentralpostamt 11 in Kreuzberg oder die BVG – ich lernte die weltliche Wirklichkeit unserer Stadt auf diese Weise intensiv kennen. Diese Besuche waren eine große Bereicherung für mich. Was geht in unserer Stadt vor? Wohin entwickelt sie sich? Was können Betriebe leisten, um ausländische Mitbürger zu integrieren? Was geschieht, um Frauen im Betrieb zu fördern und Müttern Teilzeit-Arbeit zu ermöglichen?

Oft ergab sich beim gemeinsamen Mittagessen ein auffälliger Themenwechsel. Jetzt wurde die Kirche befragt. Einzelne in der Runde gaben sich als Mitglieder ihrer Kirchengemeinde zu erkennen. Lobenswertes und Kritikwürdiges kam ins Gespräch. Irgendwelche Erfahrungen mit »der Kirche« – und sei es nur aus

Zeitungsberichten – konnte fast jeder einbringen. Was sagen Sie als Bischof dazu? Manchmal hatte ich hinterher den Eindruck, die Mittagsrunde sei so etwas wie eine Konfirmandenstunde für Erwachsene gewesen.

Ich kann im Rückblick nur sagen, die regelmäßigen Betriebsbesuche und die Wanderungen durch die Industrielandschaft Berlins haben mir richtig Spaß gemacht und meinen Horizont erweitert. Nach der ›Wende‹ waren die aktuellen Herausforderungen in der sich neu vereinigenden Kirche so kräftezehrend und vordringlich, dass ich die Betriebsbesuche nur noch in einem sehr reduzierten Maße fortführen konnte, etwa im Waggonbauwerk in Henningsdorf oder bei der Treuhand-Bundesbehörde, die für die Privatisierung oder Abwicklung der Staatsbetriebe der DDR zuständig war.

In meiner Prioritätenliste ganz vorne stand die Verbindung zu Heinz Galinski, dem agilen, für die Stadt nicht selten unbequemen Vorsitzenden der Jüdischen Gemeinde in Berlin. In der Nachfolge von Kurt Scharf sah ich hier in Berlin für unsere Kirche eine besonderen Verpflichtung, mich weiter für eine Erneuerung des Verhältnisses von Juden und Christen einzusetzen. Denn mit dem Namen »Berlin« verbindet sich sowohl die Erinnerung an den unersetzbaren Beitrag jüdischen Denkens und Lebens für die deutsche Kultur- und Geistesgeschichte, als auch an den breiten Strom des Antisemitismus. Hier wurde am 20. Januar 1942 in der berüchtigten »Wannsee-Konferenz« von SS-Führern und hohen Ministerialbeamten die »Endlösung der Judenfrage« beraten und beschlossen. Nirgends in Deutschland gab es jetzt wieder eine größere jüdische Gemeinde als in Berlin und damit die Chance einer wirklichen Neubegegnung Viele Mitglieder der jüdischen Gemeinde waren kritischen Fragen ihrer Freunde und Verwandten in Israel ausgesetzt, dass sie sich ausgerechnet in Berlin angesiedelt hatten.

In der »Stuttgarter Schulderklärung« des gerade gebildeten Rates der Evangelischen Kirche in Deutschland ist zwar im Oktober 1945 bekannt worden: »Mit großem Schmerz sagen wir: Durch uns ist unendliches Leid über viele Völker und Länder gebracht worden«, aber die Verfolgung und millionenfache Vernichtung von Juden wurden dabei nicht beim Namen genannt. Erst die EKD-Synode in Berlin Weißensee im April 1950 stellt die Schuld der Christen und der Kirche öffentlich heraus: »Wir sprechen es aus, dass wir durch Unterlassen und Schweigen vor dem Gott der Barmherzigkeit mitschuldig geworden sind an dem Frevel, der durch Menschen unseres Volkes an den Juden begangen worden ist.« Der Antisemitismus in Deutschland speiste sich eben auch aus christlichen Quellen. Die vulgär-theologische Überzeugung, Gott habe Israel verworfen und die Christenheit durch Jesus Christus an seiner Stelle erwählt, darum seien die Juden heimatlos unter alle Völker zerstreut und müssten immer wieder Verfolgung erleiden, hatte eine verheerende, die jüdischen Mitbürger ihrem Schicksal preisgebende Wirkung. Erst nach und nach kam es nach 1945 zu einer vertieften biblisch-theologischen Klärung und zu einer Neubestimmung des Verhältnisses von Juden und Christen. Die drei Studien der EKD »Christen und Juden« (1975), »Christen und Juden II, Zur theologischen Neuorientierung im Verhältnis zum Judentum« (im Oktober 1991, also am Ende meiner Amtszeit als Ratsvorsitzender der EKD erschienen) und »Christen und Juden III, Schritte zur Erneuerung im Verhältnis zum Judentum« (März 2000) dokumentieren den Prozess.

Hier in West-Berlin bestand also eine besondere Verpflichtung und Chance, sich geduldig um ein Miteinander zu bemühen. Die herzliche Freundschaft mit dem Rabbiner Lubliner und dem stimmgewaltigen Oberkantor Estrongo Nachama haben mir sehr geholfen. Und natürlich auch die kontinuierliche, umsichtige Arbeit der »Gesellschaft für christlich-jüdische Zusammenarbeit«. Immer wieder wurde es nötig, in der Öffentlichkeit gegen die Anzeichen eines neuen-alten Antisemitismus Stellung zu beziehen. Was den Nahostkonflikt betrifft, so standen wir in unserer Synode manchmal in einer Zerreißprobe der Loyalitäten; denn wir hatten ja über unser Missionswerk eine aus der Geschichte erwachsene Mitverantwortung für die kleinen arabisch-sprachigen, palästinensischen Gemeinden der ELCJ (Evang.-lutherischen Kirche in Jordanien) und das damit verbundene Schulwesen. Es wäre manchmal leichter gewesen, sich entschlossen auf *eine* Seite zu stellen. So aber waren wir in unserer West-Berliner Synode genötigt, die Ängste beider Seiten ernst zu nehmen und ihnen in unseren öffentlichen Erklärungen Raum zu geben.

Und schließlich war die ökumenische Mitverantwortung in dieser Stadt gar nicht zu übersehen. Als größte Kirche am Ort waren und sind wir zusammen mit der römisch-katholischen Kirche so etwas wie der große Bruder oder die große Schwester in der »Familie« der vielen kleinen Kirchen, der Freikirchen und der fremdsprachigen Gemeinden. Sie hatten sich durch den Zustrom von Ausländern, die hier zu Bürgern wurden oder auf Zeit Zuflucht suchten, gebildet. Im »Ökumenischen Rat Berlin« fanden sie eine Plattform der Begegnung und des gemeinsamen Handelns.

Otto Dibelius, einer der fünf Präsidenten des Ökumenischen Rates der Kirchen (1954–1961) und Kurt Scharf, meine beiden Vorgänger, waren in der weltweiten Ökumene bekannt und engagiert. Sie hatten Maßstäbe gesetzt, an denen sich auch der neue Bischof messen lassen musste. Otto Dibelius hatte 1906 unmittelbar nach seinem 2. Theologischen Examen mit Hilfe eines Stipendiums einige Monate lang das kirchliche Leben in Schottland studiert; er gehörte 1925 zu den

188

deutschen Teilnehmern der Stockholmer Weltkonferenz für praktisches Christentum unter der Leitung des schwedischen Erzbischofs Nathan Söderblom und war 1948 einer der deutschen Delegierten bei der Gründung des Ökumenischen Rates der Kirchen in Amsterdam.

Schon weil er einer der führenden Köpfe der Bekennenden Kirche gewesen war, achtete die Ökumene Kurt Scharf als einen aufrechten, in den Menschenrechtsfragen sensiblen und einsatzbereiten Kirchenmann. Mit seinem Wirken als Ratsvorsitzender der EKD verbindet sich die sogenannte Ostdenkschrift der EKD vom Oktober 1965, deren voller Titel lautet: »Die Lage der Vertriebenen und das Verhältnis des deutschen Volkes zu seinen östlichen Nachbarn«. Zusammen mit dem Brief des polnischen Episkopats an die deutschen katholischen Bischöfe am Ende des 2. Vatikanischen Konzils (»Wir gewähren Vergebung und bitten um Vergebung«) öffnete die Ostdenkschrift die Tür für einen Weg der Verständigung und Versöhnung mit den osteuropäischen Völkern, auch für eine neue Ostpolitik in der Bundesrepublik.

Mit dem Jahr 1977 verbindet sich aber auch die Erinnerung an den Höhepunkt der Terroranschläge der RAF (»Rote Armee Fraktion«). Die erste Generation der RAF saß zwar hinter Gittern, das Führungstrio (Andreas Baader, Gudrun Ensslin und Jan-Carl Raspe) im Hochsicherheitstrakt in Stuttgart. Aber die nachrückende Generation war zum Äußersten entschlossen, um die inhaftierten Genossen »freizupressen« und die Revolution voranzutreiben. Am 7. April (am Gründonnerstag) wurde mitten in Karlsruhe der Generalbundesanwalt Buback von einem Motorrad aus erschossen. Auch sein Fahrer, Wolfgang Göbel, wurde getötet. Der Justizbeamte Georg Wurster wurde schwer verletzt und starb eine Woche später. Die Täter entkamen unerkannt. Bis heute ist nicht geklärt, wer die Schüsse vom Beifahrersitz aus abgegeben hat. Eine Schockwelle durchzog damals das Land.

Am 30. Juli sollte der Chef der Dresdener Bank Jürgen Ponto aus seinem Haus in Oberursel bei Frankfurt als Geisel entführt werden, um inhaftierte RAF-Mitglieder freizupressen. Die Aktion misslang, aber Jürgen Ponto wurde erschossen. Am 5. September wurde der Präsident der Arbeitgeberverbände in Köln entführt. Vier Begleiter Schleyers wurden ermordet. Die Terroristen forderten die Freilassung von elf inhaftierten RAF-Mitgliedern. Bundeskanzler Helmut Schmidt blieb hart. »Wir dürfen uns nicht erpressen lassen.« Den elf Häftlingen wurden elf Morde und 43 Mordversuche zugerechnet.

Am 13. Oktober entführten palästinensische Terroristen die Lufthansa-Maschine »Landshut« mit 82 Passagieren und fünf Besatzungsmitgliedern an Bord auf dem Weg von Mallorca nach Frankfurt. Die Maschine aber landete in Rom – zum Auftanken, um nach weiteren Stationen in Lanarka/Zypern und Dubai in Aden niederzugehen. Dort wurde der Flugkapitän von den Entführern erschossen. Am 17. Oktober schließlich erreichte die Maschine den Flugplatz in der somalischen Hauptstadt Mogadischu. Nach schwierigen Verhandlungen mit dem somalischen Regierungschef Siad Barre durfte die »Landshut« von einer GSG 9-Einheit gestürmt werden. Drei Entführer, darunter eine Frau, wurden getötet.

Am 18. Oktober machten Andreas Baader, Gudrun Ensslin und Jan-Carl Raspe ihrem Leben durch Selbstmord ein Ende. Am gleichen Tage wurde Hanns Martin Schleyer ermordet. Am Tag darauf wurde seine Leiche im Kofferraum eines Audi100 in Mulhouse im Elsass gefunden.

So war mein erstes Jahr in Berlin überschattet von einer Kette von grausamen Terroranschlägen. Der Polizeivizepräsident von Berlin, Dr. Gerhard Pfennig, Mitglied der Kirchenleitung, riet mir schon in den ersten Monaten des Jahres 1977, mich unter Polizeischutz stellen zu lassen. Ich lehnte das ab: »Wenn da so ein Häuschen vor unserem Haus steht, dann ist das doch eher eine Aufforderung als ein Schutz.« Ich weiß nicht, ob ihm irgendwelche »Hinweise« zugegangen waren. Ich besitze noch einen Zeitungsartikel vom 11. März 1977 mit der Überschrift: »Teufel vor Gericht: ›Ich bin Landesbischof, heiße Kruse‹ …« In einem Anarchisten-prozess vor der Staatsschutzkammer des Berliner Kammergerichts war der Kommunarde Fritz Teufel, Mitbegründer der ersten revolutionären WG 1967 in Berlin, als Zeuge geladen. Auf die Frage des Vorsitzenden nach seinen Personalien sagte er: »Ich heiße Kruse, bin Landesbischof und am 2. Juni 1878 geboren« (am 2. Juni 1967 wurde der Student Benno Ohnesorg bei einer Demonstration gegen den Schah von Persien in Berlin erschossen). Als er abgeführt wurde, rief er: »Dann wünsche ich hier weiter fröhliche Rechtsbeugung!« Ich hielt das für einen Ulk, für einen Versuch, das Gericht lächerlich zu machen. Das traf wohl auch zu. Aber auch in West-Berlin wuchs im Jahr 1977 die Sorge vor Anschlägen der RAF und damit die Nervosität der Polizei.

Kapitel 13:
Meine sieben Regierenden Bürgermeister

Noch Anfang der 80er Jahre wurde ich häufiger gefragt, ob ich mich denn in Berlin schon eingelebt hätte. Meine Gegenfrage war dann: Wie viele Regierende Bürgermeister muss ein neuer Bischof überlebt haben, um ganz »da« zu sein? Und wenn mir »im Westen« (wie die Bundesrepublik genannt wurde) das Argument begegnete, es müsse doch schwierig sein, in einer so turbulenten Kirche als Bischof zu wirken; wie ich das nur aushalten könne, dann habe ich gerne darauf verwiesen, dass es keine Gliedkirche der EKD gebe, die so selten eine Bischofswahl erlebe. Sei das nicht ein Zeichen von Stabilität? Zwar sei das Klima sicher rauer als anderswo, aber offenbar doch gesundheitsfördernd. Otto Dibelius amtierte 20 Jahre, Kurt Scharf zehn Jahre und in meinem Falle wurden es dann gut 17 Jahre, Wolfgang Huber, mein Nachfolger amtierte gut 15 Jahre.

In meiner Bischofszeit habe ich sechsmal den Amtsantritt eines Regierenden Bürgermeisters erlebt, dabei allerdings zweimal den von Eberhard Diepgen, im Februar 1984 und im Januar 1991. Es konnte ja gar nicht anders sein, als dass auf dem engen Raum einer ummauerten Teilstadt und im Spannungsfeld zwischen Ost und West beiden Seiten an einem offenen, vertrauensvollen Verhältnis liegen musste. Nicht nur auf dem sozial diakonischen Felde waren die Kirchen wichtige Partner; wir wussten »drüben« besser Bescheid als jede andere Institution. Aber nun der Reihe nach.

Meinen ersten Antrittsbesuch im Schöneberger Rathaus, dem damaligen Amtssitz des Regierenden Bürgermeisters, machte ich bei *Klaus Schütz*. Seit zehn Jahren amtierte er nun schon. Er war mit den politischen und gesellschaftlichen Verhältnissen Berlins bestens vertraut. Willy Brandt, von 1957 bis 1966 Regierender Bürgermeister von Berlin, hat ihn einmal als seinen »wichtigsten politischen Mitarbeiter« bezeichnet. Er wählte Schütz zu seinem Staatssekretär, als er 1966 in der Großen Koalition unter dem Bundeskanzler Kurt Georg Kiesinger das Außenministerium in Bonn übernahm. Aber nach einem knappen Jahr schon musste Klaus Schütz nach Berlin zurückkehren, als Nachfolger des zurückgetretenen Regierenden Bürgermeisters Heinrich Albertz, mitten in den Zeiten der Studentenrevolte. Eine schwierige, ebenso undankbare wie weltpolitisch wichtige Aufgabe. Jetzt, nach zehn Jahren, war er offensichtlich amtsmüde geworden. Überall hörte ich, er lasse die Zügel schleifen.

Ende April 1977 erklärte er seinen Rücktritt. Kurz danach habe ich ihn in seiner Privatwohnung in Wannsee aufgesucht, weil ich mir sagte, ein Bischof ist eher Seelsorger für solche, die eine Niederlage zu verkraften haben, als für »Sieger«. Ich merkte, wie schnell es um einen einsam wird, der nun nicht mehr »oben« ist. Gut, dass ihm seine Frau, übrigens eine patente Tempelhofer Pfarrerstochter, auch in dieser Situation zur Seite stand. Der Rücktritt hatte Folgen für das Programm des Kirchentages; denn nun musste dort, wo der Regierende Bürgermeister angezeigt war, »der Neue« einspringen. Aber das war kein wirkliches Problem.

Dietrich Stobbe, Senator für Bundesangelegenheiten, wurde schon am 2. Mai 1977, also nur drei Tage nach dem Rücktritt von Klaus Schütz, im Abgeordnetenhaus zum Regierenden Bürgermeister gewählt. Er war in Stade zur Schule gegangen, hatte dort am Athenäum sein Abitur gemacht und war mit einer Staderin verheiratet. Schon das machte es uns leicht, eine gemeinsame Basis zu finden. Auf der »Grünen Woche« im Messegelände unter dem Funkturm kursierte ein Flyer der Obstbauern aus dem Alten Land bei Stade: »Und grüßen Sie unsere beiden Stader in Berlin, den Regierenden Bürgermeister Dietrich Stobbe und den Bischof Martin Kruse«.

Dietrich Stobbe war sofort bereit, beim Kirchentag mitzuwirken, wie dann auch beim Katholikentag 1980. Schon einen Monat nach seiner Wahl plädierte er öffentlich für eine umfassende Ausstellung »Das Erbe Preußens«. »Welcher Teufel mich denn geritten habe, gerade in der Vier-Mächte-Stadt Berlin Preußen wieder aktuell machen zu wollen? So haben viele kritisch gefragt, als mein Vorschlag vom Juni 1977 eine Woge von Zustimmung auslöste.« Die vier Siegermächte hatten 1947 per Gesetz das Land Preußen als »Träger des Militarismus und der Reaktion seit jeher« aufgehoben. Es war mutig und auch für den Seelenhaushalt der Stadt gut, sich den größeren geschichtlichen Zusammenhängen zu stellen. Eröffnet wurde die Ausstellung erst in der Amtszeit Richard von Weizsäckers.

Berlin durchlebte wieder einmal Krisenjahre. Die Hoffnungen auf eine Normalisierung der politischen Verhältnisse auf Grund der neuen Ostpolitik und des Viermächte Abkommens von 1973 hatten sich nicht erfüllt. Berlin blieb im Zusammenhang der Weltpolitik ein ungelöstes Problemfeld. Die Bevölkerungszahl ging permanent zurück. Die Überalterung weckte Zweifel an der Lebensfähigkeit der Teilstadt. Als Industriestandort hatte West-Berlin trotz aller Subventionsleistungen des Bundes auf Grund seiner Insellage bleibende Wettbewerbsnachteile. Der Vorwurf der Filzokratie, der keinesfalls Dietrich Stobbe galt, schadete dem Ansehen »der Politiker«.

Wegen einer umstrittenen Landesbürgschaft für den Architekten Garski traten im Januar 1981 drei Senatoren zurück. Bei der Nachwahl in geheimer Abstimmung im Abgeordnetenhaus fand Dietrich Stobbe überraschend keine Mehrheit für seine Arbeit. Er legte sein Amt nieder.

Die SPD nominierte einen gestandenen Politiker »aus dem Westen«, *Hans-Jochen Vogel*, und signalisierte damit, wie ernst die Partei die Krise in Berlin nahm. Als langjähriger Oberbürgermeister in München und Justizminister in Bonn hatte er sich einen Namen gemacht. Am 23. Januar 1981 wurde er zum Regierenden Bürgermeister gewählt. Noch vor seiner Wahl hat er mich um ein Gespräch gebeten. Er wollte wissen, wie es in dem protestantisch geprägten Berlin aufgenommen wurde, wenn nun ein Katholik dieses Amt übernehme. Ich konnte ihm nur sagen: Darüber brauchen Sie sich keine Gedanken zu machen. Ein guter Christenmensch ist hier auf jeden Fall willkommen.

Mit preußischer Disziplin und Härte gegen sich selbst stellte er sich den Aufgaben. Es hieß, er nächtige häufig auf einem Feldbett im Schöneberger Rathaus und beginne um 6 Uhr mit den ersten Besprechungen. Vordringlich war die Aufgabe, für Frieden in der Stadt zu sorgen, die erbitterten Kämpfe um die immer weiter wachsende Zahl besetzter Häuser zu beenden. Die Auseinandersetzungen hatten Formen angenommen, die nicht nur dem Image der Stadt schadeten, sondern an den Lebensnerv der Stadt gingen.

Es mussten vernünftige Lösungen gefunden werden. Mit Polizeieinsätzen sei es nicht getan. Nur wenn Eigentümer ein umsetzungsfähiges Sanierungskonzept vorlegten, sei eine Räumung notwendig. Es sei Aufgabe der Politik, bei Hausbesitzern und Wohnungsbaugesellschaften darauf hinzuwirken, den Leerstand zu beseitigen. Aber nach vier Monaten schon musste Vogel sein Amtszimmer räumen, denn bei den Wahlen zum Abgeordnetenhaus am 10. Mai war die CDU zur stärksten Partei geworden, blieb aber knapp unter der absoluten Mehrheit. Der sozial-liberale Senat aus SPD/

FDP musste abtreten. Der Stadtklatsch kolportierte die (sicher erfundene) Geschichte: »Die Senatskanzlei hat geschlossen CDU gewählt; der Arbeitsstil von Hans-Jochen Vogel sei nur vier Monate auszuhalten.«

Richard von Weizsäcker ging im Juni 1981 das Risiko einer Minderheitenregierung ein. Das war ein großes Wagnis angesichts der aufgetürmten Probleme in der Stadt. Er setzte darauf, dass einige Abgeordnete der FDP seinen Kurs unterstützen würden. Vielleicht war es für ihn sogar ein Glück, dass seine Partei nicht die absolute Mehrheit erreicht hatte. Denn damit war in seiner Partei ein heilsamer Zwang zur Geschlossenheit wirksam; der Regierende Bürgermeister hatte einen größeren Spielraum, konnte seine politische Linie leichter zur Geltung bringen. Diese Freiheit hat er auch genutzt. Erst im März 1983 konnte die Berliner CDU mit der FDP eine Koalition bilden.

Ich kannte Richard von Weizsäcker nicht nur aus seiner Mitarbeit beim Evangelischen Kirchentag. Wir gehörten beide dem Rat der EKD, dem Leitungsgremium der Evangelischen Kirche an. Selten fehlte er bei den monatlichen Sitzungen. Er wirkte dabei immer erstaunlich gelassen und entspannt. Aus der Senatskanzlei drang einiges Unverständnis zu mir: »Der Regierende« fahre ohne Rücksicht auf die in der Stadt drängenden Probleme immer nach Hannover zum Rat, das dürfe doch eigentlich auf der Prioritätenliste nicht so weit oben stehen. Ich fragte ihn und erhielt die Antwort: »Im Rat wird in einer Weise frei und offen diskutiert, wie es im politischen Alltagsgeschäft und in politischen Gremien nicht üblich und auch gar nicht möglich ist. Ich brauche das!«

Es gab aber noch einen weiteren Ort, an dem wir uns in regelmäßigen Abständen trafen: beim »Kronberger Kreis«. Nach meiner Wahl zum Bischof bat mich mein alter Bischof Hanns Lilje dringend um einen Besuch bei ihm in Hannover. Er habe den großen

Wunsch, dass ich die Leitung dieses von ihm gegründeten Kreises übernehmen solle. Im Kronberger Schlosshotel trafen sich zwei- bis dreimal im Jahr für ein Wochenende führende evangelische »Laien« aus Wirtschaft, Politik, Kultur und Medien zur Diskussion. Die Geschäftsführung lag in den Händen von Eberhard Müller, dem früheren Leiter der Evangelischen Akademie in Bad Boll. Die Tagungen hatten immer mit einer Bibelarbeit des Vorsitzenden, also von Bischof Lilje begonnen.

Um einige wenige Namen zu nennen: Gerhard Stoltenberg (Minister in Bonn und dann Ministerpräsident in Schleswig-Holstein), Gerhard Schröder (früherer Außenminister), Eberhard Stammler (Journalist), von Hammerstein (Intendant des RIAS), von Bennigsen-Foerder (Industrieller), Staatssekretär Schlecht (Bundeswirtschaftsministerium) und Bischof Binder (Bevollmächtigter des Rates bei der Bundesregierung) waren Mitglieder des Kreises. Auch Richard von Weizsäcker war ein anregendes, lebhaftes Mitglied. Ich konnte meinem alten Bischof die Bitte nicht abschlagen, so gewichtig auch mein Einwand wog: Ich müsse doch in Berlin erst einmal Fuß fassen. Er meinte: »Die Arbeit macht Eberhard Müller, Sie müssen nur da sein und leiten.«

Dieser Regierende Bürgermeister, das wird niemanden verwundern, stand und steht mir am nächsten. Umso gravierender, dass es dann in der Hausbesetzerkrise 1982 zu einer kräftigen Verstimmung kam. Aber davon an anderer Stelle.

Viele – auch in seiner eigenen Partei – hatten ihm nicht zugetraut, mit den politischen Alltagsproblemen, zumal in Berlin, fertig zu werden. Sie hielten ihn für einen klugen, nicht selten eigenwilligen Analytiker, aber nicht für einen homo politicus practicus. Sie wurden eines Besseren belehrt. Gerade weil Weizsäcker es verstand, die größeren politischen Zusammenhänge verständlich zu machen, wuchs das Selbstvertrauen in der Stadt. »Sein Einfühlungsvermögen in die Psyche der Stadt ist das ganze Geheimnis seines Erfolges«, urteilte Jürgen Engert, einer der führenden Kommentatoren in der Stadt. Es erwies sich auch als Gewinn, dass er in seinen Senat bekannte westdeutsche Politiker aufnahm: Fink, Kewenig, Pieroth, Laurien und Scholz. Sie brachten nicht nur neue Ideen, sondern sie signalisierten durch ihr Kommen: Berlin ist wichtig, Berlin hat Zukunft.

Es wurde nur eine kurze, aber intensive und fruchtbare Amtszeit. Denn Mitte 1983 schon begann die Diskussion um die Nachfolge für Bundespräsident Karl Carstens. Weizsäckers Name als Kandidat der CDU fiel frühzeitig. Es begann ein monatelanges, unwürdiges Gezerre um seine Kandidatur. Am 25. September 1983 verlor die CDU unerwartet die Landtagswahl in Hessen. Das Argument, Weizsäcker müsse in Berlin bleiben, gewann erheblich an Gewicht. Da in der Stadt natürlich bekannt war, dass ich dem Regierenden Bürgermeister nahestand, wurde ich gebeten, mit einigen anderen Persönlichkeiten Weizsäcker öffentlich zum Verzicht auf eine Kandidatur für das Bundespräsidentenamt aufzufordern. Ich entgegnete: Was ich als Bischof Richard von Weizsäcker zu sagen hätte, das gehöre in ein persönliches Gespräch. Im Übrigen sei ich der Überzeugung, er habe seine Aufgabe in Berlin, der Stadt nach innen und außen wieder Geltung zu verschaffen, im Wesentlichen erfüllt; seinen Gaben nach sei er jetzt der geeignete Kandidat für das Amt des Bundespräsidenten, auch auf Grund seines Ansehens bei den Menschen in der DDR.

Nun also *Eberhard Diepgen*, insgesamt fast 16 Jahre mein Regierender Bürgermeister, mit der Unterbrechung von geschichtsträchtigen zwei Jahren (März 1989 bis Januar 1991) rund um den Fall der Mauer. Es spricht für seine Charakterstärke, dass er sich von den bösen, z. T. auch schmähenden Kommentaren vor seiner Wahl zwar verletzen, aber nicht wirklich beeindrucken ließ. Das Schild »der blasse Ebi« wurde ihm umgehängt. Wer aber Gelegenheit hatte, sich aus der Nähe ein Bild von seiner Zusammenarbeit mit Richard von Weizsäcker zu machen, der wusste, wie groß der Anteil des Fraktionsvorsitzenden am Erfolg der Minderheitenregierung gewesen ist. Richard von Weizsäcker hatte ein sicheres Gespür dafür, dass Eberhard Diepgen die Qualitäten für das Amt des Regierenden Bürgermeisters besitze. Er sei kompetent, kenne Berlin in- und auswendig, sei kein Ideologe, sondern Integrator, könne gut mit der FDP, habe die eigene Partei im Griff und sei darüber hinaus sehr lernfähig (so in: Friedbert Pflüger, Richard von Weizsäcker. Ein Portrait aus der Nähe, 1990, 95).

In seine Zeit fällt die Vorbereitung der 750-Jahrfeier Berlins, auf beiden Seiten der Mauer, 1987. Die tastenden Versuche gegenseitiger Einladungen zu den Staatsempfängen schlugen fehl, auch wenn es durchaus zu gegenseitigen Informationen und Absprachen durch die jeweiligen Beauftragten kam. So wurde fast ein Jahr lang auf beiden Seiten der Mauer, in einer Art Dauerkonkurrenz der beiden Systeme, ein imposantes Festprogramm geboten. Die Konkurrenz brachte es mit sich, dass erhebliche finanzielle Mittel aufgewandt wurden, um der Stadt ein ansehnliches Gewand zu verpassen und um ein respektables Programm bieten zu können. Dem Ansehen der DDR bei ihren Bürgerinnen und Bürgern hat diese Bevorzugung Ost-Berlins erheblich geschadet.

»Verabredet mit Manfred Stolpe habe ich in den Jahren vor dem Fall der Mauer immer wieder besondere kirchliche Veranstaltungen besucht«, schreibt Eberhard Diepgen in seinen Erinnerungen (Zwischen den Mächten. Von der besetzten Stadt zur Hauptstadt, 2004, 94). Nach einem Festkonzert in der Gethsemanekirche am Prenzlauer Berg ging Eberhard Diepgen während des Schlussbeifalls ostentativ und von allen aufmerksam registriert auf Erhard Krack, den Oberbürgermeister Ost-Berlins, zu. Sie begrüßten sich, zu einem Gespräch kam es allerdings nicht.

Unerwartet erlitten CDU und FDP bei der Wahl zum Abgeordnetenhaus im März 1989 eine deutliche Niederlage. Die FDP scheiterte an der 5 %-Klausel, die CDU verlor die Regierungsmehrheit. Den rechtsradikalen Republikanern gelang der Sprung ins Berliner Abgeordnetenhaus. Nun wurde *Walter Momper* (SPD) wenige Monate vor dem Fall der Mauer Regierender Bürgermeister von Berlin. Was er vor der Wahl ausdrücklich ausgeschlossen hatte, das praktizierte er nun: Die SPD bildete mit der AL (Alternative Liste, später: Die Grünen) eine Koalition. Walter Momper überraschte die Öffentlichkeit mit der Zahl der Senatorinnen. Er geht sicher in die Bilderbücher der Geschichte als der »Regierende mit dem Roten Schal« ein.

Die Stadt erlebte die Nacht der Maueröffnung und den Tag darauf in einem Freudentaumel. Aber die eilig anberaumte Großkundgebung vor dem Schöneberger Rathaus am 10. November 1989, um deretwillen Helmut Kohl seinen Polenbesuch unterbrochen hatte, war alles andere als eine Sternstunde der Politik Die Parteien im Abgeordnetenhaus konnten sich nicht auf einen gemeinsamen Aufruf einigen, weil die AL sich vehement gegen den Begriff »Einheit« aussprach. SPD und CDU hatten sich in Aufnahme des »Briefes zur deutschen Einheit« von Willy Brandt aus dem Jahre 1972 auf den Kernsatz geeinigt: »Das Abgeordnetenhaus von Berlin hält fest an dem Ziel, auf einen Zustand des Friedens und der Einheit Europas hinzuwirken, in dem auch das deutsche Volk in freier Selbstbestimmung seine Einheit erlangen kann.« Dass die Hälfte der 50.000 Teilnehmer der Kundgebung vor dem Schöneberger Rathaus »offensichtlich aus der DDR« kam, wie Walter Momper in seinen Erinnerungen (Grenzfall, 1991, 165) schreibt, möchte ich bezweifeln. Vielmehr hatte doch wohl im Wesentlichen die Linksaußen-Szene West-Berlins den J. F.-Kennedy-Platz frühzeitig »besetzt« (so etwa Eberhard Diepgen, Zwischen den Mächten, 2004,118). Jedenfalls herrschte vor dem Schöneberger Rathaus eine eher aggressive Grundstimmung im Vergleich zu der sonst das Stadtbild prägenden befreiten und überraschten Fröhlichkeit der Menschen aus Ost und West. Helmut Kohl wurde ausgepfiffen. Aber kräftiger im Gedächtnis der Stadt bleibt sicher die Feststellung von Walter Momper bei dieser Kundgebung: »Gestern Nacht war das deutsche Volk das glücklichste Volk der Welt.«

Ich selbst war am 10. November nach der vorzeitigen Rückkehr von der EKD-Synode in Bad Krozingen durch die Dankandachten in der überfüllten Kaiser-Wilhelm-Gedächtniskirche gebunden, habe also von den politischen Kundgebungen keine eigenen Eindrücke gewinnen können.

Im Januar1991 kehrte *Eberhard Diepgen* als Regierender Bürgermeister – nun ins Rote Rathaus – zurück. Die Koalition aus SPD und AL hatte vor immer größeren Schwierigkeiten gestanden, sich auf eine gemeinsame Linie zu einigen. Während Walter Momper und die SPD schon ein Vierteljahr nach dem Fall der Mauer zu der nüchternen Erkenntnis gekommen waren, dass nur ein zügiger Prozess der Vereinigung chaotische Verhältnisse in der DDR abwenden könne, dass auch die Siegermächte (einschließlich der Sowjetunion) und die Nachbarländer im Osten und Westen der Vereinigung zustimmen würden, blieb die AL im Senat und im Abgeordnetenhaus bei ihrer Reserve. Ein langdauernder Streik der Erzieherinnen und Erzieher der West-Berliner Kindertagesstätten, der von der AL gestützt wurde, hatte das Spannungsfeld in der Koalition zusätzlich aufgeladen. Neuwahlen wurden notwendig. Die CDU wurde zwar stärkste Partei, konnte aber alleine keinen Senat stellen. Für zehn Jahre wurde das wiedervereinigte Berlin von einer Großen Koalition regiert.

Mir einen staatlichen Orden für mein Wirken als Bischof verleihen zu lassen, widerstrebte mir. Ich stand als Bischof doch nicht im Dienste des Staates. Einige Monate vor der Pensionierung kam ein Anruf aus dem Bundespräsidialamt, man habe festgestellt, ich sei noch nie geehrt worden, das solle nachgeholt werden. Man habe mit Bedauern festgestellt, dass mir noch nie ein Bundesverdienstkreuz verliehen worden sei. Ich konnte nur sagen: das sei in Ordnung so, da müsse nichts nachgeholt werden. Aber als ich im Oktober 1998 durch Beschluss des Abgeordnetenhauses und des Senats in die Reihe der »Stadtältesten von Berlin« aufgenommen wurde, habe ich mir das nicht nur gefallen lassen, sondern gerne zugestimmt; denn darin lag doch die Aufforderung, nach Kräften weiter für das Wohl und Gedeihen unserer Stadt einzutreten.

Kapitel 14:
Kirche in der Stadt – Kirche für die Stadt

Die Vorbereitungen für den 17. Deutschen Evangelischen Kirchentag (8.–12. Juni 1977) unter dem Leitwort »Einer trage des andern Last« (Galater 6,2) liefen schon auf Hochtouren, als ich meinen Dienst in Berlin antrat. Die Grundentscheidungen waren längst getroffen. Ich musste mich hineinfinden. Mit einem Kirchentag zu beginnen, das empfand ich als große Chance. Allerdings war nicht zu übersehen, dass die Resonanz in den Gemeinden in West-Berlin und damit die Bereitschaft zur Mitarbeit noch sehr zu wünschen übrig ließen. Dabei war dieser Kirchentag bewusst eingebettet in ein »Missionarisches Jahr«, das zum Ziel hatte, über die Kirchengrenzen hinaus zu den Menschen zu kommen, auch durch Besuchsaktionen missionarischer Kräfte aus anderen Landeskirchen.

Auch hier bestätigte sich der Slogan »Die Berliner sind eben Kurzstreckenläufer«, sie werden sich schon einstellen und auch genügend Quartiere bereitstellen. Lag die Zahl der Dauerteilnehmer in Düsseldorf 1973 noch bei 7.500 und in Frankfurt a.M. 1975 bei 15.000, stieg sie in Berlin auf fast 60.000. Es begann die Zeit der »großen Kirchentage«, deren Gesicht durch die jüngere Generation geprägt wurde.

Das Losungswort »Einer trage des andern Last« fand weit über die Zeit des Kirchentages hinaus in der Stadt Beachtung. Es wurde oft in ganz ›weltlichen‹ Zusammenhängen zustimmend zitiert. »Dieser Kirchentag fällt in eine Zeit, die wir immer deutlicher als Wende erkennen, als Übergang von der Überflussgesellschaft zum Zwang, künftig mit Grenzen leben zu müssen. Dieser Kirchentag hat Zeichen gesetzt für eine Gegentendenz gegen den allgemeinen Hang zu Unsicherheit, Mutlosigkeit, Unzufriedenheit, die unser Land trotz verhältnismäßig günstiger Bedingungen ebenso heimsuchen, wie das übrige Europa«, so Helmut Simon, der Kirchentagspräsident in seiner Ansprache auf der Schlusskundgebung.

Ich fand, der Kirchentag war ein Segen für unsere Teilkirche in West-Berlin. Der Horizont weitete sich. Die Vitalität des jugendlichen Kirchentages machte Eindruck und inspirierte. Und auch unsere Kirche erwies sich mit ihren Beiträgen im Programm des Kirchentages als lebenskräftig. Im »Haus der Kirche« war das Konzept eines Kinderkirchentages entwickelt worden. Der Zustrom aus der Stadt war so groß, dass das Programm noch zweimal wiederholt werden musste. Oder die 16 Straßenfeste, die auf ihre Weise den Kirchentag an verschiedenen Orten in die Stadt brachten.

Mir fiel auf, dass sich die »Berliner Morgenpost« und »Die Welt«, beide zum Axel-Springer-Verlag gehörend, in ihrer Berichterstattung und Kommentierung so sehr voneinander unterschieden, dass der Eindruck entstehen konnte, es handle sich um zwei verschiedene Ereignisse. »Die Welt« ließ kein gutes Haar am Kirchentag, die »Berliner Morgenpost« dagegen berichtete ausführlich und geradezu mit Sympathie vom Kirchentagsgeschehen. Ich nahm das zum Anlass, nun endlich Axel Springer meinen Antrittsbesuch zu machen und ihn zu fragen, wie er diesen Dissens in der Berichterstattung beurteile, er sei doch ein aktiver Christenmensch, auch wenn er unserer Kirche den Rücken gekehrt und sich der lutherischen Freikirche angeschlossen habe. Mir als einem Neuberliner habe der Kirchentag in vieler Hinsicht Auftrieb gegeben; die schmähende Berichterstattung in der »Welt« sei dazu geeignet, mir den Anfang zu erschweren. Über sein Argument, die Journalisten seien eben frei, sind wir schnell hinweggekommen. Das 1½-stündige Gespräch im 17. Stock des Springer-Hochhauses hatte eine positive Nachwirkung, jedenfalls gab es nun die Möglichkeit einer direkten Kommunikation. Vier Jahre später geriet ich dann in den Auseinandersetzungen um die Hausbesetzungen wieder in die Schusslinie der »Welt«.

Nach jedem Kirchentag ist die Frage: Wie soll es nun weitergehen? Was müssen wir tun, damit der Kirchentag nicht ein fünftägiges Ausnahmegeschehen, ein »Strohfeuer« bleibt? Unsere Antwort war: In den Jahren zwischen den Kirchentagen versuchen wir es mit einem ökumenischen Stadtkirchentag in Berlin, mit der »Sommerkirche«. Wenn die großen Schulferien in Sicht kommen, dann sollten die Kirchengemeinden und alle kirchlichen Arbeitszweige an einem Wochenende noch einmal ihre Kräfte bündeln und in ein buntes Programm auf öffentlichen Plätzen in der City oder im jeweiligen Kirchenkreis einbringen. Es komme nicht darauf an, nun etwas Neues eigens für die »Sommerkirche« auf die Beine zu stellen. Die Lebendigkeit und Vielfalt des kirchlichen Lebens solle ins Bewusstsein der Stadt gerückt werden. Dabei könnten auch die andern Kirchen, vor allem die vielen fremdsprachigen Gemeinden mitwirken, die von der breiten Öffentlichkeit sonst kaum wahrgenommen würden. Wenn »rüberkomme«: Es lohnt sich, es macht Freude, ein Christ zu sein, dann sei das schon ein Gewinn. Wir sollten uns selbstbewusst und ohne Scheu auf Straßen und Plätzen zeigen.

Aber noch wichtiger war mir die Wirkung nach innen, nämlich durch gemeinsame Erfahrungen das unterentwickelte Kirchenbewusstsein zu stärken: Gemeinsam sind wir das Volk Gottes in dieser Stadt. Es soll auf uns nicht zutreffen, was der Prophet Jesaja zu seiner Zeit als Sünde gegeißelt hat: »Ein jeder sah (nur) auf seinen Weg« (Jesaja 53,6). Die »Sommerkirche«

könnte uns eine Hilfe sein. Und das war sie auch, wenngleich mit durchwachsenem Erfolg. Denn wie konnte es in Berlin anders sein, ganze Kirchenkreise versagten sich einer Mitarbeit.

Dreimal haben wir eine »Sommerkirche« geplant und in das Stadtgeschehen eingebracht: 1978, 1980 und 1982. Das war natürlich jedes Mal ein Kraftakt, weil kein Team für diese Unternehmung freigestellt werden konnte, sondern alle neben ihren beruflichen Verpflichtungen ans Werk gehen mussten. Hartmut Walsdorff, junger Pfarrer der Ananias-Kirchengemeinde in Neukölln, von 1980 bis 1983 Öffentlichkeitsbeauftragter unserer Kirche, dessen Talente schon dem Evangelischen Kirchentag 1977 zugute gekommen waren, fungierte als ehrenamtlicher Geschäftsführer. Im Rückblick wundere ich mich, dass es uns überhaupt gelungen ist, die »Sommerkirche« gleichsam »mit Bordmitteln« auf die Beine zu stellen. Es war keine vergebliche Liebesmühe, sondern eine durchaus positive Erfahrung.

Im November 1977, gegen Ende meines ersten Jahres, hatte ich vor der Synode die Frage gestellt: Sind wir in unserer ummauerten Teilstadt eigentlich eine Landeskirche? Und meine Antwort lautete: Jedenfalls nicht nach Analogie der anderen Landeskirchen. Wir sind eine amputierte Teilkirche. Auch darum haben wir es schwer, unsere Identität zu finden. Schon im 19. Jahrhundert habe sich in der Berliner Kirchenlandschaft ein selbstgenügsames Parochialdenken breitgemacht. Es sei »notwendig, dass wir uns bemühen, innerhalb der uns gesetzten Grenze eine Kirche zu werden (!), das Miteinander unter dem Evangelium besser zu leben, glaubwürdiger in der Öffentlichkeit zum Ausdruck zu bringen«. Das war eine Zielangabe, die ich immer im Auge behalten habe.

Als *der 100. Geburtstag von Bischof Otto Dibelius (15. Mai 1980)* nahte, setzte ich die Frage, wie wir dieses Jubiläum begehen sollten, auf die Tagesordnung der Kirchenleitung und erntete erst einmal ein erstaunt-verlegenes Schweigen. Konnte man diesen eigenwilligen, in seinen kirchenpolitischen Positionen in Teilen der Pfarrerschaft umstrittenen Bischof öffentlich ehren, ohne einen heftigen Streit zu provozieren? Die Kirchenleitung riet mir, Bischof Schönherr zu konsultieren; schließlich sei Otto Dibelius ja bis zu seiner Ausbürgerung aus der DDR nach dem Bau der Mauer Bischof der ungeteilten Landeskirche Berlin-Brandenburg gewesen.» Ja, das sind wir unserer Kirche und der Öffentlichkeit schuldig. Aber lasst uns hier in der Ostregion bei diesen Planungen erst einmal aus dem Spiel. Plant etwas Vernünftiges. Ich werde mich, wenn das gewollt wird, auch selbst beteiligen«, erwiderte dieser auf meinen Vorschlag.

Mir lag daran, das verengte Bild, das sich in den kirchenpolitischen Kontroversen der Nachkriegsjahre bei vielen, auch in Teilen der politischen Öffentlichkeit festgesetzt hatte, zu überwinden. Otto Dibelius war doch, schon in seinen jungen Jahren, einer der führenden Ökumeniker in Deutschland gewesen. Hatte er nicht den Fall des landesherrlichen Kirchenregiments nach 1918 mit großer Entschiedenheit als eine längst überfällige Befreiung der evangelischen Kirche aus staatlicher Bevormundung bezeichnet? Stammte nicht die Schrift »Friede auf Erden?« von 1930 mit der damals provozierenden These »Krieg soll nicht sein, weil Gott den Krieg nicht will« aus seiner Feder? Stellte er nicht nach seiner von den Nationalsozialisten erzwungenen Pensionierung (1933) seine Arbeitskraft in dienender Funktion (!) der Bekennenden Kirche zur Verfügung? War er nicht eine der markantesten Gestalten der deutschen Nachkriegsgeschichte? Unter dem Regierenden Bürgermeister Willy Brandt wurde ihm 1958 die Ehrenbürgerwürde Berlins verliehen. Natürlich hatte er seine Kanten und Schwächen, hatte Positionen bezogen, die Widerspruch ernten mussten. Sein öffentliches Eintreten für eine Beschränkung der Einwanderung verarmter osteuropäischer Juden und sein Verständnis für Übergriffe auf jüdische Geschäfte nach der Machtergreifung Hitlers haben ihm den Vorwurf eingebracht, er habe den Antisemitismus gefördert. Nun gab der 100. Geburtstag Gelegenheit zu einem vertieften Nachdenken.

Ich setzte mich mit dem Zeithistoriker der Evangelisch-Theologischen Fakultät Tübingen, Klaus Scholder, in Verbindung, der sich sofort bereit erklärte, aus einer gewissen Distanz das ganze Lebenswerk von Otto Dibelius bei einer Festveranstaltung am 14. Mai 1980 in der Kaiser-Wilhelm-Gedächtniskirche öffentlich zu würdigen. Er stellte seinen Vortrag unter das Thema »Vertrauen in die Kirche« und machte auf den Widerspruch zwischen dem traditionellen Bild der evangelischen Kirche als einer Kirche des Staatsgehorsams und der Staatsloyalität und der Überzeugung eines ihrer führenden Männer, dass der moderne Staat ein Leviathan sei, dem die Kirche widerstehen müsse, aufmerksam.

Zum Programm der Festveranstaltungen aus Anlass des 100. Geburtstages des ersten Berliner evangelischen Bischofs gehörte eine öffentliche Vortragsreihe über die drei Artikel des Glaubensbekenntnisses. Dass dabei alle drei Bischöfe (Kurt Scharf, Albrecht Schönherr, Martin Kruse) mit einem Vortrag zu Worte kamen, war ein öffentliches Zeichen der geistlichen Einheit unserer Berlin-Brandenburgischen Kirche und eine angemessene Weise, Otto Dibelius zu würdigen.

Das Jubiläum hatte 25 Jahre später noch ein kurioses »Nachspiel«. Ich hatte im Dezember 1979 beim Bezirksamt Charlottenburg den Antrag gestellt, eine Straße nach Otto Dibelius zu benennen. Eine Antwort blieb aus. Jetzt aber, just zu Weihnachten 2004, ein Vierteljahrhundert später, wandte sich das Bezirksamt

Charlottenburg-Wilmersdorf an meinen Nachfolger, Bischof Huber: »Es freut mich, Ihnen mitteilen zu können, dass jetzt eine geeignete neue Straße für die Benennung nach Herrn Dr. Otto Dibelius zur Verfügung steht.« Mein Antrag war also nicht in den Papierkorb gewandert, er war »zwecks späterer Umsetzung« aufgehoben worden. Ein unerwartet spätes Zeichen für die »Sorgfalt« der Berliner Bürokratie!

Das Jahr 1981 bescherte unserer Teilstadt harte Konflikte, die schließlich zu bürgerkriegsähnlichen Auseinandersetzungen auf den Straßen führten. Durch Bauskandale, Filzvorwürfe und einen unverantwortlich hohen Leerstand von Wohnungen waren die politischen Autoritäten in Misskredit geraten. Im Januar 1981 wurde Dietrich Stobbe (SPD) als Regierender Bürgermeister (aus den Reihen der eigenen Partei) gestürzt. Hans-Jochen Vogel (SPD), der als Nothelfer einsprang, konnte sich mit seinem Senat nur vier Monate halten. Im Juni 1981 bildete Richard von Weizsäcker (CDU) eine Minderheitsregierung. Die Stadt schien einem schnellen Niedergang entgegenzugehen. Das Schlagwort von der »Unregierbarkeit der Stadt« machte die Runde. In die leerstehenden Wohnungen strömten Hausbesetzer und richteten sich dort ein. Natürlich war das »Hausfriedensbruch«, der »eigentlich« nicht geduldet werden konnte.

Anlass des hohen Leerstandes war eine Änderung der Wohnungspolitik des Senates. War es in den 70er Jahren das Ziel gewesen, die engen, lichtarmen Hinterhöfe (etwa in Kreuzberg oder in Nord-Neukölln) abzureißen und durch eine mehr aufgelockerte Bebauung zu ersetzen, so wurde nun deutlich, dass durch diese Art Sanierung in erheblichem Umfang billiger Wohnraum (etwa für Studenten, Wohngemeinschaften und sozial schwache Familien) verloren gehen würde. Also wurden Abrissgenehmigungen und Förderzusagen zurückgenommen. Die neue Baupolitik konnte aber nicht schnell umgesetzt werden. Die Bürokratie kam nicht nach, die Ausführungsbestimmungen fehlten. So entstand der Eindruck einer unverantwortlichen Tatenlosigkeit der politischen Instanzen. Die Protestbewegung bekam schnell Zuwachs, auch aus Westdeutschland.

Im September eskalierte die Gewalt auf den Straßen. 50.000 Demonstranten wurden gezählt, untermischt mit gewaltbereiten Gruppen. Am 22. September 1981 räumte die Polizei acht Häuser. Der 18-jährige Klaus-Jürgen Rattay wurde während einer Auseinandersetzung zwischen Demonstranten und der Polizei von einem städtischen Bus überfahren und starb. Hatte »die Szene« nun ihren Märtyrer wie 1967 beim Tod von Benno Ohnesorg? Ein in der Zeitung veröffentlichtes Bild des Innensenators Heinrich Lummer in Siegerpose in einem geräumten Haus trug nicht gerade zum Frieden bei.

Wir berieten in einem kleinen Kreis, was denn in dieser Situation die Aufgabe der Kirche sei. »Suchet der Stadt Bestes und betet für sie ...«, das war ja nicht nur das bekannte Leitwort der Berliner Stadtmission, sondern eine verbindliche Handlungsanweisung für alle Christen. Die aktuelle Auseinandersetzung fand nicht »irgendwo draußen«, sondern auch innerhalb unserer Kirche statt.

So habe ich auf Grund eines Entwurfs meines Stellvertreters, Propst Uwe Hollm, einen öffentlichen Brief »an alle evangelischen Christen« geschrieben und sie gleichsam um einen runden Tisch versammelt, »damit wir als Christen mit unterschiedlichen Positionen doch miteinander nach einem gemeinsamen Weg fragen«. Ich nannte dabei ausdrücklich »Ältere und jüngere Christen, Christen als Hausbesetzer, als Paten, als Polizisten, als Hausbesitzer, als Wohnungssuchende, als Eltern usw.« Wir waren als Kirche überall »vertreten«. Alle in der Stadt waren auf irgendeine Weise »Betroffene«.

Es ging mir nicht um eine demonstrative Parteinahme für die Hausbesetzer. Ich wollte ein gemeinsames Nachdenken provozieren. Als Vorbild dienten mir dabei die ›Haustafeln‹ in den Briefen des Neuen Testamentes; da wurden nacheinander die verschiedenen Gruppen in der Gemeinde ermahnt (die Älteren, die Männer, die Frauen, die Sklaven, manchmal auch die Konservativen und die Fortschrittlichen). Die ganze Gemeinde sollte hören, was in einer bestimmten Konfliktlage den verschiedenen betroffenen Gruppen in apostolischer Autorität gesagt wurde. Ich war der Überzeugung, dass nur so die sprachlos gewordene Polarisierung zu überwinden sei und der Weg zu friedlichen, gesetzeskonformen Lösungen gefunden werden könne.

»Könnte es nicht sein, dass sich evangelische Mitarbeiter, Pfarrer und Gemeindeglieder darum für die Hausbesetzer einsetzen, weil sie a) verhindern möchten, dass die guten Ansätze dieser Lebenspraxis in Resignation und von da aus in Gewalt umschlagen, und weil sie b) auf ein Lebenskonzept treffen, das dem biblischen Zeugnis näher stehen könnte als das normale egoistische Lebenskonzept der Wohlstandsgesellschaft?« Diese Fragen haben mir sofort heftige öffentliche Schelte und Kritik eingebracht.

Aber ich hatte ja ähnlich harte Fragen an die Hausbesetzer und ihre Sympathisanten gestellt. Sie sollten »sehen, dass das Reden von ›mächtigen Regierenden‹ und ›ohnmächtigen Hausbesetzern‹ nur vordergründig stimmt und die ›Ohnmacht der Regierenden‹ gerade darin deutlich wird, dass sie, oft gegen ihren eigentlichen Willen, sich gezwungen sehen, als Ordnungsmacht aufzutreten, statt den Weg der Verständigung im Gespräch zu finden. Die Glaubwürdigkeit des neuen Lebensstils wird von vielen gerade daran gemessen, ob es ›den Kindern gelingt, barmherzig mit ihren Eltern‹ zu sein ...Wer sich ohne Vorbehalt mit Gewalttätern solidarisiert, bestätigt sie in ihrem selbstzerstörerischen Tun.«

Der Senatskanzlei des Regierenden Bürgermeisters hatte ich meinen Brief schon zwei Tage vor der Veröffentlichung zur Kenntnis gegeben. Man ließ den Brief liegen, hielt ihn wohl für nicht so wichtig, um Richard von Weizsäcker, der in Bayern unterwegs war, zu informieren. So erfuhr er aus den Zeitungen, dass ich auch dem Senat eine kritische Frage gestellt hatte. Er sei der Senat für alle Berliner, auch für die Hausbesetzer. »Der Senat muss deutlicher machen, dass er wirklich gewillt ist, das Gespräch mit den z. Zt. speziell Betroffenen, den Hausbesetzern, Hausbesitzern und Mietern, mit dem Ziel zu führen, solchen, die eine andere Form der Lebensgestaltung suchen, den dafür nötigen Gestaltungsraum zu gewähren und zu schaffen. Das z. Zt. abgebrochene Gespräch mit den Hausbesetzern kann wohl nur dadurch wiederhergestellt werden, dass Fehler, auch wo sie ungewollt und unbewusst gemacht worden sind, offen zugegeben werden. Auch staatliche Autorität gewinnt nicht durch Unfehlbarkeit.«

Ich kann den Ärger Richard von Weizsäckers über diesen scheinbar »unangekündigten, unglaublichen Eingriff in die praktische Politik«, die ich mir als »sein Bischof« und als sein Kollege im Rat der EKD erlaubt hätte, gut verstehen. Er kam unmittelbar nach seiner Rückkehr zu mir in die Wohnung. Die Lage in der Stadt sei doch kompliziert genug. Kluge Reden würden da nicht helfen. Er hatte meinen Brief noch nicht zu Gesicht bekommen.

Es zeigte sich dann bald, dass der öffentliche Brief einen Beitrag geleistet hatte, um nach und nach zu friedlichen Lösungen zu kommen. Der frühere Chef der Senatskanzlei und Mitglied unserer Synode RA

Rainer Papenfuß ließ sich als »Beauftragter des Bischofs für das Aushandeln friedlicher Lösungen« gewinnen. Er kannte sich aus in den zuständigen Verwaltungen und Behörden, auch in der komplizierten Baugesetzgebung, und vor allem: Er fand schnell nach allen Seiten hin Vertrauen als sachkundiger Mittler zwischen den Fronten.

Ein gutes Jahr später, zum 1. Advent 1982, war in der »Welt« ein dreispaltiger Kommentar zu lesen. Warum greift Richard von Weizsäcker nicht energischer durch? Warum lässt er die Dinge schleifen? Warum werden die hundert besetzten Häuser nicht endlich polizeilich geräumt? Die Antwort fiel ziemlich eindeutig (plump) aus, sie war Ausdruck der nervösen und immer noch verspannten Situation: »Weizsäcker steht unter dem Einfluss des Schutzpatrons der Engagierten-Szene und heimlichen oder unheimlichen Herrschers von Berlin, des evangelischen Landesbischofs Martin Kruse.« Das war nun der Ehre wirklich zuviel! Richard von Weizsäcker war souverän genug, sich nicht durch falsche Abhängigkeiten binden zu lassen. Aber es gab ›hardliner‹ in seiner Partei, die seinen Stil und sein politisches Vorgehen beargwöhnten.

Kapitel 15:

Die geteilte Einheit der Evangelischen Kirche in Berlin/Brandenburg

»Wandel durch Annäherung« lautete die Leitlinie der neuen Ostpolitik im Übergang zu den 70er Jahren. Nicht bei strikter politisch-ideologischer Abgrenzung sei eine friedliche Zukunft in der Mitte Europas zu gewinnen, sondern durch ein wechselseitiges Eingehen auf die Interessen der anderen Seite. Die DDR strebte nach voller internationaler Anerkennung, sie litt ständig und steigend unter Devisenmangel, war also an stabilen Wirtschaftsbeziehungen zur Bundesrepublik interessiert. Die kamen natürlich auch der westdeutschen Wirtschaft gelegen. Vor allem aber verfolgte die Bundesregierung das Ziel, in den Verhandlungen Reiseerleichterungen, möglichst auch für DDR-Bewohner, zu verabreden. So anfechtbar die »Freikaufgeschäfte« auch gewesen sein mögen, sie kamen mit ihrer »Kopfgeld-Regelung« Inhaftierten und ausreisewilligen DDR-Bürgern zugute. Die evangelische Kirche fungierte dabei, meist im Verborgenen, als Mittler.

Im Zuge der neuen Ostpolitik erweiterten sich auf allen Ebenen der Kirche auch die Möglichkeiten, »über die Mauer hinweg« aneinander teilzuhaben, sich zu besuchen, sich auszutauschen. Ohne eine zentrale Steuerung »von oben« erweiterte sich das dichte Geflecht von kirchlichen Partnerschaften auf allen Ebenen. Natürlich waren die Reisen von Ost nach West größeren Restriktionen ausgesetzt als die der »Westler«. An den Tagungen unserer Regionalsynode im Johannesstift in Spandau nahmen zu meiner Zeit regelmäßig Delegierte der Regionalsynode Ost als Gäste teil. Monatlich traten in der Auguststraße in Ostberlin die Bereichsräte der EKU zu gemeinsamen Beratungen zusammen. Das Stephanusstift in Berlin-Weißensee entwickelte sich zu einem Tagungszentrum für Ost-West-Begegnungen. Der Rat der EKD und die Konferenz der Kirchenleitungen im Bund der evangelischen Kirchen in der DDR verständigten sich auf die Einsetzung einer »Beratergruppe« und einer kleineren »Konsultationsgruppe«, die gemeinsame Erklärungen vorbereitete.

Beim Warten in den Schlangen an der Grenzübergangstelle am Bahnhof Friedrichstraße hatte ich manchmal den Eindruck, die evangelische Kirche sei ein großes Reiseunternehmen. Irgendwann in der ersten Hälfte der 80er Jahre bot mir der Leiter des Staatssekretariats für Kirchenfragen, Klaus Gysi, für meine häufigen Grenzgänge eine »Sonderregelung« an, wie sie etwa Schauspielern und Journalisten gewährt wurde. Ich lehnte ab; ich wollte nicht anders als jeder normale West-Berliner behandelt werden. Die Bearbeitung meiner Papiere dauerte deutlich länger, wenn ich an der Reihe war. Dann ging oft ein leichtes Stöhnen durch die Reihen hinter mir. Wenn einer fragte: »Werden Sie nicht reingelassen, Herr Bischof?«, dann habe ich gerne laut geantwortet: »Sie brauchen keine Angst zu haben; ich werde nur etwas sorgfältiger behandelt.« Dass allerdings bei jedem Grenzübertritt ein Stasi-Mitarbeiter in Zivil hinter mir hergeschickt wurde, habe ich damals nicht für möglich gehalten.

»Mit dem Bischof der anderen Region hält er brüderliche Verbindung« – diese Bestimmung des Bischofswahlgesetzes musste uns nicht eigens eingeschärft werden. Wir hatten vielfältige Möglichkeiten, uns auszutauschen, dienstlich und privat. Albrecht Schönherr, 18 Jahre älter als ich, gehörte einer anderen Generation an. Er war Schüler Dietrich Bonhoeffers im illegalen Predigerseminar der Bekennenden Kirche in

Finkenwalde gewesen und von daher in seinem theologischen Denken geprägt. Ich merkte schon bei der ersten Begegnung nach meiner Wahl, wie offen, kollegial und hilfsbereit er mir entgegenkam. Die Wahl eines relativ unbekannten Landessuperintendenten aus der Hannoverschen Landeskirche zum Nachfolger von Kurt Scharf, so ging mir nach und nach auf, kam ihm nicht ungelegen. Kurt Scharf war geradezu ein Symbol der Einheit der Berlin-Brandenburgischen Kirche. Trotz der einvernehmlichen, von den beiden Regionalsynoden beschlossenen Errichtung eines eigenen Bischofsamtes für die Ost-Region, blieb doch die emotionale, geistliche Bindung an Bischof Scharf bestehen. Ich aber war »einer aus dem Westen«, der eindeutig zum Bischof nur der Westregion gewählt worden war.

Albrecht Schönherr hat die Tradition der »Bischofswanderungen durch die Mark Brandenburg« begründet und auch nach seiner Pensionierung (1981) noch über viele Jahre hinweg fortgesetzt. Wir sind ja nicht nur gewandert, sondern haben Pfarrhäuser, Mitarbeiter und Kirchengemeinden besucht. So lernte ich die Lebenswirklichkeit und den Alltag der Kirche »drüben« besser kennen, als es allein durch Sitzungen von Ost-West-Gremien möglich gewesen wäre. Ich scheute mich nicht, hin und wieder in einer meiner wöchentlichen Kolumnen im »Berliner Sonntagsblatt« von den Wanderungen zu berichten. Ich wollte damit den vielen Westberlinern einen kleinen Rippenstoß geben, die mit einem gewissen »Stolz« sagten: »Ich bin noch nie ›drüben‹ gewesen.«

Gottfried Forck, der Nachfolger Albrecht Schönherrs im Bischofsamt (1981–1991), hat auf seine Weise diese Bischofswanderungen fortgesetzt. Ich erinnere mich an eine Tageswanderung durch die gespenstische »Mondlandschaft« des Braunkohleabbaus in der Niederlausitz, an die Begegnung in kleinen Dörfern mit Betroffenen, denen der Räumungsbefehl schon zugestellt worden war, an die schwierige Situation der Kirchengemeinden. Gottfried Forck war kein Diplomat wie Albrecht Schönherr. Er ließ sich auf die Nöte und Bedrängnisse der Menschen ohne Rücksicht auf sich selbst ein und wollte mir den Einblick in schwierige, belastende Situationen nicht ersparen. Als die kirchliche Friedensbewegung mit ihrem Aufkleber »Schwerter zu Pflugscharen« das Missfallen der Partei erregte, trug Gottfried Forck unbekümmert weiter seine Aktentasche mit dem Aufkleber, als habe es das staatliche Verbot nicht gegeben. »Schwerter zu Pflugscharen«: Es handelte sich bei diesem Aufkleber um eine stilisierte Nachbildung eines Denkmals in Moskau vor der Tretjakow-Galerie. Eine Kopie des Denkmals stand – als Geschenk der Sowjetunion – vor dem UNO-Gebäude in New Yorck. Sinnigerweise hatte die Sowjetunion damit also ein biblisches Motiv aus dem Propheten Micha aufgenommen. Gottfried Forck konnte sich auf die Bibel und dem Staat gegenüber auch auf den »Großen Bruder«, die Sowjetunion berufen. Als »freundlich, aber eisenhart in seinen Überzeugungen« hat ihn die Staatssicherheit – wie ich meine – zutreffend charakterisiert.

Wir hatten beide in Heidelberg Theologie studiert (1949–51), hatten beide an der dortigen Theologischen Fakultät promoviert, er bei Edmund Schlink über »Die Königsherrschaft Christi bei Luther« (1956), ich bei Heinrich Bornkamm über »Phil. Jac. Speners Kritik am landesherrlichen Kirchenregiment und ihre Vorgeschichte« (1969). Beide waren wir Studiendirektoren eines Predigerseminars gewesen, er auf der Dominsel in Brandenburg (1963–1972), ich im Kloster Loccum (1964–1970). Bei den Ost-West-Begegnungen der Predigerseminarsleiter jeweils in der Woche nach Ostern im Stephanusstift in Berlin-Weißensee sind wir uns häufiger begegnet. Wir hatten es also nicht schwer, zueinander zu finden, als ich zum Bischof der Westregion gewählt worden war. So sind wir dann im Prozess der Wiedervereinigung der Berlin-Brandenburgischen Kirche nach Aufhebung der Regionalordnung (1. Januar 1991) als »Doppelspitze« Vorsitzende der gemeinsamen Kirchenleitung gewesen. Am 30. September 1991 wurde Gottfried Forck in den Ruhestand verabschiedet. Auf die Wahl eines Nachfolgers wurde durch Synodenbeschluss verzichtet. Es sollte nun wieder nur ein einziges Bischofsamt in unserer Berlin-Brandenburgischen Landeskirche geben.

Anfang der 80er Jahre war West-Berlin das Zentrum öffentlicher Auseinandersetzungen und gesellschaftlicher Spannungen. Das änderte sich im Zuge des Erstarkens der Friedensbewegung und der Bildung von kritisch-reformerischen Gruppen in der DDR. In der zweiten Hälfte der 80er Jahre zogen die Friedensgebete und die Aktivitäten von Bürgerrechtsgruppen, zumal sie sich schnell über das ganze Land ausbreiteten, die Aufmerksamkeit der Öffentlichkeit auf sich. Je unwilliger sich die Führung der DDR gegenüber solchen Reformbestrebungen zeigte, desto konfliktbereiter agierten die Gruppen.

Kapitel 16:
Die Familie in Berlin

Um mein Gedächtnis aufzufrischen, habe ich noch einmal unsere weihnachtlichen Rundbriefe »An Verwandte, Freunde und Weggenossen« zur Hand genommen und finde darin Gedanken, am 4. Januar 1983 niedergeschrieben, die mir im Laufe der Jahre in Variationen immer wieder gekommen sind:

»Manchmal frage ich mich, ob ich meine katholischen Bischofskollegen, mit denen ich ja häufig zusammentreffe (beim Katholikentag in Düsseldorf war ich gleich mit einem halben Hundert in einem Kloster untergebracht) beneiden soll, dass sie so frei, ledig und los von allen häuslichen Pflichten und ehelichen Banden sind. Aber dann denke ich an den Brief des Timotheus (Kapitel 3), der ja ausdrücklich dafür plädiert hat, der Bischof solle ,eines Weibes Mann‹ sein, und er solle sich zunächst einmal darin bewähren, dass er seinem eigenen Hause vernünftig vorstehe; wenn ihm das gelinge, dann sei er auch zu weiterem geschickt« – Timotheus meint: zum Bischofsamt.

»Ich denke, trotz aller Unkenrufe und aller Schwierigkeiten, das evangelische Pfarrhaus hat seine Geschichte nicht einfach gehabt. Wie kann sich ein Pfarrerehepaar die nötige Freiheit gewähren und die Gemeinsamkeit leben und zugleich die Offenheit des Pfarrhauses für andere bewahren? Es bleiben, bei dem Forderungsdruck des Amtes, Schulden auf meinem Konto, die ich nicht tilgen kann.«

Im gleichen Brief zieht Marianne nach sechs Jahren in Berlin eine Zwischenbilanz: »Es ist schön in Berlin. Wir sind gerne hier. Ich glaube das auch von unseren Kindern sagen zu können. Sie haben gute Freunde gefunden. Scharen von jungen Leuten sammeln sich hin und wieder in unserem großen Wohnzimmer, zu Klassen- und Kurstreffen, zu Abiturfeiern, Sylvesterfeten oder einfach zum ›Klönen‹. Meistens sind wir ›Alten‹ dann zeitweise auch geladen, und es kommt zu interessanten und guten Gesprächen über Gott und die Hausbesetzer. Der Bischof hat dann all sein Tun und Lassen zu verantworten. Wenn ich am Tag darauf vor einer chaotischen Küche stehe, überwiegt meistens die Genugtuung, dass die jungen Leute doch offenbar gerne zu uns kommen. An solchen Tagen steht mir dann manchmal Varda, unsere von der ganzen Familie geliebte türkische Hilfe zur Seite, die mit schlürfenden Schritten und Schreckensrufen wie ›Marianna, was sollen wir nun tun?‹ aus dem einen Chaos ein anderes macht.«

Aber der Anfang in Berlin ist für alle in der Familie nicht leicht gewesen. *Jan*, damals 17 Jahre alt, blieb, wie schon in einem früheren Kapitel gesagt, noch in Stade, um die Hauptschule abzuschließen. Die Hansestadt an der Elbe war ihm vertraut. Sollten wir ihn da herausreißen? Um seine Selbständigkeit zu trainieren, arbeitete er ein Jahr lang als Praktikant auf dem Hof einer uns befreundeten Landwirtsfamilie in der Nähe von Bremervörde und konnte danach im Berufsbildungswerk in Berlin-Britz eine dreijährige Berufsausbildung beginnen. Die hat den Grund dazu gelegt, dass er nun schon 25 Jahre in seiner Stelle in einem Krankenhaus tätig ist.

Susanne, damals 16 Jahre alt, konnte sich nur schwer an das rauere Klima eines Berliner Gymnasiums gewöhnen. Alle traten so forsch und selbstbewusst auf. Ihr fehlten die Stader Freundinnen, mit denen sie sich übrigens bis heute regelmäßig trifft. Ihr Glück: Sie fand in Berlin einige verständnisvolle Lehrkräfte, die ihre Gaben förderten und ihr ein solides Rüstzeug für das Studium vermittelten. Und Berlin bot ihr dann doch vielerlei Chancen, ihren musischen Interessen nachzugehen: im Bachchor, im Querflötenspiel und – für sie ein besonderes Vergnügen – im Turniertanz. Nach dem Abitur ging sie zurück nach Niedersachsen. Und als sie sich schließlich nach einigen Umwegen der Theologie zuwandte, war ihr schon bald klar, dass sie nicht in den Dienst der Berliner Kirche treten würde. Immer als Tochter des Bischofs identifiziert zu werden, dem wollte sie sich doch nicht aussetzen. Und wir haben sie darin bestärkt. Heute lebt sie mit ihrer Familie in Hildesheim und wirkt dort an der Universität als Pfarrerin der Studentengemeinde.

Alle unsere Kinder sagen, wie wichtig für sie die Begegnungen mit ökumenischen Gästen aus aller Welt und mit Verantwortlichen aus der Stadt gewesen seien, die ich bewusst zum Essen und zum Gespräch in unsere Familie eingeladen hatte. Das empfanden die Gäste als ein Zeichen persönlicher Zuwendung und des Vertrauens. Und unsere Kinder lernten auf diese Weise die bunte Vielfalt der Christenheit und die Probleme unserer Stadt kennen. Auf Menschen zuzugehen und sie erst einmal so zu nehmen, wie sie sind, das haben ihnen ihre Jugendjahre im Pfarrhaus vermittelt.

Bernhard, damals 13 Jahre alt, Basketballspieler, fand durch den Sport schneller und leichter Anschluss als seine Geschwister. Eines Tages rief sein Trainer bei uns an. Bernhard traue sich nicht, zu Hause danach zu fragen. Er werde am Tage seiner Konfirmation dringend bei einem Meisterschaftsspiel gebraucht. Man wolle auf seine Konfirmation Rücksicht nehmen. Das Spiel solle erst am Mittag beginnen. Da sind wir also allesamt, auch seine Paten, zur Sporthalle gefahren und haben Bernhard ›in seinem Element‹ erlebt. Das war kein fauler Kompromiss, keine Zweckentfremdung des Konfirmationstages, sondern eine sinnvolle Einbeziehung seines realen Lebens in das Fest seiner Konfirmation. Warum sollte ein Festessen für ihn mehr bedeuten als dieses Spiel?

Er geriet dann in eine für ihn schwierige Entscheidungssituation. Es ist für Eltern wohl immer eine aufregende Zeit, wenn ihre Kinder vor der Frage der Berufswahl stehen. Aus Rochester in England, von einem Aufenthalt in einer kirchennahen Familie, kehrte er mit dem festen Vorsatz zurück, Organist und Chorleiter zu werden. Die Kirchenmusik an der Kathedrale hatte ihn dazu bekehrt. Aber er merkte, dass er seine Hände nicht gleichzeitig für den Sport und das Orgelspiel gebrauchen konnte. Die Einladung zu einem Auswahltraining für die Jugendnationalmannschaft machte es ihm noch einmal schwer sich zu entscheiden. Die Kirchenmusik siegte. Er ist seit 1998 Organist und Chorleiter an der St. Nikolaikirche in Berlin-Spandau.

Bettina, unsere Jüngste, erst neun Jahre alt, als wir in Berlin einzogen, fürchtete – wie schon erwähnt –, gehänselt zu werden, wenn sie nach dem Beruf ihres Vaters gefragt würde. »Ich sage einfach, er ist bei der Feuerwehr.« In einem übertragenen Sinn stimmte das ja auch. Aber zu ihrem Ärger wurde sie dann doch von Schülern und Lehrern mit dem Beruf ihres Vaters in Verbindung gebracht: »Das musst du doch wissen, du bist doch die Tochter eines Bischofs!« Oder: »Ihr betet zu Hause sicher das ›Vater unser‹ auf lateinisch!« Das mochte sie nicht, sie wollte sie selbst sein. Die große, unbekannte Stadt Berlin hat sie ohne unsere Hilfe auf ihre Weise erobert, kreuz und quer per S-Bahn und Bus, aus reiner Neugier und meistens alleine.

Als sie konfirmiert war, hatte sie ›keinen Bock‹ mehr auf die Schule. Was sollten wir tun? Ermahnungen motivieren nicht. Wir dachten, vielleicht bringt ihr ein Aufenthalt im Ausland, in Vancouver-Island bei der Freundin meiner Mutter neuen Schwung. So ging sie dort für ein halbes Jahr auf eine Privatschule. Für eine 15-Jährige war das eine harte Bewährungsprobe. Was wir nicht wissen konnten, die Gastgeberin, unsere Nenntante, hatte eine strengere Auffassung vom Verhalten eines jungen Mädchens, als Bettina es von Berlin her gewohnt war. »Hosen kannst du hier nicht tragen,

Mädchen tragen Röcke«, bekam sie schon beim Auspacken ihres Koffers zu hören. Bettina hat sich freund-
lich-bestimmt durchgesetzt. Das offenere, fast partner-
schaftliche Verhältnis zwischen Schülern und Lehrern
in ihrer Ganztagsschule kam ihr zu Hilfe. Sie fand
schnell Anschluss und hat von dieser Zeit in Vancouver-Island großen Gewinn gehabt. Vor Beginn der
Weltkirchenkonferenz in Vancouver im Juli 1983 konnten wir Eltern uns davon an Ort und Stelle überzeugen.
»Wiedersehen mit Bettina, einem fröhlichen, selbst-
bewussten Persönchen«, schrieb ich in mein Reisetage-
buch. Dass sie in ihre Berliner Schule zurückkehren
würde, um sich auf den Weg zum Abitur zu machen,
war nun keine Frage mehr. Sie lebt heute mit ihrer Familie ganz in unserer Nähe, gleichsam ›um die Ecke‹
und arbeitet – engagiert, wie es ihre Art ist – als Sozial-
arbeiterin in einem Geburtshaus in Potsdam.

Im Rückblick merken wir alle, wie richtig es war,
die Entscheidung auch unter den Berliner Lebensbedingungen eisern festzuhalten: Am ausgiebigen Familienurlaub wird nicht geknabbert! Da war ich frei
von allen beruflichen Pflichten, konnte ungeteilt für
die Familie da sein. Ob an der Nordsee, an der französischen Atlantikküste, im Gebirge in Österreich oder
der Schweiz, wir haben viel unternommen, viel gesehen und viel miteinander erlebt.

Gleich nach dem ersten Jahr in Berlin sind wir 1978
mit Sack und Pack nach Athen geflogen, haben die
Akropolis besucht und sind dann von Piräus aus mit
der Fähre zu einem gut dreiwöchigen Wander- und
Badeurlaub nach Kreta gefahren, in eine kaum vom europäischen Fremdenverkehr berührte Gegend. Unent-
deckt blieben wir dort nicht. Aber dadurch erreichte
uns eine Einladung des griechisch-orthodoxen Bischofs von Kissamos und Selino zu einer nächtlichen
Wallfahrt auf die Halbinsel Rodopou, die sich auf der
Landkarte wie ein knochiger Finger nach Norden ins

Mittelmeer streckt. Ein steiler Abstieg auf einem Serpentinenpfad. In einer kargen Senke liegt die Kapelle Johannes des Täufers, zu dessen Ehren, zur Erinnerung an seine Enthauptung dieses nächtliche Fest gefeiert wird. Ringsum lagerte dort das Volk Gottes, mehrere tausend Pilger, große Familien und nicht zuletzt Kinder, die hier getauft werden sollten. Ein ungewöhnliches, anregendes Erlebnis für jeden von uns. Eine fremde, liturgisch geprägte Kirche, die uns so freundlich und gastfrei aufnahm. Und das hatten die frommen Pilger wohl auch noch nicht erlebt: einen verheirateten Bischof mit Frau und vier Kindern bei ihrem nächtlichen Fest. Unsere Familie hat sicher darunter gelitten, dass ich so oft abwesend war, aber der gemeinsame Urlaub hat immer einen gewissen Ausgleich gebracht. Unsere Kinder sagen heute: Wir haben davon profitiert, dass unser Vater ein Bischof ist.

Wenn ich von unseren Kindern und deren Einstieg in Berlin erzählt habe, dann muss auch – last, not least – meine Frau Marianne gefragt werden; wie es ihr ergangen ist. Sie hat in dieser schwierigen und oft genug turbulenten Übergangsphase die Familie zusammengehalten. Sie hatte sicher die schwierigste Aufgabe. Von Stade aus musste sie sich um die architektonischen und gestalterischen Arbeiten in der endlich gefundenen Wohnung in Nikolassee kümmern. Es war damals nicht einfach, für eine größere Familie eine geeignete Wohnung zu finden, zumal auch meine Arbeitsklause unterzubringen war. Ich lebte zwar schon in Berlin, war aber mit allen Sinnen und Kräften gebunden, mich möglichst schnell in die komplizierten Berliner Kirchenverhältnisse hineinzufinden. Die Kinder brauchten allesamt Hilfe und Unterstützung. Wer sollte ihnen zur Seite stehen? An eine Berufstätigkeit meiner Frau war nicht zu denken. Sie bekam mehr Einladungen von Frauengruppen und Initiativkreisen, als sie annehmen konnte. Ganz unterschiedliche, manchmal auch gegensätzliche Erwartungen richteten sich auf sie. Die kirchliche Landschaft war eben parteilicher, pluraler als im Norden der hannoverschen Landeskirche. So hatte es Marianne in Berlin viel schwerer als in Stade, ihren Platz zu finden. Ich bin ihr dankbar, dass unsere Kinder in den Berliner Anfangsjahren zu Hause nie aufs leere Nest gekommen sind. In den Jahren danach war sie freier zur ehrenamtlichen Mitarbeit, etwa im Vorstand der Berliner Stadtmission, in der City-Station, einem Restaurant für Randsiedler der Gesellschaft oder im Team der Pfarrfrauenarbeit. Und wie oft war sie mit mir oder alleine zu Besuch bei Gemeinden in der DDR. Erst als die Kinder dann nach und nach aus dem Hause gingen, konnte sie Kurse an der Medizinischen Hochschule Hannover im »Pastoral Clinical Training« (PCT) absolvieren, um dann in der Krankenhausseelsorge ehrenamtlich tätig zu werden. Angeregt worden war ihr Interesse durch verschiedene Seelsorge-Seminare im ›Haus der Kirche‹ in Berlin-Charlottenburg.

Ich habe geschwankt, ob ich dieses Kapitel nicht lieber herausnehmen sollte, weil es vielleicht nicht an die Öffentlichkeit gehört. Aber es gehört doch untrennbar zu meinem Leben. Ich lasse es stehen.

Kapitel 17:
Das Lutherjahr 1983

Nur selten hat die evangelische Kirche ein Ereignis so intensiv und öffentlichkeitswirksam gefeiert wie das Lutherjubiläum im Jahr 1983, den 500. Geburtstag des Reformators. Allenfalls das Paul-Gerhardt-Jahr 2006 könnte da noch genannt werden. Wie ist es dazu gekommen? Welche Faktoren haben dabei eine Rolle gespielt? Drei sehr unterschiedliche Faktoren möchte ich nennen.

Die meisten Lutherstätten (Eisleben, Erfurt, Wittenberg, Eisenach, Leipzig) lagen auf dem Gebiet der DDR, nur Worms und Coburg im Westen. Mitten in der Zeit der großen Friedensdemonstrationen, der Befürchtung, die Entspannungspolitik zwischen Ost und West könne scheitern und zu einer neuen ›Eiszeit‹ zwischen den beiden Blöcken führen, ergab sich überraschenderweise die Möglichkeit zu einem grenzüberschreitenden großen ökumenischen Fest. Erich Honecker, der Vorsitzende des Staatsrates der DDR, übernahm selbst die Leitung des staatlichen Vorbereitungskomitees. Kirchliche Vertreter wurden gastweise zu den Sitzungen des staatlichen Komitees eingeladen. So waren von vornherein Absprachen über das Programm und ein Dialog über die Bedeutung Martin Luthers möglich. Die Sichtweisen waren nicht zur Deckung zu bringen. Und die Kirchen in der DDR legten großen Wert auf die Eigenständigkeit ihres Komitees; denn Adressaten der Vorbereitung sollten ja vor allem die Gemeinden sein.

In der DDR-Geschichtswissenschaft hatte sich in jenen Jahren unter dem Stichwort »Erberezeption« eine Wende vollzogen. Das deutsche kulturelle Erbe sollte einen angemessenen Platz in der sozialistischen Geschichtsdeutung finden, es sollte nicht mehr als ›bürgerlich-reaktionär‹ negativ abgetan werden. War bisher in der Deutung der Reformationsgeschichte Thomas Müntzer als der Revolutionär herausgestellt und Martin Luther als ›Fürstenknecht‹ abqualifiziert worden, so wurde nun ein differenzierteres Lutherbild herausgearbeitet. Er wurde jetzt auch als Theologe und religiöser Mensch wahrgenommen. Damit waren Gesprächs- und Verständigungsmöglichkeiten zwischen Staat und Kirche eröffnet, die es vorher nicht gab. Philatelisten werden sich über die Fülle und Qualität der DDR-Briefmarken wundern, die zum Lutherjahr erschienen. Auch das eine Auswirkung der ›Erberezeption‹.

Die DDR-Regierung sah im Lutherjahr eine Chance, sich international als umsichtiger, liberaler Gastgeber zu zeigen. Es war damit zu rechnen, dass Lutheraner aus aller Welt und viele ökumenische Gäste anreisen würden. Die sollten ein positives Bild der DDR gewinnen und nach Hause mitnehmen und nicht verschreckt werden. Der DDR lag sehr an ihrer internationalen Reputation. Bei den Feierlichkeiten in Eisleben und Leipzig vom 10. bis 13. November 1983 zählten die Chronisten Vertreter aus 78 Kirchen in 36 Ländern.

Ein zweiter wesentlicher Faktor ist in der neueren katholischen Lutherforschung zu sehen. Das II. Vatikanische Konzil hatte ihr Auftrieb gegeben. Es ist für uns heute schwer begreiflich, dass sich das polemische Lutherbild der Gegenreformation in katholischen Darstellungen der Reformationsgeschichte vierhundert Jahre lang behaupten konnte. Luther sei ein verlogener, skrupelloser Polemiker, ein hemmungsloser Egozentriker, der sich selbst zur obersten Instanz der Wahrheit gemacht habe, der keine Autorität gelten ließ, eine entlaufene Nonne heiratete und für die unheilvolle Spaltung der Kirche verantwortlich zu machen sei. In den Jahrhunderten nach der Gegenreformation drückte man sich zwar vornehmer aus, aber die Grundtendenz setzte sich fort. Luthers Schriften standen auf dem Index. Man brauchte sie nicht zu lesen, denn das Urteil der Kirche war längst gefällt.

Eine Änderung trat erst ein, als sich die katholische Kirchengeschichtsforschung in zunehmendem Maße am Studium der Schriften Luthers beteiligte. Dem umfangreichen Werk von Joseph Lortz »Die Reformation in Deutschland«, 1939/40 erschienen, darf mit Recht das Prädikat ›Klassiker der katholischen Lutherforschung‹ gegeben werden. Erst nach Überwindung großer Schwierigkeiten, die bei jeder angestrebten Neuauflage wieder auftraten, konnte das ›Imprimatur‹, die kirchliche Druckerlaubnis, erreicht werden. Der Verlag Herder hat sich dabei große Verdienste erworben. Man kann ohne Übertreibung sagen, dass die ökumenische Öffnung der katholischen Kirche im II. Vatikanischen Konzil ohne die Vorarbeiten der katholischen Lutherforschung nicht möglich gewesen wäre.

Auf die Gestaltung des Lutherjahres 1983 wirkte also auch das neu erwachte ökumenische Interesse an einer wahrhaftigen Aufarbeitung der Reformationsgeschichte ein. »Christen verschiedener Konfessionen entdecken von neuem die Gemeinsamkeiten ihres Glaubens. Katholiken fragen nach Luther und erkennen, dass er auch ihnen gehört. Seine Botschaft von der Erneuerung der Kirche durch das Evangelium von Jesus Christus wirkt über konfessionelle Grenzen hinweg. Wir haben keinen Anlass, Luther für uns allein und schon gar nicht gegen andere in Anspruch nehmen, wie es in der Vergangenheit oft geschah … Er hat nie anders als auf die eine, universale Kirche Christi hin gedacht«, so möchte ich zustimmend die Erklärung des Lutherkomitees der Evangelischen Kirchen in der DDR vom Mai 1983 aufnehmen.

Einen dritten wichtigen Faktor sehe ich in der volksmissionarischen Intention. Es war doch offenkundig – nicht nur im Osten, sondern auch im Westen – wie die ›christliche Bildung‹ durch den Säkularismus zurückgedrängt wurde. Eine sich zunehmend medial vermittelnde Welt verlangt danach, neue Formen der Verkündigung, der ›öffentlichen Katechese‹ zu wagen. Das zwar nur rudimentär in der Breite vorhandene Wissen über Martin Luther konnte als Anknüpfungspunkt dienen, um Lebenselemente des christlichen Glaubens neu ins Bewusstsein zu bringen. Die Kirchen erkannten diese Chance und haben versucht, sie nach Kräften zu nutzen. Und die Medien spielten engagiert mit.

Die festliche Eröffnung des Lutherjahres fand am 4. Mai 1983 auf der Wartburg in Eisenach statt. Das Datum bot sich an, weil Luther auf der Rückkehr vom Reichstag in Worms 1521 hierhin am späten Abend des 4. Mai in Sicherheit gebracht worden war. Er hatte vor Kaiser und Reich den Widerruf seiner Lehre verweigert: »Mein Gewissen ist im Wort Gottes gefangen. Und ich kann und will auch nichts widerrufen ... Ich stehe hier, ich kann nicht anders.« Daraufhin traten die kaiserliche Acht und der kirchliche Bann in Kraft. Das zugesagte freie Geleit schützte ihn noch, aber auf Geheiß seines Landesfürsten wurde er unterwegs ›überfallen‹ und als ›Junker Jörg‹ auf die Wartburg ›verschleppt‹. Die ›300 Tage der Einsamkeit‹ begannen, die Luther u. a. dazu nutzte, innerhalb von elf Wochen das Neue Testament ins Deutsche zu übersetzen und damit »das Textinstrument evangelischen Kircheseins schlechthin« zu schaffen, wie es Dr. Joachim Rogge in seinem Festvortrag bei der Eröffnung des Lutherjahres auf der Wartburg formulierte.

Immerhin sieben Regionale Kirchentage konnten im Lutherjahr in der DDR stattfinden. In Erfurt, Rostock, Eisleben, Frankfurt (Oder), Magdeburg, Wittenberg und Dresden. Die überschaubaren Zahlen erleichterten die Vorbereitung, erforderten auch ein geringeres Maß an Absprachen mit den staatlichen Stellen und sorgten dafür, dass sich das Luthergedenken nicht nur auf die zentralen Festakte konzentrierte. Wir in West-Berlin feierten in der Philharmonie, diesem schönsten Konzertsaal in der Stadt, ein wunderbares musikalisches ›Fest für Martin Luther‹ und auf dem Platz zwischen Philharmonie und Matthäi-Kirche, der als mittelalterlicher Marktplatz hergerichtet war, die Aufführung eines Theaterstückes, das die Auseinandersetzungen um Luther zum Inhalt hatte. Ein immerhin vierzehnseitiger Kalender über die Veranstaltungen in unserer Stadt und in den Medien lässt mich ahnen, was wir uns damals zugemutet oder zugetraut haben.

Es ist aussichtslos, die Fülle der Veranstaltungen auf allen kirchlichen Ebenen in der Bundesrepublik auch nur zu überblicken. Nur die zentralen Feste können bei diesem kurzen Streifzug durch das Lutherjahr in den Blick genommen werden. Mir fällt dabei auf, dass im Programm des Deutschen Evangelischen Kirchentages, der sich vom 8. bis 12. Juni 1983 unter der Präsidentschaft von Erhard Eppler in Hannover versammelte, das Nachdenken über die Reformation keine besondere Rolle spielte; die Friedensfrage dominierte. Bei einem staatlichen Festakt in Nürnberg am 24. Juni 1983 wurde gleichzeitig die Ausstellung »Luthers Reformation als deutsches Kulturereignis« im Germanischen Museum eröffnet. Die EKD-Synode tagte Anfang November in Worms. Vorher, am 30. Oktober, fand ein Festakt statt, bei dem Bundespräsident Karl Carstens, Kardinal Höffner, Bundeskanzler Kohl und Philipp Potter, der Generalsekretär des Ökumenischen Rates der Kirchen, die Bedeutung Luthers aus den unterschiedlichen Perspektiven beleuchteten.

Es ist wohl nicht nur mir so ergangen: Mit den »Ökumenischen Begegnungstagen in Eisleben und Leipzig« vom 10. bis 13. November 1983 fanden die offiziellen Feiern zum Lutherjahr nicht nur ihren Abschluss, für mich waren sie der Höhepunkt, auch was die Breite der ökumenischen, internationalen Beteiligung angeht. Es war gar nicht so leicht, den Weg nach Eisleben zu finden. Nebel lag über dem Land. Die Polizei hatte an allen Kreuzungen ihre mit Fackeln ausgerüsteten Posten aufgestellt. Es ging nur langsam voran. Die Autokolonne mit Gerald Götting, dem Vorsitzenden der CDU in der DDR, wurde unterwegs in einen Unfall verwickelt.

Da meine Kusine Ulrike mit ihrem Mann Gerhard Hunal in Eisleben wohnt, konnte ich dort unterkommen. Die beiden waren aktiv an den Vorbereitungen des Festes beteiligt gewesen. Gerhard trug das große Birkenkreuz an der Spitze des Prozessionszuges zur abendlichen Abschlusskundgebung auf dem Marktplatz. Das hat ihm später, als gegen Ende der 80er Jahre das Klima zwischen Staat und Kirche in der DDR frostig wurde, deutliche Benachteiligungen eingebracht. Und nach der ›Wende‹ verlor er seine Stelle, weil die alten ›Kader‹ seines Betriebes zuerst für sich selbst sorgten.

Der 10. November 1983, Luthers 500. Geburtstag, wurde mit Gottesdiensten in den drei evangelischen und der katholischen St. Gertrud-Kirche festlich begangen. Mir war die Predigt beim Familiengottesdienst in der St. Petri-Kirche, in Luthers Taufkirche zugewiesen worden. Ein lebhafter, lebendiger Festgottesdienst, an den ich mich gerne erinnere. Nach Leipzig konnte ich nicht fahren, weil zu Hause, in West-Berlin schon die Tagung unserer Synode begann.

Es ist schwer zu sagen, welche Tiefenwirkung ein solches Jahr hinterlassen hat. Unsere Welt, zumal die medial vermittelte, geht schnell zur Tagesordnung über. Das Vergangene wird überlagert von dem jetzt gerade Aktuellen. Aber für die aktiven Christen in der DDR sind die ermutigenden Erfahrungen, die sie im Lutherjahr unter dem Leitwort »Gott über alle Dinge fürchten, lieben und vertrauen« gemacht haben, viel mehr als eine schöne Erinnerung gewesen – und geblieben.

Kapitel 18:
Die EKD-Synode in Trier 1985 – Eine überraschende Weichenstellung

Auf der EKD-Synode im November 1985 in Trier stand die Wahl eines neuen Rates auf der Tagesordnung. Dabei sollte ein möglichst breites Spektrum der Kräfte vertreten sein. Ein einseitig zusammengesetzter Rat würde schwerlich Autorität gewinnen. Das Element der Leitenden Geistlichen (Bischöfe, Präsides, Kirchenpräsidenten) musste angemessen vertreten sein. Ohne das Element kompetenter, erfahrener Kirchenjuristen würde es dem Rat schwerfallen, eine eigene Statur gegenüber dem Kirchenamt zu gewinnen. Der Anteil der Frauen im Rat sollte steigen. Die kirchenpolitischen Kräfte waren zu berücksichtigen. Auch jüngere Synodale sollten eine Chance haben. Und schließlich brauchte der Rat Sachverstand in weltlichen Dingen, also fähige Laien. Im Grunde ist das die Quadratur des Zirkels, eine unlösbare Aufgabe; denn es waren ja nur 15 Sitze zu vergeben. Mit Bedacht war darum bei der Wahl für jeden Sitz im Rat eine 2/3-Mehrheit erforderlich. Der Wahlvorgang in Trier zog sich über zwei Tage hin. Die Wahlgänge 10 bis 12 gingen ins Leere. Nicht nur die Journalisten waren über diese zähe Prozedur verärgert. Die evangelische Kirche sei von einer kleinlichen, parteilichen Zerrissenheit geprägt.

Nach der Grundordnung der EKD schlägt der neue Rat aus seiner Mitte den Kandidaten/die Kandidatin für die Wahl zum Ratsvorsitzenden vor. In der Klausur des gerade mühsam gewählten Rates wurden festgelegt: Jetzt darf es keine weitere ›Panne‹ geben, keiner darf sich verweigern. So habe ich mich umstimmen lassen. Denn ich war mit dem festen Vorsatz nach Trier gereist, nicht für den Ratsvorsitz zu kandidieren. Ich war der Überzeugung, dass dann meine Wirkungsmöglichkeiten »über die Mauer hinweg«, zu den Kirchen in der DDR und besonders zur anderen Region unserer Berlin-Brandenburgischen Kirche behindert werden könnten. Ich könne der EKD am besten als Ratsmitglied dienen. Nun musste ich meine Frau in Berlin verständigen und sie bitten, sich auf die Reise nach Trier zu machen. Begeistert war sie nicht.

Meine Befürchtung erwies sich schnell als gegenstandslos. Der neue Status eröffnete mir zusätzliche Wirkungsmöglichkeiten, schränkte sie also nicht ein. Beim Antrittsbesuch im Staatssekretariat für Kirchenfragen, bei Klaus Gysi, habe ich das von mir empfundene Problem ganz offen angesprochen. Gysi lachte: »Daraus machen wir kein Problem. Sie kennen wir schon, da müssen wir uns nicht auf einen anderen einstellen.«

Heute frage ich mich selbstkritisch: Vielleicht war ich der DDR-Führung ein relativ angenehmes Gegenüber, weil ich den Grundsatz der »Nichteinmischung«, der Nichtbevormundung der Kirchen in der DDR, auch der anderen Region strikt eingehalten habe. Unsere Vorgabe war: Sie müssen selbst für sich sprechen, und sie können es auch. Bin ich da zu vorsichtig, zu »gehorsam« gewesen? So habe ich es vermieden, den kritischen Gruppen der Kirche zu begegnen und das unmittelbare Gespräch mit ihnen zu suchen. Natürlich war ich nicht ahnungslos, in den Berichten und Diskussionen auf der Ebene der Kirchenleitungen aus Ost und West nahmen ja die Anliegen und Aktionen der Bürgerrechtsgruppen einen immer größeren Raum ein. Über die West-Medien erreichten sie die Öffentlichkeit, auch die im eigenen Lande.

Für ihre Tagung in Trier hatte sich die Synode der EKD das Thema gewählt: »Wir Christen und unser

Staat«. Arbeitsvorlage war die gerade erschienene Denkschrift »Evangelische Kirche und freiheitliche Demokratie. Der Staat des Grundgesetzes als Angebot und Aufgabe«. Die Einführungsreferate wurden von zwei prominenten Mitgliedern der EKD-Synode gehalten, von dem damaligen Vizepräsidenten des Bundesverfassungsgerichtes und späteren Bundespräsidenten Roman Herzog (Mitglied der ›Kammer für öffentliche Verantwortung‹, die die Denkschrift erarbeitet hatte) und Helmut Simon, lange Jahre Richter am Bundesverfassungsgericht, bekannt durch seine Mitarbeit im Präsidium des Deutschen Evangelischen Kirchentages.

Helmut Simon gab gleich zu Beginn seines Korreferates zu erkennen: »Die beiden Redner ... dürften in der Erwartung ausgesucht worden sein, dass sie eine kontroverse Beurteilung vortragen werden. Schon ein kurzer Gedankenaustausch mit Roman Herzog gab indessen Anlass zu der durch sein Referat inzwischen bestätigten Annahme, dass die Unterschiede zwischen uns erheblich geringer sein würden, als manche erwarten mögen, und jedenfalls keine grundsätzlichen Positionen betreffen. (Aber) tut es nicht auch streitbaren Protestanten gelegentlich gut, wenn in einer wichtigen Angelegenheit grundsätzliche Übereinkunft trotz unterschiedlicher Herkunft deutlich wird?«

Roman Herzog hatte nachdrücklich darauf hingewiesen, dass es für die Kirche sinnvoll sei, nicht von einer allgemeingültigen Abstraktion (›der Staat‹) auszugehen, sondern dem Tatbestand Rechnung zu tragen, dass Christen sich in dieser Welt in ganz verschiedenen Typen des Staates vorfinden. »Es gibt Staatsformen, die dem Christen und seiner Kirche näher stehen und solche, die ihnen ferner stehen.« Wichtig ist hier der Komparativ, das ›näher‹ und ›ferner‹. »Denn ebenso wie es uns verwehrt ist zu sagen, dass wir in bestimmten politischen Ordnungen (als Christen) überhaupt nicht leben und bestehen können, so ist es uns auch nicht erlaubt, uns mit bestimmten Ordnungen total und vorbehaltlos zu identifizieren; denn es ist uns überhaupt verwehrt, unser Herz total an Irdisches zu hängen.«

Mir scheint, in dieser Relativierung wird unausgesprochen zum Ausdruck gebracht, dass Christen unter den Bedingungen der DDR lebend ihr Verhältnis zum Staat auf eigene, andere Weise zu bestimmen haben. Aber dann fährt Herzog fort, dass die Grundgedanken des demokratischen Rechtsstaates »eindeutig christliche Wurzeln haben, die uns daher die Frage abnötigen, ob es nicht gerade zwischen den christlichen Wurzeln und dem demokratisch-rechtsstaatlichen Typ des modernen Staates Affinitäten, innere Übereinstimmungen gibt, die so oder so ein besonderes Verhältnis zwischen den beiden indizieren.« Dieser Zusammenhang sei zwar durch kirchliche Unzulänglichkeiten und durch Säkularisierungsvorgänge immer wieder verschüttet worden. »Aufgelöst ist er aber nicht, und es gibt auch keinen Grund, ihn heute nicht wieder aufzugreifen und zu betonen.« Der Rechtsstaat sei so etwas wie der Versuch, Konsequenzen zu ziehen »aus dem biblischen Bild vom unvollkommenen, irrtumsbefangenen und auch tatsächlich irrenden, kurz: vom sündigen Menschen.«

In der vom Rat der EKD und dem Bund der Evangelischen Kirchen in der DDR gebildeten vertraulichen Konsultationsgruppe hatte der Präses der EKD-Synode, Jürgen Schmude, schon zwei Monate vor der EKD-Synode den Entwurf der Demokratie-Denkschrift vorgestellt. In der – ziemlich kurz gefassten – offiziellen Protokollnotiz heißt es: »Grenzüberschreitende Aussagen und indirekte Verurteilungen anderer Staaten sind sorgfältig vermieden worden.« Das stimmt in gewisser Weise, es stimmt auch wieder nicht, weil ja doch Fundamentalkriterien des Staatsverständnisses verhandelt wurden (Gewaltenteilung, Machtkontrolle,

Menschenwürde – wie überhaupt die Frage nach dem Menschenbild). Diese Fundamentalkriterien haben jedenfalls eine Tendenz zur Allgemeingültigkeit.

Und so findet sich dann in der Denkschrift die Aussage: »Keine heute bekannte Staatsform bietet eine bessere Gewähr, die in unserer Zeit gestellten Probleme zu lösen, als die freiheitliche Demokratie. Deshalb bejahen wir diese Staatsform, die als Chance durch ernsthaftes Bemühen um Erfüllung und Weiterentwicklung der Demokratie genutzt werden muss. Die politische Ordnung ist verbesserungsfähig und bedarf laufend der Reform. Es gibt Schwächen und Mängel in unserem Staat. Den Verfassungsnormen zum Trotz haben sich in der Verfassungswirklichkeit Missstände verfestigt.«

Es ist in den Ost-West-Gremien der Evangelischen Kirche nicht zu einer wirklichen Auseinandersetzung mit der Demokratie-Denkschrift gekommen, schon gar nicht zu einem Fundamentalvergleich der politischen Verfasstheit der beiden deutschen Staaten. Ich erinnere mich an viele Gespräche bei Besuchen und Begegnungen in der DDR. Da wurde mir immer wieder die Frage gestellt: Wie könnt ihr so positiv und so einvernehmlich von eurem Staat reden, wo wir euch doch in der Beurteilung von politischen Entwicklungen und Entscheidungen in der Bundesrepublik als so kritisch erleben? Sollen wir denn etwas Analoges tun und auch eine Denkschrift über unser Verhältnis zum Staat erarbeiten? Verschafft ihr uns mit der Demokratie-Denkschrift nicht zusätzliche Schwierigkeiten? Die Spannungen sind doch groß genug!

Nun kann man den evangelischen Kirchen in der DDR nicht den Vorwurf machen, sie hätten sich nicht intensiv und permanent den Fragestellungen des Staat-Kirche-Verhältnisses unter den Bedingungen einer sozialistischen Gesellschaft gestellt. Aber die Voraussetzung war eigentlich immer unausgesprochen: Wir leben in einer ungleich anderen Situation, jeder muss in seinem Kontext seine Antwort finden. »Die Macht-frage ist bei uns gelöst; das müssen wir als Realität an-nehmen«. Damit rückten die praktischen Fragen im Staat-Kirche-Verhältnis in den Vordergrund, das Be-mühen, den Handlungsraum der Kirche zu verteidi-gen und nach Möglichkeit zu erweitern

Die Demokratie-Denkschrift hatte keinen erkenn-baren Einfluss auf die kritischen Gruppen, die sich in der zweiten Hälfte der 80er Jahre immer kräftiger in der DDR zu Wort meldeten. Sie hatten als Leitbild ja auch nicht die westliche Demokratie, sondern einen »Sozialismus mit menschlichem Antlitz«, eine tiefgrei-fende Reform der DDR, die Gewährleistung von Mei-nungsfreiheit wie überhaupt der Menschenrechte. Es lebte in ihnen eine Skepsis gegenüber der westlichen politischen Verfasstheit, insbesondere der ökonomi-schen. Und solche Skepsis lebte nicht nur in den Grup-pen, sondern auch bei vielen wachen, verantwortungs-bereiten Christen und bei Mitgliedern der Synoden und Kirchenleitungen. Als die Mauer fiel, kam der Dis-sens schnell heraus.

Mit der Mauer zu leben, das schien unser Schicksal auf unabsehbar lange Zeit zu sein. Aber wir sahen es als unsere Aufgabe an, die Grenze durchlässiger zu ma-chen, ihre abschottende Tendenz nicht zu respektieren. »Schon wer die Mauer von oben sieht, beim Anflug auf Berlin, erschrickt darüber, wie unbarmherzig sie ins Fleisch der Stadtlandschaft schneidet. Und nicht nur der Landschaft«, schrieb ich in meiner Kolumne zum 13. August 1981, 20 Jahre nach dem Bau der Mauer. »In diesen Tagen werden viele Worte gemacht. Sie soll-ten nicht dazu führen, dass die Mauern in uns und zwischen uns verfestigt werden. Wir jedenfalls sollten die Mauer nicht höher machen, als sie ist ... Da klagt einer über die Erhöhung der Umtauschquoten und tut so, als gehöre er selbst zum Kreis derer, die sich nun aus finanziellen Gründen einen Besuch bei Verwandten oder Freunden ›drüben‹ nicht mehr leisten können. Er sperrt sich selbst ab. Das sollten wir nicht tun«.

Im Frühjahr 1986 fragte ich Gottfried Forck, den Bischof der Ost-Region, ob er es für möglich halte, zum 13. August, 25 Jahre nach dem Bau der Mauer einen öffentlichen Briefwechsel zu führen »Über die seelsorgerliche Aufgabe der Kirche angesichts der Mauer«. Wir könnten uns doch zu diesem Datum nicht »verschweigen« und das Feld lauten politischen Rednern überlassen. Mir sei unwohl dabei. Am Pfingstmontag (am 18. Mai) brachte ich meine Gedanken zu Papier. Gottfried Forck antwortete am 26. Juni.

Ich nannte acht Orientierungspunkte: 1) Die seelsorgerliche Aufgabe hat sich an denen auszurichten, die leiden und die mitleiden, gemäß dem Worte Jesu: »Die Starken bedürfen des Arztes nicht, aber die Schwachen« (Matth. 9,12). 2) Unsere geteilte Kirche ist durch Enttäuschungen und Versagen hindurchgegangen. 3) Zur seelsorgerlichen Aufgabe gehört nüchterne Wahrhaftigkeit: a) gefährliche Trennungslinie zwischen zwei hochgerüsteten Machtblöcken; b) Hinterlassenschaft des von Hitler angezettelten Krieges; wir Deutschen tragen an den Folgen dieser Schuld; c) alle Versuche, nach 1945 das Berlin-Problem einseitig zu lösen, sind gescheitert; d) bittere Erfahrungen haben sich in der Seele vieler Menschen niedergeschlagen; aber die Grenze ist durchlässiger geworden. Der seelsorgerliche Dienst der Kirche ist dabei wichtig gewesen, er bleibt es auch weiterhin. 4) »Wir glauben, dass Gott die Welt nicht so lässt, wie sie ist. Die Geschichte bleibt nicht stehen … Unser Gebet, unser Nachdenken und Tun ist damit auf eine Zukunft gerichtet, in der die Mauer nicht mehr sein wird.« 5) Wir mühen uns als Kirche um eine vernünftige Nachbarschaft. Es sollte mehr gewagt werden anlässlich der 750-Jahrfeier Berlins im kommenden Jahr. 6) Christen sind »von Natur her« miteinander verbunden, ganz unabhängig von bestehenden Grenzen. Christen sollen Brückenbauer und Friedensstifter sein. 7) Was ist die seelsorgerliche Aufgabe der Kirche auf dem schwierigen Feld der Ausreisen. 8) Die Kirche hat keine äußere Macht, aber sie hat das Vorrecht, die Freiheit des Glaubens zu leben.

Gottfried Forck hat diese Orientierungspunkte aufgenommen und aus seiner Erfahrung an vielen Stellen konkretisiert. Das »Berliner Sonntagsblatt« verbreitete einen Sonderdruck. Dass ich den Briefwechsel der Öffentlichkeit gegenüber rund um den 13. August 1986 nicht persönlich in Interviews vertreten konnte, weil ich im Juli/August 1986 einen Sprachkurs in Selly Oak bei Birmingham absolvierte, war sicher nach publizistischen Maßstäben eine gravierende Fehlleistung. Die Medien im Westen nahmen den Briefwechsel auf, eine breitere Diskussion löste er nicht aus. Unter den kritischen Stimmen ist mir die des französisch-deutschen Publizisten und Zeithistorikers Alfred Grosser im Gedächtnis geblieben: er vermisse eine Reflexion des Begriffs »Freiheit«; die Mauer sei ein Symbol der Unfreiheit. Die Kritik wird berechtigt sein, aber in welche Situation hätte ich Gottfried Forck gebracht, wenn ich die Unfreiheit in der DDR zum Thema gemacht hätte?

Einige Jahre später hat Gerhard Besier, früher einmal Professor an der Kirchlichen Hochschule in Berlin, inzwischen Direktor des Hannah-Arendt-Instituts für Totalitarismusforschung in Dresden einen Artikel in der »Welt« zum 13. August unter die Überschrift gestellt »Wie sie lernten, die Mauer zu lieben«. Der Briefwechsel der beiden Bischöfe laufe auf eine Sanktionierung des Mauerbaus hinaus. Das war eine böse Diffamierung. So konnte nur einer urteilen, der von den Mühen und Schwierigkeiten der geteilten Kirche, beieinander zu bleiben, keine wirkliche Ahnung hatte. Aber die Frage bleibt: Haben wir zuviel Rücksicht genommen? Sind wir mutig genug gewesen?

Bei der gemeinsamen Ephorenrüste der Berliner Superintendentinnen und Superintendenten in Budapest im Herbst 1986 gab es – überraschend für mich – eine heftige Auseinandersetzung um diesen Briefwechsel. Einige meinten, Bischof Forck sei von mir für ein westliches Anliegen in Anspruch genommen worden. »Wir können nicht gemeinsam über die Mauer reden. Unsere Verletzlichkeit ist viel zu groß. Das Leiden unter der Mauer ist nicht vergleichbar in Ost- und West-Berlin.« Andere aus dem Kreis der Superintendenten widersprachen. Der Dissens blieb ungelöst stehen – drei Jahre vor dem Fall der Mauer.

Kapitel 19

Das Bischofsamt – Der Einheit der ganzen Kirche verpflichtet

»Bischöfe sind von jeher Darsteller und Hüter der christlichen Einheit. Dazu sind sie da seit dem zweiten nachchristlichen Jahrhundert.« »Die Einheit, die der Bischof lokal darzustellen und zu hüten hat, war von jeher die Einheit der ganzen Kirche, nicht nur seiner Gemeinde, sondern die Ökumene der Christenheit.« »Es ist an den deutschen Bischöfen, die Einheit der Weltchristenheit gegen den Parochialismus ihrer eigenen Kirchengebiete vorzubringen, sie darzustellen in allem, was sie sagen und tun und sind, sie zu hüten gegenüber allen Separatismen und Diskriminierungen, gegenüber allen Spaltungen innerhalb und außerhalb ihres eigenen Zuständigkeitsbereiches. Das ist ihres Amtes.« (Ernst Lange, Kirche für die Welt, hrsg. und eingeleitet von Rüdiger Schloz, München/Gelnhausen 1981,312 f.).

Diese Zitate sind der »Eingabe an einen westdeutschen Kirchenführer« entnommen, die Ernst Lange in der von ihm als Schriftleiter betreuten Monatsschrift »Wissenschaft und Praxis in Kirche und Gesellschaft« 1974 kurz vor seinem tragischen Tode veröffentlicht hat. Ich habe diesen Aufsatz, der nachdrücklich die ökumenische Funktion des Bischofsamtes herausstellt, nach meiner Wahl zum Bischof, vor unserem Umzug nach Berlin wiederholt studiert und in mich aufgenommen.

Ernst Lange war einer der großen Anreger in den Bemühungen um eine Reform der Kirche in den 60er und 70er Jahren. Er wurde 1960 nach Berlin berufen, in eine neu errichtete kreiskirchliche Pfarrstelle in Berlin-Spandau. Der Arbeitsauftrag lautete »Erprobung neuer Formen der Gemeindearbeit«. Es sollte die Gelegenheit gegeben werden, Reformgedanken in die kirchliche Praxis umzusetzen. So entstand die Ladenkirche am Brunsbütteler Damm in Spandau.

1965 wechselte Ernst Lange als Professor für Praktische Theologie an die Kirchliche Hochschule in Berlin-Zehlendorf, 1968 als Mitarbeiter in den Stab des Ökumenischen Rates der Kirchen in Genf. Die letzten Jahre, schon von Krankheit und Depressionen gezeichnet, stand er im Dienste des Kirchenamtes der EKD in Hannover, in der »Spinnstube«, einer mit großer Freiheit ausgestatteten Planungsgruppe.

Ich habe seine Deutung des Bischofsamtes immer wieder bestätigt gefunden. Es mag sein, dass die Vorrangstellung des Bischofs in der römisch-katholischen Kirche, in der Orthodoxie und in der weltweiten Anglikanischen Kirche unbewusst auch auf das evangelische Bischofsamt übertragen wurde, jedenfalls richteten sich in der ökumenischen Praxis ganz selbstverständlich besondere Erwartungen an uns. Die Türen waren leichter zu öffnen. Ich war überrascht, wie viel Vertrauen mir als Bischof entgegenkam. In allen Begegnungen, die den Charakter von Lehrgesprächen hatten, wurde natürlich freundlich, aber unmissverständlich ausgesprochen, dass unser Amtverständnis »unkanonisch« sei, dass wir »eigentlich« keine legitimen Bischöfe seien.

Bei einem bilateralen theologischen Dialog zwischen der Russischen Orthodoxen Kirche und der EKD (vom 24. bis 29. September 1984 in Kiew) zum Thema »Der bischöfliche Dienst in der Kirche« hatte ich ein Referat zu halten: »Die Wahrnehmung des bischöflichen Amtes als geistlicher Dienst in der evangelischen Kirche«. Ich habe den Aufgabenkatalog erläutert, wie er in unserer Kirchenverfassung (unserer Grundordnung) niedergelegt ist. In der Mittagspause suchte ein hoch geachteter Teilnehmer aus der Russischen Orthodoxen Delegation das Gespräch mit mir. »Ja, ja, das ist ja so, dass ihr nach unserer Lehre kein voll gültiges Bischofsamt besitzt; aber lasst euch nicht entmutigen. Es ist wichtig, dass unsere Bischöfe hören, wie bei euch das Bischofsamt wahrgenommen wird. Ihr seid in eurer Praxis viel näher an der altkirchlichen Tradition als wir.« Was meinte er damit? Vor allem: dass ein Bischof ständig über sein Tun und Lassen Rechenschaft geben müsse, der Synode und der Kirchenleitung; er sei nicht so »abgehoben«. Dass er die »episkope« (die Leitung und die Aufsicht) zusammen mit Ordinierten und »Laien« wahrnehme, verbinde ihn stärker mit dem Volk Gottes.

Eine ganz andere Art ökumenischer Begegnung lernte ich durch Bischof Klaus Hemmerle, den Aachener römisch-katholischen Bischof kennen. Bei der Vorbereitung des Evangelischen Kirchentages in Berlin 1977 sind wir uns zum ersten Mal begegnet. Er war schon lange Geistlicher Assistent der Katholikentage und ein durch das Zweite Vatikanische Konzil inspirierter Theologe. Er fiel mir sofort durch seine Sprachbegabung auf; er bediente sich nämlich nicht der »Kirchensprache«, an der ich meinte, jeden katholischen Bischof erkennen zu können. Er formulierte eigenwillig und taufrisch. Die vielen biblischen Bezüge wiesen ihn als einen Christenmenschen aus, der aus der Schrift lebte. Wir haben uns gerne bei Evangelischen Kirchentagen oder bei einem Ökumenischen Entwicklungshilfe-Kongress zusammenspannen lassen.

Eines Tages fragte er mich, ob ich nicht an einem internationalen ökumenischen Bischofstreffen in Rom teilnehmen könne. Es finde jährlich statt, es werde von der Fokolarbewegung vorbereitet, aber der Kreis selbst lege das Programm fest. Es gehe nicht darum, »Lehrgespräche« zu führen, sich abzugrenzen, sondern die geistlichen Gaben und Erfahrungen miteinander zu teilen, miteinander den Reichtum Christi zu entdecken. Ich bin der Einladung gerne gefolgt, schon weil ich Klaus Hemmerle vertraute. Ich habe reichen Gewinn davon gehabt.

Was hat uns beschäftigt? Ich nenne nur einige »Themen«: »Die Bedeutung der Bibel in meinem Leben und im Leben meiner Kirche«.»Was bedeutet mir Maria?« »Wie verstehe ich das Priestertum aller Glaubenden?« Dabei lernten wir uns »von innen« kennen. Alle nahmen an dem morgendlichen Abendmahlsgottesdiensten teil, auch wenn dabei nicht die volle Abendmahlsgemeinschaft praktiziert wurde, aber durch die geistliche Lebensgemeinschaft war die Erfahrung der Einheit stärker als der Schmerz über die Trennung.

Ich bin mit Klaus Hemmerle wie mit einem Freund und Bruder verbunden gewesen. In meiner Jugendzeit im Emsland hätte ich das nicht für möglich gehalten, mit einem katholischen Bischof befreundet zu sein. Er lud meine Frau und mich in der Adventszeit einmal für einige Tage nach Aachen ein, hatte Zeit für uns, führte uns durch den Aachener Dom und verschaffte uns eine wohltuende Atempause in einem Freizeitheim seiner Diözese. Wir machten uns Gedanken über den Unterschied der Existenzweise eines katholischen und eines evangelischen Bischofs. Beide haben ihre Stärken und ihre Schwächen, ungeteilt der Kirche zur Verfügung zu stehen wie Bischof Hemmerle oder bei aller Dienstbereitschaft doch immer durch Frau und Kinder verantwortlich teilzuhaben an den Freuden und Lasten einer Familie.

Wir gehörten beide dem Jahrgang 1929 an. Klaus Hemmerle starb im April 1994, nach menschlichem Ermessen zu früh, mit 65 Jahren. Die Trauer war groß, weit über sein Bistum hinaus. In dieser Zeit, Ende April 1994, wurde ich in der St. Marien-Kirche in Berlin-Mitte in den Ruhestand verabschiedet.

In meiner kleinen Taschenbibel, die ich immer bei mir trug, finden sich Namenszüge von Christenmenschen aus aller Welt. Ich wollte sie im Gedächtnis behalten, sie waren für mich so etwas wie eine persönliche »Wolke der Zeugen« (Hebr.12,1), die meinen Glauben bereichert und vertieft haben. Auf den vielen Reisen war Zeit genug, diese bunte Namensliste zu meditieren, mich zu erinnern und vor Gott an jeden Einzelnen zu denken. Klaus Hemmerles Name steht da natürlich auch, verbunden mit dem Datum 17.11.1980 und dem Zusatz »Papstbesuch Mainz«. Kao Chung Ming, der Generalsekretär der Presbyterianischen Kirche in Taiwan, für dessen Freilassung aus dem Gefängnis ich im Oktober 1980 nach Asien gereist war. John M. C. Wu, ein chinesischer Professor, der mir bei einem ausgedehnten Festessen in Beijing im Februar 1985 von seiner Verbannung in der dunklen Zeit der Kulturrevolution erzählte, und zwar ohne jede Anklage, es sei für ihn als Christ eine Zeit der Prüfung seines Glaubens gewesen. Desmond Tutu, der anglikanische Erzbischof in Kapstadt, fügte seinem Namen einen persönlichen Segenswunsch hinzu. Metropolit Alexej in Tallin/Estland, der später Patriarch der Russischen Orthodoxen Kirche wurde. Und viele andere.

Zum November 1980 kündigte der Vatikan einen Pastoralbesuch von Papst Johannes Paul II. in Deutschland an. Zum ersten Mal nach 450 Jahren sollte wieder ein Papst deutschen Boden betreten. Ein Ereignis von kirchengeschichtlichem Rang. Hier, im Mutterland der Reformation, würde er auf eine konfessionelle Situation treffen, die ihm aus seiner Heimat, aus Polen nicht vertraut war. Hoffnungen und Befürchtungen richteten sich auf diesen Besuch. Für Aufregung sorgte eine eilig erstellte »Kleine Kirchengeschichte Deutschlands«, die von der Katholischen Bischofskonferenz in Auftrag gegeben worden war.

Nicht nur, dass die Reformation unter die Rubrik »Zeitalter der Glaubensspaltung« gerückt wurde, sondern auch dass die Person und das Wirken Luthers heftiger Kritik, ohne Berücksichtigung der neueren katholischen Lutherforschung, unterzogen wurde, provozierte Ärger. Die katholische Kirche zog daraufhin, um das Klima zu verbessern, die Erstauflage zurück.

Die vatikanischen Planer hatten als ökumenische Begegnung einen Empfang in Osnabrück vorgesehen. Sie wollten wohl ›auf Nummer sicher gehen‹. Aber würde das im Blick auf die ökumenische Situation in Deutschland eine angemessene Form sein? Würde ein freundlich-unverbindlicher Empfang genügen? Kardinal Höffner, der Vorsitzende der Katholischen Bischofskonferenz machte sich unseren Wunsch nach einem inhaltlich gewichtigen Gespräch zu eigen.

So kam es am 17. November 1980 im Kapitelsaal des Mainzer Domes zu einem bemerkenswerten Dialog. Sieben Abgesandte des Rates der EKD (darunter auch eine Frau, Eleonore von Rotenhan) unter Führung des Ratsvorsitzenden Eduard Lohse saßen dem Papst und sechs Vertretern der katholischen Bischofskonferenz gegenüber. Nachdem Kardinal Volk als gastgebender Bischof einige Worte der Begrüßung gesprochen hatte, wandte sich Bischof Lohse an den Papst: »Namens des Rates der Evangelischen Kirche in Deutschland sage ich Ihnen Dank dafür, dass Sie ausdrücklich gewünscht haben, während Ihres Besuches in der Bundesrepublik Deutschland zu einem Gespräch mit uns zusammenzutreffen. Wir sind uns darüber klar, dass in dieser Stunde nicht alles gesagt werden kann, was wir einander mitzuteilen haben.« Er sprach im Laufe seiner Rede drei ökumenische Spannungspunke an, die nach Möglichkeit gelöst werden sollten: »Wir sprechen die zuversichtliche Erwartung aus, dass wir einander darin näherkommen möchten, die gnädige Zuwendung unseres Herrn, in der Er – nicht wir – zur Feier seines Mahles einlädt, besser und tiefer zu begreifen. Und wir warten mit geduldiger Hoffnung darauf, dass auch von Seiten Ihrer Kirche die offene Einladung ausgesprochen werden möchte, dass wir als Gäste und Freunde bei der Feier der Eucharistie willkommen sind, ohne deshalb die eigene kirchliche Zugehörigkeit preiszugeben.« Das war sicher ›der größte Brocken‹.

»Es kann weder uns noch einer größeren Öffentlichkeit verständlich gemacht werden, warum ökumenische Gottesdienste zwar an Wochentagen, nicht aber an Vormittagen der Sonn- und Festtage kirchenrechtlich gestattet sein sollen.« Der dritte Punkt bezog sich auf die Mischehenpraxis der katholischen Kirche. »Wir leiden mit vielen Christen darunter, dass Ehen, die evangelische und katholische Partner in gemeinsamer Verantwortung vor Gott eingegangen sind und führen, oft nicht die kirchliche Anerkennung und seelsorgerliche Begleitung finden, die wir ihnen schuldig sind.«

In aller Klarheit, aber ohne jede Schärfe trug Bischof Lohse diese Erwartungen vor. Ich hatte den Eindruck, dass die Vertreter der deutschen Bischofskonferenz sich nicht sehr wohl fühlten bei dieser Offenheit. Johannes Paul II. aber schien alles mit einer gesunden Portion Neugier und einer inneren Gelassenheit aufzunehmen. Er antwortete in deutscher Sprache und gab uns zu verstehen: »Ich weiß ja, was Sie denken. Wie kann ein Papst, der aus Polen kommt, die ökumenische Situation in Deutschland verstehen?« Er konnte und wollte natürlich aus dem Augenblick heraus keine Zusagen geben und schlug dann am Ende die Einsetzung einer Ökumenischen Kommission vor, die den aufgeworfenen Fragen nachgehen sollte.

In dieser kleinen Kommission (je fünf Mitglieder von beiden Seiten) unter der gemeinsamen Leitung von Kardinal Ratzinger (München) und Landesbischof Lohse (Hannover) haben wir gleich in der ersten Sitzung in der Katholischen Akademie in München im Frühjahr 1981 als vordringliche Aufgabe herausgestellt: Treffen die wechselseitigen Verwerfungen des 16. Jahrhunderts noch den heutigen Partner? Um es auf den Punkt zu bringen: Hält die evangelische Seite an der Behauptung fest, der Papst sei der Antichrist? Wird die katholische Messe um ihres Opfer- und Verdienstcharakters auch heute mit dem Heidelberger Katechismus als »vermaledeite Abgötterei« bezeichnet? Wie kann dann aber Abendmahlsgemeinschaft angestrebt werden? Sind die Positionen der Reformation in den Verwerfungen des Tridentinischen Konzils wirklich zutreffend aufgenommen? Sind wir in unserer theologischen Erkenntnis heute nicht viel näher beieinander als vor 400 Jahren?

Weil die kleine Ökumenische Kommission diese umfangreiche Arbeit nicht selbst leisten konnte, wurde der »Arbeitskreis evangelischer und katholischer Theologen« (nach den Gründungsvätern auch »Stählin-Jaeger-Kreis« genannt) gebeten, in einer gründlichen Studienarbeit diesen Fragen sorgfältig nachzugehen. Auf drei große Themenkreise konzentrierte er sich zunächst: auf die Lehre von der Rechtfertigung des Sünders allein aus Glauben; auf die Lehre von den Sakramenten, wobei vor allem das Verständnis des Herrenmahls (nach evangelischem Sprachgebrauch also des Abendmahls, nach katholischem Sprachgebrauch der Eucharistie) erörtert werden sollte; und schließlich auf die besonders umstrittene Lehre vom kirchlichen Amt. Wissenschaftliche Leiter waren damals Professor Dr. Karl Lehmann aus Freiburg (später Bischof von Mainz) und auf evangelischer Seite Professor Dr. Wolfhart Pannenberg (München). Dass Karl Lehmann auch nach seiner Ernennung zum Bischof von Mainz und nach seiner Wahl zum Vorsitzenden der Deutschen Bischofskonferenz (1987) weiter tatkräftig im ÖAK mitgearbeitet hat, hat wesentlich zur Kontinuität und zum Ergebnis der Arbeit beigetragen. Die erarbeiteten Dokumente wurden von der Gemeinsamen Kommission mit Dank entgegengenommen und durch die Leitungen beider Kirchen der kirchlichen und wissenschaftlichen Öffentlichkeit bekannt gemacht. Sie sind unter dem Titel »Lehrverurteilungen – kirchentrennend?« 1986 im Druck erschienen.

Ich bin sowohl Mitglied in der »Gemeinsamen Kommission« wie im »Ökumenischen Arbeitskreis evangelischer und katholischer Theologen« gewesen. Die Frage ist immer wieder gestellt worden: Ist das nicht vergebliche Liebesmühe, sich heute mit den dogmatischen Fragen und Begriffen des 16. Jahrhunderts zu befassen? Das interessiert doch nur theologische Spezialisten! Das Kirchenvolk auf beiden Seiten ist schon viel weiter! Aber liegen nicht die Felsbrocken der Verwerfungen des 16. Jahrhunderts wie sperrige Hindernisse auf dem Weg zur Einheit der Christenheit? Es ist doch keine Lösung, diese Fragen für »gleichgültig«, für unwesentlich zu erklären! Es gibt unterschiedliche Weisen, der Ökumene voranzuhelfen. Sie sind alle auf ihre Weise notwendig: die ökumenische Praxis auf Gemeindeebene oder auf kirchlichen Arbeitsfeldern; das wechselseitige Lernen und Aufnehmen spiritueller Erfahrungen, die Alltagsökumene in sogenannten Mischehen; das freundschaftliche Miteinander von Bischöfen (wie ich es durch Bischof Klaus Hemmerle und seinen Kreis erfahren habe); die Mühen des Ökumenischen Rates der Kirchen und der konfessionellen Weltbünde; die klärenden Lehrgespräche. Ich bin davon überzeugt, dass die ökumenische Bewegung eine »Frucht« der Katastrophen des 20. Jahrhunderts ist, eine Antwort des Heiligen Geistes auf den Verlust der Menschlichkeit und das Versagen der Kirchen.

Beim zweiten Besuch von Papst Johannes Paul II. in Deutschland kam es in Augsburg am 4. Mai 1987 zu einem ökumenischen Gottesdienst in der Kathedrale St. Ulrich und Afra. Gemeinsam mit Papst Johannes Paul II. am Altar zu stehen, auch ihm in der großen Gemeinde zu predigen, miteinander Fürbitte zu halten für die auf Erden zwar getrennte, aber unter Christus vereinte Christenheit – das war ein ökumenisches Zeichen vor aller Welt. Die Stadtsparkasse Augsburg hatte eine Münze prägen lassen mit der Umschrift »Papst Johannes Paul II./Bischof Martin Kruse«. Einige Exemplare hüte ich für meine Enkelkinder.

Aber nun möchte ich am Schluss dieses Kapitels an die beiden Vorsitzenden der Deutschen Bischofskonferenz, mit denen ich als Ratsvorsitzender der EKD durch eine enge und vertrauensvolle Zusammenarbeit verbunden war, erinnern: an Joseph Kardinal Höffner, der am 16. Oktober 1987 (am Todestag meines Vaters) starb, einige Monate nach dem 2. Pastoralbesuch des Papstes in Deutschland, und an Karl Kardinal Lehmann, der am 22. September 1987 zum Vorsitzenden der Bischofskonferenz gewählt wurde.

Vielleicht gibt die letzte Begegnung mit dem schon vom Tode gezeichneten Kölner Kardinal einen Hinweis auf unser Verhältnis. Ich erkundigte mich bei seinem Sekretär, ob ich ihn an seinem Krankenlager besuchen dürfe oder ob ihm das beschwerlich sei. So bin ich einem frommen Christenmenschen begegnet, in einem ganz einfachen Krankenzimmer, bereit zum Sterben und dankbar für diese Stunde. Sein Abschiedswort an seine Diözese hatte er schon am Aschermittwoch 1980 handschriftlich verfasst. Ich nehme es noch immer gerne zur Hand.

Nach meiner Wahl zum Ratsvorsitzenden machte ich ihm einen Antrittsbesuch in seiner Bischofsresidenz in Köln. Am Ende zog er einen Zettel aus der Tasche, überflog ihn und meinte: »Wir haben alle Fragen berührt, auf die ich mich vorbereitet habe – und noch einige mehr«. Den Gedächtnisvermerk, den ich auf dem Rückflug nach Berlin verfasst habe, besitze ich noch. Die letzten Zeilen: »Gesamtcharakter des Gesprächs: Offen, sehr gesprächsbereit, ausgesprochen freundlich.«

Zu meiner großen Überraschung meldete er sich kurze Zeit später zum Gegenbesuch an. Das hatte ich sonst nie erlebt. Wir trafen uns auf halber Strecke zwischen Berlin und Köln, im Kirchenamt in Hannover. Er erschien in Begleitung, mit seinem Hund – ich glaube, es war ein Dackel. Auch so kann sich die Verbundenheit im Glauben ausdrücken. Natürlich gehörte er wohl zu den konservativen Bischöfen, aber als Sozialwissenschaftler hatte er einen nüchternen Blick für die Realitäten, für die gemeinsame Verantwortung der Kirchen in unserer Gesellschaft und in der Welt. Und er ließ nie einen Zweifel daran, dass das II. Vatikanische Konzil notwendige Reformen eingeleitet habe

Am 22. September 1987 wählte die Herbst-Vollversammlung der Bischofskonferenz in Fulda den Mainzer Bischof Karl Lehmann zu ihrem Vorsitzenden. Das war nach innen und außen eine kleine Sensation. Alle Welt hatte damit gerechnet, dass der neue Vorsitzende aus dem Kreis der deutschen Kardinäle kommen würde. Es heißt, die Stimmen der Weihbischöfe hätten den Ausschlag gegeben. Jedenfalls trifft es wohl zu, dass der Vatikan zwei Tage gebraucht habe, um ein Schreiben mit Segenswünschen zu verfassen. Und erst am 21. Februar 2001 wurde der Vorsitzende der Deutschen Bischofskonferenz, fast 14 Jahre nach seiner Wahl, in den Kreis der Kardinäle berufen. Er kennt sich aus in der evangelischen Theologie wie wohl kein zweiter katholischer Bischof. Bei seinem Übermaß an Pflichten hat er bis heute dem ›Ökumenischen Arbeitskreis evangelischer und katholischer

Theologen‹ nicht nur die Treue gehalten, sondern hat dessen Arbeit aktiv und leitend mitbestimmt. Gerade in der turbulenten ›Wendezeit‹ ist mir das offene und freundschaftliche Miteinander von unschätzbarem Wert gewesen. Wir haben uns auch in meinem Ruhestand nicht aus den Augen verloren.

Kapitel 20

Die Ökumene nach Osten

In der Ökumene der geteilten Stadt spielte die Russische Orthodoxe Kirche eine Sonderrolle. Sie war nämlich auf beiden Seiten ›zu Hause‹. Die Residenz des Exarchen lag in Karlshorst, in Ost-Berlin, in einem Stadtteil mit vielen sowjetischen Offizieren und Soldaten; die russisch-orthodoxe Kathedrale, regelmäßig im Jahr ein Ort ökumenischer Begegnungen, aber stand und steht in Wilmersdorf, in West-Berlin. Nach einer ökumenischen Andacht saßen wir in der Gemeindewohnung in der Sentastraße nebeneinander, Erzbischof Philaret und ich. Wie immer gab es reichlich zu essen und zu trinken. Der Erzbischof beherrschte die deutsche Sprache, machte davon aber in der Öffentlichkeit keinen Gebrauch. Im Zwiegespräch ließen sich so auch vertrauliche Fragen erörtern.

Mir sei aufgefallen, sagte ich, dass bei den großen Empfängen zum Osterfest und zum Geburtstag des Moskauer Patriarchen Pimen in Ost-Berlin auch Pfarrerinnen und Pfarrer meiner Diözese eingeladen würden, vor allem solche, die der CFK (der Prager Christlichen Friedenskonferenz) nahestünden. Dann müsste doch eigentlich auch deren Bischof, also ich, eingeladen werden. Darauf lachte Philaret mich an und sagte: »Wir wollen mal sehen!« Von da an war ich »zugelassen«.

Die Russische Orthodoxe Kirche diente als Gastgeber für einen solennen Staat-Kirche-Empfang der DDR. Die für die Kirchenpolitik der SED Verantwortlichen – nicht nur die führenden Genossen des Staatssekretariats für Kirchenfragen – trafen auf die Vertreter der Kirchen, auch der Freikirchen. Der katholische Bischof schickte regelmäßig einen nachgeordneten Mitarbeiter. Wie selbstverständlich gehörte eine liturgische Andacht, ein Lobpreis der Auferstehung oder eine Rede zum Heil und Wohl der Russischen Orthodoxen Kirche und ihres Patriarchen zum festen »Programm« dieser Empfänge. Und natürlich eine noble Bewirtung, bei der nie der Kaviar fehlte. Die Vorhänge im Festsaal des Hotels verwehrten den Passanten den Blick auf das üppige Buffet. Es mag ja sein, dass diese Empfänge von der Stasi auch »sorgfältig« abgehört wurden. Aber der Lärmpegel war hoch. Und im »small talk« konnten die Kirchenvertreter manchen Problemfall an die richtige Adresse bringen.

Mit dem Fall der Mauer entfielen auch diese Empfänge. Und nach und nach ging die Russische Orthodoxe Kirche auf Distanz zur Ökumene.

Aber noch einmal zurück in die 80er Jahre. Erzbischof Feodosij, einer der Nachfolger von Philaret, blieb nur kurze Zeit in Berlin, dann verschwand er, ohne sich im Ökumenischen Rat Berlin zu verabschieden. Ich weiß nicht, wer ihm welche Vorwürfe gemacht hat, was zu seiner plötzlichen Versetzung geführt hat. Drei Jahre später, im Sommer 1989, bin ich ihm hinter dem Ural beim Besuch der deutschen lutherischen Kirchengemeinde in Omsk wiederbegegnet, zur beiderseitigen Freude. Wie ein Familienvater versammelte er unserer Delegation zu Ehren die Vertreter der kleinen nichtorthodoxen Gemeinden und der jüdischen Gemeinde, wohl um uns zu zeigen, dass er die guten ökumenischen Erfahrungen seiner Berliner Zeit nicht vergessen habe. Und dazu gehörte sicher auch die Osterandacht, die wir 1985 am Russischen Ehrenmal am Brandenburger Tor, auf der westlichen Seite im Britischen Sektor gelegen, miteinander gehalten hatten. Aber ich muss den Zusammenhang schildern, sonst wird die außergewöhnliche Situation nicht verständlich.

Der 40. Jahrestag des Kriegsendes zog schon im Vorfeld weltweite Aufmerksamkeit auf sich und führte gerade in der Bundesrepublik zu heftigen Auseinandersetzungen. Sie waren durch eine verunglückte Versöhnungsgeste, zu der sich der amerikanische Präsident Reagan und Bundeskanzler Kohl auf dem Soldatenfriedhof in Bitburg getroffen hatten, verschärft worden; denn auf diesem Friedhof waren auch SS-Soldaten bestattet. Das konnte missdeutet werden, als solle nun ein Schlussstrich unter die Vergangenheit gezogen werden. Die berühmt gewordene Rede des Bundespräsidenten Richard von Weizsäcker zum 8. Mai 1985 brachte die nötige Klarheit, Er verschwieg nicht die Leiden der Deutschen, aber er fuhr dann fort: »Und dennoch wurde von Tag zu Tag klarer, was es heute für uns alle gemeinsam zu sagen gilt: Der 8. Mai war ein Tag der Befreiung. Er hat uns alle befreit von dem menschenverachtenden System der nationalsozialistischen Gewaltherrschaft.« Wir Deutschen sollten »die Kapitulation des Dritten Reiches als »das Ende eines Irrwegs deutscher Geschichte erkennen, das den Keim der Hoffnung auf eine bessere Zukunft barg«.

Wenige Tage vor dieser Rede kam ich – auf Anregung von Mitgliedern des Ökumenischen Rates Berlin – mit Erzbischof Feodosij überein, einen Kranz am Russischen Ehrenmal als Zeichen der Versöhnung niederzulegen. Feodosij meinte zwar, es werde wohl nicht gelingen, die Alliierten müssten ja die Genehmigung erteilen. Das Ehrenmal, geschmückt durch einen sowjetischen Panzer und von Offizieren und Soldaten der Roten Armee bewacht, lag – wie schon gesagt – im Britischen Sektor. Ich wurde also beim britischen Stadtkommandanten, den ich kannte, vorstellig. Der reagierte gelassen und freundlich und verständigte sich in den Tagen darauf erstaunlich schnell mit den drei anderen Alliierten (also auch dem sowjetischen Stadtkommandanten). So konnten wir mit einer kleinen ökumenischen Delegation und einem orthodoxen Chor alle Sperren überwinden. Wir legten den Kranz nieder und hielten ein stilles Gebet. Ich sprach einen Psalm und dann stimmte der Erzbischof zusammen mit dem Chor einen Ostergesang an. Und was geschah dabei? Aus den Kasematten kamen die Angehörigen der Roten Armee, schlugen das Kreuz und blieben andächtig stehen. Und kein Offizier hinderte sie daran. Draußen auf der Straße des 17. Juni umarmte mich Feodosij und sagte auf Deutsch: »Du bist ein kluger Bischof, wie Jesus zu seinen Jüngern gesagt hat: klug wie die Schlangen, ohne Falsch wie die Tauben«. Das war unser Beitrag zur Versöhnung zwischen unsern Völkern, 40 Jahre nach Kriegsende, kurz vor dem 8. Mai 1985.

Es kam oft vor, dass ich in anonymen Briefen rüde beschimpft wurde. Im Bischofsbüro landeten solche Schreiben, ohne dass ich sie zu sehen bekam, im Papierkorb. Sie konnten ja, weil eine Angabe des Absenders fehlte, nicht beantwortet werden. Aber eine Postkarte hat mich dann doch direkt erreicht, weil sie an das Johannesstift in Spandau, wo die Synode tagte, gerichtet war. »*Herr Kruse! Sie haben mit der Kranzniederlegung am sovj. Ehrenmal eindeutig gezeigt, dass die Verbrechen der Roten Armee: die Vergewaltigung, die Morde an Frauen und Kindern gegenüber den Taten der SS, die in Bitburg liegen, ehrenhaft sind! Sie sind ein elender Nestbeschmutzer!*«

Ein Glanzpunkt in den Beziehungen der Russischen Orthodoxen Kirche zur Ökumene war dann die ›1000-Jahrfeier der Taufe Russlands‹ im Juni 1988 in Moskau. Wir wurden vom Flughafen wie Staatsgäste in Luxuslimousinen über die leergefegte Stadtautobahn in unser Hotel gefahren. Für unsere orthodoxen Begleiter schien das ein reines Vergnügen und ein Zeichen der Ehrerbietung für ihre Kirche zu sein, uns war es eher peinlich, wie rigoros der gesamte Verkehr auf die Standspuren verbannt und alle Geschwindigkeitsbegrenzungen zurückgelassen wurden.

Die Reformpolitik Gorbatschows wirkte sich auch auf das Staat-Kirche-Verhältnis aus. Für den Festakt zur Milleniumsfeier war das weltbekannte Bolschoi-Theater zur Verfügung gestellt worden. Die große Schar der ökumenischen Ehrengäste nahm auf der Bühne in vier erhöhten Reihen Platz. Der Vorhang war noch geschlossen. Heinz-Joachim Held, dem Moderator des Zentralausschusses des ÖRK, Bischof Leich aus Eisenach, dem Vorsitzenden des Bundes der Evangelischen Kirchen in der DDR und mir als dem Ratsvorsitzenden der EKD wurden Plätze in der zweiten Reihe in der Mitte zugewiesen. In der ersten Reihe die Metropoliten und der Kirchenminister Kartschew. Den Vatikan vertraten die beiden Kardinäle, der Staatssekretär Casaroli und der Leiter des Sekretariats für die Einheit der Christen Willebrands. Mit langsamen Schritten kam Patriarch Pimen von der einen Seite und Raissa Gorbatschow, die Frau des Generalsekretärs der KPDSU, von der anderen Seite aufeinander zu, begrüßten sich herzlich und nahmen ihre Plätze ein. Dann ging der Vorhang auf und gab den Blick auf die Bühne, auf die Heerschau der Ökumene und auf die Vertreter der Religionen frei. Das weite Rund des Auditoriums erhob sich und klatschte Beifall. Das war im Bolschoi-Theater eine ›Aufführung‹ besonderer Art, ein symbolträchtiger Akt.

Die beiden Festvorträge, der von Metropolit Juwenalij über »Die Rolle der Kirche in der Geschichte unseres Landes« und der von Metropolit Philaret von Minsk über »Die Russische Orthodoxe Kirche heute«, unterstrichen in aller Ausführlichkeit die segensreichen Spuren der Wirksamkeit der Kirche. Sie sei das einheitsstiftende Band Russlands gewesen, sie habe kulturelle Werte geschaffen und die Seele Russlands geformt, und sie habe immer an der Seite des Volkes gestanden, in glücklichen und unglücklichen Zeiten. Die Verfolgungszeiten hätten ja nicht nur der Kirche gegolten, sondern auch anderen Schichten des Volkes. Im großen Vaterländischen Krieg, nach dem Einfall Hitlers habe die Kirche dazu aufgerufen, die heiligen Grenzen des Vaterlandes zu verteidigen. Seit 1971 habe sich das Verhältnis zwischen Kirche und Staat zum Positiven entwickelt. Von 1971 bis 1988 seien etwa 30 Millionen Taufen registriert. In 30 Länder habe die Kirche Priester entsenden können.

Ich fragte mich immer wieder: Wie mögen die Staatsvertreter diese Deutung der Geschichte empfunden haben, die doch der ideologischen Sicht der Partei so offensichtlich widersprach? Natürlich wurde der gegenwärtigen Führung in immer neuen Wendungen für ihre Weisheit und Friedensliebe gedankt, aber bei aller Vorsicht und Rücksichtnahme wurde eben doch ein rundum positives Bild von der Rolle der Kirche in der russischen Geschichte entworfen.

Was dann folgte, stellte die Geduld der Festversammlung auf eine harte Probe, die rund zwanzig mehr oder wenige langen Grußadressen von Ehrengästen. Etliche Patriarchen aus anderen autokephalen orthodoxen Kirchen, ein Vertreter des Generalsekretärs der UNO, der Patriarch der Armenier, Staatssekretär Casaroli für die Römisch-katholische Kirche, Bischof Heinz-Joachim Held (Hannover) für den ÖRK, Erzbischof Makulu (Botswana) als Vertreter Afrikas, Billy Graham, der Evangelist aus den USA, der Mufti von Taschkent, unter Nr. 14 war mir ein Grußwort für die EKD zugedacht und am Schluss trat noch ein Rabbiner aus den USA ans Rednerpult. Das war wirklich des Guten zuviel. Es gibt ein offizielles Photo der Ehrengäste auf der Bühne, das den Eindruck vermittelt, uns sei gerade Mittagsruhe verordnet worden. An zwei Stellen erhielt ich in meiner kurzen Rede spontanen Beifall von den oberen Rängen (wo Abgesandte der Parochien saßen): nach der Bitte, den Jugendaustausch zu intensivieren und nach der Ankündigung, dass die

EKD eine erfreulich große Zahl von orthodoxen Gebet-
büchern in russischer Sprache als Geburtstagsgeschenk
einführen dürfe.

Am Abend wieder im Bolschoi-Theater, diesmal zu
einem festlichen Konzert. Jetzt sind die Eintrittskarten
so gemischt worden, dass keine konfessionellen oder
nationalen ›Blöcke‹ entstehen können. Natürlich sind
die Plätze in der ersten Reihe den Metropoliten und
den Staatsvertretern vorbehalten – das gehört sich
auch so. Ich bekomme den Ärger der Kardinäle Wetter
(München) und Meißner (Berlin) mit, die sich nicht angemessen platziert empfinden.

Alles hat bei dieser Milleniumsfeier barocke Formen: Rang und Zahl der Ehrengäste, das Essen, die
Zahl der Reden, das Begleitprogramm und nun auch
dieses festliche Konzert. Die besten Chöre Moskaus
treten in einen Wettstreit miteinander. Das Orchester
des Bolschoitheaters wie das ›State Brass Orchester of
Bolschoi‹ und das ›Modelorchester of Kreml‹ wirken
mit. Und auch der Priesterchor des Klosters Sagorsk
erreicht – mühelos – diese Qualitätsmarke. Für mich
wird die Aufführung von Pjotr I. Tschaikowskijs festlicher Ouvertüre ›1812‹, die Anspielung auf den Sieg
über Napoleon, zum emotionalen Höhepunkt des
Abends. Man hört im Hintergrund als wiederkehren-
des Motiv die Marseillaise. Am Beginn und zum Ende
der Ouvertüre: der Choral ›Erlöse mich, o Herr‹, aber
dazwischen ein triumphales musikalisches Feuerwerk,
in das sich Glockengeläut und Kanonendonner mi-
schen. Nach dem Riesenapplaus musste die Ouvertüre
wiederholt werden.

Ich schrieb in mein Tagebuch: »Wird die Kirche tri-
umphal? Kann ihr dieser Ton nicht zum Verhängnis
werden? Sind wir Protestanten zu empfindlich? Muss
man nicht die ganze Erleichterung verstehen, dass die
Kirche nun öffentlich akzeptiert ist, dass sie dieses Jubiläum so feiern kann? Ein großartiger, manchmal et-

was lauter, aber doch von innen heraus begeisterter Abend. Das war nicht aufgesetzt – so war und ist die Gestimmtheit. Das Programm hat die Gefühle aufgenommen.«

Am Tag darauf, am Sonnabend, dem 11. Juni ein Empfang im Kreml. Und dann stellt sich der Vorsitzende des Obersten Sowjets Alexej Gromyko im Beisein von Patriarch Pimen den Fragen der ökumenischen Gäste. Einige kritische Fragen, denen er immer wieder begegnet sei, wolle er gleich selbst benennen

Ein Entwurf über die Gewissensfreiheit werde gerade ausgearbeitet. Es werde geprüft, ob der Kirche der Status einer juristischen Person zuerkannt werden könne. Es bleibe bei dem Leninschen Dekret der Trennung von Kirche und Schule; danach sei ein Religionsunterricht in der Schule nicht möglich. Es sei keine Benachteiligung der Kirche, wenn der Staat nach der politischen Gesinnung von Priestern frage; denn das liege auch im Interesse der Kirche. Die karitative Tätigkeit der Kirche könne ausgeweitet werden, aber in jedem Einzelfall müsse geprüft werden, wie die Aktivität in Einklang mit der Gesetzgebung gebracht werden könne. Die Bitte, das traditionsreiche Kiewer Höhlenkloster der Kirche zurückzugeben, werde positiv beschieden werden. Wenn ein Arbeitsplatz in einem Betrieb zu besetzen sei, spiele es keine Rolle, ob der Bewerber Christ oder Atheist sei. Der Fragenkatalog aus dem Kreis der Gäste ist naturgemäß ziemlich bunt, abgesehen davon, dass einige (wie z. B. der rumänische Patriarch) Lobreden halten. Wie ist der Nahost-Konflikt zu lösen? Wie stellt sich die Sowjetunion zur Schlussakte von Helsinki? Was wird die Sowjetunion unternehmen, um die verletzten Rechte der Katholiken in der Ukraine wiederherzustellen? Die sowjetischen Botschaften sollten in der 3. Welt umfassender über den neuen Kirchenkurs informieren.

Es war auf jeden Fall ungewöhnlich, dass ein sowjetisches Staatsoberhaupt sich öffentlich den spontanen, unzensierten Fragen von Religionsvertretern stellte. Andrej Gromyko war von 1957 bis 1985, länger als jeder Außenminister in der Welt, ununterbrochen sowjetischer Außenminister gewesen, also auch in den schweren Krisenjahren zwischen Ost und West. Er machte auf mich einen müden Eindruck. Er war wohl schon von Krankheit gezeichnet. Er starb wenige Monate später.

Als Ort für die festliche Liturgie zur 1000-Jahrfeier am Sonntag, am 12. Juni 1988, war das älteste Moskauer Kloster ausgewählt worden, das Danilowkloster. Es war 1930 enteignet worden. Der ganze Komplex verrottete schnell; denn der beim U-Bahn-Bau anfallende Aushub wurde im Klosterhof gelagert. Ende 1983 gab der Staat das Kloster in die Hände der Kirche zurück. Kaum zu glauben, dass diese Wüstenei innerhalb von vier Jahren aufs Sorgfältigste zu einem Schmuckstück der Russischen Orthodoxen Kirche hergerichtet werden konnte, auch die Dreifaltigkeitskathedrale und das ehemalige Haus des Klostervorstehers, jetzt Residenz des Patriarchen und Sitz des Hl. Synod. Auf dem Klosterfriedhof hatten sich viele berühmte Slawophile (z. B. Gogol) beerdigen lassen. Jetzt hat man die Gräberreste an einem Ort zusammengelegt und daneben eine kleine Kapelle gebaut.

Der festliche Gottesdienst findet im Freien statt. Beim Glockengeläut ziehen wir in einer langen Prozession ein – und werden ›aussortiert‹. Auf der Altarbühne nimmt die Phalanx der orthodoxen Patriarchen und Bischöfe Platz und auch die ganze römisch-katholische Delegation (der Protest hat offensichtlich Wirkung gezeigt). Und nun beginnt ein eigenartiges Korrekturspiel; denn nach und nach werden noch einige Vertreter aus der Ökumene auf die obere Bühne gebeten: der Erzbischof von Canterbury und der Primas von Kanada (also die beiden führenden Anglikaner), schließlich auch Billy Graham, der baptistische Evangelist, und Ari Brower, der Generalsekretär des National Council of Churches in den USA, ein Reformierter. Emilio Castro aber, immerhin der Generalsekretär des ÖRK und alle Lutheraner bleiben auf der niederen Bühne. Die Ikone wird hinaufgetragen, begleitet von den russisch-orthodoxen Metropoliten. Ein mächtiger Chorgesang hebt an. Die Festliturgie beginnt.

Im Jahr darauf ist Moskau noch einmal Begegnungsort der Ökumene: der Zentralausschuss des Ökumenischen Rates der Kirchen tagt dort. Die Russische Orthodoxe Kirche ist Gastgeber. Aber nicht davon will ich berichten, sondern von der sich daran anschießenden Besuchsreise einer kleinen Delegation der EKD zu deutschen lutherischen Gemeinden in Sibirien und Kasachstan. Zu unserer Gruppe gehörten, auf Anraten unseres Begleiters, auch zwei Frauen (Anneliese Held und Marianne Kruse), was sich als ausgesprochen sinnvoll erwies; denn wir Männer mit unseren würdigen Titeln wurden nun einmal unter den gesellschaftlichen Gegebenheiten der Sowjetunion als Respektspersonen angesehen. Den Frauen war es im Gespräch leichter, Zugang zu Frauen zu finden.

Seit einem Jahr gibt es wieder eine Deutsche Lutherische Kirche in der Sowjetunion. Nicht die Revolution von 1917, nicht der sich formierende Atheismus, nicht einmal der Stalinsche Terror hatte diese Kirche in die Katastrophe geführt, sondern erst der Einmarschbefehl Hitlers in die Sowjetunion im Juni 1941. Jetzt wurden die Sowjetbürger deutscher Nationalität pauschal als Spione und Kollaborateure angesehen und – zumal nach den ersten Erfolgen Hitlers – überstürzt und unter schrecklichen Bedingungen nach Sibirien, in die kasachische Steppe und andere asiatische Gebiete deportiert. Die Männer wurden von ihren Familien getrennt und in Arbeitslager verbannt. Sie haben schwer dafür bezahlt, dass sie Deutsche waren, oft genug mit dem Leben. Erst das Jahr 1964 brachte durch eine Erklärung des Präsidiums des Obersten Sowjets eine Rehabilitierung. »Das Leben hat gezeigt, dass diese wahllos erhobenen Anschuldigungen unbegründet und ein Ausdruck der Willkür unter den Bedingungen des Kults der Person Stalins waren«, heißt es da. Aber eine Rückkehr in die alten Wohngebiete wurde ausdrücklich ausgeschlossen. Bei der Volkszählung im Jahr 1979 haben sich fast zwei Millionen Sowjetbürger als ›deutsch‹ registrieren lassen. Opportunisten können das nicht gewesen sein.

Ich begegnete auf unserer Reise zufällig einer Professorin, einer Deutschen, wie sich im Gespräch herausstellte, nicht kirchengebunden, mit einem Professor russischer Nationalität verheiratet. »Uns geht es relativ gut. Aber sollte ich mich bei der Volkszählung vor zehn Jahren als Deutsche zu erkennen geben? Unser Sohn kam gerade in die Schule. Sollte er unter den festsitzenden Vorurteilen zu leiden haben: Deine Mutter ist Deutsche, du hast eine Faschistin zur Mutter?«

Aber in der Zerstreuung und unter dem namenlosen Elend hatten sich doch in den Weiten Sibiriens jenseits des Ural und in den asiatischen Sowjetrepubliken Hausgemeinden gebildet, die von dem lebten, was sie an Glaubensgut und Glaubenserfahrung in sich trugen. Pfarrer gab es ja nicht. In mühevoller Arbeit hat ein Rigaer Pfarrer, Harald Kalnins, etwa 600 dieser Gemeinden aufgespürt und – wo es ging – miteinander in Verbindung gebracht. Er war nun Bischof dieser sich langsam bildenden Kirche geworden und übernahm die Führung bei unserer Reise. Allerdings war ihm die Region um Omsk und um Semipalatinsk (in der Nähe lag das Weltraumzentrum der UdSSR) noch unbekannt, denn diese Bezirke waren bis 1988 Sperrgebiet gewesen, also nur mit spezieller Erlaubnis und für Ausländer gar nicht zugänglich gewesen.

Wir kamen wie Brüder und Schwestern von einem andern Stern und erlebten eine Intensität der Frömmigkeit, die uns beschämte. Ungewohnt langsam, aber laut und inbrünstig wurde gesungen. Zum ›Herzensgebet‹ knieten alle nieder und jeder betete laut, was ihm oder ihr am Herzen lag. Das war wie ein pfingstliches Brausen. Wir hatten die Predigten unter uns aufgeteilt, aber mit nur einer Predigt wollten sie sich nicht zufrieden geben, es durften ruhig fünf nacheinander sein.

Und überall war das Thema: Haben wir hier eine Zukunft? Sollen wir ›in die Heimat‹, also nach Deutschland zurückkehren? Werden unsere Kinder die deutsche Sprache bewahren können? Wir merken, dass wir für die junge Generation Gottesdienste in russischer Sprache halten müssen. Wird man uns in Deutschland freundlich aufnehmen? Wir hören, dass wir nicht überall willkommen sind.

Beim Jahresempfang der EKD für Regierung und Parlament in Bonn im September 1989 habe ich von unserer Reise berichtet und dann am Ende gesagt: »Ich denke, wir werden beides tun müssen. Wir müssen die annehmen, die kommen, dass sie nicht in eine neue ›Fremde‹ geraten. Und zugleich müssen wir das Mögliche tun, kirchlich und staatlich, dass die deutschsprachige Minderheit in dem Vielvölkerstaat, so wie sie es möchte, leben kann. Schwierig genug ist diese Aufgabe.«

Wir haben danach in unserer Berlin-Brandenburgischen Kirche begonnen, einmal im Jahr zu einem kleinen Kirchentag der Russlanddeutschen einzuladen, um eine Gelegenheit zur Kommunikation zu schaffen und zu signalisieren: Ihr seid in unserer Kirche willkommen.

Aber nun darf ich in diesem Kapitel ›Ökumene nach Osten‹ die Beziehungen zu den Kirchen in Polen auf keinen Fall ›überspringen‹. Denn mit der sogenannten ›Ostdenkschrift‹ vom Herbst 1965 (»Die Lage der Vertriebenen und das Verhältnis des deutschen Volkes zu seinen östlichen Nachbarn«) hatte die EKD – fast zeitgleich mit dem Brief der polnischen Bischöfe an die deutsche Bischofskonferenz – einen grundlegenden Beitrag zur Verständigung und Versöhnung mit den polnischen Nachbarn gegeben. Damit war die EKD zusammen mit ihren Gliedkirchen die Verpflichtung eingegangen, nun auch selbst das Mögliche zu tun, um zu einem fruchtbaren Miteinander zu kommen. Dem dienten nicht nur die gegenseitigen Besuche und gemeinsame Konsultationen, sondern auch die Installation eines deutsch-polnischen Kontaktausschusses, der für die notwendige Kontinuität der Bemühungen sorgte. Etwa ein Jahrzehnt lang habe ich für die deutsche Seite den Vorsitz wahrgenommen. Und nicht zufällig hatte mich gleich meine erste Auslandsreise nach meiner Wahl nach Polen geführt.

Gegen Ende meiner Bischofzeit kam es im ehemaligen Konzentrationslager Sachsenhausen, am Rande von Oranienburg, nördlich von Berlin zu einer denkwürdigen Begegnung, die zwar in der Öffentlichkeit in Polen und Deutschland wenig Beachtung fand, aber an der mir der lange, schwierige Weg der Versöhnung exemplarisch deutlich geworden ist. Auf den Tag 50 Jahre nach dem Tod des polnischen evangelischen Bischofs Julius Bursche im KZ kamen wir dort am 20. Februar 1992 zu einem ökumenischen Gedenkgottesdienst zusammen. Der Vorsitzende des Polnischen Ökumenischen Rates und Leitende Bischof der Lutherischen Kirche in Polen Jan Szarek und ich als Vorsitzender des deutsch-polnischen Kontaktausschusses amtierten gemeinsam und erinnerten an den bitteren Lebensweg von Julius Bursche.

Seine Vorfahren stammten aus Sachsen. Er war also deutscher Herkunft und wuchs im russischen Teilungsgebiet auf. Als Student der Theologie an der Evangelischen Fakultät in Dorpat schloss er sich der polnischen Studentenverbindung »Polonia« an. Er war nämlich unter dem Einfluss des Warschauer Pfarrers Leopold von Otto mit vielen anderen zu der Überzeugung gelangt, dass in einem zukünftigen freien polnischen Staat die deutschsprachige Prägung der lutherischen Kirche einer Missionierung, vor allem in den Städten, im Weg stehen werde. Aber diese Option wurde nicht von allen geteilt. 1905 versuchte eine Pastorensynode einen Kompromiss zu finden:

»Die (Pastoren-) Synode steht auf dem Standpunkt eines suum cuique (Jedem das Seine): ›Den Juden ein Jude und den Griechen ein Grieche‹ (Gal. 3 Vers 28). Der Pastor hat sich über die Nationalität zu stellen; er ist nicht Politiker, sondern Seelsorger. Seine Aufgabe ist weder Germanisierung noch Polonisierung, sondern treue Verkündigung des Evangeliums, wobei er, soweit es irgend geht, jeder Nationalität gerecht werden muss.« Aber die Nationalitätenfrage verschärfte sich im Zuge der politischen und gesellschaftlichen Entwicklungen, erst recht als Deutschland durch den Versailler Friedensvertrag von 1919 verpflichtet wurde, fast die gesamte Provinz Posen und Westpreußen zugunsten des neuen, selbständigen polnischen Staates abzutreten. Zur Streitfrage wurde der Verbleib der nun auf polnischem Staatsgebiet existierenden evangelischen Kirchengemeinden der Altpreußischen Union (APU) bei der Mutterkirche in Deutschland. Otto Dibelius plädierte zusammen mit dem Evangelischen Oberkirchenrat in Berlin, dem Leitungsgremium der APU, mit Entschiedenheit für den Verbleib; denn Staatsgrenzen seien keine Kirchengrenzen. Der polnische lutherische Generalsuperintendent in Warschau, Julius Bursche, und der unierte Generalsuperintendent Paul Blau in Posen waren in der Zwischenkriegszeit Antipoden in der bitteren Konfliktgeschichte, die hier nicht im Einzelnen dargestellt werden kann. Die Machtergreifung Hitlers (1933), der Überfall auf Polen (1939), die deutsche Okkupation

(1939–1945), die Errichtung eines nach Westen verschobenen polnischen Staates, verbunden mit der zwangsweisen Umsiedlung von Polen aus dem nun russisch gewordenen Ostpolen und die Vertreibung der Deutschen – eine lange Leidens- und Verletzungsgeschichte auf allen Seiten. Wie schwer musste es sein, unter dieser geschichtlichen Last zu einer Verständigung oder gar zur Versöhnung zu kommen?

Am 3. Oktober 1939 nahm ein Einsatzkommando der deutschen Sicherheitspolizei Bischof Bursche fest. Man sah in ihm einen ›Zerstörer des deutschen Volkstums‹. Er wurde einige Tage später nach Berlin ins ›Reichssicherheitshauptamt‹ gebracht. Bei den Verhören ging es vor allem um seine internationalen und ökumenischen Verbindungen. Im Januar 1940 wurde er ins KZ Sachsenhausen eingeliefert und im sogenannten »Zellenbau« in Einzelhaft untergebracht Alle Anfragen oder Fürsprachen aus dem Ausland führten nicht zu seiner Entlassung. Das Kirchliche Außenamt unter Bischof Heckel gab – wider besseres Wissen – an, nach seinen Informationen sei Bischof Bursche nach Riga geflohen. Die letzten Briefe an sein Familie datieren vom 1. bzw. 15. Februar 1942. Die näheren Umstände seines Todes sind unbekannt. Seinen Töchtern gegenüber wurde von offizieller deutscher Seite der 20. Februar 1942 als Todestag angegeben. Eine Überführung der Leiche nach Warschau wurde abgelehnt.

Sein Schicksal war bei uns in Berlin mehr oder weniger in Vergessenheit geraten. Bei meinem ersten Besuch in Polen wurde ich darauf angesprochen, ob Julius Bursche denn nicht den evangelischen Märtyrern des ›Dritten Reiches‹ zuzurechnen sei. Und nun hielten wir fünfzig Jahre nach seinem Tod in Sachsenhausen einen bewegenden Gedenkgottesdienst. Die beharrlichen Mühen um ein gemeinsames Bild der deutsch-polnischen Geschichte, insbesondere der evangelischen Kirchengeschichte hatten Früchte getragen.

Kapitel 21:
Für die Überwindung der Apartheid in Südafrika

Bald nach dem Krieg, etwa ein Jahr vor dem Abitur, ergab sich eine Brieffreundschaft mit einem gleichaltrigen deutschstämmigen Farmerssohn aus Natal/Südafrika. Ich weiß nicht mehr, wie sie zustande gekommen ist. Seiner Familie lag wohl daran, unmittelbar etwas über die schwierigen Lebensverhältnisse im kriegszerstörten Deutschland zu erfahren. In einem der Briefe fragte er mich im Juni 1947: »Hast du schon einmal einen Schwarzen gesehen? Vermutlich nicht. Bei euch gibt es ja keine. Du musst dir einen Orang-Utan vorstellen, nur mit weniger Haaren. Die werden jetzt immer frecher. Einige wollen sogar Lehrer werden. Aber dazu sind sie gar nicht fähig. Sie sollen bleiben, was sie sind« (er meinte: Arbeiter auf den Farmen der Weißen). Dieser Brief hat mich schockiert und verlegen gemacht. Was sollte ich darauf antworten? Der Briefwechsel kam zum Erliegen. Aber er hat seine Spuren in mir hinterlassen: Ich war aufgeschreckt und sensibilisiert worden für das ungelöste Problem des Verhältnisses von Schwarz und Weiß.

Als ich im Januar 1977 in das Bischofsamt in Berlin eingeführt wurde, waren unter den Assistenten nicht zufällig auch zwei afrikanische Bischöfe in ihren bunten Gewändern, der Leitende Bischof der ELCSA (der Evangelisch-Lutherische Kirche im Südlichen Afrika) Mlungu aus Umpumulu in Natal/Südafrika und der Leitende Bischof der ELCT (der Evangelisch-Lutherischen Kirche in Tansania) Sebastian Kolowa. Ihre Kirchen sind z. T. aus der Arbeit der Berliner Mission hervorgegangen. Das Gefühl »Euch in Berlin verdan-

ken wir das Evangelium« war in ihren Kirchen lebendig.

Unser Berliner Missionswerk fungierte als Schalt-
stelle im Geflecht der Partnerschaften, in die auch die
zwölf West-Berliner Kirchenkreise und die allermeisten Gemeinden einbezogen waren Diese Beziehungen
zu pflegen und zu stärken, gehörte – in Berlin allemal –
zum Kernbestand der Bischofspflichten. Denn die ummauerte Teilkirche in West-Berlin stand immer in der
Gefahr, zu sehr im eigenen Saft zu schmoren, sich zu
verengen. Die Partnerschaften zu den armen, vitalen
Kirchen in Afrika (ebenso wie in Asien oder im Heiligen Land) weiteten den Horizont und stellten unsere
»Probleme« in das realistischere Koordinatensystem
der Weltchristenheit.

Im Februar/März 1979 machten wir uns mit einer
Gruppe von Berliner Pfarrerinnen und Pfarrern auf
den Weg nach Umpumulu in Natal zu einem gemeinsamen Pastoralkolleg mit afrikanischen Kollegen. Umpumulu, eine alte Missionsstation, beherbergte nicht
nur ein theologisches Kolleg und ein Begegnungszen-
trum der ELCSA, sondern – wie schon erwähnt – auch
den Sitz des Bischofs der Diözese. So herzlich wir aufgenommen wurden, wir merkten schnell, dass wir mit
unserer Art zu denken und zu argumentieren, unsere
afrikanischen Brüder nicht erreichen konnten. Sie hatten es schwer, aus sich herauszukommen. Unsere Er-
fahrungswelten, unsere Lebensstile lagen weit aus-
einander. Wir schienen sie »mundtot« zu machen.
Viel einfacher war es, miteinander zu singen und zu
beten oder Erfahrungen auszutauschen, Alltags-
geschichten zu erzählen. Nutzlos waren diese Tage
nicht; ein solches Zusammenleben von Schwarz und
Weiß – unter der doch recht theoretischen Vorgabe
der Gleichberechtigung – konnte auf dem Boden der
südafrikanischen Apartheidsgesellschaft gar nicht auf
Anhieb gelingen.

Viel ungezwungener, geradezu gelöst verlief danach die Begegnung mit einigen Gemeinden in den »Blauen Bergen«, nördlich von Pietersburg. Herbert Meißner, Pfarrer der bayrischen Landeskirche, jetzt für einige Jahre im Auftrag des Berliner Missionswerks im Dienste der Norddiözese der ELCSA, nahm mich mit in entlegene Gemeinden, in denen er in den Jahren zuvor gearbeitet hatte. Ausgefahrene Sandwege mit tiefen Schlaglöchern, die umfahren werden mussten, schienen in die Wildnis zu führen. Aber immer wieder passierten wir Hüttensiedlungen, bis wir endlich in Blauberg am Ziel waren.

Dass Herbert Meißner seinen Bischof aus dem fernen Berlin mitbrachte, war eine willkommene Unterbrechung des Alltags, ja wohl eine kleine Sensation. Es wimmelte von Kindern und Jugendlichen, die uns ihre Hände entgegenstreckten und uns fröhlich begrüßten. Die überkommene Stammesstruktur schien – anders als in den urbanen Regionen – noch ungebrochen in Geltung zu sein. Die Häuptlinge hatten das Sagen. Aber der erste Eindruck täuschte darüber hinweg, dass die Industriegesellschaft und die moderne Zivilisation schon längst einen Strukturwandel erzwungen hatten. Es fehlte an Arbeitsmöglichkeiten. Viele junge Männer und Väter lebten als Arbeiter hunderte von Kilometern entfernt in den Townships der Großstädte unter primitiven Verhältnissen, um den Lebensunterhalt für ihre Familien zu verdienen. Sie kamen nur hin und wieder nach Hause. Der soziale Friede war tiefer gestört, als ich es auf den ersten Blick wahrnehmen konnte. Und die »Politik der getrennten Entwicklung«, die Apartheid, verschärfte die sozialen Probleme. So lernte ich bei dieser Reise nicht nur das Leben von afrikanischen Gemeinden kennen, sondern auch die fast unlösbaren Entwicklungsprobleme der südafrikanischen Gesellschaft.

In Johannesburg besuchte ich den Südafrikanischen Kirchenrat (SACC). Unter dem Druck und der Bedrückung durch die offizielle Apartheidspolitik hatten sich in ihm südafrikanische Kirchen zu einer ökumenischen Gemeinschaft zusammengeschlossen, zu gemeinsamem Nachdenken und zu gemeinsamem Handeln. Mit friedlichen Mitteln für eine Überwindung der Apartheidsstrukturen, für eine Gleichberechtigung aller Rassen einzutreten, das war eines der Kernziele des SACC. Und gerade das hat die weißen, burisch-geprägten reformierten und die deutschsprachigen lutherischen Kirchen im Lande davon abgehalten, Mitglied im SACC zu werden. Die EKD und die große Mehrzahl der Landeskirchen unterstützten den SACC nach Kräften und trugen ganz wesentlich seine finanziellen Lasten. Diese Unterstützung war innerhalb der EKD, auch im Rat der EKD umstritten.

In der Zentrale des SACC traf ich Wolfram Kistner wieder, der von 1969 bis 1972 als Pastor in Neuenkirchen bei Soltau, im Sprengel Stade gewirkt hatte Dort sind wir uns zum ersten Mal begegnet. Ich spürte damals schon, er gehört eigentlich nach Südafrika, das Schicksal der Menschen dort, zumal der Unterdrückten, die Zukunft dieses Landes treibt ihn weiter um. 1973 kehrte er zurück, um als Dozent zu helfen, in Pietermaritzburg/Natal eine Theologische Ausbildungsstätte der deutschsprachigen lutherischen Kirchen im südlichen Afrika aufzubauen. Aber über den Rahmen einer Pfarrerausbildung »nur für Weiße« war er längst hinausgewachsen. Als der SACC im Jahre 1975 einen Direktor für seine Abteilung »Gerechtigkeit und Versöhnung« (»justice and reconciliation«) suchte, fiel die Wahl auf Wolfram Kistner.

Von Haus aus war Wolfram Kistner »Hermannsburger«, hatte, als Nachfolger seines Vaters, zehn Jahre die Deutsche Schule in Hermannsburg/Natal geleitet und war danach »Feldleiter«, also so etwas wie Landessuperintendent geworden. Er konnte dann aber aus Gewissensgründen die offizielle Linie, die Trennung der Kirchen nach Rassen nicht mehr vertreten und war darum nach Deutschland zurückgekehrt. Das war aber nur eine Zwischenstation zum Kräftesammeln.

»Ich will mich bemühen, nicht überschwänglich zu werden. Es könnte sonst aussehen, als schriebe ich eine Heiligenlegende. Aber es ist schwierig, über diesen Mann etwas zu sagen, ohne dass es sich vor lauter Superlativen so anhört wie bei der Ankündigung für einen amerikanischen Superstar. Ich will nicht, dass meine Worte übertrieben klingen, aber Superlative sind wirklich die einzigen Begriffe, die passen«, so schrieb Bischof Desmond Tutu, lange Jahre Generalsekretär des SACC und dann Erzbischof der Anglikanischen Kirche im Südlichen Afrika, zum 65. Geburtstag von Wolfram Kistner. Für uns in der EKD wurde er zusammen mit seiner Frau Adelheid zum unersetzlichen Ratgeber und Interpreten der Entwicklungen in Südafrika. Ich bin häufiger bei ihnen zu Besuch gewesen, zuletzt noch 2004 als Abgesandter des Rates der EKD bei den Trauerfeierlichkeiten für Beyers Naudé, den burischen Dissidenten und Kämpfer für einen fundamentalen Wandel in Südafrika.

Damit sind die drei Namen genannt, die für mich zusammengehören: der anglikanische Bischof Desmond Tutu, ein Schwarzer, der burische Reformierte Beyers Naudé und der deutsche Lutheraner Wolfram Kistner. Sie haben an entscheidender Stelle geholfen, die friedliche Überwindung der Apartheid in Südafrika vorzubereiten. »Wir sind uns darüber im Klaren, dass es eine Befreiung nur geben kann – eine echte Befreiung –, wenn es eine Befreiung füreinander ist und nicht gegeneinander.« »Die Feindbilder werden durchbrochen, und das ist wahrscheinlich der wichtigste politische Beitrag, den die Kirche leisten kann«, so äußerte sich Wolfram Kistner im Februar 1987 in einem Interview. Das war nicht bloß seine persönliche Überzeugung, sondern die aller drei Wortführer.

Ich erinnere mich an Desmond Tutus Rede vor der Vollversammlung des ÖRK in Vancouver im August 1983. Er war verspätet angereist, wurde stürmisch begrüßt und gleich um ein Grußwort gebeten. Die ungeteilte Aufmerksamkeit der Delegierten und Gäste war ihm sicher, wie immer, wenn er irgendwo das Wort nahm. Er nutzte sein Grußwort – wohl zur Überraschung aller – zu einem leidenschaftlichen Appell: »Ihr dürft die weißen Brüder und Schwestern in Südafrika nicht hassen, Ihr müsst sie lieben, nur durch die Liebe Christi werden sie von ihrer Blindheit befreit werden.«

Desmond Tutu war eine ungewöhnliche Gestalt, klein von Statur, wortgewandt, springlebendig, immer zu einem Scherz oder einer ironischen Bemerkung aufgelegt, aber nie flach, sondern von einem tiefen Ernst erfüllt; er war in der Bibel zu Hause, ein inspirierender, charismatischer Prediger, voll ansteckender Zuversicht und einem ungebrochenen Gottvertrauen. Seine Begabung war wohl frühzeitig erkannt worden. Die anglikanische Kirche sorgte für eine solide Bildung, auch durch Studienjahre in England. Er wurde Bischof im Königreich Lesotho, einem von Südafrika umschlossenen und darum abhängigen Staat, und folgte dann im März 1978 dem Ruf nach Johannesburg als Generalsekretär des SACC. Er war also erst ein Jahr in diesem schwierigen, vom Staat beargwöhnten Amt, als ich ihn 1979 in seinem Büro aufsuchte. Ich will nicht verschweigen, dass mich die vielen Bilder an den Wänden irritierten; denn auf den allermeisten war er selbst zusammen mit Weggenossen und Bischöfen aus aller Welt zu sehen. Aber ich merkte bald, das war keine Selbstbespiegelung, sondern eine Selbstvergewisserung: Wir stehen nicht allein in diesem Kampf um Gerechtigkeit und Versöhnung, wir gehören zum Gottesvolk, in die ökumenische Gemeinschaft der Weltchristenheit. Die »Wolke der Zeugen« umgibt uns

(Hebräer 12), sie tritt fürbittend für uns ein und steht uns bei in unserer Bedrängnis. »Darum lasst uns laufen mit Geduld in dem Kampf, der uns verordnet ist, und aufsehen auf Jesus, den Anfänger und Vollender des Glaubens« (Hebräer 12,1f.).

Und der Dritte im Bunde: Dr. Christiaan Frederick Beyers Naudé aus einer angesehenen burischen Familie stammend, Pfarrer und dann auch Moderator der NGK (Niederländisch Reformierte Kirche), der 1963 unter dem Druck seiner Kirche sein Gemeindepfarramt niederlegen musste, weil er sich entschlossen hatte, die Leitung des »Christlichen Instituts« zu übernehmen. Er hielt eine letzte Predigt über das Wort »Man muss Gott mehr gehorchen als den Menschen« (Apg. 5,29), zog seinen Talar vor der versammelten Gemeinde aus und war nun »draußen«, in den Augen der großen Mehrheit der burischen Gesellschaft ein »Überläufer«. »I've never been as alone as I was then« (»Nie habe ich mich in meinem Leben so allein gefühlt, wie in dem Augenblick«), hat er später im Rückblick auf diesen Wendepunkt in seinem Leben gesagt.

Das »Christliche Institut« war eine Art Akademie, die den weißen Kirchen mit Gründen der Vernunft und des Glaubens das Recht bestritt, die Apartheid theologisch zu rechtfertigen. Das Institut dokumentierte sorgfältig die verheerenden Auswirkungen der Rassentrennung auf die nichtweiße Bevölkerungsmehrheit und suchte und fand dabei internationalen Rückhalt, in der weltweiten Ökumene und bei der UNO. Es konnte gar nicht anders sein, diese Akademie war ein Dorn im Auge der weißen Regierung, eine revolutionäre Unternehmung, eine ständige Bedrohung der bestehenden Machtverhältnisse.1977 wurde dem »Christlichen Institut« jede weitere Tätigkeit verboten.

Beyers Naudé war schon früher von der Regierung unter Bann gestellt worden. Er durfte sein Haus nicht verlassen, konnte nur jeweils einen Besucher empfangen und durfte nichts publizieren. Sieben lange Jahre hat er so überstehen müssen. Der Strom der Besucher riss aber nie ab. Sein Wort und sein Rat hatten auch in dieser Zeit Gewicht. Unter diesen Bedingungen habe ich Beyers Naudé bei meinem ersten Besuch in Südafrika durch Vermittlung von Wolfram Kistner kennen gelernt. Er wurde 1985 als Nachfolger Desmond Tutus Generalsekretär des SACC. Aber zur Ruhe setzen konnte er sich auch nach seiner Pensionierung nicht. Zusammen mit Wolfram Kistner unterhielt er ein Beratungsbüro, das im Sinne der Menschenrechte Einzelnen, Gruppen und Kirchen zu ihrem Recht verhelfen sollte.

Mit Nelson Mandela, dem ersten Präsidenten Südafrikas nach der ›Wende‹, war Beyers Naudé freundschaftlich verbunden. Als er im September 2004 gestorben war, übertrug das südafrikanische Fernsehen den »official funeral service« live in voller Länge; schon das ein Zeichen für die Achtung und Verehrung, die diesem ungewöhnlichen Christenmenschen entgegengebracht wurde. Erzbischof Tutu hat in seiner Predigt im Trauergottesdienst die Berufung von Beyers Naudé in ein vielleicht gewagtes, aber treffendes Bild gekleidet: Gott habe diesen weißen Südafrikaner dazu erwählt, als Hebamme bei der Geburt eines demokratischen Gemeinwesens zu dienen. Ich wurde am Tag vor der Trauerfeier von der Bitte überrascht, für die aus aller Welt angereisten ökumenischen Gäste, für den ÖRK und die konfessionellen Weltbünde ein Grußwort zu sagen.

Ich will nun nicht von allen Reisen nach Südafrika berichten, das würde den Rahmen dieser Lebenserinnerungen sprengen; auch nicht von meiner leitenden Mitarbeit in der Südafrikakommission der EKD (von 1979 bis 1985), in der alle regionalen Missionswerke, Hilfswerke und viele freie Initiativen um einen Tisch versammelt waren; ich will mich vielmehr auf zwei für mich unvergessliche »Interventionen« in Südafrika beschränken, auf den Beistand für inhaftierte, des Terrorismus bezichtigte, gefolterte Mitarbeiter der lutherischen Kirche im Norden Südafrikas, im Vendaland im Mai/Juni 1982, und auf die Verteidigung des SACC vor der sogenannten »Eloff-Kommission« in Johannesburg im März 1983; denn das waren Erfahrungen, die mir eine lebendige Anschauung von der weltumspannenden Realität der Kirche als »Leib Christi« (1. Korinther 12) gegeben haben: »Wo ein Glied leidet, so leiden alle Glieder mit, und wenn ein Glied geehrt wird, so freuen sich alle Glieder mit« (Vers 26).

Die weiße Regierung Südafrikas versuchte das Rassenproblem durch ihre »Homeland«-Politik zu lösen. Den Nichtweißen sollten Gebiete zugewiesen werden, in denen sie sich selbst verwalten und regieren könnten. Dadurch wurden sie zu Ausländern in Südafrika. Zu diesen Homeland-Gebieten gehörte auch das Vendaland im Norden. Um die »getrennte Entwicklung« realisieren zu können, musste ein gewaltiges Umsiedlungsprogramm entworfen werden: Weiß zu Weiß und Schwarz zu Schwarz. Das war natürlich nicht in einem Zuge zu verwirklichen. Aber es wurden erst einmal einige »Homelands« errichtet, so auch im Vendaland. Pietersburg war der zentrale Ort im Norden Südafrikas. Sibasa, der Sitz der Verwaltung des Vendalandes, wurde nun als Thohoyandou zur Hauptstadt des Homelands ausgebaut. Die schwarze »Regierung« unter ihrem chief-president Mpepu, einem Häuptling, war – ebenso wie die andern Homelands – international nicht anerkannt. Sie war ja auch nicht souverän in ihren Entscheidungen, sondern auf allen Feldern von der weißen Regierung in Praetoria abhängig. In allen »Ministerien« saßen weiße »Berater«, die die Oberaufsicht hatten. Die große Mehrheit der Schwarzen lehnte diese »Politik« entschieden ab. Der ANC (African National Congress), die größte der (in

Südafrika längst verbotenen) schwarzen Parteien, be-kämpfte die Homelandpolitik. Der SACC verstand sich – davon war schon die Rede – als Anwalt der ent-rechteten nichtweißen Mehrheit; er trat offen für eine Überwindung der Apartheid ein und kümmerte sich in seinen Programmen um Beistand und Hilfe der Op-fer dieser Politik. Aber als Lehrer, Polizist oder Ange-stellter einen Arbeitsplatz unter der Regie der Home-land-Regierung zu finden, das war eine Versuchung, der viele nicht widerstehen konnten. So ging ein Riss durch die schwarze Gesellschaft und auch durch die Kirche.

Nun kommt es im Oktober 1981 zu einem Anschlag auf eine Polizeistation im Vendaland. Die südafrikani-sche Geheimpolizei findet die Täter nicht, vermutet sie in den Reihen der Sympathisanten des ANC. Wochen nach dem Anschlag wird der für das Vendaland zu-ständige Dekan der lutherischen Kirche Tshenuwani S. Farisani zusammen mit einigen Mitarbeitern verhaf-tet. Man wirft ihnen vor, am Anschlag beteiligt gewe-sen zu sein. Die Geheimpolizei versucht, durch Folter Geständnisse zu erpressen. Schwarze Polizisten müs-sen diese »Aufgabe« übernehmen. Den Angeklagten soll – zur Abschreckung – ein öffentlicher Prozess ge-macht werden. Das Berliner Missionswerk kümmert sich darum, Verteidiger zu gewinnen und stellt (zu-sammen mit anderen ökumenischen Partnern) die nö-tigen Mittel bereit. Der Bischof der Norddiözese der ELCSA, dem es verwehrt ist, das Vendaland zu betre-ten, bittet mich dringend um Beistand. Es ist – wie immer – nicht einfach, schnell die nötigen Visa zu be-sorgen; unser Außenminister schaltet sich ein und wir kommen rechtzeitig nach Thohoyandou, können sogar, nach einem erstaunlich freimütigen Gespräch mit dem (weißen) Vorsitzenden des zuständigen Gerichtes, die Gefangenen in ihren Zellen aufsuchen. Wir erscheinen ihnen wohl wie Boten Gottes in ihrer Bedrängnis. Und natürlich macht es den Polizisten großen Eindruck, dass sich Kirchenleute aus dem fernen Berlin um diese Gefangenen kümmern.

Wir bemühen uns auch um eine Audienz beim chief-president Mpepu, aber sein Büro teilt uns nach einiger Wartezeit freundlich und achselzuckend mit, dass leider alle Termine schon vergeben seien. Am nächsten Tag beginnt der Prozess. Mit uns zusammen sitzen Angehörige und Gemeindeglieder auf den Besucherbänken. Nach 1½ Stunden schon wird das Urteil gesprochen: Freispruch für alle Angeklagten, denen eine Beteiligung an dem Anschlag auf die Polizeistation vorgeworfen worden war.

Was dann passierte, ist wohl nur in Afrika möglich. Die Nachricht von der Freilassung verbreitete sich in Windeseile. Die Menschen strömten zusammen. Die Schule war gerade aus. Auf dem Weg zur Kirche – wir wollten dort mit den freigelassenen Brüdern eine Dankandacht halten – war ich umringt von einem riesigen Schwarm von fröhlichen Schulkindern. An diesen spontanen Gottesdienst werde ich mich ein Leben lang erinnern. Leicht gingen die Lob- und Danklieder den nun befreiten Brüdern nicht von den Lippen; die Strapazen und Quälereien der Haft ließen sich nicht einfach abschütteln. Und wer konnte denn in diesem Augenblick sagen, wie die Entwicklung in Südafrika weitergehen würde, die Bedrohung durch eine übermächtige Gewalt blieb ja bestehen. Und doch gab die Erfahrung dem Glauben Auftrieb. Wir stehen nicht allein da; wir gehören gemeinsam zum Volk Gottes; der Freispruch ist für uns ein Geschenk des Himmels.

Schon Monate vor der Intervention im Vendaland hatte die südafrikanische Regierung am 3. November 1981 eine Untersuchungskommission eingesetzt (nach ihrem Vorsitzenden wurde sie Eloff-Kommission genannt), die herausfinden sollte, ob der SACC kirchliche Spenden aus dem Ausland für politische Zwecke missbraucht habe. Offenkundige Schwächen in der Finanz-verwaltung des SACC lieferten der Regierung einen willkommenen Anlass für diese Entscheidung. Ein er-heblicher Teil der Spendenmittel kam aus Deutsch-land, von der EKD und ihren Gliedkirchen und von freien Initiativen. In gewisser Weise saß also die EKD mit auf der Anklagebank. Der Vorwurf lautete: Ihr tre-tet zwar mit Worten für die Gewaltfreiheit ein, aber Ihr fördert in Wirklichkeit mit euren Geldmitteln politi-sche Aktionen mit dem Ziel des Umsturzes.

Der Rat der EKD gab am 11. März 1982 eine ausführ-liche Erklärung zur Partnerschaft zwischen dem SACC und der EKD ab. Darin heißt es: »Die EKD unterstützt den SACC in seinem Bemühen, auf gewaltlosem Wege die Auswirkungen von Diskriminierung und Unrecht zu vermindern. Sie erkennt in den zahlreichen Aktivitä-ten des SACC auf caritativem Gebiet und auf dem Ge-biet sozial-ethischer Reflexionen einen genuin christli-chen Einsatz für Gerechtigkeit und Versöhnung.« Über die Verwendung der Mittel seien in jedem Einzelfall schriftliche Vereinbarungen getroffen worden.

Die Untersuchungen zogen sich über Monate hin. Im Februar 1983 legte die (Geheim-)Polizei ihren Be-richt über die Arbeit des SACC vor. Sie empfahl, den SACC zu »bannen«, ihn zu einer »betroffenen Organi-sation« zu erklären, ihm also alle Verbindungen zu ausländischen Geldgebern zu untersagen. Das Ziel der Arbeit des SACC sei kein geistliches, sondern ein weltliches, der Sturz der politischen Verhältnisse in Südafrika, also die Revolution. Durch die »Bannung« sollte der SACC gelähmt und handlungsunfähig ge-macht werden.

Bischof Tutu, der Generalsekretär des SACC, rief unter dieser Bedrohung die ökumenischen Partner aus Europa und den USA an, also auch die EKD, und bat sie dringend um ihre Bereitschaft, als Zeugen vor der Eloff-Kommission aufzutreten.

Wir haben uns dann zu dritt auf den Weg gemacht: Bischof Heinz-Joachim Held, der Leiter der Ausland-arbeit der EKD, Oberkirchenrat Warner Conring, der Referent für den »Kirchlichen Entwicklungsdienst« im Kirchenamt der EKD und ich als Vorsitzender der Süd-afrika-Kommission der EKD. Wieder gab es Schwierig-keiten mit dem Visum. Es kam erst »auf den letzten Drücker« und enthielt den handschriftlichen Vermerk »for the sole purpose of giving evidence to Eloff Com-mission« (nur zum Zweck der Zeugenaussage vor der Eloff-Kommission). Irgendwelche Reisen oder Besuche im Lande sollten damit ausgeschlossen werden, was mich aber nicht davon abhielt, einer schon länger vor-liegenden Einladung ins Vendaland zu chief-president Mpepu zu folgen. Ein kleines Missionsflugzeug brachte mich sicher und unbemerkt in den Norden und zurück nach Praetoria.

In dieser Woche wurden Dänen, Holländer, Ame-rikaner und wir drei Vertreter der EKD aus Deutsch-land nacheinander in den Zeugenstand gerufen. Der Zeitplan verschob sich. Die Kommission, allen voran der Vorsitzende, war sichtlich bemüht, die Regularien eines fairen Prozesses einzuhalten. Es herrschte eine geradezu freundlich-sachliche Atmosphäre. Die Rich-ter waren offensichtlich davon beeindruckt, dass sich relativ spontan eine kleine Ökumene eingefunden hat-te, um dem SACC beizustehen. Aus zwei Gründen waren die Aussagen der EKD-Vertreter von besonde-rem Gewicht; zum einen, weil der überwiegende Teil der ausländischen Geldmittel von der EKD einge-bracht wurde, aber auch, weil die EKD wegen ihrer kritischen Anfragen an den Sonderfond des Antiras-sismus-Programms des ÖRK als bedächtig und »kon-servativ« galt.

Das Wort führte im Wesentlichen der Anklagefüh-rer, ein Staatsanwalt deutscher Herkunft, Dr. von Lie-ren und Wilkau. Er sprach fließend Deutsch, aber nur in den Pausen. Der Verteidiger des SACC, Mr. Unterhalter, galizisch-jüdischer Abstammung, war ihm in seiner Wortgewandtheit und Argumentationskraft durchaus gewachsen. Mr. Unterhalter hatte seine reine Freude an der gründlichen Vorbereitung der drei Deutschen. Warner Conring kannte sich bestens aus in allen Programmen des SACC, die von der EKD unterstützt wurden, er hatte alle Zahlen im Kopf und blieb auf keine Frage der Anklage eine Antwort schuldig. Heinz-Joachim Held schlug einen weiten Bogen von den Einsichten der Bekennenden Kirche in Deutschland in der Hitlerzeit über die Erfahrung ökumenischer Liebe und Solidarität durch die Weltchristenheit in der Nachkriegszeit bis hin zu der Legitimität der Partnerschaft zwischen dem SACC und den deutschen Kirchen. Es liege auf der Linie der biblischen Botschaft und der Lehre der Kirche, »wenn der Südafrikanische Kirchenrat für das Recht derer eintritt, die unter der gegenwärtigen Situation der Apartheid leiden, und wenn er die Notwendigkeit grundlegender Änderungen betont, die zu wirklicher Gerechtigkeit und Versöhnung führen.«

Als ich in den Zeugenstand gerufen wurde, sollte ich vereidigt werden. Ich wandte ein, ich sei Bischof und der Wahrheit verpflichtet. Ich wisse mich an das Wort der Schrift gebunden: »Seid allezeit bereit zur Verantwortung vor jedermann, der von euch Rechenschaft fordert über die Hoffnung, die in euch ist« (1. Petr. 3,15). Es widerstrebe mir darum, mich vor einem ausländischen Gericht vereidigen zu lassen. Die Sitzung wurde kurz unterbrochen, der Vorsitzende teilte danach mit, die Kommission habe meiner Bitte entsprochen. Ich gab dann Auskunft über meinen Lebensweg in der Kirche, über die Struktur und Arbeitsweise der EKD, über die aus der Missionsarbeit entstandenen Partnerschaften zu den nun selbständigen Kirchen in Südafrika und über die Zielsetzungen der

Südafrika-Kommission der EKD. Mir war dabei bewusst, dass der Ankläger ins Feld führen würde, es gäbe ja keine einheitliche Meinung in der EKD zur Situation in Südafrika. Ich konnte mich darauf berufen, dass ja die Geldvergabe in allen Landeskirchen und in der EKD durch Synoden in aller Ausführlichkeit und vor der Öffentlichkeit beraten und beschlossen würde.

Natürlich verfolgten Desmond Tutu, Wolfram Kistner und andere Mitarbeiter und Mitarbeiterinnen des SACC den Prozess mit großer Aufmerksamkeit. Es stand ja die Existenz des SACC auf dem Spiel. Auch Presseleute waren anwesend; einige Zeitungen berichteten über den Verlauf der Anhörungen, enthielten sich aber eines Kommentars. Ich hatte erwartet, unter den Prozessbeobachtern Mitglieder der deutschsprachigen weißen Kirchen, die ja mit der EKD vertraglich verbunden waren, zu finden; das war – jedenfalls in dieser Woche – nicht der Fall. Die Verhandlungen der Eloff-Kommission zogen sich über Monate hin.

Der SACC ging aus dieser Belastungsprobe eher gestärkt hervor. Er wurde zu einer umfassenden Reflexion seiner Arbeit genötigt, er konnte vor der Öffentlichkeit Rechenschaft ablegen und sich zur Notwendigkeit eines fundamentalen Wandels bekennen, er erlebte die Solidarität seiner ökumenischen Partner – das alles machte es schwer, ihn zu »bannen« und damit in den Untergrund zu drücken. Der SACC durfte also seine Arbeit ohne wesentliche Einschränkungen fortsetzen, weiterhin kräftig unterstützt von seinen ökumenischen Partnern.

Die Unruhe im Lande wuchs. Die Jugend radikalisierte sich, sie wollte sich nicht mehr »vertrösten« lassen. Als ich 1990, wenige Monate nach dem Fall der Berliner Mauer, im Süden Tansanias zu einem Partnerschaftsbesuch war, begegnete mir bis ins entlegendste Dorf immer wieder die Meinung: Nun wird auch die Mauer der Apartheid in Südafrika bald fallen. Das

überraschte mich zuerst. Was haben die Entwicklungen in Europa mit den Entwicklungen im südlichen
Afrika zu tun? Die Afrikaner sahen einen unmittelbaren Zusammenhang: Wenn der weißen Regierung
in Südafrika die »kommunistische Weltherrschaft«
nicht mehr als Feindbild dienen kann, dann wird auch
die Apartheidssystem fallen.

Nach 27 Gefängnisjahren wurde Nelson Mandela,
längst in aller Welt zum Symbol des Antiapartheids-
kampfes geworden, am 11. Februar 1990 ohne irgendwelche Auflagen entlassen. Es war ein Wunder, mit
welcher Weisheit und Versöhnungsbereitschaft Nelson
Mandela ans Werk ging, um einem aus freien Wahlen
hervorgegangenen Südafrika den Weg zu bereiten. Im
Mai 1994 wurde er zum ersten schwarzen Präsidenten
Südafrikas gewählt. Die erste Nacht in Freiheit verbrachte er übrigens im Bishop's Court als Gast von
Erzbischof Desmond Tutu. »Dieser Mann hatte mit seinen Worten und seinem Mut eine ganze Nation inspiriert und die Hoffnung der Menschen in dunkelster
Zeit wieder aufleben lassen«, schreibt Mandela in sei-
ner Autobiographie (in: Der lange Weg zur Freiheit,
Frankfurt 1994, 757).

Kapitel 22:
Die bedrängende Friedensfrage – Von Vancouver (1983) bis Canberra (1991)

Am 24. Dezember 1979, also ausgerechnet am Weihnachtsfest (nach dem westlichen Kalender) rückte die Rote Armee in Afghanistan ein. Es war das erste Mal seit 1945, dass die Sowjetunion ihren Machtbereich mit militärischen Mitteln auszuweiten suchte. Die Balance zwischen den beiden Machtblöcken schien ins Wanken zu geraten. Denn auch im Iran – unter dem persischen Schah Reza Pahlevi immer ein Bündnispartner der USA – waren die Machtverhältnisse durch die islamische Revolution unter Ajatollah Khomeni tiefgreifend verändert worden. Wollte die Sowjetunion sich der Ölquellen im Nahen Osten bemächtigen?

Ich erinnere mich gut an die Begegnung einer Delegation des Rates der EKD mit Bundeskanzler Helmut Schmidt im Januar 1980 im Kanzleramt in Bonn. Er zeichnete ein düsteres Bild der weltpolitischen Lage und sah dadurch auch die für uns Deutsche so wichtige Entspannungspolitik zwischen Ost und West bedroht. Er wusste natürlich, dass wir Kirchenleute an der Fortsetzung dieser Politik vital interessiert waren. Auch in Afrika wachse der Einfluss der Sowjetunion zusehends. Offenbar breite sich in der Führung der Sowjetunion ein Überlegenheitsgefühl gegenüber dem Westen aus, das zu gefährlichen Entwicklungen führen könne. »Die 130 Entwicklungsländer müssen den Eindruck haben, im Endeffekt sei nur auf die Sowjetunion zu setzen«, postulierte Helmut Schmidt. Diesen Satz schrieb ich mir damals auf.

In diesem Zusammenhang wies er auf die ›stille Aufrüstung‹ hin, die die Sowjetunion unabgesprochen betreibe. Die SS 20-Raketen seien kein bloßer Ersatz für die bisherigen SS 4 und SS 5, sie seien nicht standortgebunden, verkürzten die Warnzeit auf wenige Minuten und hätten drei einzeln steuerbare Sprengköpfe. Mit einer Reichweite von 5000 Kilometern bedrohten sie nicht die USA, wohl aber Europa und Japan. Das Gleichgewicht der Kräfte werde zu Ungunsten Westeuropas verschoben. Das dürfe um der Erhaltung des Friedens willen nicht hingenommen werden. »Entspannungspolitik eines Schwachen mit einem Starken führt zu erhöhter Spannung.« Die SS 20-Raketen müssten in die Abrüstungsverhandlungen einbezogen werden. Sei die Sowjetunion innerhalb von vier Jahren nicht dazu bereit, müsse der Westen seinerseits neue Raketen – die Pershing 2 – in der Bundesrepublik stationieren.

Damit hatte Helmut Schmidt uns den ›NATO-Doppelbeschluss‹ erläutert, der am 12. Dezember 1979 in Brüssel vom NATO-Rat gefasst worden war. Dieser Beschluss löste nicht nur heftige Spannungen im Ost-West-Verhältnis aus, er mobilisierte auch die Friedensbewegung und führte in der Kirche zu Zerreißproben – aber auch zu gemeinsamen Stellungnahmen von EKD und Bund der Evangelischen Kirchen in der DDR. Er stärkte das Bewusstsein der gemeinsamen Verantwortung ›an der Nahtstelle zwischen den beiden Blöcken‹. Deckungsgleich waren die Optionen im Bund und der EKD nicht, aber im Ziel, im atomaren Zeitalter den Krieg als Mittel der politischen Konfliktlösung abzuschaffen, waren sie sich einig.

Helmut Schmidt scheiterte an seiner Partei. Sie war nicht bereit, den ›harten Kurs‹ mitzumachen. Das Motto »Ohne Rüstung leben« motivierte die junge Generation stärker als die Konsequenz aus Helmut Schmidts nüchterner Machtanalyse. Auf dem Kirchentag in Hamburg im Juni 1981 unter der Losung

»Fürchte dich nicht« mit seinen 150.000, in der Mehrzahl jungen Teilnehmern stieß das pazifistische Anliegen auf große Resonanz. In der Halle 13 kam es während einer Rede des Bundesverteidigungsministers Hans Apel zu einem Eklat. Weiß gewandete Protestierer mit rotverschmierten Gesichtern unterbrachen die Veranstaltung und skandierten »Fürchte dich, fürchte dich«. Farbeier flogen, Trillerpfeifen untermalten den Protest; Polizisten in Zivil stellten sich mit Plastikschildern vor den Minister. Das Image des Kirchentages als gesellschaftliche Plattform für faire, kontroverse Auseinandersetzungen schien ins Wanken zu geraten. Ich habe den Eindruck, Hans Apel hat diesen Schock nie überwunden.

Zum 10. Oktober 1981 riefen Friedensgruppen zu einer Großdemonstration in Bonn »Gegen atomare Bedrohung gemeinsam vorgehen – für Abrüstung und Entspannung in Europa« auf. Auch 55 Mitglieder der SPD-Bundestagsfraktion und ein Drittel der Fraktion der FDP hatten den Aufruf unterzeichnet. Erhard Eppler, führendes Mitglied der SPD, hielt das Hauptreferat. Er vertrat im Gegensatz zu Helmut Schmidt die Meinung, dass die SS 20 eine verständliche Nachrüstungsmaßnahme der Sowjetunion sei. Im Dezember 1981, das ist für den Gesamtzusammenhang der politischen Situation in Europa nicht unwichtig, verhängte der polnische Staats- und Regierungschef General Jaruzelski das Kriegsrecht über Polen, wie er bis heute sagt, um einer drohenden militärischen Intervention der Sowjetunion zuvorzukommen. Die freie Gewerkschaftsbewegung Solidarność wurde unterdrückt. Die Bevölkerung der Bundesrepublik reagierte mit einer überraschend breiten Paketaktion nach Polen, einem wirksamen Zeichen der Sympathie für das polnische Volk. Würde nun ein neuer ›Kalter Krieg‹ ausbrechen?

Im Juni 1982, als der NATO- Gipfel in Bonn stattfand, kamen mehr als eine halbe Million Demonstranten nach Bonn. Am 1. Oktober 1982 wurde Helmut Schmidt durch ein Konstruktives Misstrauensvotum abgewählt. Ihren Höhepunkt erreichte die Friedensbewegung im Oktober 1983; Demonstranten bildeten eine 108 km lange Menschenkette von Ulm bis Stuttgart; in Bonn demonstrierten eine Million Menschen. »Kein anderes Ereignis hat jemals in der Bundesrepublik so viele Menschen auf die Straße gebracht wie die Nachrüstung« (Edgar Wolfrum, Die geglückte Demokratie, Stuttgart 2007, 386).

Wie sollten wir im Rat der EKD in dieser in höchstem Maße gespannten Situation nach dem NATO-Doppelbeschluss eine evangelische Position herausarbeiten? Waren die konträren Positionen überhaupt noch miteinander zu vermitteln? Die von der ›Kammer für öffentliche Verantwortung‹ ausgearbeitete Denkschrift »Frieden wahren, fördern und erneuern«, die der Rat im Oktober 1981 veröffentlichte, versuchte, eine Orientierung zu geben. Erklärtes Ziel aller Christen müsse es sein, den Krieg als Mittel der Politik zu überwinden. Aber das bloße »Nein ohne jedes Ja«, wie es dann das reformierte Moderamen in seiner Gegenerklärung zur Denkschrift der EKD als Bekenntnissatz formulierte, genüge nicht, weil das ›Nein‹ zwar als Zeichen wirksam sein könne, sich aber von der Verantwortung für den Weg zum Ziel dispensiere.

»Krieg kann heute nicht mehr als Fortsetzung der Politik mit andern Mitteln ausgegeben werden. Krieg bedeutet, prägnant und ohne Abstriche, das Scheitern von Politik. Das Drohen mit Krieg ist keine verantwortbare Politik. *Die politische Aufgabe ist es, Gewaltdrohung durch Politik zu überwinden«* – das war der zentrale Zielpunkt der EKD-Denkschrift. »Das Ziel muss die Ausbildung einer politischen Friedensordnung sein, die den Abbau militärischer Gewaltmittel möglich macht«. Christen dürfen dabei »nicht abseits stehen oder sich verweigern, sondern sie müssen geduldig und aktiv ihren Beitrag leisten«. Die unterschiedlichen Gewissensentscheidungen müssen auf dieses gemeinsame Ziel hin ausgerichtet sein. Dass es möglich ist, durch eine Friedensordnung den Krieg als Mittel der Politik auszuschalten, zeige etwa das deutsch-französische Verhältnis.

Im Sommer 1983 tagte die Vollversammlung des Ökumenischen Rates der Kirchen auf dem Campus der Universität von Vancouver in Kanada, einer einmalig schön gelegenen Stadt am Pazifik. Aber sie erschien den Delegierten aus der Dritten Welt doch auch als ein glitzerndes Beispiel für einen unverantwortlich sorglosen Umgang mit den knapper werdenden Ressourcen unserer Welt, als Symbol der Ungerechtigkeit zwischen Nord und Süd. So konnte es nicht wundernehmen, dass sich die Friedensfrage auf dieser Vollversammlung immer zugleich mit der Frage nach der Gerechtigkeit und der Bewahrung der Schöpfung verband.

Schon Wochen vor Beginn der Tagung hatte der Pastor der deutschsprachigen Markus-Gemeinde Vancouver, Adolf Gerber, ursprünglich nordelbischer Pfarrer, mit mir Verbindung aufgenommen. Er wollte die Anwesenheit so vieler Delegierter aus Deutschland für seine Gemeindearbeit nutzen, zumal es in den Reihen der Gemeindeglieder Vorbehalte gegenüber dem ÖRK gab. Selten in meinem Leben habe ich ein so unkompliziert gastfreies Pfarrhaus erlebt. Das lag auch an Carol, der Pfarrfrau, einer tatkräftigen Amerikanerin, die einige Jahre mit ihrem Mann in Deutschland gelebt hatte. Ich könnte mir denken, dass die kinderreiche Familie aufgeatmet hat, als die ›deutsche Belagerung‹ ihres Pfarrhauses während der Weltkirchenkonferenz ein Ende hatte. Gespürt haben wir davon allerdings nichts.

Ich wurde in das ›Drafting Comittee« der Programmeinheit 6, also die Vorbereitungsgruppe für die wichtige Erklärung »Gerechtigkeit, Frieden und Bewahrung der Schöpfung« berufen. Gut, dass ich einen in den Friedensfragen kompetenten Mitarbeiter der FEST (der Heidelberger Forschungsstelle der EKD) und auch den Norweger Gunnar Stalsett, der bald darauf Generalsekretär des Lutherischen Weltbundes wurde, zur Seite hatte. Die waren mit der Maschinerie einer so großen, komplizierten Weltkirchenkonferenz vertraut.

Die Erklärung »Friede und Gerechtigkeit« konnte in der Schlussphase der Vollversammlung nicht mehr ausführlich diskutiert werden. Christen aus anderen Kontinenten hatten bei der Erarbeitung kritisiert, dass wir Europäer zu stark auf die atomare Frage fixiert seien, dass wir die globalen Fragen nach der Gerechtigkeit dabei aus dem Blick verlieren würden. Unser Eintreten für Frieden und Abrüstung sei, ohne dass es uns bewusst sei, ein Versuch, unseren Wohlstand zu sichern. Die Erklärung enthält den Spitzensatz, der bei europäischen und US-amerikanischen Politikern auf heftige Kritik stieß: »Die Herstellung und Stationierung von Kernwaffen sowie deren Einsatz sind ein Verbrechen gegen die Menschheit.« In unserer Vorbereitungsgruppe wurde gefragt, ob dann nicht die führenden Politiker aus Ost und West vor ein Kriegsverbrecher-Tribunal gestellt werden müssten. Wer diesen Satz aus dem Gesamtzusammenhang herauslöst, kann darin ein moralisches Verwerfungsurteil sehen. Die Erklärung ist aber durchgängig davon bestimmt, Prozesse zu einem gemeinsamen Handeln einzuleiten. »Wir rufen die Kirchen dringend auf, ihre Regierungen – und zwar vor allem derjenigen Länder, die über Atomwaffen verfügen – nachdrücklich aufzufordern, ein völkerrechtliches Instrument auszuarbeiten, mit dem sowohl der Besitz als auch der Einsatz von Atomwaffen als Verbrechen gegen die Menschheit geächtet werden kann.«

Dass dann der ÖRK, durch die Vollversammlung in Vancouver angeregt, einen »Konziliaren Prozess gegenseitiger Verpflichtung für Gerechtigkeit, Frieden und Bewahrung der ganzen Schöpfung« einleitete und zu einem seiner Arbeitsschwerpunkte in der Spanne bis zur nächsten Vollversammlung 1991 in Canberra/Australien machte, ist gerade für die DDR-Geschichte der ›Vorwendezeit‹ von erheblicher Bedeutung gewesen. Denn nun konnten sich die Basisgruppen in der Kirche bei ihren Aktivitäten auf den ÖRK berufen. Wir wollen ja nur das in unserem Land zur Geltung bringen, was Christen in aller Welt anstreben sollen. Und der ›Dreiklang‹ Gerechtigkeit, Frieden und Bewahrung der Schöpfung forderte ja geradezu heraus, nun auch nach der Gerechtigkeit im eigenen Land zu fragen und die gravierenden Umweltprobleme anzusprechen.

Seit 1983 gab es unter dem Dach der Kirche Treffen der Friedensgruppen unter dem Motto »Konkret für den Frieden«. Und als der Konziliare Prozess auch von den Kirchen in der DDR aufgenommen wurde, fanden die Basisgruppen eine öffentliche Plattform für die Klärung und Plakatierung ihrer Reformvorstellungen. Nun beteiligten sich auch die Katholische Kirche und die Freikirchen. Das löste natürlich zusätzliche Befürchtungen bei den ›Oberen‹ aus. Immer wieder wurde die Kirche vermahnt, nicht die Rolle einer Oppositionsbewegung zu übernehmen. Erich Honecker sprach von ›konterrevolutionären Aktionen‹ der Kirchen, die man nicht dulden werde. Er hatte 1988, zehn Jahre nach dem Staat-Kirche-Treffen vom 6. März 1978, das eine freundlichere Kirchenpolitik der DDR einleiten sollte, das Gespräch mit Landesbischof Leich, dem Vorsitzenden der KKL in der DDR, gesucht. Aber der hat mit Bedacht und Entschiedenheit die Klagen der Bürger verteidigt; der Staat begegne ihnen nur mit administrativen und polizeilichen Maßnahmen; die Kirche werde stellvertretend in Anspruch genommen, weil sich der Staat verweigere. Eine Entspannung im

Staat-Kirche-Verhältnis trat nicht ein, der Konflikt verschärfte sich.

Die »1. Ökumenische Versammlung für Gerechtigkeit, Frieden und Bewahrung der Schöpfung« fand vom 12. bis 15. Februar 1988 in Dresden statt. Bewusst war der Erinnerungstag an die Zerstörung Dresdens am 13. Februar 1945 in das Programm einbezogen worden. Ausreisewillige trugen Plakate mit der Aufschrift »Freiheit« und »Die Mauer muss weg!«. Die weiteren Ökumenischen Versammlungen (in Magdeburg vom 8. bis 11. Oktober 1988 und in Dresden Ende April 1989) führten zu beachtlichen ökumenischen Stellungnahmen, die dann im Sommer 1990 – die Berliner Mauer war schon gefallen und Europa im Aufbruch zu neuen Ufern – in die erste ›Europäische Ökumenische Versammlung der Kirchen‹ in Basel und in die Weltversammlung des ÖRK für Gerechtigkeit, Frieden und Bewahrung der Schöpfung in Seoul/Südkorea (5. bis 12. März 1990) eingebracht wurden. Dies sind nur dürre Angaben, wie einem Fahrplan entnommen. Aber sie können doch einen Eindruck davon geben, wie bedeutsam ökumenische Beschlüsse auf Weltebene für die Entwicklungen in Deutschland gewesen sind.

Die Hoffnung allerdings, dass mit dem Ende der Ost-West-Konfrontation nun eine ›Welt ohne Krieg‹ in greifbare Nähe rücke, hat sich als Illusion erwiesen. Die nukleare Gefahr ist keineswegs gebannt; die Zahl der Atommächte steigt; der lukrative Handel mit Waffen konnte nicht eingedämmt werden. Der Einfall irakischer Truppen in Kuweit alarmierte die Welt ebenso wie die blutigen Kriege auf dem Balkan nach dem Zerfall Jugoslawiens. Und als am 11. September 2001 die Welt durch die Terroranschläge in New York in Angst und Schrecken versetzt wurde, konnte darin nur eine neue Qualität der Kriegsführung gesehen werden, bei der es weder eine Kriegserklärung noch eine Unterscheidung zwischen kriegführenden Soldaten und zu schützenden Zivilisten gibt. Die Aufgabe, den Krieg abzuschaffen, ist im 21. Jahrhundert nach Christus dringlicher und ungleich schwieriger geworden. Militärische Interventionen – unter festgelegten Bedingungen – werden nun auch von Gruppen, die früher pazifistische Positionen vertreten hatten – für notwendig gehalten, um Schlimmeres zu verhüten.

Kapitel 23

Taiwan – Südkorea – Volksrepublik China

Termine, die ich zugesagt hatte, versuchte ich unbedingt festzuhalten. Aber manchmal geriet ich in Schwierigkeiten. Es wäre besser gewesen, die Predigt zum Abschluss des 1. Ökumenischen Stadtkirchentages in Bremen am 28. September 1980 abzusagen, um gleich von Berlin aus nach Taiwan zu fliegen. Die dringliche Bitte um Intervention bei der Regierung für den verhafteten Generalsekretär der Presbyterianischen Kirche und weitere Mitarbeiter war plötzlich »dazwischen gekommen«. Aber es ließ sich mit einiger Mühe doch ein Kompromiss finden: ich könnte ja von Bremen aus über Franfurt – Singapur nach Taipeh, der Hauptstadt Taiwans fliegen.

Auf diese Insel, auch Formosa (›die Schöne‹) genannt, hatte sich General Tschiang Kai-schek 1949 mit den Resten seiner Armee und einer großen Zahl seiner Anhänger abgesetzt, als er sich nicht mehr auf dem Festland gegenüber der Roten Armee Maos behaupten konnte. 2 Millionen Festlandchinesen waren zu Inselbewohnern geworden. Die USA stützten Tschiang Kaischek mit Schutzgarantien, Wirtschaftshilfe und auch mit Waffenlieferungen. Die Kuomintang, die Partei Tschiang Kai-scheks, verstand Taiwan als das »Freie China«. Wegen der kommunistischen Bedrohung war der Ausnahmezustand über das Land verhängt worden, der erst 1987 aufgehoben wurde. Die Presbyterianische Kirche in Taiwan, durch das Berliner Missionswerk mit uns partnerschaftlich verbunden, zählte vor allem Taiwan-Chinesen zu ihren Mitgliedern, deren Vorfahren vor 300 Jahre vom Festland zugewandert waren. Sie standen in Opposition zur herrschenden Kuomintang. Sie traten für ein unabhängiges Taiwan ein, während die Kuomintang an der Fiktion des »Einen Chinas« festhielt. Für alle Provinzen Festlandchinas waren zur Zeit meines ersten Besuches auf Taiwan noch Sitze im Parlament freigehalten. Die PCT (Presbyterian Church in Taiwan) mit ihren kräftigen kirchlichen Beziehungen zu den Presbyterianern in den USA und in Schottland, trat entschieden für einen demokratischen Wandel in der Gesellschaft und für eine Absage an die »Ein-China-Ideologie« ein. Auf diesem Hintergrund wird verständlich, dass führende Gestalten der PCT als ›Staatsfeinde‹ verhaftet worden waren.

Ich konnte mich zusammen mit dem Abgesandten der Presbyterianischen Kirche in den USA auf der Insel relativ frei bewegen, wir besuchten Gemeinden, die Kirchliche Hochschule, die Jesuiten-Universität und nahmen an einer ökumenischen Konferenz taiwanesischer Kirchenführer teil. Wir konnten beim Informationsminister vorstellig werden, aber es gelang uns nicht, den Generalsekretär Kao im Gefängnis zu besuchen. Kurz nach unserer Abreise wurde er aus der Haft entlassen. Die Regierung wollte nicht ihr Gesicht verlieren. Aber für unsere Partnerkirche war klar: unser Besuch hatte die Türen geöffnet.

Von Taiwan flog ich nach Korea. Da erwartete mich endlich mein Koffer, der auf der Reise von Bremen auf einer der Zwischenstationen auf der Strecke geblieben war. Ich war auf Taiwan mit einer Aktentasche unterwegs gewesen, war aber unter Assistenz einer amerikanischen Mitarbeiterin der PCT maßgeschneidert eingekleidet worden. Ein amüsantes Erlebnis!

In Korea sollte ich – wie Kurt Scharf und Richard von Weizsäcker vor mir – für den unter Hausarrest stehenden Menschenrechtler und Oppositionspolitiker Kim Dae-jung intervenieren und die mit uns partnerschaftlich verbundene Presbyterianische Kirche in Ko-

294

rea (PROK) besuchen. Nie in meinen 17 Jahren als Bischof bin ich so auffällig und massiv von der Geheimpolizei beschattet worden, wie in jenen Tagen in Seoul. Vor der Tür meines Hotelzimmers saß Tag und Nacht eine Wache, die sofort in Aktion trat und weitere Polizisten »zu Hilfe« rief, wenn ich den Raum verließ. Die Herzlichkeit der Begegnungen in kleinem oder größerem Kreise hat nicht darunter gelitten. Solche ökumenischen »Visiten« bei bedrängten Christen haben ihren tiefen Sinn, auch wenn das eigentliche Ziel nicht erreicht werden kann. Dass Christen »zur Freiheit berufen« sind, dass sie in ihrer Ohnmacht doch Zeugnis von einer ganz anderen Macht geben, war auch dort zu erfahren.

Einige Jahre später: die Einladung des Chinesischen Christenrates an den Rat der EKD und das Evangelische Missionswerk in Hamburg (EMW) zu einem offiziellen Besuch der wieder erstandenen Kirche in China. Zehn Jahre lang, von 1969 bis 1979, hatte die »Kulturrevolution« mit Hilfe der ›Roten Garden‹ alles christliche Leben mit Stumpf und Stiel auszurotten versucht. Alle kirchlichen Gebäude wurden enteignet und umfunktioniert, die meisten Pfarrer zum Arbeitseinsatz aufs Land verbannt, alle Gottesdienste verboten. Aber der Glaube lässt sich nicht verbieten. Und er suchte auch unter diesen elenden Bedingungen nach Gemeinschaft. Die Christen sammelten sich in den Häusern und lebten – ohne Pfarrer – von dem, was an Glaubensgut bei den Einzelnen lebendig war. Auswendig gelernte Gesangbuchverse wurden zusammengetragen, Psalmen und Bibeltexte abgeschrieben, menschliche Nähe gesucht. Und diese Hausgemeinden hatten missionarische Kraft. Da gab es keinen Hass, keine Drohungen, keine Gewalt. Da herrschte ein anderer Geist als ›in der Welt‹. Das zog auch Nachbarn und Freunde an, die noch keine Christen waren.

Als die Kulturrevolution nach zehn Jahren unter Deng Xiaoping abgeblasen wurde und China sich zu öffnen begann, stellte sich heraus, dass sich die Zahl der Christen während der Kulturrevolution mehr als verdreifacht hatte. Eine durchs Feuer geläuterte, nun aufblühende Kirche! Und das Wachstum ist bis heute nicht zum Stillstand gekommen. Im Jahr der Olympiade in Peking, also 2008, zählten die evangelischen Kirchen etwa 36 Millionen Mitglieder gegenüber 700.000 vor der Kulturrevolution.

Der Vorwurf der kommunistischen Führung hatte gelautet: Das Christentum ist ein kapitalistischer, fremdartiger Import; in allem vom Westen abhängig – personell, finanziell und ideologisch. Schon 1949, mit dem Machtantritt Maos, begann die Ausweisung ausländischer Missionare und die Unterbindung finanzieller Einflussnahme. Es gab viele chinesische Christen, die diese ›Entwestlichung‹ bejahten. Sie wollten auf chinesische Weise Christen sein. In den 50er Jahren fanden sich Christen verschiedener Denominationen in der Dreiselbst-Bewegung zusammen. Selbstverwaltung – Selbstfinanzierung – Selbst-Ausbreitung, das waren die drei Leitziele. Aber die Kulturrevolution brachte allen Christen eine unabsehbar lange Leidenszeit.

Im Herbst 1982 besuchte eine Delegation des Chinesischen Christenrates unter Leitung von Bischof Ding westeuropäische Kirchen, um von ihren Erfahrungen und Hoffnungen zu berichten und die Fäden zur Weltchristenheit wieder zu knüpfen. So kam es zu der Einladung an EKD und EMW (Evangelisches Missionswerk der EKD in Hamburg). Und wir hatten die große Chance, Stadt- und Landgemeinden zu besuchen und in vielen Gesprächen einen unmittelbaren Eindruck von der Aufbruchssituation zu gewinnen. Unter dem Druck der Verfolgung waren Christen aus unterschiedlichen Denominationen näher zusammengerückt. Sie

wollten nicht in die durch die westliche Mission einge-
führte Aufspaltung in Konfessionen zurückkehren.
Der Chinesische Christenrat trat für eine einheitliche
evangelische Kirche ein. In der Anfangssituation nach
dem Ende der Kulturrevolution war das leichter zu
praktizieren als in späteren Jahren. Wir jedenfalls erlebten das Miteinander von anglikanischen, reformierten, baptistischen, methodistischen Pfarrern. Eines der
drängendsten Probleme: Die Pfarrerschaft war über-
altert, es fehlte eine ganze Generation. An der Theologischen Hochschule in Nanjing, an der auch Bischof
Ding lehrte, erlebten wir zu unserem Erstaunen, wie
Schriften von Bonhoeffer und Tillich, von Karl Barth
und Hans Küng Themen von Examensarbeiten waren.
Aber der Bildungsunterschied bei den Studenten und
Studentinnen war nicht zu übersehen.

Bei den Festessen, die uns zu Ehren gegeben wurden, ergaben sich immer Gelegenheiten, im persönlichen Gespräch vom Schicksal und Erleben Einzelner
in den Zeiten der Kulturrevolution zu hören. Ich
glaube nicht, dass es dem Gebot chinesischer Höflich-
keit zuzuschreiben war, wenn ich nie eine Klage über
die Verfolgungszeit zu hören bekam. Gott wollte uns
läutern, unseren Glauben auf eine Probe stellen, wollte
uns zu einem lebendigen Christsein verhelfen und die
Kirche erneuern. Wir sind dankbar für den Weg, den
er uns geführt hat. Es war doch so, als könnten wir
noch einmal die Anfangszeit der christlichen Kirche,
wie sie im Neuen Testament beschrieben ist, erleben.

Wir treffen in unserem Hotel in Beijing Joschka Fischer mit einer kleinen Gruppe von Grünen-Politikern.
Der deutsche Botschafter Fischer, in Peking aufgewachsen, der chinesischen Sprache mächtig, bestellt
mir einen Gruß vom Berliner Finanzsenator Kunz, der
sich gerade mit einer Berliner Delegation von Wirt-
schaftsleuten in Beijing aufhält. Zeichen am Wege, wie
China mit Riesenschritten versucht, Anschluss an die

Entwicklungen in der Welt zu gewinnen. Die Grund-these des Botschafters: Die Abwendung von der Kul-turrevolution wird nicht rückgängig gemacht werden. China braucht zu seiner Entwicklung eine langfristige Stabilität. Die fundamentale Änderung der Religions- und Minderheitenpolitik sei zur Absicherung der inne-ren Stabilität notwendig, aber Staat und Partei seien entschlossen, alle Bereiche des Lebens unter ihrer Kon-trolle zu behalten.

Das Interesse an den chinesischen Entwicklungen hat mich nie losgelassen. Ich verfolge sie an Hand von Publikationen des Evangelischen Missionswerkes in Hamburg und des (katholischen) Chinazentrums in St. Augustin bei Bonn. Ob die Vision von Papst Johan-nes Paul II., die sein Nachfolger Papst Benedikt XVI. in seinem Brief an die Christen in China vom Juni 2007 aufgenommen hat, zutrifft, wird sich erst im Laufe des 21. Jahrhunderts zeigen: Das Kreuz Christi sei während des 1. Jahrtausends in Europa eingepflanzt worden, während des 2. Jahrtausends in Amerika und Afrika, während des 3. Jahrtausends werde »eine große Ernte des Glaubens auf dem weiten und lebendi-gen asiatischen Kontinent eingebracht«.

Wie schwer sich China tut, seinen Weg zwischen Li-beralisierung und harter Kontrolle zu finden, ist an der Tibet-Politik abzulesen. Der Dalai Lama, seit 50 Jahren in Indien im Exil, schlägt nach dem Scheitern der Ver-handlungen mit der chinesischen Führung einen härte-ren Ton an: China wolle die Kultur und Religion Tibets auslöschen. Viel weniger wird von der Weltöffentlich-keit wahrgenommen, dass auch Christen und Muslime immer wieder Verfolgungen und Verhaftungen aus-gesetzt sind.

Kapitel 24:
Drei wichtige Vorhaben in Rat und Synode der EKD

»Der Charme des Protestantismus besteht in seiner Vielgestaltigkeit«, hat Richard von Weizsäcker einmal formuliert. Die schwierige Prozedur der Wahl des Rates der EKD im November 1985 – sie zog sich über zwei Tage hin – hatte der Öffentlichkeit das Bild einer zerstrittenen evangelischen Kirche vor Augen geführt. Da konnten die Journalisten keinen Charme mehr entdecken. Als Ratsvorsitzender bewegt man sich in einem Spannungsfeld divergierender, auch konkurrierender Kräfte. Das war für mich keine überraschend neue Erfahrung; denn die Evangelische Kirche in West-Berlin hatte es ja auch schwer, in ihrer Vielgestaltigkeit zur Einheit zu finden. 1982 hatte ich ein Taschenbuch »Gruppierungen in der Kirche« veröffentlicht. Ich wollte zeigen: Vielfalt hat es in der Kirche immer schon gegeben. Sie ist ein Zeichen des Reichtums und der Lebendigkeit Kirche. Der Apostel Paulus hat das Wesen der Kirche im Bild vom Leib mit den vielen Gliedern beschrieben (1. Korinther 12 und Römer 12). Die Glieder haben unterschiedliche Aufgaben, aber sie entstammen einem Geist und werden durch ihn zum Zusammenspiel gebracht. Schon die Briefe des Neuen Testamentes belegen aber auch, dass die Vielgestaltigkeit die Einheit gefährden kann. Das Miteinander und Füreinander wird zum Gegeneinander.

In der EKD hatten sich im Laufe der 70er und 80er Jahre Parallelstrukturen entwickelt. Die Bekenntnisbewegung »Kein anderes Evangelium« und die »Kirchliche Sammlung um Bibel und Bekenntnis« sahen die Entwicklungen in der EKD mit großer Skepsis.

Sie wurde von pietistisch geprägten Kräften in der EKD, auch ihren Vertretern in den Gremien der EKD, geteilt. Die Evangelische Kirche sei in den Sog eines gefährlichen Pluralismus geraten, der alles Mögliche und Unmögliche zulasse. Man könne den großen Institutionen der Evangelischen Kirche nicht mehr trauen. Vor allem der Deutsche Evangelische Kirchentag war Zielscheibe dieser Kritik. Man könne an ihm nicht mehr mitarbeiten, müsse glaubensbewusste Christen vor einer Teilnahme warnen. Als Gegeninstitution wurde der »Gemeindetag unter dem Wort« geschaffen. Der Evangelische Pressedienst (epd) politisiere die Kirche, vernachlässige den Pietismus oder stelle ihn schief dar. So kam es zur Gründung einer Gegeninstitution, dem Nachrichtendienst ›idea‹, der geschickt und professionell seine Position ausbaute. »Brot für die Welt« sei eine reine Entwicklungshilfe-Agentur, vernachlässige die missionarische Dimension. So wurde das Hilfswerk »Brot für Brüder« geschaffen. Die Evangelischen Akademien, die Evangelischen Studentengemeinden, die Vikarsausbildung, das Evangelische Missionswerk in Hamburg und natürlich auch die Verbindung zum Ökumenischen Rat der Kirchen in Genf wurden einer harten, abgrenzenden Kritik unterzogen. Der Rat als Leitungsgremium der EKD musste Rede und Antwort stehen. An seine Adresse richteten sich die Klagen. Wie sollte ich darauf eingehen?

Ich nutzte meinen ersten Ratsbericht vor der EKD-Synode in Bad Salzuflen Anfang November 1986 zu einigen grundsätzlichen Überlegungen und formulierte dabei eine Kernaufgabe, auf die sich alle Kräfte und Institutionen unter dem Dach der EKD in Zukunft einstellen müssten. Die Selbstverständlichkeit der Weitergabe des Glaubens von einer Generation zur nächsten sei geschwunden. Wenn die Traditionslenkung nachlasse, dann müsse das Christsein bewusster bejaht und gestaltet werden. Wir seien eifrig im Wahrnehmen und Beschreiben der negativen Folgen des Nachlassens stabiler Kirchlichkeit, des Schwundes an häuslicher und persönlicher Frömmigkeit, der Rückläufigkeit der Mitgliederzahlen. Aber wir übersehen die positive Seite des Schwunds der Selbstverständlichkeit: die Freisetzung des Einzelnen zu einer bewussten Entscheidung, die missionarisch-diakonische Herausforderung der Kirche.

»Wir sind gemeinsam vor die elementare Frage gestellt: Wie wird einer heute Christ? Wie kann einer heute Christ bleiben? Hier wird das Zentrum unserer Arbeit im Rat liegen.« Diesen Fragen könne keine Institution der evangelischen Kirche, wie sie sich auch in den derzeitigen Auseinandersetzungen verstehe, ausweichen. Eine einfache, einlinige Antwort könne es nicht geben. Es müsse in unserer Gesellschaft unterschiedliche Zugänge zu den Menschen geben.

Diese Kernfrage ist nach meiner Einsicht nicht schnell wieder in Vergessenheit geraten, sie ist aufgenommen worden, aber erst im Prozess der Vereinigung nach dem Fall der Mauer ist sie in ihrer Dringlichkeit ins Breitenbewusstsein der Synoden und Gemeinden eingedrungen. Dass sie auch ein Grundanliegen des Pietismus angesprochen hat, dürfte dazu beigetragen haben, dass sich die innere Situation in der EKD entspannte.

Weil auch in anderen Kapiteln von der Arbeit des Rates berichtet wird, möchte ich hier nur noch auf zwei andere wichtige Vorhaben des Rates eingehen. Zunächst lenke ich den Blick auf eine politisch-diakonische Herausforderung, der sich die beiden Großkirchen in Deutschland stellen mussten, und dann auf das Bemühen, die evangelische Präsenz im heiligen Lande zu stärken.

Die Ankündigung, dass vom 27. bis 29. September 1988 der Internationale Währungsfond und die Weltbank ihre Jahrestagung in West-Berlin halten würden, löste die Befürchtung aus, es werde zu heftigen Straßenkrawallen kommen. Offiziell wurde es natürlich in Bonn und Berlin begrüßt, dass die für den Abbau des Ungleichgewichts zwischen Industrienationen und Entwicklungsländern so wichtigen Institutionen in Deutschland tagen wollten. Aber gerade in West-Berlin ließen sich leichter als anderswo gewaltbereite Demonstranten mobilisieren. Das konnte der DDR-Führung nur recht sein, wenn bei dieser Gelegenheit vor aller Öffentlichkeit »der Kapitalismus« an den Pranger gestellt würde.

Die Schuldenkrise vieler Entwicklungsländer, die durch die Politik der Weltbank und des Internationalen Währungsfonds verschärft worden war, sollte das Generalthema der Tagung in Berlin sein. Vor allem lateinamerikanische und afrikanische Länder konnten den immensen Schuldendienst nicht leisten, ohne den Verarmungsprozess in ihren Ländern zu verschärfen. Die Vergabe von Mitteln war an Bedingungen geknüpft, die die Handlungshoheit der Schuldenländer einschränkten. Wenn 50 % des Haushalts eines Entwicklungslandes zur Darlehenstilgung verwendet werden mussten, dann blieb kein Spielraum für Infrastrukturmaßnahmen und den anfänglichen Aufbau sozialer Sicherungssysteme. Es ging steil bergab, obwohl doch Weltbank und Internationaler Währungsfonds 1944 gegründet worden waren, um Wirtschaftskrisen wie 1929/30 zu verhindern, um armen Ländern einen Weg zum Wohlstand zu eröffnen.

Ich musste daran denken, dass Helmut Schmidt uns Kirchenleuten bei einem Treffen im Kanzleramt 1980 vorgeworfen hatte, wir würden den Regierungen der Industrieländer dauernd ein schlechtes Gewissen einreden und ihnen die Schuld geben, dass es zu negativen Entwicklungen in den armen Ländern des Südens komme. Damit würden wir die Kräfte der Selbstverantwortung lähmen, indem wir so einseitig Partei er-

greifen würden. Das sei falsch verstandene Nächsten-
liebe. Er konnte natürlich auf Misswirtschaft und Kor-
ruption, auf die unverantwortliche Verwendung von
Darlehen für Prestigeobjekte und auf die immensen
Waffenkäufe der Entwicklungsländer verweisen. Aber
die andere Seite musste doch auch gesehen werden:
der Protektionismus der Industrieländer, die dem Import von Waren der Dritten Welt nach Europa und in
die USA Hürden bauten, sinkende Preise für Rohstoffe
und ausbeuterische Verträge zu Gunsten großer kapi-
talkräftiger Konzerne. Beide Lager konnten der anderen Seite den Schwarzen Peter zuschieben.

In solchen zugespitzten Krisensituationen in West-
Berlin richteten sich die Erwartungen der in der Stadt
Verantwortlichen gerne auf die Fähigkeit der Kirchen,
unterschiedliche Geister an einen Tisch zu bringen und
durch den Dialog eine Versachlichung der Atmosphäre zu erreichen. Der Spielraum der Politik ist in einer Demokratie nun einmal vom öffentlichen Bewusstsein abhängig.

Der Polizeipfarrer war in seinem seelsorgerlichen
Bemühen den Polizeibeamten und deren Familien zugewandt, hatte aber auch das Vertrauen der Polizei-
führung. Er suchte mich schon im Frühjahr auf, um
mich auf die brisante Tagung im Internationalen Kon-
gresszentrum (ICC) aufmerksam zu machen. Aber das
war gar nicht mehr nötig. Denn längst hatte der Rat der
EKD die ›Kammer für Entwicklungsdienst‹ beauftragt,
eine Stellungnahme zur Schuldenkrise zu erarbeiten.
Kammern sind ein bewährtes Arbeitsinstrument des
Rates. Sie erarbeiten Stellungnahmen, öffentliche Erklärungen und Denkschriften. Sie leben vom Sachverstand und vom Engagement der Laien. Nicht Gleichge-
sinnte und Gleichgestimmte finden sich da zusammen,
die sich schnell einigen können, sondern Fachleute mit
sehr unterschiedlichen Positionen und Perspektiven.
Diese Konsensbildung dient ebenso der Einheit der

EKD wie auch der Orientierung und dem Zusammenhalt unserer spannungsvollen, auseinanderstrebenden Gesellschaft.

Die Stellungnahme der Kammer für Entwicklungsdienst zur »Bewältigung der Schuldenkrise – Prüfstein der Nord-Süd-Beziehungen« wurde im Mai 1988 – mit einem Vorwort des Ratsvorsitzenden, also von mir, versehen – veröffentlicht. Eine Erklärung der Deutschen Bischofskonferenz erschien etwa zur gleichen Zeit, und beide lagen in ihren Intentionen nahe beieinander. Gerade auf dem Felde der Entwicklungspolitik gab es schon längst eine enge Zusammenarbeit der beiden großen Kirchen durch die ›Gemeinsame Konferenz Kirche und Entwicklung‹ (GKKE). Sie lud, zusammen mit dem Bistum Berlin und unserer Berlin-Brandenburgischen Kirche, im Vorfeld der Jahrestagung zu einem zweitägigen Symposium zum 20./21. Juni 1988 nach Berlin ein, genau 40 Jahre nach der Währungsreform in der Bundesrepublik. Es wurde Wert darauf gelegt, nicht nur Vertreter der Weltbank, der Politik und der Kirchen zu Wort kommen zu lassen, sondern auch der kritischen Aktionsgruppen, der verschuldeten Entwicklungsländer und des Ökumenischen Rates in Genf.

Ich hatte den Eindruck, hier war es geradezu vorbildlich gelungen, einen ›Runden Tisch‹ zusammenzubringen, die Problematik schonungslos anzugehen und gemeinsam nach Lösungen zu suchen. Es hat wohl keine Jahrestagung des Währungsfonds und der Weltbank gegeben, die durch so qualifizierte Kritik von außen begleitet wurde. Im Jahr darauf, beim Besuch einer Ratsdelegation in den USA, kam es in der Weltbank zu einer Nachlese der Berliner Jahrestagung. Wir konnten dabei nicht verschweigen, dass die Beschlüsse der Jahrestagung weit hinter den Erwartungen zurückgeblieben waren. Der diakonische Auftrag der Kirche, den Armen beizustehen und nach Gerechtigkeit zu streben, blieb bestehen. Und gerade jetzt, wo eine globale Finanz-

und Wirtschaftkrise den Menschen Angst und Schrecken einjagt, den Regierungen Mut und gemeinsames Handeln abverlangt und die Flut der Armut bedrohlich ansteigen lässt, wird der diakonisch-politische Dienst der Kirchen herausgefordert.

Und nun noch ein Blick nach Jerusalem. Als Berliner Bischof und Ratsvorsitzender der EKD kam ich ja nun nicht mehr nur als Besucher und Pilger, wie 1964 bei der Studienfahrt der Kandidaten des Predigerseminars Loccum, sondern stand in der Pflicht, die evangelische Präsenz im Heiligen Lande mitzuverantworten. Die intensive Partnerschaft zur kleinen arabisch-sprachigen lutherischen Kirche, zu der auch die fünf evangelischen Schulen gehörten, wurde im Auftrag unserer West-Berliner Kirchenleitung vom Berliner Missionswerk wahrgenommen. Und es gab nie einen Zweifel daran, dass mit den Bildungsinvestitionen auf palästinensischer Seite eine wichtige Voraussetzung für ein friedliches Miteinander oder Nebeneinander (in zwei Staaten) zwischen Israelis und Palästinensern erfüllt würde. Da die Brisanz und unabsehbar lange Dauer des Nahostkonfliktes aber gerade gut ausgebildete Christen zur Auswanderung motivierte, haben die christlichen Schulen gegen ihren eigentlichen Willen auch zum Schwund der Zahl der Christen im Heiligen Lande beigetragen.

Zentrum evangelischer Präsenz in Jerusalem ist die Erlöserkirche und die mit ihr verbundene Propstei in der Altstadt, unweit der Grabeskirche. Der Propst wird auf Zeit von der EKD entsandt, also vom Rat berufen. Die kleine deutschsprachige Gemeinde und die Gemeinde der ELCH (Evangelisch-lutherische Kirche im Heiligen Land) haben in der Erlöserkirche ihren geistlichen Mittelpunkt. Aber es gibt natürlich in Israel und Palästina weitere evangelische Institutionen, wie z. B. die Aktion Sühnezeichen, das von der EKD und den Landeskirchen geförderte Projekt »Studium in Israel« oder den vom Lutherischen Weltbund als Treuhänder verwalteten Komplex der Auguste-Viktoria-Stiftung mit dem großen Krankenhaus für palästinensische Flüchtlinge auf dem Ölberg.

Als ich 1985 den Vorsitz im Rat der EKD übernommen hatte, betraf eine der ersten Entscheidungen die Sanierung der Himmelfahrtskirche. Der Verfall dieser kunsthistorisch wertvollen evangelischen Kirche war ein Schandfleck im Stadtbild Jerusalems und ein Ärgernis. Nun sollte sie mit vereinten Kräften wieder hergerichtet werden. Die wachsende Zahl von Touristen und Pilgern war in der Propstei nicht mehr zu verkraften. Es lag nahe, auf dem Ölberg ein Zentrum für die seelsorgerliche Arbeit unter deutschsprachigen Touristen und Pilgern, für ökumenische Begegnungen und den interreligiösen Dialog zu schaffen. Am 24. Mai 1990, am Fest der Himmelfahrt Christi erstrahlte die Kirche im alten Glanz. Zum Festgottesdienst aus Anlass der Wiedereinweihung war der Bachchor an der Kaiser-Wilhelm-Gedächtniskirche Berlin und eine große Delegation von Johannitern angereist. In der Predigt legte ich die Himmelfahrtsgeschichte nach dem Evangelisten Lukas aus: »Und er hob die Hände auf und segnete sie. Und es geschah, da er sie segnete, schied er von ihnen. Sie aber kehrten wieder zurück nach Jerusalem mit großer Freude.«

Und immer noch ist keine überzeugende und tragfähige politische Antwort auf die bedrängende Frage gefunden worden: Wie kann es zum Frieden im Nahen Osten kommen?

Kapitel 25:
Die friedliche Revolution –
Der Fall der Mauer – Die Folgen

»Es geht ein großes Aufatmen durch unser Land und besonders durch unsere Stadt. Das müssten Sie erleben, dieses fröhliche Chaos heute, das Gedränge und Geschiebe rund um die Gedächtniskirche und auf dem Ku'damm und überall in der Stadt. Diese vielen Zeichen einer noch immer fassungslosen Freude. Aber wenigstens die Bilder werden Sie ja gesehen haben« – das sind die ersten Sätze im »Wort zum Sonntag«, das ich am 11. November 1989 zu sprechen hatte.

Die ARD hielt es für sinnvoll, dass diese Sendung nicht aus Süddeutschland, wie eigentlich geplant, sondern nach dem Fall der Mauer aus Berlin kommen sollte. Es ist von mir unter großem Zeitdruck, gleichsam ›zwischen Tür und Angel‹ entworfen worden. Ich hatte die EKD-Synode, die im südwestlichsten Zipfel der Bundesrepublik, in Bad Krozingen tagte, am 10. November vorzeitig verlassen, war von Stuttgart aus nach Tegel geflogen, um gleich zur Gedächtniskirche zu eilen. Dort mischten sich die Menschenströme aus Ost und West. Ich weiß nicht, wie viele Dankandachten nacheinander zu halten waren. Was konnten wir Besseres und Angemesseneres tun, als miteinander Gott zu loben und zu danken!

»Was in den letzten Wochen geschehen ist«, so deutete ich im »Wort zum Sonntag« die noch unfassbare Zäsur in der europäischen Geschichte, »ist ja nicht durch Gewaltakte ausgelöst worden, sondern durch das beständige Friedensgebet, zum Beispiel in Leipzig und Berlin, und einfach dadurch, dass Menschen die Furcht genommen wurde, dass sie friedlich und frei heraus für das Recht des Menschen und für seine Würde eingetreten sind. ›Gott hat uns nicht gegeben den Geist der Furcht‹ – den flößen uns andere Mächte und Kräfte ein, wenn wir nicht auf der Hut sind.«

Aber dann habe ich den Blick auf die Zukunft gerichtet, auf die vor uns liegenden Aufgaben: »Ich glaube, wenn der erste Überschwang der Freude über die Ereignisse abgeklungen ist, dann werden wir deutlicher und klarer sehen, wie sehr unsere Bereitschaft zum Teilen und zu einem Lastenausgleich zwischen West und Ost notwendig ist – in Europa, in Deutschland, aber auch zwischen Arm und Reich in der Welt. Es gibt doch so viel Besorgnis und so viel Eigensinn und Ängstlichkeit unter uns. Woher soll ein neuer Geist kommen, wenn Gott ihn uns nicht gibt?« Dies war eine dankbare und redliche Zeitansage.

Am Tag darauf, am Sonntagmorgen, eine hoffnungslos überfüllte Gedächtniskirche. Ein privater Rundfunksender war bereit, die Lautsprecher seines Übertragungswagens auf den Platz vor der Kirche auszurichten, so konnten auch die Menschen vor der Kirche am Gottesdienst teilnehmen. Ich bat Richard von Weizsäcker, den Bundespräsidenten, der ebenso wie der Regierende Bürgermeister Walter Momper zum Gottesdienst gekommen war, ein Wort an die Gemeinde zu richten. Er ließ sich spontan darauf ein. Es war seine erste öffentliche Äußerung nach dem Fall der Mauer, auch das ein Zeichen, wie undurchschaubar die politischen Entwicklungen noch waren. »Macht und Zwang sind schwer genug zu ertragen, aber die jahrzehntelange Lüge ist das schlimmste Gift. Sie zerstört das Vertrauen im Staat, in der Gesellschaft, zwischen Nachbarn und am Ende das Vertrauen zu sich selbst. Das kostbarste Gut, das die Menschen im andern Teil der Stadt und in der DDR durch eigene Courage errungen haben, ist die Freiheit von erzwungener Lüge, ist die Freiheit zur Wahrheit.«

Inzwischen war Marianne von einer Pfarrfrauenfrei-
zeit aus Güstrow in Mecklenburg zurückgekehrt. Sie
hat den Fall der Mauer also ›auf der anderen Seite‹ erlebt, eine Kerzenprozession durch die Stadt am Abend
des 9. November und dann die unglaubliche Nachricht
aus Berlin, die bei den Müttern erst einmal eine große
Unruhe auslöste: »Jetzt werden unsere Kinder alle abhauen; denn ›die‹ werden die Mauer bestimmt mit Gewalt wieder schließen.«

Am Sonntagnachmittag fuhren wir zur Glienicker
Brücke, d. h. wir fanden nur weit entfernt einen Park-
platz und mussten dann zu Fuß gehen. Es war ein Rie-
senbetrieb. Trabis dicht an dicht. Aber eine heitere
Stimmung. Fahrräder kurvten zwischen Fußgängern
und Autos. Man kam nur langsam voran. Ein eigenartiges Gefühl, nun die Brücke passieren zu können,
die so oft der Endpunkt unserer Wanderungen von Ni-
kolskoe aus an der Havel entlang gewesen war. Und
am Abend dann ein Spaziergang ›auf der anderen Seite‹, Unter den Linden, an der Deutschen Oper und am
Staatsratsgebäude vorbei zur St. Marienkirche, die nun
auch wieder – auch für den Bischof im Westen der
Stadt – die Bischofskirche wurde.

Mich überfiel geradezu der Gedanke, der sich bald
als irreal erwies, nun alle Gottesdienste mit Bischof
Forck zu tauschen, er sollte meine Termine übernehmen, ich seine. So könnten wir die wiedergewonnene
Einheit unserer Kirche symbolisch vorwegnehmen.
Aber diese Idee stieß bei den Gemeinden – auf beiden
Seiten – auf völliges Unverständnis. Sie meinten, ihr
Bischof könne sie besser verstehen. Als ich an Heilig-
abend in St. Marien einen der (überfüllten) Gottesdienste übernommen hatte, beschwerte sich eine Pfarrfrau am Ausgang mit ziemlich harten Worten bei mir:
Jetzt, wo im Osten alles ins Rutschen komme, könne
›einer aus dem Westen‹ das seelsorgerliche Wort, das
um der Menschen willen nötig sei, nicht finden. Viel-

leicht war es eine Einzelstimme, aber sie hat mir zu denken gegeben. Und im Januar 1990 veränderte sich spürbar die Atmosphäre zwischen Ost und West: wir empfanden erst einmal die Fremdheit zwischen uns, dass wir in unterschiedlichen Welten gelebt hatten.

Was unsere Berlin-Brandenburgische Kirche betraf, so bedurfte es keiner langen Diskussionen und Klärungen, was wir zu tun hatten. Die Zielbestimmung und die nächsten Schritte waren schon zwei Jahre vor dem Bau der Mauer (!) festgelegt worden. Am 18. Juni 1959 hatte die damals noch ungeteilte Kirchenleitung eine »Notverordnung über einstweilige regionale Synoden« beschlossen. Bischof Albrecht Schönherr hat diese Notverordnung nach der ›Wende‹ als »eine der wenigen Beispiele für prophetisch-vorausschauendes Handeln einer Kirchenleitung« bezeichnet.

Schon 1959 lagen Absperrungsmaßnahmen zwischen West- und Ostberlin, vielleicht sogar auch zwischen Ostberlin und der DDR in der Luft. Für diesen Fall wollte die Kirchenleitung Vorsorge treffen. Dann sollten regionale Synoden gebildet werden, die für ihren Bereich die notwendigen kirchengesetzlichen Regelungen beschließen und in Kraft setzen könnten. Allerdings wurde der Eigenständigkeit eine deutliche Grenze gesetzt: »Eine Änderung des Vorspruchs zu Schrift und Bekenntnis und der Grundsätze über Amt und Gemeinde bleibt in jedem Falle der Beschlussfassung einer gemeinsam tagenden Provinzialsynode vorbehalten« (§ 7,3). Die Einheit der Evangelischen Kirche in Berlin-Brandenburg sollte im Kernbereich nicht angetastet werden.

Diese Notverordnung von 1959 nimmt nun auch den ›Wegfall der Behinderung‹, also auch den Fall der Mauer 1989 in den Blick. Denn sie schrieb vor, dass der »älteste Präses aller Regionalsynoden« verpflichtet sei, »die Synodalen aller Regionalsynoden innerhalb von drei Monaten nach Wegfall der Behinderung zu einer

310

Vereinigten Synode der Evangelischen Kirche in Berlin-Brandenburg einzuberufen«. So ist es geschehen. Helmut Reihlen, der Präses der Regionalsynode in West-Berlin, berief für Mitte März 1990 die Vereinigte Synode ein. In meiner Ansprache sagte ich: »Es ist gefragt worden, ob sich diese Synode, so schnell angesetzt und dann gleichsam im Magnetfeld eines vorgezogenen Wahltermins zu stehen gekommen (gemeint ist die Wahl zur ersten und einzigen wirklich demokratisch legitimierten Volkskammer der DDR am 18. März 1990), nicht doch eher menschlicher Selbstherrlichkeit als dem Glaubensgehorsam verdanke. Es könnte doch der Eindruck entstehen, dass sie als beschleunigender Hilfsmotor einer ohnehin überschnellen politischen Entwicklung wirken wolle. Tatsache aber ist: wir sind gebunden. Und in dieser Gebundenheit sollen wir unsere Freiheit bewähren und dadurch unserer Zeit, also auch dem politischen Prozess des Zusammenwachsens der beiden deutschen Staaten, einen hilfreichen Dienst erweisen.«

Aber allen war klar, dass sich in den fast vierzig Jahren der Trennung Entwicklungen vollzogen hatten, die nicht einfach rückgängig gemacht werden konnten. Wir hatten zwar in den grundlegenden Artikeln eine gemeinsame Verfassung, aber in den Einzelbestimmungen gab es keine Übereinstimmung mehr. Wir waren im Westen eine reine Großstadtkirche. Die Ostregion musste einer verschärften Minderheitensituation und in Brandenburg einer weithin ländlich geprägten Struktur gerecht werden. Kurz gesagt: es musste erst einmal eine gemeinsame Grundordnung erarbeitet werden. Das ging nicht so schnell. Erst nach meinem Ausscheiden, erst im November 1994 konnte sie in Kraft gesetzt werden.

Zunächst einmal wurden die Gremien einfach »addiert«: Synode West plus Synode Ost; Kirchenleitung Ost plus Kirchenleitung West; Konsistorium West plus Konsistorium Ost. Das waren unförmig große Gebilde. In der Kirchenleitung wechselten wir uns im Vorsitz ab, Gottfried Forck und ich. Die vielen Tagungspunkte erforderten eine andere, strengere Art der Leitung, mit straffen Zügeln: es konnte nicht mehr jeder zu Wort kommen. Es musste auf Tempo gedrängt werden. Das ärgerte alle. Und die eingeschliffenen Gewohnheiten führten immer wieder zu unerwarteten Missverständnissen.

Ich schildere einen ›Zusammenstoß‹ in einer der ersten Sitzungen der vereinigten Kirchenleitungen. Bischof Forck hatte die Leitung. Er hob das Unterlagenbündel, das jedem Mitglied zugeschickt worden war, in die Höhe. Alle merkten ihm an, dass er ärgerlich war. »Was soll dieser Unsinn, diese Papierverschwendung? Das ist eine dumme Art von Umweltverschmutzung. Das machen wir nicht mit. Bei uns (in der Kirchenleitung Ost) gab es das nicht.« Da entgegnete Theodor Ebert, ein Politologie-Professor am Otto-Suhr-Institut der Freien Universität – auch er ärgerlich: »Jetzt soll also wieder die Herrschaft der Kirchenfunktionäre eingeführt werden? Da mache ich nicht mit! Wenn ich die Unterlagen nicht drei Tage vor der Sitzung bekomme, kann ich mich nicht vernünftig vorbereiten, bin ich hier fehl am Platze.«

Dieser Konflikt ließ sich relativ leicht »aufklären«. Die Kirchenleitung Ost tagte wöchentlich am Freitag. Die Unterlagen per Post zu verschicken, war nicht ratsam, weil die Post der DDR eine langsame Gangart hatte und die Papiere der Kirchenleitung sicher bei der Stasi Zwischenstation gemacht hätten. Also arbeitete man mit Tischvorlagen, die erst am Anfang der Sitzung ausgeteilt wurden. Die Kirchenleitung West tagte vierzehntägig. Tischvorlagen waren verpönt, weil sie im Verdacht standen, hier solle eine Entscheidung ohne große Diskussion vom Konsistorium durchgepaukt werden. Das durch die 68er geschärfte demokratische Bewusstsein hatte sich auch in der Kirche ausgewirkt. Die Laien-Mitglieder wollten nicht von den Hauptamtlichen ›überfahren‹ werden.

Wir mussten zwischen Ost und West erst lernen, die Reaktionen der anderen Seite einzuschätzen. In der Synode kamen die ersten Wortmeldungen immer von Westberlinern. Sie waren darauf trainiert, schnell ihre eigene Meinung zu äußern. Schon die Schule hatte sie dazu erzogen. Melde dich schnell zu Wort; du musst Position beziehen! Unter den Verhältnissen der DDR taten Christen (schon in der Schule) gut daran, mit dem Wort vorsichtiger umzugehen. »Ihr im Westen wisst immer auf alles sofort schon eine Antwort. Ihr überfahrt uns ständig.« Und von der anderen Seite: »Ihr im Osten sagt ja nicht gleich, was ihr wollt. Ihr haltet euch viel zu lange bedeckt. Und hinterher beklagt ihr euch!« Da stießen unterschiedliche Mentalitäten, unterschiedliche Verhaltensweisen aufeinander.

Wir waren, mehr als uns selbst bewusst war, alle Kinder unserer Gesellschaftssysteme. Das ließ sich mit Geduld »aufklären«. Dann konnte man gemeinsam darüber lachen, wenn gesagt wurde: »Du bist mal wieder ein typischer Wessi.«

Schwieriger war die Verständigung über Grundfragen der kirchlichen Arbeit. Unter den Bedingungen der DDR war der Religionsunterricht aus der Schule verbannt worden. Margot Honecker als zuständige Ministerin verweigerte bis zuletzt jedes Gespräch mit Vertretern der Kirche über Erziehungsfragen und über Bedrängnisse christlicher Schüler/-innen. Die Kirche hatte auf der Ebene der Gemeinden unter großen Mühen die »Christenlehre« als Alternative zum schulischen Religionsunterricht aufgebaut. »Und nun sollen wir wieder in die Schule zurück, die uns und unsern Kindern das Leben so schwer gemacht hat?« Das war eine verständliche Reserve gegen eine Rückkehr zum »alten System«.

Auf der anderen Seite fürchteten Katecheten/-innen in Westberlin, dass im Zuge der Vereinigung die Position des schulischen Religionsunterrichtes in Westberlin und ihre eigene berufliche Existenz in Frage gestellt werden könne. Denn es gab im Westen durchaus Kräfte, die den Religionsunterricht aus der Schule verdrängen wollten. Ängste kamen also auf beiden Seiten auf. Und es war in dieser Situation wohl nur folgerichtig, dass Kirchenleitung und Synode bestrebt waren, ein Entweder-Oder zu vermeiden, beide Arbeitsformen zu stützen. Dass dann im Laufe der Zeit, durch den harten Sparzwang in den kirchlichen Haushalten forciert, die Christenlehre stärker ins Hintertreffen geriet, ist nicht zu bestreiten.

Alle Arbeitszweige standen auf dem Prüfstand. Immer war die Frage: Können wir uns das in Zukunft noch leisten? Wie können Arbeitszweige aus Ost und West zusammengeführt werden? Unter welchen Bedingungen kann eine staatliche Anerkennung von Ausbildungen erreicht werden, die an kirchlichen Instituten in der DDR erworben wurden? Es war gar nicht zu vermeiden, dass die Zahl der dadurch notwendigen Sitzungen ein eigentlich unverantwortlich hohes Maß erforderte. Aber wie sollte sonst eine Vereinigung der beiden Regionen gelingen?

Und immer wurden meine Kraft und meine Zeit ja auch auf der gesamtkirchlichen Ebene gebraucht. Drei EKD-Synoden im Jahr 1991, dazu drei Tagungen unserer Landeskirche – und jedes Mal hatte ich einen ausführlichen Bericht zu erstatten. Am 29. Januar wurde in Westminster Abbey in London die »Meißen-Erklärung« zur Kirchengemeinschaft zwischen der Anglikanischen Kirche von England, dem Bund der Evangelischen Kirchen in der DDR und der EKD in einem feierlichen Abendmahlsgottesdienst besiegelt. Die Predigt hielt Bischof Hempel (Dresden) Am 2. Februar 1991 folgte die »Ratifizierung« in Deutschland, in einem Abendmahlsgottesdienst in der Kaiser-Wilhelm-Gedächtnis-Kirche in Berlin unter der Leitung des Bischofs von Chicester, Eric Kemp. Unmittelbar darauf nahm ich an der Weltkirchenkonferenz in Canberra/Australien teil. Und so könnte ich fortfahren. Wir waren im Grunde überfordert bei dem Tempo und der Komplexität des Vereinigungsprozesses.

Zum 1. Oktober 1991 trat Bischof Forck in den Ruhestand. Auf eine Wiederbesetzung wurde verzichtet. Es sollte nun wieder ein einziges Bischofsamt in unserer Landeskirche geben. Weil die EKD-Synode im November 1991 einen neuen Rat und danach Bischof Klaus Engelhardt (Karlsruhe) zum Ratsvorsitzenden wählte, konnte ich mich nun ungeteilt den Aufgaben in der Berlin-Brandenburgischen Kirche zuwenden.

Aus arbeitsökonomischen Gründen wäre der Umzug des Bischofsbüros nicht notwendig gewesen, aber es war mir doch wichtig, der anderen Region einen sichtbaren Schritt entgegenzukommen und in die Neue Grünstraße überzusiedeln, in das Konsistorium der östlichen Region. Das war für die Mitarbeiterinnen und Mitarbeiter der Ostregion die ihnen vertraute Adresse des Bischofsbüros. Die ›große Lösung‹ zeichnete sich erst langsam ab, die Schaffung eines Kirchlichen Zentrums in der Georgenkirchstraße am Friedrichshain, gegenüber der Bartholomäuskirche. Die über die Stadt verstreuten Standorte kirchlicher Dienste konnten aufgegeben werden. Der neue, gemeinsame Anfang hatte seine bauliche Gestalt gefunden.

Kapitel 26:
Der Vereinigungsprozess zwischen dem Bund (der Evangelischen Kirche in der DDR) und der EKD

Es gibt zwischen Ost und West einen bleibenden signifikanten Unterschied in der Wahrnehmung des Datums der ›Wende‹. Für die meisten aktiven Christen, die unter den Bedingungen der DDR gelebt, gelitten und gestritten haben, markiert die friedlich verlaufene Großdemonstration in Leipzig am 9. Oktober 1989 und der Flächenbrand der Protestveranstaltungen in vielen Städten der DDR zwischen Rostock und Plauen die eigentliche Zäsur. Die gewaltfreie Revolution »siegte«, die sowjetischen Truppen blieben in ihren Kasernen, der Sicherheits- und Gewaltapparat der DDR wurde nicht in Gang gesetzt. Im Westen dagegen ist die Öffnung der Mauer am Abend des 9. November 1989, so kopflos und scheinbar zufällig sie auch vor sich gegangen sein mag, das entscheidende Datum, die weltgeschichtlich bedeutsame Zäsur.

Auf den Fall der Mauer war niemand wirklich vorbereitet, weder im Raum der Politik noch in den Kirchen. Die EKD-Synode tagte vom 5. bis 10. November 1989 in Bad Krozingen. In meinem Bericht als Vorsitzender des Rates am Eröffnungstag habe ich unter der Überschrift »Die Zeichen der Zeit erkennen« versucht, die Situation zu deuten: »Jetzt, in diesen Wochen, haben wir eine Lektion besonderer Art bekommen. Wir merken, wie Europa von einer Bewegung erfasst worden ist. Die harte, fast zementierte Trennung in zwei Blöcke, Ergebnis des Zweiten Weltkriegs, hält nicht mehr. Europa sucht eine neue Lebensgestalt. Wir (Kirchenleute) müssen uns fragen, ob wir uns nicht zu stark und zu kleinmütig auf eine Langfristigkeit dieser Teilung eingestellt und darin auch unsere Verantwortung als evangelische Kirchen gesehen und unsere ›Rolle‹ gefunden haben.« Und weiter: »Das Monolithische hat keine Zukunft in einer auf Vielfalt und Pluralität angelegten Welt, weder politisch, noch religiös, noch kirchlich, noch weltanschaulich. Die Staaten, die man früher ›Ostblockstaaten‹ zu nennen pflegte, gehen jeweils eigene Wege, suchen die lange verdeckte Frage nach ihrer nationalen und kulturellen Identität neu zu beantworten und eine politische und wirtschaftliche Ordnung zu finden, die den Menschen mehr Selbstverantwortung zutraut. Geistig, wirtschaftlich und auch moralisch hat sich das lange Zeit propagierte Modell des Staatssozialismus erschöpft.«

Was sollte nun nach dem Fall der Mauer geschehen? Es ist der Evangelischen Kirche der Vorwurf einer unverständlichen Sprachlosigkeit gemacht worden. Dabei habe sie doch eine wesentliche Rolle bei dem Ringen um eine ›friedliche Revolution‹ in der DDR gespielt. Warum sie jetzt schweige?

Klarheit ließ sich zum Ende des Jahres 1989 hin nicht gewinnen. Was war denn im Spannungsfeld der Interessen der ›Siegermächte‹ und der Besorgnisse der Nachbarstaaten politisch überhaupt möglich? Und hatte der breite Fächer der Oppositionsgruppen nicht die gemeinsame Zielrichtung gehabt, für eine demokratisierte DDR, für einen ›Sozialismus mit menschlichem Antlitz‹ zu kämpfen? Der zentrale Runde Tisch, den Kirchenvertreter auf Bitten der Oppositionsgruppen moderierten, hatte am 7. Dezember 1989 verlauten lassen: »Wir erklären, dass wir nur eine Politik unterstützen, die die Eigenständigkeit unseres Landes wahrt.«

Wesentlich entschiedener noch hatte der ›Appell für unser Land‹ formuliert, für den Christa Wolf und

Stefan Heym (die Schriftsteller) und Konrad Weiß (der Bürgerrechtler) federführend zeichneten, der aber auch von Bischof Christof Demke (Magdeburg), Generalsuperintendent Günter Krusche (Berlin) und Pfarrer Friedrich Schorlemmer (Wittenberg) mitgetragen wurde: »Noch haben wir die Chance, in gleichberechtigter Partnerschaft zu allen Staaten Europas eine sozialistische Alternative zur Bundesrepublik zu entwickeln.«

Für Mitte Januar 1990 war zwischen dem Bund der Evangelischen Kirchen in der DDR und der EKD eine vertrauliche Konsultation in der Evangelischen Akademie Loccum verabredet worden. Auf sie muss ich ausführlicher eingehen, weil sie eine entscheidende Weichenstellung bewirkt hat. Die Vorbereitungen für die Klausurtagung wurden schon im Frühjahr 1989, Monate vor dem Fall der Mauer, aufgenommen. Zwanzig Jahre nach der Trennung von EKD und Bund, nach 20-jähriger Bekräftigung und Praktizierung der »Besonderen Gemeinschaft der ganzen evangelischen Christenheit« solle gemeinsam und mit einer gewissen Verbindlichkeit erhoben werden, was diese ›Formel‹ bedeutet und bewirkt habe und in welchen Formen sie in Zukunft weiterentwickelt werden sollte. Die 27 Mitglieder waren vom Rat der EKD und von der Konferenz der Kirchenleitungen benannt worden, auf eine gleichgewichtige und hochrangige Zusammensetzung war geachtet worden.

Und nun passierte unbeabsichtigt eine Panne. Manfred Stolpe, lange Jahre Leiter des Sekretariats des Bundes, jetzt als Konsistorialpräsident wieder im Dienst der Berlin-Brandenburgischen Kirche, war nicht unter den Teilnehmern der Loccumer Tagung, obwohl er bei dieser Frage- und Aufgabenstellung sicher ein wichtiger Sachkenner und Gesprächspartner gewesen wäre. Er war in Berlin aber dem ungeduldigen Fragedruck der Journalisten ausgesetzt, die von ihm wis-

318

sen wollten, wie sich die Evangelischen Kirchen auf die neuen Entwicklungen nach dem Fall der Mauer einstellen würden. Er gab zu erkennen, dass in der Akademie Loccum in Kürze eine Konsultation zwischen Bund und EKD stattfinde, danach werde die Kirche auskunftsfähig sein. Als ich in Loccum eintraf, empfingen mich schon einige Journalisten. Es war Bischof Leich und mir klar, dass wir beide als Sprecher von Bund und EKD am Ende der Tagung würden Rede und Antwort stehen müssen. Ich habe darum gleich bei der Eröffnung der Tagung gesagt, dass wir uns der Öffentlichkeit gegenüber nicht stumm verhalten könnten.

So kam es in zweieinhalb Tagen (und in Nachtsitzungen des Redaktionsausschusses) zur Erarbeitung einer Erklärung. Sie wurde (bei zwei Enthaltungen) einstimmig angenommen. Allerdings wurde das schon vor Monaten festgelegte Tagungsprogramm nicht geändert. Das erste Referat hielt Bischof i. R. Albrecht Schönherr über die Entstehung und Bedeutung des Begriffs »Besondere Gemeinschaft«; das Korreferat Landesbischof i. R. Hans von Keler, lange Jahre von Seiten der EKD Vorsitzender der Konsultationsgruppe, das dritte Reinhard Henkys, der Leiter des Publizistischen Zentrums in West-Berlin, wie kein zweiter ein kenntnisreicher Interpret der kirchlichen Entwicklungen in der DDR. Die Aussprachen gerieten immer mehr unter den Sog der Fragestellung: ›Was können wir gemeinsam sagen?‹ Aus dem intensiven Gesprächsprozess ist die »Loccumer Erklärung« hervorgegangen. Sie fand in der Öffentlichkeit große Aufmerksamkeit, führte aber innerkirchlich, vor allem im Bund, zunächst zu spannungsvollen Auseinandersetzungen.

Die beiden Kernpunkte der »Loccumer Erklärung« sind schnell genannt. »Wie sich auch die politische Entwicklung künftig gestalten mag, wir wollen der besonderen Gemeinschaft der ganzen evangelischen

Christenheit in Deutschland auch organisatorisch angemessene Gestalt in einer Kirche geben. Mit den während der Trennung gewachsenen Erfahrungen und Unterschieden wollen wir sorgsam umgehen.« Der andere betraf die politische Entwicklung: »Wir wollen, dass die beiden deutschen Staaten zusammenwachsen. Das wird in mehreren Schritten im Rahmen eines gesamteuropäischen Verständigungsprozesses geschehen ... Wir empfehlen, nun eine gemeinsame Kommission der evangelischen Kirchen in beiden deutschen Staaten zu bilden. Sie soll gemeinsame Aufgaben benennen, weitere Schritte der Zusammenführung beraten und dazu Vorschläge machen.«

Das waren in der Mitte Januar 1990 gegebenen, verworrenen Situation außergewöhnlich klare und doch behutsame Zielvorstellungen. Die Erklärung löste heftige Gegenreaktionen aus: Sie komme zur falschen Zeit, nämlich zu früh; sie habe keine synodale Legitimation; sie spanne die Kirche vor den Karren politischer Entwicklungen; die westlichen Teilnehmer hätten sich durchgesetzt. Am 15. Februar 1990, sicher nicht zufällig eine Woche vor Beginn der Tagung der Synode des Bundes in Berlin-Weißensee, wurde der Öffentlichkeit ein kritisches Gegenvotum vorgelegt, die »Berliner Erklärung von Christen aus beiden deutschen Staaten«. Verantwortlich zeichneten: Konrad Raiser (der frühere Generalsekretär des ÖRK, jetzt Professor in Bochum), Ulrich Duchrow (Heidelberg), Heino Falcke (gewichtiges Mitglied der Bundessynode) und Joachim Gerstecki (Referent in der Studienabteilung des Bundes). »Die Loccumer Erklärung erregt ... in Ton und Inhalt wie in der Art ihrer Publizierung den Eindruck einer weittragenden programmatischen Vorentscheidung mit beabsichtigter politischer Wirkung. Dies hat bei kirchlichen Mitarbeitern und Gemeinden und bei den im Konziliaren Prozess engagierten Gruppen Befremden, Irritation und

Protest ausgelöst.« Die Verfasser »bitten alle, vor allem die mit uns im Konziliaren Prozess verbundenen Gemeinden und Gruppen«, die vorgelegten »Orientierungspunkte« zu prüfen und ihre Zustimmung durch ihre Unterschrift zu bekunden.«

Die »Berliner Erklärung« erzielte aber nicht die von ihren Verfassern erhoffte Wirkung. Landesbischof Leich erläuterte vor der Bundessynode ausführlich die Entstehung und die Zielvorstellungen der »Loccumer Erklärung«. »Ich stehe ohne Abstriche hinter dem, was ich in Loccum beschlossen habe.« Die Bundessynode erkannte, »dass die Prozesse in beiden deutschen Staaten, vor allem in der DDR, sich in einem Maße beschleunigt und zugespitzt haben, wie das niemand voraussehen konnte«, aber sie plädierte doch – was die Zusammenführung von Bund und EKD in einer Kirche betrifft – für eine langsamere Gangart: »Wir werden sorgfältig die Angemessenheit unserer einzelnen Schritte prüfen. Wir wollen uns Zeit lassen, die anstehenden Entscheidungen, die Sache unserer Synoden sind, sorgsam miteinander zu beraten.«

Es gelang aber nicht, sich Zeit zu lassen. Es erwies sich als Illusion, die Kirche von den allgemeinen Entwicklungen abkoppeln zu können. Die Siegermächte einigten sich überraschend schnell in den sogenannten »2 + 4 Verhandlungen« (Vertreter der beiden deutschen Staaten und der vier Alliierten) über den zukünftigen Status eines vereinten Deutschland; die Nachbarstaaten im Westen und Osten billigten allesamt – manche mit Zögern – die Wiedervereinigung. Damit war eines der kräftigsten Bedenken der Befürworter einer ›langsameren Gangart‹ entfallen. Die Wirtschafts-, Währungs- und Sozialunion, die zum 1. Juli 1990 in Kraft trat, führte schnell zu der Erkenntnis, dass für einen weiteren Fortbestand der DDR die wirtschaftliche und politische Basis fehlte. Die Ausreisewelle aus der DDR war nicht zu stoppen; die Bürgerinnen und Bürger der DDR hatten es satt, Experimenten ›von oben‹ unterworfen zu werden.

Und was die kirchlichen Entwicklungen betraf, so kam jetzt erst deutlich heraus, in wie starkem Maße die Haushalte der Landeskirchen in der DDR und des Bundes aus Westgeldern gespeist worden waren. Und auch das zeichnete sich als Gefahr ab: Die einzelnen Landeskirchen gingen eigene Wege und entzogen damit dem Bund mehr und mehr die Kompetenz, für alle seine Gliedkirchen zu sprechen und zu handeln.

Am 24. Februar 1991 tagten Bundessynode und EKD-Synode im Großen Festsaal des Johannesstiftes in Berlin-Spandau miteinander und stimmten nacheinander über ein Gesetz »zur Regelung von Fragen der Herstellung der Einheit der Evangelischen Kirche in Deutschland« ab. Die (alte) EKD-Synode nahm das Gesetz einstimmig bei nur einer Enthaltung an. In der Bundessynode mit ihren 55 stimmberechtigten Mitgliedern wurden acht Neinstimmen und vier Enthaltungen gezählt, eine deutliche Minderheit signalisierte damit ihre Bedenken.

Mit Blick auf umstrittene Einzelthemen hatte sich die Auffassung durchgesetzt, dass es hier zu keinen Sonderregelungen für die östlichen Gliedkirchen kommen solle: das betraf die Kirchensteuer und ihren Einzug durch die Finanzämter (als bezahlte Dienstleistung des Staates), den Religionsunterricht als ordentliches Lehrfach an den öffentlichen Schulen (nach GG Artikel 7,2) und den Körperschaftsstatus der Kirchen.

Nur auf einem Gebiet kam es schon relativ früh zu einer Festlegung und daraus abgeleitet zu einer zeitlich befristeten Ausnahmeregelung. Sie betraf die Militärseelsorge. Bis zum Jahre 2003 sollte eine mit dem Bundesminister für Verteidigung getroffene »Rahmenvereinbarung« über die Seelsorge an Soldaten in den neuen Bundesländern gelten. Die Seelsorger sollten nicht – wie im Militärseelsorgevertrag festgelegt – Bundesbeamte auf Zeit sein, sondern im unmittelbaren

Dienst der Kirche bleiben. Die Einbindung der Pfarrerinnen und Pfarrer in das staatliche und militärische Gefüge gefährde die Freiheit der Kirche, so lautete die Kritik. Die Friedensbewegung hatte in den östlichen Gliedkirchen stärker als im Westen einen kräftigen Strom pazifistischer Überzeugungen ausgelöst.

Heinz-Georg Binder, der Militärbischof der EKD und die Mehrheit der Mitglieder der EKD-Synode wandten ein, dass der Staat niemals versucht habe, die Freiheit des Dienstes der Militärseelsorger einzuschränken, der Beamtenstatus sei geeignet, die Freiheit des Dienstes im militärischen Sicherheitsbereich zu gewährleisten. In keiner Armee der NATO sei so auf die Eigenständigkeit der Militärseelsorge geachtet worden, wie in der bundesdeutschen. Aber hier stand nun Überzeugung gegen Überzeugung. Zum Selbstbewusstsein der Kirche in der DDR gehörte die größere Distanz zum Staat. »Wir hatten eben keine Offiziere, keine Minister und keine Wirtschaftsfunktionäre in der Synode. Wir waren freier«, so ist mir oft entgegengehalten worden. Aber, so lautete meine Gegenfrage, war das nicht auch eine durch die Kirchenpolitik der DDR erzwungene Verengung der Synoden, der Ausschluss von Christen aus ganzen Lebensbereichen? Und saßen – für uns befremdlich – bei den öffentlichen Sitzungen der Synoden nicht die Staatsvertreter (wie sich später herausstellte immer auch Mitarbeiter des Staatssicherheitsdienstes) als mitschreibende, stumme Kontrolleure in der ersten Reihe? Die »Rahmenvereinbarung« entsprach der in Loccum erklärten Selbstbindung: »Mit den während der Zeit der Trennung gewachsenen Erfahrungen und Unterschieden wollen wir sorgsam umgehen.«

Am 30. Juni 1991 stellte der Bund der Evangelischen Kirchen in der ehem. DDR seine Tätigkeit ein. Bischof i. R. Werner Krusche (Magdeburg) hat in zugleich umfassender wie auch konzentrierter Form vor der letzten Bundessynode einen »Rückblick auf 21 Jahre Weg und

Arbeitsgemeinschaft im Bund« gegeben. »Denkt daran, dass im Herrn eure Mühe nicht vergeblich gewesen ist«, dieses Bibelwort (1. Kor 15, 59) steht als Leitwort über dem Bericht.

Vom 28. bis 30. Juni 1991 tagte dann die neu gewählte EKD-Synode in Coburg. 40 Synodale gehörten den östlichen Gliedkirchen an, 120 den westlichen. Der noch ein halbes Jahr amtierende Rat der EKD wurde um vier Mitglieder aus den östlichen Gliedkirchen erweitert. Die äußere, rechtliche Vereinigung war in Coburg hergestellt; die innere zu fördern und zu leben, das blieb die große Herausforderung und Aufgabe für die kommenden Jahre.

Wenn ich mich selbst frage, wann und wo ich die wiedergewonnene Einheit der Kirche spürbar erlebt habe, dann denke ich unwillkürlich an den 31. Oktober 1993. Da haben wir, am Reformationsfest, als erste Landeskirche der EKD die Einführung des neuen Gesangbuchs im Berliner Dom in einer zweistündigen Festversammlung gefeiert. Es war ja – längst vor dem Fall der Mauer – als gemeinsames Projekt von EKD und Bund auf den Weg gebracht worden. Auch die Evangelische Kirche in Österreich und die deutschsprachigen Gemeinden im Elsass und in Lothringen waren daran beteiligt. Die beiden Vorsitzenden der Gesangbuchausschüsse Achim Giering (Berlin) und Hans-Christian Drömann, Bundespräsident Richard von Weizsäcker, der Regierende Bürgermeister von Berlin, Eberhard Diepgen, der Ministerpräsident des Landes Brandenburg, Manfred Stolpe und Vertreter anderer Landeskirchen gehörten zu Ehrengästen und sangen kräftig mit. Kantoreien aus Ost und West, Posaunenchöre mit Bläserinnen und Bläsern aller Altersstufen aus allen Landstrichen Berlin-Brandenburgs, eine große Gemeinde, die nicht nur das weite Kirchenschiff, sondern auch die Emporen füllte – das war ein fröhliches und eindrückliches Glaubensfest, vielstimmig und »einmütig im Geist«. Das Fest fand ein überraschend großes Echo.

Kapitel 27:
›Zusammen wachsen‹ zu neuer Einheit in Berlin-Brandenburg

Ob dieses Wortspiel auf mich selbst zurückgeht oder ob ich es übernommen habe, kann ich nicht mehr sicher sagen. Aber schon Tage nach dem Fall der Mauer habe ich es verwendet. Schreibt bitte zusammenwachsen in zwei Worten, nur dann ist die Aufgabe, die jetzt vor uns liegt, wirklich erfasst. Wir nähen nicht zwei durch eine unheilvolle ›Operation‹ getrennte Teile zusammen, damit sie wieder zusammenwachsen, sondern wir stehen jetzt vor der langfristigen Aufgabe, jeweils mit unseren Gaben, Erfahrungen, Prägungen zusammen zu wachsen. Mir stand dabei das Wort aus dem Epheserbrief vor Augen: »Lasst uns aber wahrhaftig sein in der Liebe und wachsen in allen Stücken zu dem hin, der das Haupt ist, Christus« (Kapitel 4, Vers 15).

Die Zukunft sollten wir gewinnen, zusammen an den Aufgaben wachsen, lebendig bleiben. So hatte das Wort ›zusammen‹ einen Klang von Gleichwertigkeit der beiden ›Traditionen‹. Im Vergleich zur EKD-Synode lag das Übergewicht der Stimmen bei den Synodalen ›aus dem Osten‹. Sie waren nicht in der Minderheit, wie in der EKD-Synode. Sie konnten nicht von den Synodalen ›aus dem Westen‹ überstimmt werden. Aber da nun in allen Lebensbereichen das in der westlichen Gesellschaft gültige Recht anzuwenden war, das sich auch in vielen Arbeitsbereichen der Kirche auswirkte, konnte von einer vollen Gleichwertigkeit nicht die Rede sein. Ich habe die Juristen ›aus dem Osten‹ bedauert und bewundert. Sie hatten es bei der strikten Trennung zwischen Staat und Kirche in der DDR leichter gehabt; sie hatten in der Hauptsache das kirchliche Recht anzuwenden. Und nun zeigte sich der freie, demokratische Rechtsstaat mit seinem komplizierten, engmaschigen Netz von Gesetzen und Verordnungen als ein juristischer Irrgarten. Ich habe ihre Lernbereitschaft und -fähigkeit bewundert und auch das faire Zusammenspiel der Juristen aus beiden Regionen.

In West-Berlin hatte ich den Grundsatz ›gepredigt‹ und langsam durchgesetzt: »Der Sabbat des Bischofs und aller kirchlichen Mitarbeiterinnen und Mitarbeiter beginnt am Sonntag um 13 Uhr; dann sind wir für unsere Familien da.« Natürlich gab es dann auch hin und wieder begründete Ausnahmen. Ich wollte mit diesem Grundsatz dem Vorwurf begegnen, dass die wachsende Zahl der Ehescheidungen mit der ›Familienfeindlichkeit‹ der von der Kirche erwarteten Dienstbereitschaft zusammen hinge. Nach der Vereinigung der beiden Regionen kam mein Grundsatz schnell ins Wanken. Er ließ sich nicht durchhalten. Denn es war einfach notwendig, in Gemeinden und Kirchenkreisen als Bischof präsent zu sein, wenn neues Vertrauen wachsen sollte. Aber die Grenzen des Möglichen waren bei allem guten Willen schnell erreicht.

Ich denke, es genügt, wenn ich mich auf einige Herausforderungen und Ereignisse beschränke, die nach meiner Einsicht exemplarische Bedeutung haben.

Am 22. Juni 1991 jährte sich zum 50. Male das Datum des Überfalls auf die Sowjetunion. Drei Jahre zuvor, als die Mauer noch stand, hatten Landesbischof Leich (für den Bund) und ich (für die EKD) aus Anlass der 1000-Jahrfeier der Russischen Orthodoxen Kirche ein gemeinsames Wort unterschrieben und veröffentlicht. Es trägt den Titel ›Versöhnung und Verständigung‹. Darin war das ungeheure Leid angesprochen, das dieser Eroberungskrieg den Menschen der Sowjetunion zugefügt hat. »Mit der Haftung für die Folgen sind wir alle belastet.« Und weiter: »Auch deutsche Menschen haben unsäglich gelitten. Viele erlitten Schaden an Leib und Seele. Unzählige sind umgekommen. Viele mussten ihre Heimat verlassen. Leid und Unrecht verstellten oft den Blick auf deutsche Schuld gegenüber den Menschen der Sowjetunion. Alte und neue Konflikte führten und verführen dazu, Schuld gegen Schuld und Unrecht gegen Unrecht aufzurechnen oder darüber zu schweigen. Das darf nicht unser Weg sein.«

Und nun der 50. Jahrestag. Der russisch-orthodoxe Erzbischof German aus Wolgograd (Stalingrad), uns durch seine langjährige Tätigkeit als Exarch in Berlin vertraut, war der Einladung des Ökumenischen Rates Berlin ebenso gefolgt wie der Archimandrit des Theologischen Seminars in Odessa. In der Gedenkstätte auf den Seelower Höhen, wo die Landschaft zur Oderniederung hin abfällt, hielten wir eine ökumenische Andacht. Etwa 500 Menschen nahmen daran teil. Und was in der damaligen Situation natürlich auffiel: auch sowjetische und deutsche Offiziere, also Angehörige der Roten Armee und der Bundeswehr. »Ein guter, hoffnungsvoller Tag«, schrieb ich in mein Tagebuch.

Man muss wissen: Im Rahmen der Schlacht um Berlin waren die Seelower Höhen vom 16. bis 19. April 1945 der am heftigsten umkämpfte Abschnitt in der Schlacht um Berlin. Knapp eine Million sowjetischer Soldaten erkämpften sich den Weg zu den Toren Berlins, verteidigt von 100.000 deutschen Soldaten. Auf russischer Seite starben 70.000 Soldaten, auf deutscher Seite 12.000.

Auf dem Ortsfriedhof hielt Bischof Forck noch eine kurze Andacht; denn auch dort gab es Kriegsgräber. Und dann saßen wir zum Ausklang dieser ökumenischen Begegnung im Pfarrgarten der Superintendentur in Seelow zusammen, dankbar und nachdenklich.

Ein Jahr später eine ganz andere Erfahrung. Hanna-Renate Laurien, die Präsidentin des Berliner Abgeordnetenhauses, hatte zusammen mit allen Parteien zu einer Großdemonstration am 9. November 1992 unter dem Motto: »Die Würde des Menschen ist unantastbar« aufgerufen. 300.000 kamen. Von drei Sammelplätzen aus sollten sich die Demonstrationszüge zu einer Schlusskundgebung im Lustgarten zusammenfinden. Bevor sich der Demonstrationszug in Bewegung setzte, hatte ich an einer Fürbittandacht in der Gethsemanekirche im Prenzlauer Berg mitgewirkt. Ich hatte dort »die elende Diskussion um das Asylrecht« beklagt, die geeignet sei, die Gewalt in unserer Gesellschaft zu fördern. Damit meinte ich die Bestrebungen, den Artikel 16 des Grundgesetzes zu ändern oder zu verschärfen. Dadurch werde die Ausländerfeindlichkeit angeheizt.

»Es gab einen friedlichen Zug durch die Stadt, ausgezeichnet durch einen Wald von Plakaten, in denen die unterschiedlichen politischen Meinungen zum Ausdruck kamen. Trotz der politischen Brisanz, die darin lag, war die Szene ganz friedlich. Und jemand der so lange in Berlin lebt wie ich, der weiß, dass es keine Großveranstaltung gibt, ohne dass dies auch organisierte Gewalttäter als Chance wittern. Ich denke, wer einen Gesamteindruck bekommen will, der darf sich nicht nur auf die schrillen Bilder der Störungen, der Eier- und Steinwürfe beschränken«, sagte ich dem »Tagesspiegel« in einem Interview am Tage danach.

Im Lustgarten hatten Störwillige den vorderen Block schon frühzeitig besetzt. Eier und Steine flogen, Farbbeutel wurden zur Bühne hin geschleudert. Der Bundespräsident Richard von Weizsäcker konnte seine Rede zunächst nicht halten, weil das Kabel zu den Lautsprechern gekappt worden war. Die Polizei sah sich genötigt, den Bundespräsidenten mit ihren Plastikschilden zu schützen. Es war ein schwarzer Tag für Berlin; denn diese Bilder gingen natürlich um die Welt.

Dabei war das Ziel der Großveranstaltung doch gewesen, den demokratischen Grundkonsens der großen Mehrheit im vereinigten Deutschland aufzuzeigen.

Richard Schröder, der Theologieprofessor und frühere SPD-Fraktionschef der demokratischen Volkskammer, der neben mir stand, sagte: »Das können wir nicht hinnehmen. Wir sollten uns als Zeichen des Protestes gegen diese Gewalt und als Zeichen der Friedfertigkeit vor die Bühne stellen.« So ist das Bild der »drei Protestanten« entstanden: Richard Schröder, Antje Vollmer und ich. Und über uns die Polizeikette. Nach und nach kamen dann auch andere an unsere Seite.

Am Buß- und Bettag, am 18. November, rief der Ökumenische Rat Berlin zu einer Prozession zusammen mit Ausländern und Flüchtlingen auf. Diese vielen christlichen Gemeinden aus anderen Konfessionen und Nationen, die in der Anonymität der Großstadt eher im Verborgenen existierten, sollten ihr Gesicht zeigen und deutlich machen, dass wir gemeinsam zum Volk Gottes gehören.

Wir sammelten uns in der St. Hedwigskathedrale, der katholischen Bischofskirche. »Wir lassen uns senden, den Frieden zu zeigen«, war das Leitwort der Andacht. Und dann zogen wir über den Berliner Dom, die Gedenkstätte für die deportierten Juden in der Großen Hamburger Straße zur evangelischen Sophienkirche. Ja, die Polizei begleitete die Prozession. Aber sie musste nirgendwo einschreiten.

Wenn ich auf ein gelungenes Werk der letzten drei Jahre als Bischof der nun zusammen wachsenden Landeskirche mit ein wenig Stolz zurückblicke, dann ist es die Zusammenführung der drei wissenschaftlich-theologischen Ausbildungsstätten Berlins zu einer voll ausgebauten Theologischen Fakultät in der Humboldt-Universität. Das ist nicht mein Werk; viele haben dabei mitgeholfen. Aber am 1. Juni 1993 habe ich als

Bischof und Vorsitzender des Kuratoriums der Kirchlichen Hochschule Berlin-Zehlendorf den mit dem Senat ausgehandelten Vertrag für die Kirche im Berliner Dom unterschrieben. Von Schülern bin ich einmal gefragt worden, was denn ein Bischof in der Kirche zu tun habe. Meine Antwort: Es muss doch einen geben, der für die Kirche die Blumensträuße und die Ohrfeigen in Empfang nimmt. Und der liebe Gott sorgt dafür, dass beides in Balance bleibt.

Man darf schon sagen: diese Vereinigung war eine schwierige Geburt. Denn da kamen unterschiedliche Mentalitäten und ›Geschichten‹ zusammen. Nach dem Fall der Mauer schien es ein Leichtes zu sein, die beiden Kirchlichen Hochschulen, nämlich das sogenannte ›Sprachenkonvikt‹, (das auch nach der Trennung durch die Mauer seinen ursprünglich zutreffenden Namen beibehalten hatte, obwohl es sich zu einer Kirchlichen Hochschule entwickelte) und die Ausbildungsstätte in Zehlendorf zu vereinen. Aber dann tauchten doch schnell erhebliche Probleme auf. Der Kirchlichen Hochschule in Zehlendorf war in den 70er Jahren vom Senat der Rang einer Theologischen Fakultät außerhalb der Freien Universität zuerkannt worden. Welche Qualifikationen sollten nun für Hochschullehrer an einer vereinigten Kirchlichen Hochschule gelten? Diese Frage stand im Raum, sie wurde im Sprachenkonvikt als Signal der Infragestellung der wissenschaftlichen Kompetenz verstanden. Was niemand für möglich gehalten hatte: Sprachenkonvikt und die Reste der Theologischen Fakultät an der Humboldt-Universität kamen aufeinander zu und vereinigten sich.

Anfang 1991 hatte die Gemeinsame Kirchenleitung unserer Kirche den zuständigen Senator darüber informiert, dass sie eine Integration der Kirchlichen Hochschule in die Humboldt-Universität für erstrebenswert halte. Es hat also gut zwei Jahre gedauert, bis die Verhandlungen zum Ziel kamen. Eine wichtige, nämlich versachlichende und vermittelnde Rolle spielte dabei die gemäß dem Berliner Hochschulerneuerungsgesetz gebildete Struktur- und Berufungskommission unter der Leitung des Münchener Theologieprofessors Trutz Rendtorff. Der zuständige Senator, Manfred Erhardt, förderte die Pläne nach Kräften, auch weil er der Überzeugung war, dass eine gut ausgerüstete Theologische Fakultät den notwendigen Erneuerungsprozess der Humboldt-Universität nur befördern könne. Im Senat der Humboldt-Universität gab es durchaus Reserven gegenüber den Plänen, zumal auch der Umzug der Katholischen Theologischen Hochschule von Erfurt nach Berlin öffentlich diskutiert wurde. Der Strukturplan der SBK sah immerhin 22 Professorenstellen im Fachbereich Evangelische Theologie vor, unterteilt auf 14 Ordinarien und 8 Extraordinarien. »Was von außen wie ein Fach aussieht, eben ›die Theologie‹, ist in sich ein äußerst reich differenziertes Feld von Wissenschaftszweigen am Baum der Theologie« – so Trutz Rendtorff in seiner Ansprache anlässlich der Unterzeichnung des Vertrages am 1. Juni 1993.

Im Zuge der drastischen Sparmaßnahmen wurde dieser Stellenplan in späteren Jahren deutlich reduziert. Aber die Entscheidung für die Vereinigung der drei wissenschaftlich-theologischen Ausbildungsstätten zu einem ausgebauten Fachbereich hat sich als richtig erwiesen. Dadurch dass wir zügig verhandelt haben und den Schwung der ersten Jahre nach der politischen Wiedervereinigung nutzen konnten, sind wir ohne Rückschläge ans Ziel gekommen.

Beunruhigt hat uns die Frage nach den Kontakten kirchlicher Mitarbeiterinnen und Mitarbeiter zur Staatssicherheit der DDR. Nach und nach gerieten die Kirchen in den Verdacht, von der Staatssicherheit der DDR systematisch unterwandert und gesteuert worden zu sein. Und zweifellos spielten dabei die Vorwür-

fe, die Manfred Stolpe, dem früheren Konsistorialpräsidenten öffentlich gemacht wurden, eine besondere
Rolle. Hatte er den Balken auf beiden Schultern getragen? Stand er – ohne Wissen der Kirchenleitung – dem
Staatssicherheitdienst, den führenden Mitarbeitern der
Stasi-Abteilung XX/4, also der Kirchenabteilung zu
nahe, auch ohne eine Verpflichtungserklärung unterschrieben zu haben? Es war kirchlichen Mitarbeiterinnen und Mitarbeitern ausdrücklich verboten, sich allein und ohne Kenntnis eines anderen in Gespräche
mit der Staatssicherheit einzulassen. Aber im Laufe
der Jahre hatte die Staatssicherheit ihre Methoden der
Anwerbung oder Abschöpfung so verfeinert, dass die
Betroffenen nicht sofort Verdacht schöpfen konnten.
Der Reiz, einen interessierten, kirchenfernen Gesprächspartner aus Parteikreisen gefunden zu haben,
verlockte. Und Vertraulichkeit gehört nun einmal zu
einem ›seelsorgerlichen‹ Gespräch. So ist mancher arg-
los in die Falle getappt.

Bei Manfred Stolpe lagen die Dinge anders. Es gehörte zu seinen Aufgaben, mit dem Staat im Auftrag
und Interesse der Kirche Verhandlungen zu führen.
Viele setzten dabei voraus, dass er nur das Staatssekretariat für Kirchenfragen und Funktionäre der Partei
aufsuche. Aber ließen sich dem Machtapparat der
DDR gegenüber solche Unterschiede machen? Es
stellte sich nach der ›Wende‹ ja heraus, wie konsequent
etwa das Staatssekretariat für Kirchenfragen von Mitarbeitern der Staatssicherheit durchsetzt war. Die
Staatssicherheit war überall dabei. Ich konnte das Entsetzen von Mitgliedern unserer Kirchenleitung nicht
verstehen, als herauskam, dass Manfred Stolpe sich
nicht gescheut hatte, auch mit der Staatssicherheit zu
verhandeln. Mir war das immer bewusst gewesen.
Denn wenn ich z. B. an der Grenze ›gefilzt‹ worden
war – das kam nur selten vor –, dann habe ich sofort
Manfred Stolpe verständigt, er möge ›denen da oben‹

sagen, wenn das wieder vorkomme, würde ich das in der Westpresse bringen. Und die Regie an der Grenze hatte nun einmal die Staatssicherheit.

Wir haben in der Kirchenleitung die Vorwürfe gegen den Konsistorialpräsidenten, der nun Ministerpräsident des Landes Brandenburg geworden war, eingehend überprüft. Das Ergebnis war eindeutig: Er hat den Balken nicht auf beiden Schultern getragen – wie etwa der Konsistorialpräsident in Magdeburg –, aber er hat Informationen aus vertraulichen Beratungen der Kirche bei schwierigen Verhandlungen mit der Staatssicherheit verwandt, im Interesse der Kirche. Hätte er weiter im Dienst der Kirche gestanden, so wäre ihm wohl ein Disziplinarverfahren wegen Amtspflichtverletzung (Bruch der Schweigepflicht) nicht erspart geblieben, aber den Vorwurf, er habe im Dienst und Auftrag der Stasi gehandelt oder sei gar IM oder IMB (Informeller Mitarbeiter mit Feindberührung) gewesen, konnte die Kirchenleitung nur zurückweisen. Sicher hat der Apparat Informationen, die Stolpe bei seinen Verhandlungen verwandte, auf seine Weise ausgewertet und unter dem Decknamen »Sekretär« festgehalten. Auch ich habe in meiner Stasiakte Belege dafür gefunden. Aber das besagt nicht, dass er im Dienste der Staatssicherheit gestanden hat.

Eindeutig aber war der Befund in einem anderen Fall. Die reformierte Moderatorin (Leiterin des reformierten Kirchenkreises), geborenes Mitglied der Kirchenleitung, hatte die Staatssicherheit über ein mit ihr befreundetes Ehepaar in Potsdam laufend mit vertraulichen Informationen aus Sitzungen der Kirchenleitung versorgt. Ich fand in ihrer Stasiakte Entwürfe von Beschlüssen, Protokolle, handschriftliche Einschätzungen zur politischen Einstellung von Mitgliedern der Kirchenleitung und Notizen von vertraulichen Begegnungen mit Mitgliedern der Kirchenleitung-Ost. Sie wurde aus dem Dienst unserer Kirche entlassen und ging ins Ausland.

Gerüchte sind wie schleichendes Gift! Wie hat die Berlin-Brandenburgische Kirche versucht, Klarheit zu gewinnen? Auf ihrer Tagung im November 1991 setzte die Synode eine sogenannte ›Seelsorgegruppe‹ und einen ›Überprüfungsausschuss‹ ein. Wer sich selbst im Rückblick die Frage stellen müsste, ob er konspirative Kontakte zur Staatssicherheit gehabt habe, sollte sich vertraulich an die Seelsorgegruppe wenden können. In den Überprüfungsausschuss wurden fünf Personen (aus Ost und West) berufen; auch Mitarbeiterinnen und Mitarbeiter der ehemaligen West-Region wurden überprüft. Der Ausschuss hat dreieinhalb Jahre gearbeitet und bei jeder Tagung der Synode einen Zwischenbericht erstattet. 871 Überprüfungsanträge wurden beim Bundesbeauftragten für die Stasi-Unterlagen gestellt. In 54 Fällen hat der Ausschuss Empfehlungen ausgesprochen, aber nur in elf Fällen für die Einleitung eines Disziplinarverfahrens plädiert. Es kann also nicht davon die Rede sein, dass der Staatssicherheitsdienst besonders erfolgreich gewesen wäre, und schon gar nicht, dass er die Entscheidungen von Kirchenleitung und Synode hätte steuern können.

Ein katholischer Bischof hat bekanntlich zu seinem 75. Geburtstag in Rom einen Antrag zu stellen, von seinen Pflichten entbunden zu werden. Der Papst muss dem nicht stattgeben. Als evangelischer Bischof bin ich in der Frage der Pensionierung den Pfarrern gleichgestellt, hatte also Zeit genug, mich darauf innerlich einzustellen, Ende April 1994 verabschiedet zu werden.

Das Präsidium unserer Landessynode setzte die Bischofswahl zu einem relativ frühen Zeitpunkt an. Ihm lag an einem ruhigen, gut vorbereiteten Wechsel im Bischofsamt. Zwei Kandidaten wurden vom Bischofswahlkollegium aufgestellt, einer aus der ehemaligen

Ostregion, der andere aus der Westregion. Das war vernünftig. Aber eine Wahl schon ein dreiviertel Jahr vor dem Stabwechsel?

Wenn die Synode keinen Entscheidungsdruck spürt, wird dann nicht leicht eine Stimmung aufkommen: vielleicht sollten wir noch einmal auf die Suche gehen? Keiner der beiden Kandidaten erreichte im Brandenburger Dom, der Urzelle der Kirche in Berlin-Brandenburg, die notwendige Stimmenzahl. So musste das Bischofswahlkollegium noch einmal die Netze auswerfen, jetzt auch in anderen Landeskirchen. Am 18. November wurde Wolfgang Huber, Theologieprofessor in Heidelberg, zum Bischof unserer Landeskirche gewählt. Einer der Generalsuperintendenten, der alle seit 1945 amtierenden Bischöfe kennengelernt hatte, schrieb mir im Blick auf die im Jahre 2009 anstehende Bischofswahl: es verstärke sich in ihm die Erkenntnis, »dass unsere Kirche nach dem Krieg immer den richtigen Bischof zur richtigen Zeit gehabt« habe. Verschieden genug waren sie jedenfalls.

Meine Verabschiedung und Wolfgang Hubers Einführung wurden auf einen Tag gelegt. Das war sinnvoll. In der St. Marienkirche in der Stadtmitte, der Bischofskirche, fand am 30. April 1994 der festliche Gottesdienst statt. Danach bewegte sich ein langer Zug quer über den Rathausplatz zur St. Nikolaikirche, der ältesten Stadtkirche Berlins, an der Paul Gerhardt und Philipp Jacob Spener gewirkt hatten, beides Glaubenszeugen, denen ich viel verdanke. Beim Empfang schenkte Präses Helmut Reihlen meiner Frau im Namen der Kirchenleitung als Zeichen des Dankes einen schmiedeeisernen, sechsarmigen Standleuchter. Das war eine schöne Geste; denn ich kann mir meinen Dienst in diesen siebzehn Jahren nicht ohne das ›Dasein‹ und Wirken meiner Frau Marianne vorstellen. Der Leuchter hat in unserer Wohnung einen Ehrenplatz ...

Kapitel 28:
Der Ruhestand ist kein Stillstand –
Das Leben als Altbischof

Es ist mir – anders als meine Frau es erwartet hatte – überhaupt nicht schwergefallen, von der Bühne abzutreten, nun nicht mehr das Sagen zu haben. Im Gegenteil: Es war eine richtige Wohltat, dass sich das Interesse der Medien schlagartig von mir abwandte und meinem Nachfolger galt. Wir konnten am Morgen in Ruhe frühstücken und, solange wir wollten, miteinander ›klönen‹; kein Dienstwagen wartete mehr vor der Tür, keine Akten, die noch unterwegs, vor dem ersten Termin studiert sein sollten.

Aber etwas anderes machte mir richtig Mühe. Über Nacht war ich plötzlich für alles selbst verantwortlich. Keine/keiner war mehr da, der aufpasste, dass alles klappte. Jeden Brief musste ich selbst beantworten, alle Termine selbst im Auge behalten, alle Anfahrten selbst arrangieren. Ich merkte, dass ich diese neue Mündigkeit erst wieder lernen musste – und wie leicht sich dabei Pannen einstellten. Die Mitarbeiter/-innen im Bischofsbüro beherrschten die modernen Kommunikationsmittel; ich konnte mich voll und ganz auf sie verlassen, war also auf sie angewiesen. Nun war ich in allen Dingen mein eigener Sekretär.

Als der Ruhestand nahte, meinte Marianne, sie wolle nun den Bachchor an der Kaiser-Wilhelm-Gedächtniskirche verlassen, damit wir mehr Zeit füreinander und miteinander hätten. Aber das gefiel mir gar nicht. »Das kannst du mir und dir doch nicht antun! Wir haben uns in der Kantorei in Loccum kennen gelernt. Jetzt haben wir noch einmal die Chance, uns gemeinsam für Johann Sebastian Bach zu engagieren.«

Gut zehn Jahre sind daraus geworden; Marianne war 25 Jahre Mitglied. Die großen Konzertreisen des Bachchores (nach Japan, nach Spanien, in die USA) fielen in die Zeit vor meinem Ruhestand, jetzt konzentrierten wir uns unter der Leitung von Karl Hochreither ganz auf die Vorbereitung der regelmäßigen Bach-Kantaten-Gottesdienste und die Aufführung der großen Oratorien. Die zehn Jahre möchte ich nicht missen. Sie waren in vieler Hinsicht ein Gewinn. Denn ein Chor ist ja nicht bloß ein ›Klangkörper‹, sondern auch eine Gemeinschaft. Ja, beides lässt sich gar nicht voneinander trennen. Aber dann kamen wir doch an die ›Altersgrenze‹. Den Chorleiterwechsel von Karl Hochreither zu Achim Zimmermann wollte ich noch ein wenig begleiten, um den Übergang zu erleichtern, dann traten wir auch dort in den ›Ruhestand‹.

Ich bemerkte, dass sich bischöfliche Weggefährten meiner Generation nicht gerne als ›Altbischof‹ bezeichnen ließen. Sie schrieben lieber »Bischof em.« (Bischof emeritus). Ich dachte, die Menschen sollen ruhig wissen, dass du jetzt zu den Alten gehörst. Ein Altbischof hat ›seine Zeit‹ gehabt. Die bleibt auch noch eine Weile im Gedächtnis der Menschen. Ein Altbischof ist in der Kirchenlandschaft eine kleine Institution. Und was uns von anderen Berufen unterscheidet: Die Rechte der Ordination werden uns nicht entzogen, wenn wir pensioniert werden. Wir bleiben Pfarrer, dürfen weiter – wenn wir gebeten werden – predigen, taufen, das Abendmahl austeilen. Wir müssen nicht ›alle Schlüssel abgeben‹, um uns dann ›draußen‹ zu befinden, wir bleiben ›im Amt‹ und können das Maß unserer Mitarbeit selbst bestimmen. Das ist ein großes Privileg in unserer Gesellschaft, finde ich. Manche überziehen dabei ihr Konto und sind auch im Ruhestand ›pausenlos im Einsatz‹. Alle sollten darauf achten, dass sie ihren Nachfolgern das Leben erleichtern. Es gehört schon eine gute Portion Aufmerksamkeit und Selbstkritik dazu, den Ruhestand vernünftig zu bestehen und immer wieder bereit zu sein, »die Pflöcke zurückzustecken«, die eigenen Grenzen zu akzeptieren.

Was wir immer bleiben, was wir nie aufgeben müssen: dass wir zur Gemeinde Jesu Christi gehören. Der 23. Psalm schließt mit dem Vers: »Und ich werde bleiben im Hause des Herrn immerdar«, in Zeit und Ewigkeit. In diesem weiten Horizont leben wir als Christen. Das ist mir immer wichtiger geworden, je älter ich werde.

Etwa zwei Jahre vor dem Abschied vom Amt hatten wir am Rande von Husum ein Ferienhäuschen erworben, mehr zufällig. Wir mussten unsern Urlaub in Südtirol absagen, weil Marianne an der Hochzeit ihrer Nichte, deren Mutter (die ältere Schwester meiner Frau) gestorben war, teilnehmen wollte. Warum nicht ersatzweise auf eine nordfriesische Insel, nach Föhr? Aber die Ferienwohnung war noch einige Tage belegt. So durchstreiften wir auf Fahrrädern Nordfriesland und landeten an einem sonnigen Mittag auf dem Marktplatz in Husum. Theodor Storm hat ihr den Stempel »Die graue Stadt am Meer« – wir meinen: zu Unrecht – aufgedrückt. Spontan sind wir in ein Maklerbüro gegangen, bekamen drei Adressen zur Auswahl, aber die vom Westerwungweg 8 gefiel uns am besten. Zwölf Jahre sind wir dort immer wieder eingekehrt, haben die Weite der Landschaft (und des Himmels) genossen und fanden neue Freunde. Zwei Gästebücher mit lustigen und nachdenklichen Eintragungen, geschmückt mit Bildern und Zeichnungen halten fest, was wir dort erlebt haben. Auch das Wachsen und Gedeihen unserer Familie ist da authentisch dokumentiert.

Aber nach zwölf Jahren einer »Doppel-Existenz« in Berlin und Husum mussten wir einsehen, dass unsere Kräfte langsam überfordert wurden. Die Familien unserer Kinder sind an die Schulferien gebunden; sie

konnten und wollten das kleine Anwesen nicht übernehmen. Der Abschied fiel uns richtig schwer.

Ich will nun keine Leistungsbilanz dieser bisher 15
Jahre im Ruhestand vorlegen. Das wäre nicht nur für
meine Enkel ermüdend und langweilig, sondern auch
unchristlich. Aber Auskunft will ich schon geben, wofür ich meine Kräfte eingesetzt habe, was mein Leben
im Ruhestand ausgefüllt und bereichert hat, wofür ich
dankbar bin. Der Ruhestand war kein Stillstand.

In diesen Jahren wuchsen die Enkel heran. Sechs an
der Zahl, drei Jungen und drei Mädchen. Das sind nur
wenige im Vergleich zu den 25 Enkeln meiner Mutter.
Aus den USA brachte uns eine Freundin ein Spruch-
band mit; das ziert seit vielen Jahren unsern Küchen-
schrank: »Had I known grandchildren were so much
fun – I'd have had them first« (Wenn ich gewusst hätte,
dass Enkel einem soviel Freude machen, hätte ich sie
gerne zuerst, d. h. vor meinen eigenen Kindern, gehabt). Was viele Großeltern erleben, können auch wir
bestätigen: das Heranwachsen unserer Enkel haben
wir intensiver und aufmerksamer wahrgenommen, als
das der eigenen Kinder. Woran das liegt? Den Enkeln
begegnet man als Großeltern in einer schönen Mischung aus Nähe und Distanz. Wir sind nicht immer
mit ihnen zusammen, teilen mit ihnen nicht den Alltag,
aber wir gehören in ihren Augen fest zur Familie. Sie
fühlen sich offensichtlich auch bei uns ›zu Hause‹. Sie
bringen ›Leben in die Bude‹ und lehren uns auf ihre
Weise, den Wandel der Zeiten zu verstehen. Aber natürlich wecken sie in uns auch Sorgen, die wir nicht
einfach beiseite schieben können. Was wird die Zukunft ihnen bringen?

Die Eltern unserer Enkelkinder, unsere Kinder sagen mir: »Du machst an unsern Kindern, deinen Enkeln wieder gut, was du in deiner Zeit als Bischof an
uns versäumt hast. Uns kommt das ja auch zugut,
dass ihr Zeit und Geduld für sie habt.« Ist das nur

›ein schwacher Trost‹ oder nicht doch ein Hinweis auf Gottes gute Ordnung, auf den Segen der Generationenfolge? »Dienet einander, ein jeder mit der Gabe, die er empfangen hat« (1. Petrus 4 Vers 10).

Für die Kirche ist ein Altbischof nach meinen Erfahrungen eine nützliche Hilfskraft. Darum brauchte ich mich gar nicht auf die Suche nach neuen Aufgaben zu machen. Sie kamen auf mich zu. Irgendwo einzuspringen und einen Gottesdienst zu übernehmen, Gemeindevorträge zu halten, mich an Podiumsdiskussionen zu beteiligen, das gehört zum Alltag eines Altbischofs. Es tut gut, jetzt mehr Zeit für die Vorbreitung zu haben, sorgsamer mit der Sprache umzugehen und gründlicher Bücher zu Rate zu ziehen. Ich habe immer eine Liebe zu Gottesdiensten gehabt, die im Rufe standen, schlechter besucht zu sein, am Neujahrsmorgen zum Beispiel oder am 1. Weihnachtstag. Da wird sicher einer da sein, sagte ich mir, der ein gutes Wort nötig hat, so wie Jesus sich in der großen Menge, die ihn durch Jericho begleitete, einem Einzelnen, dem Zöllner Zachäus zugewandt hat und dann sogar in dessen Haus eingekehrt ist.

Manche Aufgaben fanden im Ruhestand ohne Unterbrechung eine Fortsetzung. Die Mitarbeit bei den Rundfunkandachten zum Beispiel, zu denen ich schon als Vikar in Österreich herangezogen wurde. Diese zunächst befremdliche Situation, alleine und abgeschirmt im Studio zu sitzen und zu einer undurchschaubaren Menge von Menschen so zu sprechen, dass der Einzelne es aufnehmen und auf sein Leben beziehen kann, das war eine schöne, anspruchsvolle Aufgabe. Und weiter Verantwortung in der Diakonie oder im Berliner Missionswerk zu tragen, das legte sich nahe. Die ökumenischen Verbindungen wurden nicht einfach gekappt, sie blieben, über die ersten Jahre jedenfalls, lebendig. Wenn irgend möglich nehme ich bis heute weiter an den Jahrestagungen des ›Ökumenischen Arbeitskreises evangelischer und katholischer Theologen‹ teil, auch wenn ich nicht mehr zur ›activitas‹ dieses 1946 gegründeten Kreises gehöre.

Aber um in diesem Kapitel nicht weitschweifig zu werden, beschränke ich mich auf Felder, die mich in besonderer Weise gefordert und gefördert haben, in die ich mich erst einarbeiten musste.

Die interdisziplinäre Forschungsstätte der Evangelischen Kirche in Heidelberg, allgemein bekannt unter der Abkürzung FEST, suchte einen neuen Vorsitzenden ihres Vorstandes. Das war ein Ehrenamt, das mir eine Art Zusatzstudium einbrachte; denn die FEST betreibt Grundlagenforschung in drei Bereichen: Friedens- und Umweltprobleme, Naturwissenschaft und Theologie, Verfassungs- und Kirchenrecht. Sie ist von Anfang an auf Interdisziplinarität ausgerichtet. Als Postulat ist sie heute in aller Munde. Aber sie lässt sich nur realisieren, wo der tägliche wissenschaftliche und persönliche Austausch gelingt. Das gehört seit mehr als 50 Jahren zur Arbeitsweise der FEST.

Mit ihren »Heidelberger Thesen« von 1959, den neun Zielangaben und deren Begründungen hat die Forschungsgemeinschaft ganz wesentlich zu einer Versachlichung der Auseinandersetzungen um die Verantwortung der Kirche für den Weltfrieden im Atomzeitalter beigetragen. »Der Krieg muss in einer andauernden und fortschreitenden Anstrengung abgeschafft werden« (These III). »Wir müssen versuchen, die verschiedenen, im Dilemma der Atomwaffen getroffenen Gewissensentscheidungen als komplementäres Handeln zu verstehen« (These VI). »Die Kirche muss den Waffenverzicht als eine christliche Handlungsweise anerkennen« (These VII). Und schließlich die vielzitierte VIII. These: »Die Kirche muss die Beteiligung an dem Versuch, durch das Dasein von Atomwaffen einen Frieden in Freiheit zu sichern, als eine heute noch mögliche christliche Handlungsweise anerkennen«. Für mich war schon immer die These VI von besonderer Bedeutung, die getroffenen Gewissensentscheidungen komplementär zu verstehen, nicht ›um des lieben Friedens willen‹ in der Kirche, sondern um das Leitziel der Abschaffung des Krieges erreichen zu können.

Ich habe gerne zugesagt, den Vorsitz zu übernehmen. Die Leitungsaufgabe in der FEST war eine große Bereicherung für mich und menschlich ausgesprochen befriedigend.

Im Sommer 1997 trat die Oder über die Ufer. Fast vier Wochen lang machten die Berichte vom »Kampf an der Oder« Schlagzeilen in den Medien. Würden die Deiche halten? Die Ziltendorfer Senke, südlich von Frankfurt/Oder, traf es am schwersten. Das nördlich gelegene Oderbruch blieb verschont. Die größere Katastrophe konnte verhindert werden, vor allem durch den Einsatz der Bundeswehr. Die Flutzeit wurde auch als Test verstanden: Leben wir in einer Gesellschaft von lauter Egoisten? Kommt in der akuten Not vielleicht doch ein tragfähiges Maß an Gemeinsinn und Solidarität zum Vorschein? Und sicher war die Oderflut auch eine Probe auf die Zusammengehörigkeit von Ost und West in Deutschland. Das Ergebnis war erstaunlich positiv, auch an der »Spendenflut« ablesbar, die auf vielen Kanälen ins Land Brandenburg strömte – mehr als 130 Millionen DM.

In den ersten Tagen des August 1997 rief mich Manfred Stolpe, der brandenburgische Ministerpräsident in Husum an und bat mich dringend, den Vorsitz in einem unabhängigen Spendenbeirat zu übernehmen. Es müssten Grundsätze für die Verteilung der Spenden erarbeitet werden. Ein unabhängiges Gremium sei dazu eher in der Lage als die Landesregierung. Ich sagte unter zwei Bedingungen zu: 1) Das Gremium müsse klein sein, damit es schnell und präzise die notwendigen Entscheidungen treffen könne. 2) Es dürfe

342

nicht mit »Interessenvertretern« (der Parteien, der Hilfsorganisationen, der Betroffenen) besetzt werden. Sinnvoll sei ein kleines Gremium von in Brandenburg bekannten Persönlichkeiten.

Darauf ging Manfred Stolpe sofort ein, sogar strikter, als ich es gemeint hatte. Wir waren nur drei: Sabine Christiansen, die bekannte ARD-Moderatorin, und Olaf Sund, der sich als früherer Staatssekretär des Sozialministeriums in Brandenburg gut auskannte, und ich als Vorsitzender des Gremiums. Die erste und wohl entscheidende Aufgabe bestand darin, die etwa 100 großen und kleinen Spendenaktionen zu einem »Runden Tisch« einzuladen und sie dafür zu gewinnen, sich (freiwillig!) auf die von uns beschlossenen Grundsätze und Entscheidungen verpflichten zu lassen. Das fiel den kleineren Spendenaktionen schwerer als den großen; denn sie hatten ihren Spendern versprochen, das Geld »schnell und unbürokratisch« zu den vom Hochwasser Geschädigten zu bringen. Aber damit wäre dem Missbrauch Tor und Tür geöffnet. Eine intelligente und flexible Bürokratie ist in Katastrophenfällen ein Segen.

Uns kam von allen Seiten ein überraschendes Maß an Vertrauen entgegen. Wir waren eben keine anonyme Behörde. Wir erläuterten vor der Öffentlichkeit und vor den Betroffenen geduldig unsere Grundsätze, zum Beispiel den unter Nr. 1: »Es wird keine 100 %ige Entschädigung geben. Die Verwandten, Freunde, Dorfgemeinschaften sollen die ihnen mögliche Hilfe leisten«. Eine unserer ersten Entscheidungen verschaffte uns nach allen Seiten Respekt: Wir versagten einer Hilfszusage des Ministerpräsidenten an einen Betroffenen unsere Zustimmung, weil sie nicht unseren Grundsätzen entsprach. Zu unseren Aufgaben gehörte ja auch, den behördlichen Umgang mit der Verteilung der Mittel und Spenden im Auge zu behalten und Konfliktfälle zu beraten und zu entscheiden. Die Ministerien waren in jeder Weise kooperationsbereit, wir erleichterten ihnen ja auch die Arbeit, weil sie sich Kritikern gegenüber auf uns berufen konnten. Wir waren nun einmal die oberste Instanz.

Wir haben auch dafür gesorgt, dass aus den Spendentöpfen, die von vornherein gleichzeitig für Brandenburg, Polen und Tschechien bestimmt waren, der Großteil nach Polen und Tschechien vergeben wurde. Dort war – schon der Zahl der betroffenen Menschen und der überschwemmten Fläche nach – ein ungleich größerer Schaden durch die Oderflut eingetreten. Und wenn ich an die verheerenden Überschwemmungen in Bangladesch oder an den »Tsunami« denke, dann zögere ich, von einer »Jahrhundertflut an der Oder« zu reden. Die Erwärmung der Pole, das Abschmelzen von Eisdecken wird die Menschheit im 21. Jahrhundert vor ungleich schwerere Aufgaben stellen.

Noch ein zweites Mal, zwei Jahre nach der »Oderflut«, bin ich in brandenburgische Dienste berufen worden. Zwischen Kirche und Staat war es zu öffentlichen Auseinandersetzungen um die Asylpraxis gekommen. In umstrittenen Abschiebefällen hatten Kirchengemeinden den Betroffenen Kirchenasyl gewährt. »Es gibt in unserer Gesellschaft keinen rechtsfreien Raum; die Kirche setzt gültiges Recht außer Kraft, wenn sie Abschiebungen zu verhindern sucht«, war die Argumentation aus dem Innenministerium. Solchen Fragen hatte ich mich schon in meiner aktiven Zeit häufiger stellen müssen. So bat mich Bischof Huber, in einer Dreiergruppe mitzuwirken, die der brandenburgische Innenminister berufen wolle. Dort sollten alle abgelehnten Asylanträge noch einmal beraten und mit einer Empfehlung an das Ministerium versehen werden. Mir war klar, dass ich da als Vertreter der Kirche zwischen allen Stühlen sitzen würde. Es war ja nicht damit zu rechnen, dass alle Abschiebeentscheidungen außer Kraft gesetzt werden könnten, wie es die kirchlichen Gruppen, die für Asylbewerber eintraten, eigentlich erwarteten. Wir drei haben uns schnell aufeinander eingestellt: der Staatssekretär im Innenministerium, ein ehemaliger Leiter eines Oberverwaltungsgerichtes und ich. Die wechselseitigen Argumente wurden abgewogen. Und in einer ganzen Reihe von Fällen wurde die Vorentscheidung korrigiert, also ein weiterer Aufenthalt gewährt oder die Abschiebung aufgehoben. Ich war froh, dass sich das Land Brandenburg dann doch dazu bereit fand, dem Beispiel anderer Bundesländer zu folgen und eine Härtefallkommission einzusetzen. Das Dreiergremium konnte seine Arbeit einstellen.

Gerne denke ich auch an die Mitarbeit in der Wiedereintrittsstelle im Foyer neben der Kaiser-Wilhelm-Gedächtniskirche. Die Pläne dazu gingen auf eine Anregung von Hartmut Walsdorff, dem Öffentlichkeitsbeauftragten unserer Kirche, Anfang der 80er Jahre zurück. Damals wurde noch lapidar geantwortet, das sei Sache der einzelnen Gemeinden, eine von der Landeskirche getragene Wiedereintrittsstelle sei nicht nötig. Im Jahre 1997 aber beschloss die Landesynode, an drei Stellen einen Gesprächsort für Eintrittswillige einzurichten: am Berliner Dom, an der Gedächtniskirche und an der Heilig-Kreuz-Kirche in Kreuzberg.

Viele von denen, die vor Jahren oder Jahrzehnten aus der Kirche ausgetreten waren, scheuen sich, in die nächstliegende Gemeinde zu gehen. Die Hürde war zu hoch. An einem »neutralen« Ort lässt es sich leichter reden. Nach meiner Erfahrung kommen die allermeisten aus ernsthaften Motiven. Neue, ganz andere Lebenserfahrungen haben sie zu der Frage gebracht, ob es richtig war, der Kirche den Rücken zu kehren. Kinder, die sich in der kirchlichen Jugendarbeit engagiert haben, können dabei den Anstoß gegeben haben, Schicksalsschläge, die Glaubensfragen aufgeworfen haben oder christliche Freunde, deren

Lebensstil und Glaubenskraft überzeugend wirkte – es gibt sehr unterschiedliche Wege, die zu dem Entschluss führen, wieder der Kirche anzugehören. Alte Menschen leiden unter ihrer Vereinzelung, sie möchten in einer Gemeinschaft aufgehoben sein. Das war also eine wichtige seelsorgerliche Aufgabe, an der ich mich viele Jahre beteiligt habe. Aufmerksam zuzuhören, sich auf den Lebensweg eines fremden Menschen einzulassen, ihm Mut zu machen zum Glauben, das führte zu offenen, vertrauensvollen Gesprächen. Am Ende wurde der Wiedereintritt in einem Formular dokumentiert und eine Urkunde ausgestellt. Aber was dann? Ich konnte ja dem Einzelnen nicht nachgehen. Ich konnte die Gemeinde anschreiben oder anrufen, sie bitten, sich dieses Menschen anzunehmen, aber dann verlor sich die Spur.

Etwas ganz anderes: die Mitarbeit in der »Wissenschaftlichen Kommission für die Erforschung des Pietismus«. Da konnte ich die alten Fäden wieder aufnehmen und mich mit dem gegenwärtigen Stand der Forschung vertraut machen. Meine Dissertation über Philipp Jacob Spener war seinerzeit (1970) in die von der Wissenschaftlichen Kommission betreuten Reihe »Arbeiten zur Geschichte des Pietismus« aufgenommen worden. Es war wohl mehr als ein Hobby, im Ruhestand weiter den wissenschaftlichen Interessen nachzugehen.

Auf keinen Fall darf ich den »Verein zur Errichtung evangelischer Krankenhäuser« unerwähnt lassen; denn schon vom Zeitaufwand her hat mir der Vorsitz im Vorstand (und dann, nach Änderung der Organstruktur im Aufsichtsrat) mehr abverlangt als andere Aufgaben. Der Name trifft nicht mehr zu. 1929, bei Gründung des Vereins, ging es in der Tat um die Schaffung evangelischer Krankenhäuser und die Förderung der Krankenhausseelsorge, die in vielen kommunalen Berliner Häusern unerwünscht war. Der damalige Generalsuperintendent Otto Dibelius war die treibende Kraft bei der Gründung des Vereins. Das Martin-Luther-Krankenhaus in Berlin-Wilmersdorf, ein Krankenhaus der kurzen Wege, war die erste, von Architekten und Gesundheitsfachleuten viel beachtete Neugründung. Heute aber, unter den harten Bedingungen des Wettbewerbs und staatlicher Planungsvorgaben, ist die zukunftsfähige Gestaltung evangelischer Krankenhäuser die vordringliche Aufgabe. Es geht auch darum, die wirtschaftliche Basis zu erweitern, also schon bestehende Krankenhäuser zu übernehmen, wie zuletzt das Schwerpunkt-Krankenhaus der Paul-Gerhardt-Stiftung in Wittenberg mit 450 Betten.

Die Grundstruktur unseres ›Vereins‹ bewährte sich auch unter den stark veränderten Rahmenbedingungen im Gesundheitswesen. Die einzelnen Häuser sollten weitgehend eigenverantwortlich agieren; sie waren aber durch eine zentrale Geschäftsführung zusammengebunden. Die gemeinsame Planung, der Erfahrungsaustausch zwischen den Häusern, die zentrale Verwaltung der Ressourcen, die gemeinsame Vertretung gegenüber den staatlichen Behörden und den Kassen – das war ein deutlicher Vorteil gegenüber evangelischen Krankenhäusern, die für sich allein einstehen mussten.

In meiner Zeit kam es dann zu einer komplizierten, aber notwendigen Änderung der Organstruktur, vom Verbund zu einem diakonischen Gesundheitskonzern. Die bisherigen Mitglieder der Geschäftsführung bildeten nun den Vorstand; der bisherige Vorstand wurde zum Aufsichtsrat, die einzelnen Krankenhäuser zu GmbHs als 100 %ige Töchter des Vereins.

Was soll da ein Altbischof als Vorsitzender? Er ist doch auf dem Felde der Ökonomie und der Medizin ein Laie und bleibt es bei aller Lernbereitschaft auch. Leitungserfahrung brachte ich mit. Im Vorstand und im Aufsichtsrat ist ökonomischer, medizinischer, diakonischer und politischer Sachverstand vertreten. Weil es immer gelungen ist, in einem offenen, auf gemeinsame Ziele gerichteten Klima zu beraten, habe ich mich nicht als fehl am Platze empfunden. Es kam ja auch darauf an, das diakonische Profil zu schärfen und unser Werk der Öffentlichkeit gegenüber zu vertreten. Dabei konnte die Erfahrung eines Altbischofs durchaus nützlich sein. Aber entscheidend ist doch das gegenseitige Vertrauen im Vorstand und im Aufsichtsrat gewesen. Dann lassen sich auch stürmische Zeiten gemeinsam bestehen.

Die Zeichen des Alters konnte und wollte ich nicht übersehen. Als mir Ende März 2006 beim Aussteigen aus der Straßenbahn am Alexanderplatz mein linkes Bein nicht mehr richtig gehorchen wollte, schob ich das auf einen eingeklemmten Nerv und meinte, mit dem altbewährten Mittel eines Mittagsschlafes wieder auf die Beine zu kommen. Im Krankenhaus aber wurde mir klar: Mich hatte ein leichter Schlaganfall getroffen. Nach zehn Tagen im Klinikum Steglitz wurde ich auf meinen ausdrücklichen Wunsch in die Rehaklinik in Wandlitz, nördlich von Berlin verlegt. In Berlin, so fürchtete ich, würde mir der viele Besuch zur Last werden. In dem weiten, gepflegten Parkgelände (bis zur ›Wende‹ abgeschirmtes Wohngelände Erich Honeckers und seiner Garde, ein kleinbürgerliches Ghetto, aber mit allen Westwaren-Privilegien ausgestattet) und der gut geführten Klinik konnte ich in fünf Wochen den Schaden im Wesentlichen auskurieren. Wer mich besuchen wollte, musste es schon wollen und von Berlin aus einen einstündigen Weg in Kauf nehmen, Marianne ließ sich von der Entfernung nicht abschrecken; sie kam fast an jedem zweiten Tag, wir konnten mit dem Auto die Gegend erkunden und hatten viel Zeit füreinander.

Die ungewohnte Aufgabe hieß nun, auf den eigenen Körper zu achten, sich aufmerksam mit sich selbst zu beschäftigen. Der Neuropsychologe der Klinik, der mein Reaktionsvermögen und mein Gedächtnis trainierte, klärte mich auf: »Ihr Kopf arbeitet wie bei einem 50-Jährigen, aber sie gehen eben auf die 80 zu. Sie müssen für eine bessere Balance sorgen. Sie haben sich eine ›Pausenlosigkeit‹ angewöhnt, die ihnen nicht bekommt.« Ich habe daraus den Schluss gezogen, mich von allen Dauerverpflichtungen zu verabschieden.

Ende September 2007 ergab sich überraschend schnell die Gelegenheit, in eine kleinere, altersgerechtere Wohnung in der Heidehofsiedlung in Schlachtensee zu ziehen. Das war ein Kraftakt, nach 30 Jahren in Nikolassee auszuziehen und vom Boden bis zum Keller auf- und auszuräumen, meine Bibliothek um die Hälfte zu verkleinern und die neue Wohnung einzurichten.

Und da ich mir drei Wochen vor dem Umzug beim Entsorgen einer dünnwandigen, großen Glasschüssel das rechte Handgelenk zerschnitten hatte, war die gerechte Lastenverteilung zwischen uns beiden Eheleuten völlig aus dem Gleichgewicht geraten. Das war bitter, sowohl für Marianne, die nun die Doppellast zu tragen hatte, als auch für mich. Aber die Kinder und Schwiegerkinder sprangen Gott sei Dank ein.

Drei Ehrenämter bleiben mir wohl bis zum Lebensende. Sie verbinden sich mit Stationen meines Lebensweges. 1977, als ich aus dem Dienst der Hannoverschen Landeskirche ausschied, weil ich nach Berlin berufen worden war, konnte ich nicht länger Mitglied im Konvent des Klosters *Loccum* bleiben. Ich wurde – wie übrigens schon Otto Dibelius vor mir – zum ›*Ehrenstiftsherrn*‹ ernannt. *Meine Heimatstadt Lingen (Ems)*, die eine so besondere Geschichte hat, verlieh mir 1993 in einem festlichen Rahmen *die Würde eines Ehrenbürgers*. Die Verbindung ist lebendig geblieben, alte Freundschaften bewähren sich bis heute und im Alter kehren die Gedanken oft dankbar zu den prägenden Jugendzeiten zurück.

Und dass ich seit Oktober 1998 zum Kreis der ›Stadtältesten zu Berlin‹ gehöre, legt mir zwar keine großen
Verpflichtungen auf, verbindet mich aber spürbar enger mit dem Schicksal und der Zukunft unserer Stadt.
»In den Jahren der Teilung Berlins und der damit verbundenen Teilung der Kirche hat er sich den Menschen in beiden Teilen der Stadt gleichermaßen zugewandt und versucht, wo immer es möglich war, Hilfe
und Unterstützung zu geben«, heißt es in der Ernen-
nungsurkunde. Ich wurde damals gebeten, für die
neu ernannten Stadtältesten ein Wort des Dankes zu
sagen. »Wenn ich an Städte in Deutschland denke,
dann hat jeder Name für mich einen eigenen Klang:
Stuttgart, Dresden, München, Leipzig – immer liegt
die Betonung auf der ersten Silbe. Das steht; das hat
seinen Platz. Nur Berlin, so höre ich es jedenfalls, fällt
mit seinem Klang da heraus. Sagen Sie mal langsam:
»B e r l i n« – das kommt doch ganz anders daher. Das
ist wie ein Auftakt, eine auffällige Bewegung nach
oben, etwas Vorwärtstreibendes ist darin. Berlin steht
noch nicht da, steht noch nicht endgültig fest, ist stärker auf der Suche. Es kommt etwas. Das ist der besondere Klang, der im Namen Berlin – für mich jedenfalls –
zu hören ist, der ich nur ein einfacher Chorsänger im
Bass des Bachchores an der Gedächtniskirche bin«.
Das war doch eine verstohlene Liebeserklärung an die
Stadt, in der wir leben, in die wir ›eigentlich‹ gar nicht
ziehen wollten. Es kam Gott sei Dank anders!

Kapitel 29

Im Strom der Zeit – Mein Ort in der Generationenfolge

Jeder hat seine Zeit. Wir können sie uns nicht aussuchen. Wir werden, ohne dass wir uns entscheiden, hineingeboren in eine Familie. In deren Geschichte finden wir uns vor. Wir müssen sie erst einmal annehmen als den uns zugewiesenen Lebensort. Für mich heißt das: In einem evangelischen Pfarrhaus, unter einer wachsenden Zahl von Geschwistern, fünf Brüdern und einer zwanzig Jahre jüngeren Schwester bin ich aufgewachsen. Und die Geschichte wird nicht mit dem irdischen Ende meins Lebens zu Ende sein. Durch unsere Kinder und Enkel wird sie weitergehen. In anderen Zeiten. Unter anderen geschichtlichen Bedingungen.

Wie kann einer sich seines Lebens erinnern und nur auf seine eigene Lebenszeit schauen? Er wird immer wieder der Frage begegnen, woher er kommt, was ihm im Guten und im weniger Guten mitgegeben worden ist, was ihn geprägt hat, warum er so geworden ist, wie er ist. Alle Antworten sind da mit einem Fragezeichen zu versehen, und schnelle Deutungen sind uns – als Christen jedenfalls – nicht erlaubt. Der 139. Psalm, den Juden und Christen beten, beginnt mit dem Eingeständnis, dass wir Menschen uns nicht wirklich durchschauen können:

> »Herr, du erforschest mich und kennest mich.
> Ich sitze oder stehe auf,
> so weißt du es; du verstehst meine Gedanken
> von Ferne.«

Ich möchte erst in diesem letzten Kapitel den Blick auf den Generationenzusammenhang lenken, obwohl die meisten Autobiographien damit beginnen, aber dann eben nur auf die Vergangenheit schauen, auf Eltern, Großeltern und Vorfahren. Aber mein Tun und Lassen hat doch Einfluss auf unsere Kinder und Enkel, wohl mehr und in mancher Hinsicht auch anders, als ich es erkennen kann.

An das Ende eines umfangreichen Ratsberichtes während der Tagung einer EKD-Synode in Bad Wildungen – noch vor der ›Wende‹ – habe ich eine chassidische Geschichte gestellt, die mir viel bedeutet. Ich wollte mit ihr deutlich machen, in welchem Horizont die Kirche Jesu Christi lebt und wirkt. Aber sie lässt sich auch auf das Leben und Handeln eines einzelnen Menschen beziehen.

»Ein Mensch mit Namen Choni ging einmal über Land und sah einen Mann, der einen Johannisbrotbaum pflanzte. Er blieb bei ihm stehen, sah ihm zu und fragte: ›Wann wird das Bäumchen wohl Früchte tragen?‹ Der Mann erwiderte: ›In 70 Jahren.‹ Da sprach Choni: ›Du Tor! Denkst du in 70 Jahren noch zu leben und die Früchte deiner Arbeit zu genießen? Pflanze lieber einen Baum, der früher Früchte trägt, dass du dich ihrer erfreust in deinem Leben.‹ Der Mann aber hatte sein Werk vollendet und sah zufrieden darauf. Und er antwortete: ›Als ich zur Welt kam, da fand ich Johannisbrotbäume und aß von ihnen, ohne dass ich sie gepflanzt hatte; denn das hatten meine Väter getan. Habe ich nun genossen, wo ich nicht gearbeitet habe, so will ich einen Baum pflanzen für meine Kinder oder Enkel, dass sie davon genießen. Wir Menschen können nur bestehen, wenn einer dem anderen die Hand reicht. Siehe, ich bin ein einfacher Mann, aber wir haben ein Sprichwort: Gefährten oder Tod‹.«

Ja, wir können nur bestehen, wenn eine Generation der anderen die Hand reicht. Wir können unser eigenes Leben nur in diesem Zusammenhang sehen. Durchschauen können wir es dabei nicht. Es lässt sich aus der Generationenfolge nicht ableiten. Jedes Menschenleben bleibt ein Wunderwerk Gottes, ein Unikat.

Die Großeltern, die uns Geschwistern am nächsten standen, lebten in Hildesheim. Rudolf Oppermann (geboren 1875 in Breinum südlich von Hildesheim), Druckereibesitzer und Buchbindermeister, seiner politischen Einstellung nach ein Welfe, war ein großartiger, humorvoller Geschichtenerzähler. Wenn ich an ihn denke, sehe ich ihn in seinem großen Armsessel sitzen, wir, seine Enkel hockten um ihn herum auf der Erde oder auf dem Sofa und hörten ihm gespannt zu. Schon seine Lehrzeit und seine Erlebnisse als Soldat im 1. Weltkrieg boten Stoff genug. Und da ihm ein langes Leben vergönnt war – er starb im Sommer 1961, 86-jährig –, gehörte er wie selbstverständlich zu unserer Familie. Auch seine Frau Johanne, geborene Börries stammte, wie unser Großvater, aus einer Landwirtfamilie. Die beiden hatten sich mit großer Zähigkeit in der Stadt einen Betrieb aufgebaut, unsere Großmutter war für das Papiergeschäft zuständig. Ich weiß schon, wie ich dazu gekommen bin, bis heute immer einen Vorrat an Kladden und schönem Briefpapier zu hüten, und auch, warum mich bei meinen Reisen Papiergeschäfte fast magisch angezogen haben.

Rudolf Oppermann entstammte, wie schon angedeutet, einer Landwirtsfamilie. Aber seinem Vater genügten die engen Verhältnisse nicht. Er ging (mit Frau und Kindern!) zum Eisenbahnbau als Kolonnenführer und Bauleiter. ›Unterwegs‹ wurden die ersten Söhne geboren, mein Großvater in Cospeda, einem Dorf oberhalb von Jena. Seinen Bruder Richard, der in Hildesheim einen Milch- und Schnapsladen in der Nähe des Ostbahnhofs betrieb, haben wir als Kinder gerne mit der Frage geärgert: »Onkel Richard, wir haben vergessen, wo du geboren bist.« »Das habe ich euch doch schon oft genug gesagt: in Kielcebowo in Polen.« Schade, dass unsere Urgroßmutter kein Tagebuch hinterlassen hat; das unstete Wanderleben muss ihr unglaublich viel abverlangt haben. Schließlich zog die Familie zurück ins Heimatdorf, nach Breinum. Unser Urgroßvater hatte Kapital angespart und baute neben der Landwirtschaft eine Ziegelei auf. Er hatte eine unternehmerische Ader, die sich offensichtlich auch auf seine acht Söhne übertragen hat. Und: er war ein frommer Mann, redegewandt und als Laienprediger bei Missionsfesten geschätzt. Ich erinnere mich an seinen Grabstein, der längst abgeräumt ist. Da stand etwas Ungewöhnliches geschrieben; darum hat es sich meinem jugendlichen Gedächtnis eingeprägt: ›Hier ruht ein begnadigter Sünder bis Jesus ihn ruft‹.

Johanne Oppermann war eine liebevolle, aber dann auch wieder strenge Großmutter. Bei ihr waren wir in den Ferien gerne zu Besuch. Heute würden wir sagen: sie war eine »Grüne«. Wenn wir mit ihr spazieren gingen, mussten wir tief durchatmen, um unsere Lungen zu kräftigen. Sie steckte uns in hohe Bottiche, bis zum Hals in Salzdetfurther Lauge, und sie wusste bestens Bescheid über Dr. med. Schüsslers Biochemie, welche Nummer morgens, mittags und abends einzunehmen war.

Sonntags, wenn wir mit ihr zum Gottesdienst nach St. Lamberti in Hildesheim gingen, nahm sie kein Gesangbuch mit. Sie kannte alle Lieder auswendig. Warum habe ich sie nie gefragt, wer und was sie dazu gebracht hat? Sie starb 1949 an Krebs, geschwächt wohl auch durch die harten Jahre nach dem verheerenden Bombenangriff auf Hildesheim am 22. Februar 1945, bei dem auch das Wohnhaus, der Laden und der Betrieb beschädigt wurden.

Martin Oppermann, der Bruder meiner Mutter, hat dann den Druckereibetrieb übernommen, unterstützt von seiner Frau Frieda, die das Ladengeschäft und ein weiteres in der Stadt führte. Manfred, mein Vetter, mehrere Jahre in den USA tätig, kehrte nach Hildesheim zurück und hat den Betrieb modernisiert und erfolgreich durch die schwieriger werdenden Zeiten gesteuert. Die 100-Jahrfeier des Betriebes im Jahre 2001 war noch einmal ein glanzvoller Höhepunkt. Eine Festschrift in gediegenem Druck und mit vielen Bildern ausgestattet dokumentiert die 100-jährige Geschichte. Aber es zeichnete sich schon ab, dass keiner aus der jüngeren Generation das Erbe antreten würde. So entschlossen sich Manfred und seine Frau Sigrid zum Verkauf.

Der Großvater väterlicherseits, Dr. med. Hugo Kruse, 1866 in Liebenburg bei Goslar geboren, starb im Sommer 1939 an einem Herzschlag, seine Frau Hanna schon zwanzig Jahre vor ihm an einer Grippe, aber wohl auch an Entkräftung durch die Notzeit nach dem Kriege. Es ist verständlich, dass die eigenen Erinnerungen an diesen Großvater im Geschwisterkreise schwächer sind, bei den jüngeren sogar gänzlich fehlen. Er wirkte schon gebrechlich und müde, wenn er uns im Pfarrhaus in Sülzhayn besuchte. Aber die Zigarre schmeckte ihm noch. Wenn wir beim Spielen laut wurden, versprach er uns, Ringe in die Luft zu blasen. Aber dazu müssten wir ›mucksmäuschenstill‹ sein, sonst zerstöre der Luftzug die Ringe.

Er war ein angesehener Arzt in Kassel, hatte wohl schwer unter dem frühen Tod seiner Frau gelitten. Er hielt die Familie zusammen, sorgte sich um die Ausbildung der fünf Kinder, aber die menschliche Wärme, die seine Frau ausstrahlte, konnte er nicht ersetzen, dafür war er in seiner Praxis auch zu stark gefordert. Der zweite Sohn, Walter, mein Vater, studierte schon Theologie in Tübingen, als ihn die Nachricht erreichte, dass seine Mutter schwer erkrankt sei. Er machte sich sofort auf die Reise zurück nach Kassel und hat noch von ihr Abschied nehmen können. Nach allen Erzählungen war sie eine Seele von Mensch, die auch das Gemüt und die Frömmigkeit meines Vaters geprägt hat.

In Liebenburg stand das Stammhaus der Kruses, die dort eine Gemischtwarenhandlung betrieben. Es gab gute und schwierige Zeiten. Ludwig Kruse, der Großvater von Hugo Kruse, war 1846 nach Amerika ausgewandert. Er wollte eigentlich seine Frau und die sieben Kinder nachholen, wenn er sich eine neue Existenz geschaffen hätte. Es kamen nur zwei Briefe. Dann verlor sich seine Spur. Er blieb verschollen. Seine Frau Caroline musste bei Verwandten und Bekannten eine hohe Darlehenssumme aufnehmen, um das Geschäft vor dem Konkurs zu bewahren. Sie schaffte es. Was sind das für Schicksale, die beim Rückblick in die Familiengeschichte auftauchen! Und wie oft waren es die Frauen, die das schier Unmögliche möglich machten. Bei den Verwandten in Liebenburg bin ich einige Male zu Besuch gewesen. Es fehlte in der Nachkriegszeit der Schwung, mit der Zeit zu gehen. 1971 musste das Geschäft aufgegeben werden. Dass die Einrichtung dann ins Braunschweiger Landesmuseum übernommen wurde, als Beispiel, wie ein Kolonialwarenladen ›in früheren Zeiten‹ ausgesehen hat, belegt auf stille Weise, dass er der Konkurrenz nicht gewachsen war.

Meine früh verstorbene Großmutter Hanna, geborene Horn, war Tochter eines Apothekers in Gronau, südlich von Hildesheim. Bis in die zweite Hälfte des 20. Jahrhunderts blieb die Apotheke über viele Jahrzehnte im Familienbesitz. Die Verbindung zum Hornschen Zweig der Familie ist bis heute lebendig geblieben. Laut Stammbuch heiße ich Martin Ludwig Friedrich Karl Adolf Kruse – was den Computer im Bezirksamt Zehlendorf wegen der Überlänge dazu brachte, mir überhaupt keinen Vornamen zuzugestehen. Adolf Horn, einer meiner vier Namensgeber, war ein geradezu vorbildlicher Patenonkel. Er starb 2007 im Alter von 103 Jahren in Kettwig.

Und nun endlich ein Wort zu meinen Eltern. Beiden habe ich an anderer Stelle schon in Aufsätzen literarische Erinnerungen gewidmet, darum fasse ich mich hier kurz. Sie sind sich bei einer Jugendfreizeit auf der Nordseeinsel Spiekeroog begegnet. Er als Pastor im hannoverschen Landesjugendpfarramt, sie als ehrenamtliche Jugendmitarbeiterin aus Hildesheim. Sie haben nicht lange gebraucht, um sich zu verloben und dann 1927 zu heiraten. Meinen Großvater Oppermann haben sie in Verlegenheit gebracht. Der hatte nämlich gerade neue Maschinen für seine Druckerei angeschafft. So musste er für die Ausrichtung der Hochzeit bei seinem Bruder Gustav, Chefbuchalter in der Zuckerfabrik Nordstemmen, Geld leihen. Wenn die Oppermann-Brüder allesamt zum Geburtstag unseres Großvaters anrückten, dann wurde unsere Großmutter unruhig, weil es leicht zum Streit kam. Gustav trumpfte dann gerne auf: »Rudolf, deine Tochter hätte ja ihren Walter gar nicht heiraten können, wenn ich dir nicht das Geld geliehen hätte.« Er wusste, dass er unsern Großvater damit reizen konnte.

Meine Mutter Gertrud, geborene Oppermann, war eigentlich nicht mit einer stabilen Gesundheit ausgestattet. Ein Herzfehler machte ihr zu schaffen. Aber sie nahm darauf wenig Rücksicht. Wie hätte sie es sich sonst zutrauen können, sieben Kinder zur Welt zu bringen? Sie war eine beherrschte Frau und konnte sich nur selten aufregen. Wenn sich einer von uns Jungen verletzt hatte und heulend in die Küche kam, dann gab sie ihm ein Tuch, um damit die Wunde zu stillen. »Setz dich auf die Holzkiste, es wird schon wieder gut werden. Ich bin gleich mit meiner Arbeit fertig.« Ihre Schwiegertöchter beklagen an uns Kruse-Jungen, dass wir nicht gerne Emotionen zeigen. Das ist wohl ein Erbe unserer Mutter, im Guten und im weniger Guten.

Die Kriegs- und Nachkriegszeiten im großen Pfarrhaus in Lingen, in dem wir immer enger zusammenrücken mussten, forderten alle ihre Kräfte heraus. Auch für eine Schülerin aus einer Flüchtlingsfamilie, die auf einem schulfernen Dorf notdürftig untergebracht war, für Sonja Mondwurf, fand sich noch ein Platz in unserer großen Familie. Sie musste sich in die etwas robuste ›Männergesellschaft‹ erst einmal hineinfinden. Dass es ihr gelang, lässt sich daran ablesen, dass sie sich in unseren Bruder Herbert verliebte. Und die beiden haben dann später geheiratet.

›So nebenbei‹ arbeitete unsere Mutter auch noch im Roten Kreuz als Gruppenführerin mit. Und den Pflichten einer Pfarrfrau in der großen, durch den Zustrom der Flüchtlinge wachsenden Gemeinde konnte und wollte sie sich auch nicht entziehen. Das Erbe der tatkräftigen, zähen Oppermänner war bei ihr gut angelegt.

Als unser Vater im Oktober 1959 nach einer Bruchoperation plötzlich starb, musste sie nach einem Vierteljahr das neugebaute, praktische Pfarrhaus verlassen. Vier Geschwister waren noch unversorgt. Sie konnte in Celle bei Schwester und Schwager unterkommen, bis das Reihenhaus bezogen werden konnte, das schnell zum neuen Zuhause, zum Mittelpunkt der Familie wurde. Es war sicher ein Glück, dass Mechthild, meine zwanzig Jahre jüngere Schwester, noch bis zu ihrem Abitur das Leben mit unserer Mutter teilte. Wir waren überrascht, wie unsere Mutter ihr Leben in die Hand nahm und meisterte. Sie fand eine ausfüllende Aufgabe in der Frauen- und Altenarbeit der Landeskirche, leitete Seminare in der Heimvolkshochschule in Loccum, war viel unterwegs. Aber sie war immer für ihre Enkel da. Schließlich waren es 25, deren Geburtstage sie nie vergaß. Denen kamen ihre Liebe und Wärme, ihre Großzügigkeit und ihre Geduld zugute.

Als ihre Kräfte nachließen, wollte sie gerne zurück nach Lingen. Die Erinnerungen an die 21 Jahre, die sie dort an der Seite ihres Mannes gelebt und gewirkt hatte, weckten in ihr die Hoffnung und wohl auch die Sehnsucht, den früheren Spuren nachgehen zu können und hier ein letztes irdisches Zuhause zu finden, dem Grab ihres Mannes nahe zu sein. Die Hoffnungen erfüllten sich nur zum Teil. An alte Freundschaften konnte sie anknüpfen, aber die Zeit war spürbar weitergegangen. Als sie mit den Nachwirkungen eines leichten Schlaganfalls zu tun bekam, verbrachte unsere Tochter Susanne einen Monat ihrer Semesterferien bei ihrer Großmutter. Das muss für beide eine menschlich bewegende Zeit gewesen sein.

Im hohen Alter zog sie noch einmal um, in ein Altenstift nach Hamburg-Rissen, wo mein Bruder Wilfried als Pastor wirkte. Dort lebte sie auf. Sie genoss die Nähe der Familie. Die drei Enkel, die nacheinander im Hause als Praktikanten/-innen beschäftigt waren, haben dazu beigetragen und dafür gesorgt, dass sie sich dort zu Hause fühlen konnte. Sie freute sich über unsere Besuche und ist uns aus dieser Zeit als stille und liebevolle Patriarchin im Gedächtnis. Zufrieden, dankbar und lebenssatt ist sie im 87. Lebensjahr heimgerufen worden.

Der ältere Bruder meines Vaters, Dr. med. Friedrich Kruse, Kinderarzt in Halle, auch Vater von sieben Kindern, hat mir erzählt, dass die Hebamme den eben geborenen Bruder Walter seiner Mutter mit den Worten gereicht habe: »Der sieht ja aus wie der Superintendent Bückmann. Der wird bestimmt mal Pastor.« Die Prophezeiung der Hebamme ist in Erfüllung gegangen. Walter Kruse hat schon als Kind den Wunsch geäußert, Pastor zu werden. Meine Geschwister werden es nicht anders sehen: dieser Beruf war ihm ›auf den Leib geschrieben‹; er entsprach seinem Wesen.

Ein Pastor zu Fuß. Wie oft hat einer von uns Brüdern ihn auf dem 5 bis 6 km weiten Weg zum Gottesdienst in der Filiale Brögbern begleitet, um dort in der Kapelle als Organist zu amtieren. Und als 1944 die Flüchtlingsströme auch das Emsland erreichten, wurden die Wege zu den Gottesdiensten in den Dörfern noch weiter.

Wenn er wenigstens mit dem Fahrrad fahren würde, aber das hatte er nicht gelernt. Und alle Bemühungen, ihm doch noch in den Sattel zu helfen, scheiterten schnell. Er war unsportlich. Aber er hat nicht darunter gelitten. In der Tiefe seines Wesens war er gutmütig und zufrieden. Und er konnte über sich lachen.

Fragt man, wo er im Spektrum der theologischen Richtungen einzuordnen sei, so wird man ihn als einen lutherischen Pietisten bezeichnen können. Aber ein Eiferer war er nicht, auch nicht eng. Die Menschen haben in ihm einen glaubwürdigen, frommen Seelsorger gesehen. Keine Frage, auch unter den Gliedern der Katholischen Gemeinde stand er in hohem Ansehen. Er hielt sich im Dritten Reich zur ›Bekenntnisgemeinschaft‹, dem hannoverschen Zweig der Bekennenden Kirche, wurde wegen der gottesdienstlichen Fürbitte für Martin Niemöller, den ›persönlichen Gefangenen des Führers‹ im KZ Dachau, vor einem Sondergericht angeklagt, ließ sich aber davon nicht abhalten.

Mit Leib und Seele war er im Nebenamt Seelsorger in der Strafanstalt. Immer wieder stand er vor der Frage, ob er nicht hauptamtlich in diesen Dienst wechseln könne. Aber die Aufbauarbeit im Emsland ließ das nicht zu. Das Landeskirchenamt meinte, er sei da unabkömmlich. Wir älteren Jungen spielten in der Gefängniskapelle die Orgel. Einen elektrisch betriebenen Blasebalg gab es noch nicht; jeweils zwei Gefangene wurden abgeordnet, um für die Luft zu sorgen. Die kleinen ›Privilegien‹ des Gefängnispfarrers kamen der Familie zustatten: die Gefängnisgärtnerei versorgte uns hin und wieder mit Gemüse; der einsitzende Schuster oder Schneider wurde für uns tätig; für die groben Arbeiten erschien im Frühjahr eine kleine Kolonne Strafgefangener samt Wachtmeister bei uns im Pfarrhausgarten.

Die letzten Kriegsjahre aber sind mit andersartigen Erinnerungen verbunden. Den wegen ›Wehrkraftzersetzung‹ oder ›Fahnenflucht‹ einsitzenden Gefangenen war jeder Briefwechsel verboten. So wurde mein Vater zum Mittler. Die mit handschriftlichen Widmungen versehenen Bücher von Reinhold Schneider, dem katholischen Schriftsteller, hüte ich als Beleg für diese (natürlich verbotene) Tätigkeit meines Vaters als Gefängnisseelsorger. Ein Freund des Dichters gehörte zu den Gefangenen im Lingener Zuchthaus (so hieß es damals noch).

Immer wieder einmal brachte unser Vater einen gerade entlassenen Gefangenen mit nach Hause. In den beengten Wohnverhältnissen gab es keine andere Möglichkeit, ihm einen Schlafplatz anzubieten, als dass einer von uns Jungen sein Bett räumen musste. Es war mir doch etwas gruselig zumute, als einer meinem Vater in unserem Jungenschlafzimmer die Anklagepunkte aufzählte, die dann aber doch zu einem ›Freispruch aus Mangel an Beweisen‹ geführt hätten. Auch zwei Morde waren darunter. »Ihr Sohn hat ja einen beneidenswert festen Schlaf«, äußerte er zwischendurch. Ich hätte es gerne gesehen, wenn ich statt meines Bruders auf dem Sofa im Wohnzimmer hätte schlafen können.

Für uns Kinder war unser Vater eine Autorität, aber kein Abstand nehmender Patriarch. Er setzte, ohne das Mittel der Mahnungen zu verwenden, Maßstäbe. Irgendwie haben wir sie übernommen, auch wenn uns zum Beispiel die Schonungslosigkeit zu weit ging, mit der sich unser Vater für seine Gemeinde einsetzte. Auch sein Gottvertrauen, das ihm in schwierigen, dunklen Situationen eine fast kindliche Zuversicht verlieh, konnten wir nicht einfach übernehmen. Aber sich mit allen Kräften für die aufgetragene Sache einzusetzen, diese praktische Tatkraft erkenne ich bei allen meinen Geschwistern als Erbe unserer Eltern wieder.

Bei der Berufswahl seiner Kinder hielt sich unser Vater völlig zurück. »Das ist nicht meine Sache. Das könnt nur ihr selbst entscheiden. Dass ihr nicht vor dem Abitur die Schule verlasst, dafür habe ich zu sorgen; denn ihr habt die Gaben. Aber danach könnt ihr von mir aus in die Schumacherlehre gehen.« Dass ich Theologie studieren würde, damit hatte niemand in der Familie und schon gar nicht meine Lehrer gerechnet. Warum sind drei von uns Brüdern Pfarrer geworden, warum zwei Kirchenmusikdirektoren? Warum hat sich der jüngste Bruder der Medizin zugewandt und die Schwester der Psychologie, der Beratungsarbeit? Bei allen sonstigen Faktoren, die dabei eine Rolle gespielt haben, das Leben und Erleben im Pfarrhaus wird Einfluss genommen haben.

Wollte man eine freundliche Karikatur von unserem Vater entwerfen, so hätte sie so aussehen können: in der einen Hand, leicht über dem Haupt mit dem spärlichen Haarwuchs gelüftet, der schwarze Hut; denn er grüßte jeden, der ihm in der Stadt begegnete; in der anderen Hand ein Taschentuch, damit er es immer gleich parat hatte. Meine Mutter behauptete, er habe 1927 einen ganzen Sack voller ungewaschener Taschentücher in die Ehe mitgebracht, weil es ihm zu umständlich war, sie zu waschen.

Wenn es sich irgendwie einrichten ließ, gehörte für ihn zum Sonntagnachmittag und -abend dreierlei: ein ausführlicher Spaziergang, meist am Dortmund-Ems-Kanal entlang; dann natürlich Gesellschaftsspiele mit uns Kindern (›Nümmerchen‹ etwa, ›Poch‹ oder ›Fang den Hut‹) und – vielleicht verwunderlich – das angespannte Zuhören vor dem Radioapparat, die Übertragung eines Fußballspiels.

Bei allem, was ihm in der Gemeinde (und zusätzlich als Mitglied im Kreiskirchenrat und in der Landessynode) abverlangt wurde, erforschte er ›nebenbei‹ die Geschichte der lutherischen Gemeinde in Lingen, veröffentlichte 1953 sein noch immer nicht überholtes Werk zusammen mit interessanten Dokumenten. So konnte er noch einmal Gaben zum Zuge kommen lassen, die in der Fülle der Aufgaben lange Zeit vernachlässigt werden mussten.

Der letzte Familienurlaub an der holländischen Nordseeküste, in Egmond aan Zee, hat sich mir tief eingeprägt. Unser Vater hatte mit Hilfe des reformierten Ortspfarrers eine große Ferienwohnung, eine ganze Etage über einem Kaufhaus gemietet, um möglichst viele Kinder und Enkel einladen zu können. Schwimmen und ausgedehnte Strandwanderungen, das liebte er. Der Betrieb, den ein solcher Familienurlaub nun einmal mit sich bringt, störte ihn nicht, sondern inspirierte ihn.

Er war nicht einmal 62 Jahre alt, als er am 16. Oktober 1959 starb. Am Sonntag noch hatte er auf der Kanzel gestanden, am Freitag kam der Tod. Ende Mai 1959 hat er Marianne und mich in der Klosterkirche in Loccum getraut und uns das Wort zugesprochen: »Ich bin das Licht der Welt. Wer mir nachfolgt, wird nicht wandeln in der Finsternis, sondern wird das Licht des Lebens haben« – in Zeit und Ewigkeit. Das war meine letzte Begegnung mit meinem Vater. Nach menschlichem Ermessen kam der Tod zu früh, aber ihm ist ein reiches und erfülltes Leben geschenkt worden.

Aber nun noch ein Blick zu denen, die nach uns ins Leben gekommen sind, die unsere ›Nachkommen‹ genannt werden, die uns zugewachsen sind, zu unseren Kindern und Enkeln. Von unseren vier Kindern ist allerdings schon in einem früheren Kapitel die Rede gewesen. Doch sie haben ja noch ein zweites Großelternpaar, das für ihr Leben von Bedeutung ist, Mariannes Eltern. Die Seite will ich nicht überschlagen.

Ein Menschenleben lässt sich als eine Kette von Zufällen beschreiben. Wenn nicht das und das passiert wäre, dann wäre dies und das gar nicht möglich gewesen. Wäre Heinz Kittel, der Vater von Marianne, nicht

1954 auf Antreiben seines älteren Bruders Helmuth Kittel (damals Professor für Religionspädagogik in Osnabrück) als Dozent ans Religionspädagogische Institut nach Loccum berufen worden – und wäre ich nicht ohne mein Zutun und überraschend für mich im Frühjahr 1955 an Stelle von Karl Manzke ins Predigerseminar des Klosters Loccum, statt nach Hildesheim, wie ich es mir gewünscht hatte, einberufen worden –, so hätten wir uns nicht begegnen können, Marianne und ich. Nun aber kreuzten sich unsere Wege, wir lernten uns kennen.

Heinz Kittel, in Potsdam aufgewachsen wie seine Frau *Irmgart*, wurde 1935 in eine Studienratstelle in Osterode am Harz eingewiesen. Lieber wäre es ihm gewesen, wenn sich in seiner Heimat eine freie Stelle hätte finden lassen. Englisch, Religion und Sport, das waren seine Fächer, wohl eine seltene Fächerkombination. Das Glück der jungen Ehe dauerte nicht lange. Der Krieg überschattete von Jahr zu Jahr mehr das Leben der Familie. Er geriet in russische Gefangenschaft, war lange Zeit verschollen und kehrte erst 1949, körperlich und seelisch ausgezehrt, nach Osterode zurück. Für vier kleine Kinder in den schwierigen Kriegs- und Nachkriegsjahren zu sorgen, die Wohnung für die Britische Armee zu räumen, über die Dörfer zu gehen, um durch Näharbeiten die Familie über Wasser zu halten, das war eine (zu) schwere Aufgabe für Irmgart Kittel. Marianne, die sehr an ihrem Vater hing, war schon zehn Jahre alt, als er endlich heimkehrte. Sicher hat viele Familien ein ähnliches Schicksal getroffen, aber dieser Gedanke kann ja nicht den Verlust an Geborgenheit in den Kinderjahren eines Menschenlebens ausgleichen. Wie anders ist mein Leben in der Kriegs- und Nachkriegszeit verlaufen. Mein Vater war bei aller Belastung immer ›da‹ gewesen.

An seiner speziellen Aufgabe im Religionspädagogischen Institut hatte Heinz Kittel Freude. Er leitete an

unterschiedlichen Orten im Land Niedersachsen Fort-
bildungskurse, in denen Lehrerinnen und Lehrer ihre
›facultas‹, ihre Lehrerlaubnis für das Fach Evangelische Religion nachträglich erwerben konnten. Da
konnte er auf seine eigenen Erfahrungen als Lehrer zurückgreifen. Für unsere Kinder war es schön, Großeltern am Ort zu haben. Vom Loccumer Pfarrhaus
zum »Pastorenkamp«, wo die Eltern von Marianne
wohnten, waren es nur wenige Schritte. Im Ruhestand
kehrten die Großeltern zurück nach Osterode. Mit dem
Großvater im Harz unterwegs zu sein, das war in den
ersten Jahren des Ruhestandes für seine Enkel ein beliebtes Ferienziel. Als die Kräfte nachließen, zogen die
Großeltern dann ins Altenstift an der Eilenriede in
Hannover. Viel Zeit blieb ihnen nicht mehr. Marianne
und ich waren im Spätsommer 1983 nach der Weltkirchenkonferenz in Vancouver gerade wieder in Berlin
gelandet, da starb Irmgart Kittel, die Großmutter und
im Jahr darauf ihr Mann.

Alle Bilder von unseren sechs Enkelkindern sind nur
Momentaufnahmen, die schnell veralten. Sie wachsen
nicht nur aus ihren Schuhen schnell heraus. Aber das
andere ist doch auch nicht zu übersehen: wie früh sich
schon das Wesen, der Charakter zeigt, das Unverwech-
selbare jedes einzelnen Enkelkindes. Ich möchte ihr
Bild nicht festschreiben. Es gibt so vieles, was noch
schlummert, was sich noch entfalten und entwickeln
wird. Und vor Überraschungen, guten und bösen, ist
kein Menschenleben gefeit.
   Emely Juliane (jetzt 18 Jahre alt) hat ihre Vornamen
einer der wenigen Dichterinnen zu verdanken, deren
Liedverse im Evangelischen Gesangbuch zu finden
sind: Ämilie Juliane Gräfin zu Schwarzburg-Rudolstadt (1637 bis 1706). Die beiden Choräle »Bis hierher
hat mich Gott gebracht durch seine große Güte« (EG
Nr. 329) und »Wer weiß wie nahe mir mein Ende«

(EG Nr. 530) gehören zum Kernbestand in evangelischen Gesangbüchern, und sie sind auch ins ›Gotteslob‹, in den Stammteil des katholischen Gesangbuchs aufgenommen worden.

Als wir Emely am Tag nach ihrer Geburt ›besichtigten‹, meinte ihre Großmutter Marianne: »Die weiß, was sie will. Vielleicht wird sie mal Frauenrechtlerin.« Aber das sind unmaßgebliche Spekulationen von Großeltern. Emelys Stärke, so hat sich bald herausgestellt, ist nämlich die große Spannweite ihrer Interessen und Begabungen. Sie spielt Cello, aber auch Fußball, sie singt solo, liebt Latein, Mathematik und Französisch, kann gut mit Kindern umgehen und verdient sich ihr zusätzliches Taschengeld durch Babysitten. Das halbe Jahr in einer französischen Schule an der Loire, in einer fremden Umgebung hat ihr Selbstbewusstsein gestärkt. Oft haben ausgeprägte Stärken aber auch ihre Schwächen. Irgendwann wird sie an einer Weggabelung mit Schildern, die in unterschiedliche Richtungen auf Berufsfelder weisen, stehen und sich entscheiden müssen. Aber auch dann werden sich, unterwegs auf dem eingeschlagenen Weg, noch viele Möglichkeiten auftun. Und Umwege im Lebenslauf bringen, zumal heute, manchmal mehr ein, als wenn schnurstracks ein einziges Ziel angesteuert wird.

Lasse Benjamin, ihr Bruder (14 Jahre alt, gerade konfirmiert), hoch aufgeschossen zur Größe seines Vaters, ist eine stillere Natur. Aber stille Wasser sind tief, wie das Sprichwort sagt. Wenn wir ihn nach Husum, in unser Ferienhäuschen mitnahmen, waren wir überrascht, was er schon als Kind bei Ebbe im Schlick alles entdeckte. Durch diese Beobachtungsgabe wurde er unser kleiner Lehrmeister, der ja dann auch durch Bücher und das Internet sein Wissen erweiterte. Nachdenkliche Typen brauchen Zeit; sie kommen leichter ins Träumen. Wie wichtig ist es für unsere Enkel, aufmerksame, verständnisvolle Lehrer und Lehrerinnen zu haben, die den Schatz der Gaben entdecken und fördern und nicht alle über einen Leisten schlagen.

Er wurde in eine Musikklasse des Gymnasiums aufgenommen. Das war eine gute Entscheidung. Er spielt Posaune und hat eine schöne Stimme. Zu besonderen Gelegenheiten schreibt er seinen Großeltern gerne fantastische Geschichten. Diese Kreativität, dieses Sprachgefühl und die Freude am Gestalten eines Textes – ich glaube, die hat ihm keiner beigebracht, die liegen in ihm. Und natürlich spielt auch er, wie seine Schwester, mit Leidenschaft Fußball – und ärgert sich über jede Niederlage von Hannover 96.

Das sind also die beiden Enkelkinder, die in Hildesheim leben, jetzt nicht mehr in einem richtigen Pfarrhaus, wie lange Jahre in Sarstedt, aber doch in einer anregenden Pfarrfamilie: Hans-Martin, der Vater, leitet die Evangelische Stadtdiakonie in Hannover; Susanne, die Mutter, ist Pfarrerin der Studierendengemeinde an den Hildesheimer Hochschulen. Die beiden Enkelkinder nutzen jede Gelegenheit, sich mit ihren Vettern und Kusinen in Berlin zu treffen.

Till Leonhard (15 Jahre alt) und seine Schwester *Mia Nele* (acht Jahre alt), die mit ihren Eltern – wie schon gesagt – hier ›um die Ecke‹ in unserer Siedlung im Grünen wohnen, gehören zu unserem Alltag, sie sind seit unserem Umzug in den Heidehof Nachbarn.

Till Leonhard – wie schnell sich ein im ersten Augenblick ungewöhnlicher Vorname dann mit der Person verbindet! Großeltern haben nun einmal aus gutem Grund kein Mitspracherecht bei der Namensgebung; sie müssen sie nehmen, wie sie kommen. Till Eulenspiegel, der Witzbold? Till Riemenschneider, der Künstler? Nein: Till Palmen, ein ganz eigenes Gewächs. Er ist ein ›technicus‹ und ›practicus‹, immer gut zu gebrauchen. Wenn mein Computer mir nicht gehorchen will, ist er zur Stelle. Er hat eine Engelsgeduld mit seinem Großvater. Und er ist ein ›Sportsfreund‹, auch die Wahl der Schule war dadurch bestimmt. Außenstehende werden es kaum glauben: Er hat auf eine sanfte Art Autorität bei kleinen Kindern und verdingt sich darum gerne zum Einhüten. Und nicht zu vergessen: Er ist versierter Hobby-Photograph. Den praktischen Sinn der Palmenfamilie und das Organisationstalent seiner Mutter hat er offensichtlich geerbt. Und nicht zuletzt: Er spielt Trompete in seiner Jugendband.

Das sind also ›die drei Großen‹, wie wir sagen. Ich merke, dass ich die ›drei Kleinen‹ unter unseren Enkelkindern nicht in gleicher Weise charakterisieren kann. Ich würde ein Bild von ihnen zeichnen, in dem sie sich später wohl nicht wiedererkennen würden. Sie brauchen noch Zeit, bis deutlicher heraus kommt, wer sie sind. Aber was sie heute für uns sind, davon will ich kurz berichten.

Mia Nele (acht Jahre alt), jetzt noch eine kleine Prinzessin, die sich gerne schön macht und Wert auf »Omatage« legt, an denen sie alleine zu Besuch kommt. Dann frönt sie ausdauernd ihrer Leidenschaft, mit uns am Tisch zu spielen und in der Küche mit ihrer Oma zusammen Kochrezepte auszuprobieren. Wie ein Wirbelwind bringt sie uns in Trab. Die musikalische Begabung teilt sie mit allen ihren Vettern und Kusinen. Sie spielt Klarinette.

So etwas gibt es wirklich: *Leon Felix* (acht Jahre alt) sieht aus wie eine Kopie seines Vaters im Kindesalter. Der Lockenschopf und die Quirligkeit. Er nimmt alle Anregungen schnell auf. Wenn ihn etwas beschäftigt, ist er ganz davon erfüllt. Beim Töpfern zum Beispiel. Den kleinen Löwen auf der Fensterbank verdanken wir ihm. Er muss sich austoben können, muss seine Kräfte messen. Er spielt Basketball wie Bernhard damals. »Soll ich dir mal ein Konzert geben?« Dann sitzt er wie sein Vater am Flügel und spielt ›wie ein Alter‹ seine Stücke. Ihm und seiner kleinen Schwester kommen die pädagogische Gelassenheit und Erfahrung seiner Mutter Katharina und die Musikalität von Bernhard zugute.

Philine Antonia (fünf Jahre alt) ist die Jüngste in der Reihe unserer Enkel. Und wie das bei den Jüngsten häufig ist: sie versuchen es den Größeren gleichzutun. Es klappt nicht immer auf Anhieb. Sie muss sich nach oben strecken. Aber sie hat keine Scheu, sich gegenüber ihrem älteren Bruder und seinen gelegentlichen Attacken zu behaupten. Wie ein Kind in sich ruht und versonnen spielt, das können wir an ihr beobachten.

Was wir ihnen wünschen, unseren Enkelkindern? Dass sie ihren Weg finden und immer Menschen zur Seite haben, die ihnen dabei helfen und sie ermutigen. Dass der Glaube in ihnen wie eine gute Saat aufgeht, ihnen Halt und Orientierung gibt. Dass sie ihre Gaben für andere einsetzen und nicht nur an sich selbst denken. Dass sie, wo es ihnen möglich ist, mutig gegen Unrecht angehen.

Kapitel 30:
Vertrauen wagen – Ein Nachwort

»Geschichte heißt: So wie es ist, kann es nicht bleiben; aber es wird immer wieder so, wie es nicht bleiben kann«. Seit meiner Studentenzeit in Göttingen, wo ich dieses Wort bei Wilhelm Kamlah, dem Professor für Philosophie, aufgelesen habe, zitiere ich es gerne. Es widerspricht den innerweltlichen Heilsansagen, den messianischen Versuchungen, durch politisches Handeln eine erlöste Welt, den ›neuen Menschen‹ zu schaffen. Das 20. Jahrhundert hat in schrecklicher Weise die Folgen solcher Hybris erleiden müssen. Ich empfinde aber schon, dass mit diesem Wort nicht alles gesagt ist, dass es lähmend wirken kann. Denn: Wie könnten wir ohne Vertrauen in die Zukunft leben? Wie könnten wir ohne Hoffnung die Krisen, von den weltpolitischen bis zu den persönlichen, bestehen? Aber als Ruf zur Nüchternheit hat mir dieses Wort immer eingeleuchtet, ist es mir immer wichtig gewesen. Und für die Kirche, das durch die Zeiten wandernde Gottesvolk, gilt es allzumal.

Basilius der Große, Bischof von Caesarea in Kleinasien (329–379), steht mir unter den Kirchenvätern der Alten Kirche besonders nahe. Er schrieb in den 70er Jahren des vierten Jahrhunderts, also zwei Generationen nach der ›Konstantinischen Wende‹, als die Mitgliederzahlen der Kirche sprunghaft stiegen und sich die Probleme häuften, an die Presbyter, die Gemeindevorsteher in Tarsus, dem Geburtsort des Apostels Paulus in Kilikien: »Überhaupt gleicht, wenn man sich den Schaden besieht, der Zustand der Kirche – um mich eines Beispiels zu bedienen, das zwar deutlich ist, aber doch etwas trivial erscheinen mag – einem alten Rock, welcher bei nächster Gelegenheit leicht zerreißt und die ursprüngliche Festigkeit nicht mehr wieder bekommen kann.« Aber er ist bis heute nicht zerrissen! »Wir haben den Schatz (des Evangeliums) in irdenen Gefäßen«, in unansehnlicher, zerbrechlicher Gestalt, wie der Apostel Paulus es den Korinthern in einem leicht verständlichen Bild beschrieben hat (2. Kor 4,7).

Der Kirche ist es nie ›blendend‹ gegangen. Und immer hat es die Versuchung gegeben, die früheren Zeiten in hellen, geschönten Farben zu zeichnen und die Zukunft in dunklen. Davor sollten wir uns hüten. Als ich vor Jahren öffentlich nach meinem Kirchenbild gefragt wurde, soll ich aus dem Augenblick heraus geantwortet haben: »Kirche ist für mich das, was bleibt«. Das war sicher keine dogmatisch hinreichende Antwort, aber doch eine aus früher Erfahrung gewonnene Überzeugung. In den letzten Monaten des Krieges, als das Chaos wuchs und alle Zukunft im Dunkel lag, habe ich aus meinem Konfirmationsspruch Lebensmut geschöpft: »Lasst uns halten am Bekenntnis der *Hoffnung* und nicht wanken; *denn* er ist treu, der die Verheißung gegeben hat.« Solches Vertrauen zu wagen, wird für die Zeit, die mir nun noch zugedacht ist, vonnöten sein.

Meinen Erinnerungen habe ich den Titel gegeben »Es kam immer anders«. Wie ein roter Faden zieht sich dieser Tatbestand durch meine Lebensgeschichte. Es kam immer anders, als ich es mir selbst vorgestellt und gewünscht hatte. Andere haben die Weichen gestellt. Ich habe mich nie um eine Stelle beworben. War ich zu gehorsam? Hätte ich meinen Willen durchsetzen sollen? Ich gehöre zu einer Pfarrergeneration, die in der Berufung durch Menschen, durch ›die Kirche‹ eine ›Berufung‹ sah. Ich empfand es als befreiend, mir sagen zu können: Du hast dir die Aufgabe nicht selbst gesucht; du kannst in aller Freiheit ans Werk gehen. Dass ich unter der Last von Aufgaben der Klage des Propheten Jeremia nahe gekommen bin: »Herr, du hast mich überredet und ich habe mich überreden

lassen. Ich will nicht mehr ...« (Jeremia 20,7 und 9) –
das möchte ich nicht verschweigen. Wenn ich Vikare
auf ihre Ordination vorzubereiten hatte, dann habe
ich ihnen empfohlen: »Lest den Propheten Jeremia;
den werdet ihr noch brauchen!« Und wie oft habe ich
gesagt: Die schönste Erfindung Gottes ist die, dass wir
schlafen müssen, dass wir nicht pausenlos aktiv sein
sollen, sondern abends alles aus der Hand legen können und mit einem Gebet alles Ungelöste Gott anver-
trauen dürfen.

Es ist schon möglich, eine Lebensgeschichte als eine
Kette von Zufällen zu beschreiben. Und auch die Welt-
geschichte wird nicht durch bewusstes menschliches
Planen, durch einen im Voraus entworfenen ›Master-
plan‹ bestimmt, sondern ganz wesentlich durch unvor-
hersehbare Wendungen und Erschütterungen. Wir
haben unsere Geschichte nicht in der Hand. Wir durchschauen sie nicht, weder unsere eigene, noch die Welt-
geschichte. Sie behält ihr Geheimnis Aber dass sie sich
dem Willen Gottes verdankt und in seinem Heilswillen
ihr Ziel hat, das gehört zum Kernbestand des christlichen Glaubens. Darum habe ich auf die erste Seite, bevor ich selbst mit meinen Erinnerungen zu Wort komme, den Vers aus dem Kolosserbrief gesetzt:

›Unser Leben ist verborgen mit Christus in Gott.‹

Personenregister*

A

Adenauer, Konrad 74
Albertz, Heinrich 158, 177, 179, 193
Alexej, Erzbischof (später Patriarch) 245
Ämilie Juliane Gräfin zu Schwarzburg-Rudolstadt 365
Andersen, Dieter 98, 121, 123, 125–126, 139, 156
Apel, Hans 286
Augustin 49

B

Baader, Andreas 189–190
Bach, Johann Sebastian 336
Barbe, Helmut 123
Bärend, Hartmut 179
Bartels, Fredi 49
Barth, Karl 5, 12, 66, 297
Basilius der Große 370
Bauer, Gerhard 166
Becker, Jurek 14
Behnken, Lütje 71–72
Behr, Wilhelm 21
Benedikt XVI., (s. auch Ratzinger, Joseph) 298
Bengsch, Card. Alfred 172–173
Bennigsen-Foerder, Rudolf von 197
Bernhard von Clairvaux 122
Besier, Gerhard 239

Beyers Naudé, Christiaan Frederick 272, 274–275
Binder, Heinz-Georg 197, 323
Blaschke, Otto 50
Blau, Paul 266
Bloth, Peter C. 166
Blümler, Otto 56
Bodelschwingh, Friedrich von 73, 82
Bohren, Rudolf 152
Bolewski, Hans 103
Bonhoeffer, Dietrich 215, 297
Bornkamm, Heinrich 65–66, 88, 126, 217
Brackmann, Clemens 46
Brandt, Heinrich 52
Brandt, Willy 148, 193, 200, 207
Brickert, Jochen 185
Brower, Ari 262
Bruyn, Günter de 5, 12
Buback, Siegfried 189
Bunnemann, Hans-Reinhardt 76
Burgdorf, Ilse 75, 77
Bursche, Julius 265–267
Busch, Wilhelm 111

C

Calvin, Johannes 65
Campenhausen, Hans von 56
Carstens, Karl 198, 230
Casaroli, Agostino 257–258
Castro, Emilio 262

* Namen aus dem Umkreis der Familie wurden nicht in das Register aufgenommen.

Chamberlain, Neville   29
Christiansen, Sabine   343
Claß, Helmut   156, 175
Conring, Warner   280–281
Crone, Elisabeth   33–34

D
Daasch, Margarete   145–146
Dalai Lama   298
Dannenberg, Inge   134, 168
David, Johann Nepomuk   91
Delekat, Friedrich   58
Demke, Christof   318
Deng, Xiaoping   296
Dibelius, Otto   159, 168, 188,
    192, 206–209, 266, 347, 349
Diepgen, Eberhard   192,
    198–199, 201, 324
Diestel, Gundrun   75, 77
Ding, Guangxun   296–297
Dittmann, Wilhelm   175
Döhring, Johannes   103
Dopplinger, Hans   95
Drömann, Hans-Christian   324
Droste, Walter   97, 138
Drzensky, Kurt   79
Duchrow, Ulrich   320

E
Ebert, Theodor   312
Engelhardt, Klaus   315
Engert, Jürgen   198
Ensslin, Gudrun   189–190
Eppler, Eberhard   230, 286

F
Faccani, Barbara   185
Falcke, Heino   320
Farisani, Tshenuwani S.   277
Feodosij, Erzbischof   254–256
Fink, Ulf   198
Fischer, Friedrich   101
Fischer, Gerhard   297
Fischer, Joschka   297

Fleisch, Paul   97, 110, 125
Flor, Georg   171
Flor, Gisela   158
Forck, Gottfried   216–218,
    238–240, 309, 312, 315, 327
Frank, Johannes   156–157
Frank, Ludwig   88
Friedrich Wilhelm I.   22
Frohn, Peter   175
Fuchs, Ernst   150
Funke, Wilhelm   22

G
Galinski, Heinz   186
Galle, Karl-Ludwig   23–24, 32,
    61, 75, 77
Galling, Kurt   58
Garhardt, Paul   116
Gebhardt, Eduard
    von   119–120
Gelshorn, Theodor   44
Gerber, Adolf   288
Gerber, Carol   288
Gerhardt, Paul   91, 163, 335
German, Erzbischof   327
Gerstecki, Joachim   320
Giering, Achim   324
Giertz, Bo   151
Girgensohn, Herbert   68–69
Göbel, Wolfgang   189
Goebbels, Josef   40
Goethe, Johann Wolfgang
    von   34, 115
Gogol, Nikolai   261
Gollwitzer, Helmut   179
Gorbatschow, Michail   257
Gorbatschow, Raissa   257
Götting, Gerald   231
Graham, Billy   258, 262
Gromyko, Alexej   260–261
Grosser, Alfred   239
Gysi, Klaus   215, 233

H
Haaren, Walter 111
Hahn, Ferdinand 56, 60, 75–76
Hahn, Otto 50
Hamann, Jochem 47, 51
Hammerstein, Ludwig von 197
Harms, Louis 149
Harnack, Adolf von 58
Hartig, Peter 150–151
Haydn, Joseph 163
Heckel, Theodor 267
Heinemann, Gustav 64, 74
Heinrich Lübke, Heinrich 121
Heintze, Gerhard 96
Held, Annelise 262
Held, Heinz-Joachim 257–258, 280–281
Hemmerle, Klaus 243–245, 249
Hempel, Johannes 314
Henkys, Reinhard 319
Herrmann, Gisel 61
Herrmann, Ludwig 60
Herzog, Roman 234–235
Heym, Stefan 5, 318
Hirschler, Horst 139
Hitler, Adolf 29, 32, 40, 53, 208, 238, 258, 262, 266
Hochreither, Karl 337
Höffner, Card. Joseph 230, 246, 250
Hollm, Uwe 210
Hollop, Ulli 183
Holsten, Walter 54, 57
Honecker, Erich 226, 290, 348
Honecker, Margot 313
Horst, Friedrich 58
Hoyer, Hans 139–140, 151

Huber, Wolfgang 192, 209, 335, 344
Hunal, Gerhard 231
Hundertmark, Karl 35

I
Immer, Karl 156, 175
Isermann, Gerhard 184

J
Jannasch, Wilhelm 55, 57
Jaruzelski, Wojciech 286
Jeschal, Paul 169
Joest, Wilfried 65
Johannes Paul II. 245, 247, 250, 298
Johannes XXIII. 48, 121
Juvenalij, Erzbischof 257

K
Kabitz, Ulrich 94
Kalnins, Harald 263
Kamlah, Wilhelm 370
Karnetzki, Manfred 177
Kartschew, Kirchenminister 257
Karzel, Herwig 131
Käsemann, Ernst 57–59, 75
Keler, Hans von 319
Kemp, Eric 315
Keseling, Paul 49
Kewenig 198
Khomeni, Ruhollah 284
Kiesinger, Kurt Georg 193
Kim, Dae-jung 294
Kistner, Adelheid 272
Kistner, Wolfram 271–272, 275, 282
Kläfker, Hermann 114
Klenke, Hermann 101
Klose, Hanna 107
Koch, Helmut 60
Köchling, Franz 43
Ködderitz, Walter 103

Kögel-Dorf, Helmuth   70
Kohl, Helmut   200–201, 230, 255
Kolowa, Sebastian   175, 268
Krack, Erhard   200
Kraftczik, Adam   44
Kraske, Peter   155–156, 173–174
Kremkau, Klaus   61
Krumwiede, Hans-Walter   121
Krusche, Günter   318
Krusche, Peter   156, 158–159, 163
Krusche, Werner   323
Kruska, Harald   172
Kuhlmann, Schneider   115
Kuhlmann, Landwirt   115
Küng, Hans   297
Künneth, Walter   150
Kunst, Hermann   74
Kunz, Gerhard   297

L
Lajos, Ordass   132
Lange, Ernst   123, 241–242
Lange, Hans-Egbert   75, 77
Langelotz, Hans   45
Langhans, Herbert   46–47, 63
Laurien, Hanna-Renate   198, 328
Lehmann, Karl   248, 250–251
Leich, Werner   257, 290, 319, 321, 326
Leicht, Robert   162
Lenin, Wladimir   260
Lilje, Erna   137
Lilje, Hanns   66, 101, 108–109, 120–122, 132, 135, 141, 150–151, 171–172, 196–197
Lingner, Olaf   173
Lochte, Wolf   81
Loest, Erich   5
Löffler, Gerd   172

Lohse, Eduard   139, 152, 156, 246–248
Lorenz, Peter   172
Lortz, Joseph   228
Lubliner, Manfred   187
Lummer, Heinrich   210
Luther, Martin   122, 126–127, 226–231, 246

M
Makulu, Erzbischof   258
Mandela, Nelson   275, 283
Manzke, Karl   96, 149, 364
Mao, Tse-tung   293, 296
Marx, Karl   67
Matthes, Joachim   103–105
May, Gerhard   86, 96
May, Karl   34, 50
Meißner, Herbert   270
Meißner, Joachim   259
Mensing-Braun, Wilhelm   87, 95
Meyer, Hans-Philipp   156
Miericke, Helmut   144
Ming, Kao Chung   245, 294
Mlungu, Bischof   175, 268
Molan, Gerhard Wolter   99, 121
Momper, Walter   200–201, 308
Mondwurf, Sonja   358
Mozart, Wolfgang Amadeus   163
Mpepu, Häuptling   276, 278, 280
Müller, Eberhard   197
Müntzer, Thomas   227
Mussorgskij, Modest Petrowitsch   60

N
Nachama, Estrongo   187
Nafzinger, Clyde   78
Niemöller, Martin   17, 360

Nübel, Magdalene 75
Nürge, Hermann 97

O
Ohnesorg, Benno 191, 210
Ordass, Lajos 132
Otto, Leopold von 266

P
Pahlevi, Reza 284
Pakoszdy, Ladislaus
    Martin 132
Pannenberg, Wolfgang 248
Papenfuß, Rainer 213
Paul, Jean 5
Pfennig, Gerhard 190
Pflüger, Friedbert 199
Philaret, Erzbischof 175,
    253–254, 257
Pieroth, Elmar 198
Pimen, Patriarch 253, 257, 260
Ponto, Jürgen 190
Posch, Erich 91
Potter, Philipp 230

R
Raatz, Margot 143, 168
Rad, Gerhard von 65
Raiser, Konrad 320
Raiser, Ludwig 173
Rapp, Eugen-Ludwig 56–57
Raspe, Jan-Carl 189–190
Rattay, Klaus-Jürgen 210
Ratzinger, Joseph (s. auch
    Benedikt XVIII.) 248
Ravel, Maurice 60
Reagan, Ronald 255
Reihlen, Helmut 311, 335
Rendtorff, Trutz 331
Riemenschneider, Till 367
Rode, Heinrich 115
Roder, Hermann 182–183
Rogge, Joachim 229
Rosemeyer, Bernd 25

Rotenhan, Eleonore von 246
Rutzen, Alfred 144

S
Sachteleben, Friedhelm 37, 40
Sahre, Erich 107
Scharf, Kurt 155–156, 159,
    163, 166–168, 170, 172–173,
    175, 179, 181, 186, 188–189,
    192, 208, 216, 294
Scheerer, Sepp 89
Schiller, Friedrich 50, 115
Schlecht, Otto 197
Schleyer, Hanns Martin 190
Schlink, Edmund 65, 217
Schloz, Rüdiger 241
Schmidt, Helmut 190,
    284–287, 302
Schmude, Jürgen 235
Schnath, Gerhard 122
Schneider, Reinhold 361
Schober, Theodor 159
Scholder, Klaus 208
Scholz, Rupert 198
Schomerus, Martin 70, 143
Schönherr, Albrecht 175, 180,
    207–208, 215–217, 310, 319
Schorlemmer, Friedrich 318
Schröder, Gerhard 197
Schröder, Richard 329
Schubert, Katharina 170
Schumachers, Wilhelm 115
Schütte, Eva-Maria 61
Schütz, Klaus 172, 193
Schweizer, Eduard 57–59
Sietzen, Else 45, 48, 63
Simon, Helmut 204, 234
Söderblom, Nathan 189
Sohnrey, Heinrich 15
Spener, Philipp Jacob 127,
    217, 335, 346
Spiegel, Elisabeth von 17
Springer, Axel 171, 204

Staedtke, Jochen   61
Stalin, Josef   262–263
Stalsett, Gunnar   289
Stammler, Eberhard   197
Steinjan, Werner   101, 104
Stobbe, Dietrich   193–195, 209
Stolpe, Manfred   199, 318, 324,
  332–333, 342–343
Stoltenberg, Gerhard   197
Storm, Theodor   338
Strothmann, Klaus   40
Sund, Olaf   343
Symanowski, Horst   61–62

T
Taferner, Hubert   88
Temmel, Leopold   88
Teufel, Fritz   191
Theis, Erika   168
Tillich, Paul   297
Tolstoi, Leo   47, 52
Tschaikowskij, Piotr   259
Tschiang, Kai-schek   293
Tutu, Desmond   245, 272–273,
  275, 279, 282–283

U
Ulbricht, Walter   84

V
Venske, Erwin   50
Vischer, Lukas   159
Vogel, Gotthard   170
Vogel, Hans-Jochen   195–196,
  209

Volk, Hermann   246
Völker, Walter   58
Vollmer, Antje   329
Volp, Karl-Heinz   73
Von Lieren und Wilkau   280

W
Walsdorff, Hartmut   206, 345
Weber, Dieter-Peter   174, 177
Weber, Karl-Friedrich   79, 81
Weiß, Konrad   318
Weilandt, Hertha   92–94, 154
Weilandt, Karl   87, 92–94, 154
Weizsäcker, Richard von   194,
  196–199, 209, 212–213, 255,
  294, 299, 308, 324, 328
Wetter, Friedrich   259
Wilkening, Heinrich   115
Willebrands, Johannes   257
Wohlmuteder, Michael   88
Wolf, Christa   317
Wolf, Ernst   122
Wolfrum, Edgar   287
Wolters, Gottfried   45
Wu, John M. C.   245
Wunderlich, Antje   168
Wurster, Georg   189

Z
Zimmermann, Achim   337
Zimmermann, Wolf-Dieter
  159
Zipser, Eckard   12